Heinrich von Pierer
Gipfel-Stürme

HEINRICH VON PIERER

GIPFEL-STÜRME

Die Autobiographie

Econ

Econ ist ein Verlag
der Ullstein Buchverlage GmbH

ISBN 978-3-430-20027-1

© Ullstein Buchverlage GmbH, Berlin 2011
Alle Rechte vorbehalten
Gesetzt aus der Janson
Satz: LVD GmbH, Berlin
Druck und Bindearbeiten: GGP Media GmbH, Pößneck
Printed in Germany

Inhalt

Mit harten Bandagen

»Donnerstag, 25. Februar 2010«, darauf beharrte die Münchner Staatsanwaltschaft. Mehr als drei Jahre hatten die Ermittlungen gedauert, aber jetzt kam es auf den Tag an. Über die Uhrzeit könne man ja noch reden. Aber auf dem Datum bestand die Staatsanwaltschaft. An diesem Tag sollte die letzte Besprechung in diesem – meinem – Fall stattfinden. Es ging um den Bußgeldbescheid, den man gegen mich in einem sogenannten Ordnungswidrigkeitsverfahren erlassen wollte. Am Wochenende komme der Leitende Oberstaatsanwalt aus dem Skiurlaub zurück, lautete die profane Erklärung, und bis Montag brauche man nun eine Entscheidung. Am Montag müsse der Bescheid unterschrieben werden.

Der Termin war ungünstig. Mein Rechtsanwalt, Dr. Sven Thomas aus Düsseldorf, der mich in der Compliance-Angelegenheit auf der strafrechtlichen Seite schon gut drei Jahre lang umsichtig begleitete, hatte am Morgen einen schon vor langer Zeit angesetzten Termin in einer anderen Stadt und konnte deshalb erst in München erscheinen, als die Sache schon fast gelaufen war. Gut zwei Drittel der Besprechung war er nicht anwesend.

Ich habe mich in Anwaltskreisen umgehört und bin auf große Verwunderung gestoßen: Üblicherweise wäre es gar kein Problem, einen solchen Termin um ein paar Tage zu verschieben, um mir eine angemessene Unterstützung durch den Verteidiger zu ermöglichen. Doch die Staatsanwaltschaft wollte sich auf keinen anderen Termin einlassen.

So begleitete mich am Donnerstag also Anwalt Dr. Norbert Scharf, der mich bei den zivilrechtlichen Auseinandersetzungen mit Siemens vertrat und in der Sache gut bewandert war. Der Termin dauerte zweieinhalb Stunden. Das war nichts Ungewöhnliches.

Ich hatte schon häufiger mit der zuständigen Staatsanwältin Hildegard Bäumler-Hösl zusammengesessen – eine freundliche, konstruktiv arbeitende und durchaus gewinnende Frau, die sich mir gegenüber stets korrekt verhalten hatte. Bei einem der vorangegangenen Treffen hatte sie sogar selbst gebackene Cookies mitgebracht, die wirklich vorzüglich schmeckten. Damals durfte ich ausführlich meine Lage schildern: wie sich in den letzten Jahren die Medienberichterstattung gewandelt hatte; wie man dreißig Jahre meines Berufslebens mit akribischer Gründlichkeit untersucht hatte, um jeden noch so kleinen Fehltritt aufzuspüren. Auch das letzte Ereignis in einer langen Kette von Nachforschungen durfte ich schildern. Es ging um das traditionelle Siemens-Golfturnier für Mitarbeiter und Pensionäre in Herzogenaurach bei Erlangen. Aus der Münchner Konzernzentrale war die Frage an den Veranstalter gelangt, ob der ehemalige Aufsichtsratsvorsitzende und langjährige Vorstandsvorsitzende auch brav sein Startgeld von 50 Euro bezahlt habe. Die Antwort lautete: »Nein, er hat nicht bezahlt. Aber er hatte auch seine Teilnahme abgesagt.«

Über diese Geschichte hatten wir noch gemeinsam geschmunzelt. Aber bei der neuerlichen Besprechung an jenem 25. Februar 2010 ging es viel ernster zu. Mit am Tisch saß noch ein weiterer Staatsanwalt, etwas jünger als Staatsanwältin Bäumler-Hösl, etwa im Alter meiner Söhne, ein ehrgeiziger und kluger Mann, der schon einige Korruptionsfälle bearbeitet hatte. Er hielt sich im Gespräch zurück, aber ich hatte keinen Zweifel, dass auch er seinen Beitrag zu dem geleistet hatte, was nun vor mir lag: die zwei meinen Rechtsanwälten und mir schon bekannten Versionen eines Bußgeldbescheids, eine längere und eine kürzere. Die lange Version ist die, die am Montag vom Staatsanwalt unterschrieben wird. Es sei denn, Sie sind mit einem Rechtsmittelverzicht einverstanden. Dann gibt es die kürzere, weniger belastende Version, erklärte die Staatsanwältin sinngemäß.

Für mich bestand kein Zweifel, was beabsichtigt war: Entweder verhielt ich mich kooperativ, akzeptierte den kürzeren Bußgeldbescheid und verzichtete darauf, mit einem Rechtsmittel dagegen vorzugehen. Oder, wenn ich mich tatsächlich gegen einen »streitigen Bescheid« gerichtlich zur Wehr setzen wollte, erhielte ich den längeren Bußgeldbescheid mit wesentlich gravierenderen Vorwürfen. Es war klar, dass das nicht nur einen langwierigen Prozess vor dem Amtsgericht München bedeuten, sondern auch die Aufmerksamkeit der breiten Öffentlichkeit auf sich ziehen würde. Wollte ich das wirklich?

Beide Bescheide waren mit einem Bußgeld in gleicher Höhe ausgezeichnet. Finanziell würde die Entscheidung keinen Unterschied machen, wenngleich der Betrag, der dort zu lesen war, sich offenbar an der Höhe heutiger Vorstandsgehälter orientierte und nicht an dem, was Vorstände zu meiner Zeit verdienten.

Nun war ich keineswegs unvorbereitet zu dem Treffen gegangen. Nach monatelangem Warten hatte die Staatsanwaltschaft meinem Verteidiger endlich Akteneinsicht gewährt. Nicht alles war hier in einer Weise verlaufen, wie ich es in den Vorlesungen über deutsches Prozessrecht in meinem Jurastudium gut vierzig Jahre zuvor ganz anders gelernt hatte. Auch dieser Termin entsprach nicht meinen – offenbar naiven – Vorstellungen über ein Verfahren, in dem Schuld bewiesen werden muss, der Angeklagte ein Recht auf angemessene Verteidigung hat und die Justizbehörden konsequent vom Grundprinzip der Unschuldsvermutung ausgehen.

Vierzig Aktenordner hatte man meinem Anwalt, Dr. Thomas, der an diesem Tag, wie gesagt, zumindest anfangs nicht dabei sein konnte, in seine Kanzlei nach Düsseldorf überstellt: ungefähr 17 500 (in Worten: siebzehntausendfünfhundert) Seiten! Damit ich mich zu den darin möglicherweise enthaltenen Vorwürfen äußern konnte, musste natürlich auch ich all diese Seiten lesen. Deshalb war ich kurz zuvor für drei Tage nach Düsseldorf gefahren, um dort in stundenlanger Klausur die Akten durchzuarbeiten. Von 8 Uhr morgens bis 22 Uhr abends durfte ich in den Kanzleiräumen bleiben, damit ich mit der Durchsicht der Unterlagen rechtzeitig fertig werden konnte.

Die Lektüre hatte mich bestätigt. Natürlich hatte sich der eine oder andere Siemens-Mitarbeiter auch über mich geäußert. Aber meine Akteneinsicht hatte meinem Urteil nach keine wirklich belastenden oder besorgniserregenden Ergebnisse gezeigt. Meine Anwälte waren derselben Ansicht.

Darum war ich sehr gespannt, welche Vorwürfe sich denn nun in den Bußgeldbescheiden finden würden. Wirklich Substantielles konnte es nicht sein. Frau Staatsanwältin Bäumler-Hösl erklärte mir noch einmal in fast tröstlichen Worten den Unterschied zwischen einer Ordnungswidrigkeit und einer Straftat: Es sei doch nicht so schlimm, wenn ich jetzt einen Fehler einräumen würde. Da hätte ich eben *ein Mal* – sie betonte das Wort – in meinem Berufsleben nicht aufgepasst. Zwölf Jahre Vorstand, einmal nicht aufgepasst, das könne doch immer mal passieren. Daraus resultiere nur eine Ordnungswidrigkeit mit einem Bußgeld. Dies sei ja kein Strafverfahren.

Vor dieser milden Hintergrundmusik wirkte der sechsstellige Bußgeldbetrag allerdings wie ein Paukenschlag, den ich erst verkraften musste. Es war klar, dass dieses Bußgeld keine Kleinigkeit darstellte. Für mich und die Öffentlichkeit wäre die Bereitschaft, eine solche Summe zu bezahlen, das Eingeständnis von Schuld. Das war nicht zu akzeptieren.

Ich hatte mir vorgenommen, einzelne Vorwürfe aus dem

10

Bußgeldbescheid durchzugehen, sie zu widerlegen und damit die Staatsanwaltschaft zu einem Einlenken zu bringen. Das stellte sich aber sehr schnell als verlorene Liebesmühe heraus. Dabei standen in den Bußgeldbescheiden schon einige merkwürdige Dinge, die in gewisser Weise an die Anekdote der nicht bezahlten Startgebühr fürs Golfturnier heranreichten.

So soll ich im Frühjahr 2002 oder 2003 – das Jahr kennt man nicht genau, dafür aber den exakten Wortlaut meiner Äußerung – in der vietnamesischen Siemens-Landesgesellschaft in Hanoi einen Satz gesagt haben, der als Aufforderung zur Bestechung verstanden und deswegen geahndet werden müsse. Das Gespräch, an das ich mich selbst nicht mehr erinnere, verlief nach Aussage eines Zeugen wohl so:

Bei meinem Besuch war das Thema angeschnitten worden, dass unsere Konkurrenten Alcatel und Ericsson aufgrund der politischen Umstände eine gute Verhandlungsposition in einem konkreten Projekt innehätten, was bei Siemens als deutschem Unternehmen nicht so sehr der Fall gewesen sein soll. Alcatel als französisches Unternehmen habe schon per se in Vietnam eine gute Haltung; Ericsson als schwedisches Unternehmen gereiche zum Vorteil, dass die Schweden im Vietnamkrieg eine neutrale Haltung eingenommen hätten. Dazu hätte ich gegenüber den Mitarbeitern gesagt: »Was die können, können wir auch!«

Das war der brisante Satz. Im Unterton hätten die Gesprächsteilnehmer die Äußerung so verstanden, dass man sich im Hinblick auf Gewährung finanzieller Vorteile für Entscheidungsträger ruhig so verhalten könne, wie es gerüchteweise der Konkurrenz unterstellt wurde – also illegale Zahlungen leisten könne!

Hatte ich das gesagt? Und noch wichtiger: Hatte ich das gemeint?

Aus meiner Sicht – und das gilt noch heute – war es keineswegs so, dass wir als deutsches Unternehmen schlechtere Karten hatten als die französische und schwedische Konkurrenz. Vietnam hatte zu DDR-Zeiten – wie etwa auch die Mongolei – eine spezielle »Ostblock«-Betreuung erhalten. Viele Vietnamesen hatten in der DDR studiert. Es gab rührende Geschichten, die mir Vietnamesen erzählten, die vier Wochen mit der Eisenbahn quer durch China und Russland nach Dresden gefahren waren, um dort ihr Studium aufzunehmen. Sie hatten ihre Zeit in der DDR in allerbester Erinnerung und zu Deutschland ein ausgesprochen positives Verhältnis. Es wurde häufig hervorgehoben, dass mehr als hunderttausend Vietnamesen fließend Deutsch sprachen. In Vietnam hatte Siemens viele Freunde. Warum sollten wir gegenüber Alcatel und Ericsson im Nachteil sein?

Möglicherweise habe ich den Satz »Was die können, können wir auch!« tatsächlich gesagt. Ich empfand die Äußerung, als ich sie jetzt las, so ungefähr wie die eines Fußballtrainers, der in der Halbzeit seiner Mannschaft sagt: »Die anderen kochen auch nur mit Wasser. Nun geht mal raus und kämpft!« An angebliche und nur gerüchteweise kolportierte illegale Zahlungen der Konkurrenz habe ich, wenn ich diese Äußerung überhaupt gemacht haben sollte, bestimmt nicht gedacht. Dass man dennoch diese Bemerkung im »Unterton« als Aufforderung zur Bestechung ansehen konnte, das bezeichnete ich gegenüber der Staatsanwaltschaft – höflich, aber doch deutlich – als weit hergeholt.

Ein anderer Vorwurf resultierte aus einem Compliance-Fall, bei dem Siemens-Mitarbeiter nicht »spürbar disziplinarisch sanktioniert« worden seien. Das konnte man so sehen. Aber die nicht erfolgte disziplinarische Sanktionierung war dem Vorstand, dem ich damals angehörte, nachweislich erst drei Monate nach dem Ausscheiden der Mitarbeiter bekannt geworden. Und da gab es keine rechtlichen Möglichkeiten mehr, nachträglich »spürbare disziplinarische Sanktionen« zu ergreifen. Das – so die damalige Auskunft an den Vorstand –

verbiete das Arbeitsrecht. Die Staatsanwaltschaft nahm meinen Hinweis zur Kenntnis. Am Bußgeldbescheid änderte sich dadurch nichts.

Am bittersten fand ich den Hinweis, ich sei wiederholt vergeblich vom ehemaligen Aufsichtsratsvorsitzenden angesprochen und auf Korruptionsprobleme bei Siemens aufmerksam gemacht worden. Er behauptete, ich hätte seine frühen Warnungen vor den zu befürchtenden Sanktionen der amerikanischen Behörden nicht hören wollen.

Das war in mehrfacher Hinsicht absurd.

Die besonderen Auflagen des amerikanischen Börsenhandels hatten uns im Zusammenhang mit dem »Listing« der Siemens-Aktie in New York 2001 dazu veranlasst, ein umfassendes und grundsätzliches Compliance System bei Siemens aufzubauen. Ich persönlich hatte mich als Vorstandsvorsitzender immer wieder sehr engagiert dafür eingesetzt, im Unternehmen gegen das vermeintlich harmlose Thema Korruption entschieden vorzugehen. Korruption ist kein Kavaliersdelikt, hatte ich praktisch bei allen jährlichen Zusammenkünften unserer Führungskräfte gesagt und dies auch in Rundschreiben dokumentiert.

All dies erläuterte ich auch der Staatsanwaltschaft. Warum hätte ich mich ausgerechnet meinem früheren Vorgesetzten gegenüber diesem Thema taub stellen und ihm gar ein Gespräch verweigern sollen? Das wäre doch gar nicht möglich gewesen.

Der Termin bei der Staatsanwaltschaft dauerte insgesamt zweieinhalb Stunden; aber was auch immer ich versuchte, es war vergebens. Welchen der zahlreichen Punkte ich auch ansprach, um den behaupteten Sachverhalt richtigzustellen, die beiden Staatsanwälte saßen ungerührt da. Offenbar beeindruckten meine Argumente sie nicht. Sie wollten sie meinem Eindruck nach auch gar nicht hören. Es war niederschmetternd.

13

Das Ergebnis war unabänderlich: Am Montag würde ein Bußgeldbescheid erlassen werden: entweder der eine oder der andere. Wenn ich Vorwürfe und diffamierende Behauptungen bestreiten wollte, würde es der lange Bußgeldbescheid werden, und ich könnte mit dem Amtsrichter in einem öffentlichen Gerichtsverfahren darüber diskutieren. Wenn ich mich fügte, würde der kurze Bußgeldbescheid erlassen.

Ich erhielt übers Wochenende Zeit, darüber nachzudenken, wie groß die Erfolgsaussichten vor Gericht wären oder ob die Staatsanwaltschaft einen solchen Bußgeldbescheid mit so vielen, einfach zu widerlegenden Vorwürfen und Behauptungen überhaupt erlassen würde. Warum eigentlich diese Hast? Das frage ich mich bis heute.

Es galt abzuwägen, wie hoch der Preis eines sich lange hinziehenden öffentlichen Rechtsstreits wäre, vor allem für meine Frau, meine Kinder, meine Enkel, die schon die letzten Monate und Jahre in dem bis zur Neige ausgekosteten medialen Umfeld ihren Alltag bewältigen mussten und darunter schon genug gelitten hatten. Es war zu erwarten, dass auch der Bußgeldbescheid auf irgendeine Weise bei der Presse landen und dass dann unbewiesene Behauptungen als Fakten dargestellt würden. Alles schon da gewesen. Mit wieder neuen Beeinträchtigungen im privaten Bereich, ganz besonders für die Familie.

Es schien verlockend, diesen schon drei Jahre währenden Albtraum mit einer schnellen Unterschrift zu beenden. Nicht mehr die ständige, fast tägliche Befassung und Auseinandersetzung mit einer unerquicklichen und belastenden Angelegenheit, deren Einzelheiten auch durch intensives Studium alter Akten kaum mehr zu ermitteln waren. Endlich würde ich mehr Zeit für solche Dinge finden, die nach einem anstrengenden Berufsleben Freude und Entspannung bringen sollten. Das hieß Rückgewinnung der eigenen Beweglichkeit, unbeschwert von einem in der Öffentlichkeit ausgetragenen Verfahren.

Aber sollte ich um des lieben Friedens willen Dinge zugeben, die so nicht zutrafen?

Ich dachte immer wieder an den Satz der Staatsanwältin Bäumler-Hösl mit den zur Akzeptanz des Bußgelds ermutigenden Worten: »Es ist doch nicht so schlimm ... mal einen Fehler einräumen ... zwölf Jahre Vorstand ... ein Mal nicht aufgepasst ...«

Dr. Thomas, mein Verteidiger, bekam die Handy-Nummer der Staatsanwaltschaft, falls übers Wochenende vielleicht doch noch ein Kompromiss zu erzielen wäre. Er wagte einen letzten juristischen Vorstoß: Man könne doch eine Einstellung des Verfahrens nach § 153 a mit der Zahlung einer Geldbuße an eine gemeinnützige Einrichtung in Erwägung ziehen.

Die Staatsanwältin schüttelte den Kopf. Eine solche Verfahrenseinstellung gäbe es nur gegenüber einem Straftäter, so lautete ihr eindeutiges Statement. Und: »Sie, Herr Pierer, sind ja kein Straftäter.« Das zumindest war beruhigend.

Auftakt in Erlangen

Eigentlich wollte ich nie zu Siemens, jedenfalls nicht als Jugendlicher. Dass ich dann doch gleich nach dem Studium und meiner Assistentenzeit an der Uni dort anfing, lag an einer übermütigen Abi-Feier, die für mich sehr blutig in einem Stacheldrahtzaun endete. Ich bin ich Erlangen geboren, in Erlangen aufgewachsen und habe auch in meiner fast 38-jährigen Siemens-Zeit meinen Lebensmittelpunkt, nämlich die Familie, in Erlangen belassen. »Erlangen, die Stadt der freundlichen Langeweile« sagen manche, aber ausgerechnet dieses Langeweiler-Image brachte Erlangen 1982 in die deutschen Musik-Charts.

Die Avantgarde-Pop-Band »Foyer des Arts« rund um den Texter und Sänger Max Goldt verhöhnte in ihrem Song »Wissenwertes über Erlangen« die deutsche Provinz, egal ob Iserlohn, Bielefeld, Wolfsburg oder eben Erlangen – angeblich lassen sich die deutschen Provinzstädte mit wenigen Vokabeln umfassend beschreiben: Kirche, Marktplatz, Schwimmbad, Altes Rathaus, Einkaufszentrum. Das war doch eine sehr oberflächliche und unvollständige Betrachtung.

Denn es gab durchaus allerhand Wissenswertes über Erlangen zu berichten, etwa dass die Stadt zu den attraktivsten Wirtschaftsstandorten in Deutschland gehört. Im »Zukunftsatlas 2010« des Schweizer Wirtschafts- und Forschungsinstituts Prognos ist Erlangen in Sachen Wettbewerbsfähigkeit und Zukunftschancen auf den dritten Platz vorgerückt. Danach folgen die übrigen 409 deutschen kreisfreien Städte und

Kreise. Die Stadt ist auf Wachstumskurs, was sich auch in den Einwohnerzahlen widerspiegelt: Mit 105 000 Bürgerinnen und Bürgern leben derzeit so viele Menschen wie nie zuvor in der Stadt. Und Erlangen hat nach neuesten Angaben 96 000 Beschäftigungsverhältnisse, angesichts der nur wenig darüber liegenden Einwohnerzahl eine beachtliche Leistung.

Die Erlanger sind politisch aktiv. In einzelnen Wahlbezirken gibt es immer noch eine Wahlbeteiligung von über 80 Prozent. Aber auch die Bürgerentscheide werden sehr ernst genommen: In den letzten Jahren erreichten alle das notwendige Quorum, um wirksam werden zu können, ganz gleich ob es darum ging, die Erlanger Stadtwerke (nicht) zu verkaufen, oder um eine Durchgangsstraße durch das ehemalige Areal der US-Army, den Röthelheimpark, die in wenigen Minuten von der Innenstadt in das Naturschutzgebiet Exerzierplatz führt.

Erlangen hat nach 1945 infolge der Ansiedlung der Firma Siemens vom Wirtschaftswunder der 1950er und 1960er Jahre profitiert. Heute erlebt es als Medical Valley, das in eben jenem Röthelheimpark wächst und für das erneut die Siemens AG mit ihrer Sparte Medizintechnik die Grundlagen geschaffen hat, einen Boom, der kaum seinesgleichen findet. In Erlangen, Forchheim und im Landkreis Erlangen-Höchstadt forschen und arbeiten viele Tausend Menschen an medizinischen Geräten, in Produktion und Dienstleistungen für die Medizin und die Gesundheit.

Erlangen ist eine Stadt, die sich stets gewandelt hat – getreu ihrem Motto »Offen aus Tradition« – und dabei immer ihrer Zeit ein wenig voraus war. Bei Stadtführungen wird meist die Entwicklung Erlangens von der mittelalterlichen Altstadt zur barocken Planstadt herausgehoben. Aber ein Rundblick vom Turm der Hugenottenkirche auf das heutige Erlangen lässt erahnen, welchen Aufschwung die Stadt nach 1945 genommen hat.

Erlangen war vom Krieg glücklicherweise größtenteils verschont geblieben, die meisten Flugzeuge flogen über die Stadt hinweg und steuerten das zwanzig Kilometer entfernte Nürnberg an, das als Stadt der Reichsparteitage, Verkehrsknotenpunkt und starker Standort der Rüstungsindustrie kriegswichtiger war. Den schlimmsten Angriff erlebte Nürnberg am 2. Januar 1945, als 521 Bomber der britischen Royal Air Force 6000 Sprengbomben und eine Million Brandbomben über der Stadt abwarfen. Binnen einer halben Stunde waren die Nürnberger Altstadt und drei Rüstungsfirmen zerstört, 2000 Menschen getötet und 100 000 obdachlos.

Ich erinnere mich bis heute sehr genau an jene Nacht. Es war kurz vor meinem vierten Geburtstag, als ich an der Hand meiner Mutter aus dem Luftschutzkeller auf den Dachboden unseres Hauses stieg. Wir wohnten auf dem Burgberg im Norden von Erlangen, so dass man aus der Dachluke bis nach Nürnberg sehen konnte. Den Feuerschein in der Ferne werde ich nicht vergessen.

Erlangen überstand den Zweiten Weltkrieg fast unversehrt. Als sich Mitte April 1945 die amerikanischen Truppen im Norden der Stadt formierten, übergab der örtliche Kommandant der deutschen Truppen, Werner Lorleberg, die Stadt kampflos. Auf diese Weise vermied er einen aussichtslosen Häuserkampf im Stadtgebiet. Lorleberg selbst wurde vermutlich von SS-Männern in Wehrmachtsuniform erschossen, die sich auf dem Weg zur Verteidigung von Nürnberg, oder was davon übrig war, befanden. Aber vielleicht beging er nach der Kapitulation Selbstmord. Das wurde nie ganz geklärt.

Nach dem Oberstleutnant, der ein überzeugter, pflichtbewusster Soldat war, hat die Erlanger Bevölkerung den vormals nach Kaiser Wilhelm benannten Platz umgetauft – weil Lorleberg am 16. April 1945 die Stadt vor einer Katastrophe bewahrt hatte.

Als die ersten amerikanischen Soldaten zu uns ins Haus kamen, haben wir Kinder uns mit erhobenen Händen an der Tür aufgestellt, weil man uns gesagt hatte, das würde die amerikanischen Soldaten beeindrucken. Sie erwiesen sich dann auch als außerordentlich höflich und kinderlieb. Sie gingen ins Haus, prüften nur oberflächlich, ob außer den Kindern und Frauen noch jemand da war. Beim Hinausgehen steckte mir dann einer der Soldaten ein Stück Schokolade zu.

Die Amerikaner suchten sich in den unzerstörten Häusern im Erlanger Norden eine Unterkunft. Auch wir mussten innerhalb von vierundzwanzig Stunden unsere Mietswohnung verlassen und zu Freunden ziehen; allerdings nur für vier Wochen. Offenbar hatten die Amerikaner festgestellt, dass unsere Wohnung doch nicht so schön war, wie sie sich das vorgestellt hatten.

Wir Kinder haben uns schnell mit den amerikanischen Soldaten angefreundet. Eine amerikanische Offiziersfrau hat mich mal aufgesammelt, als ich auf der Straße gestürzt war und mir das Knie blutig aufgerissen hatte. Sie hat mich verarztet und nach Hause gefahren.

Eines Tages schenkte mir ein amerikanischer Soldat eine längliche gelbe Frucht. »Banane«, erklärte er mir, »schmeckt gut.« Und ich freute mich sehr. Doch die Enttäuschung konnte kaum größer sein: Der Geschmack war einfach widerlich; jahrelang wollte ich nie wieder etwas derart Ekliges wie eine Banane essen. Ja, der Soldat hatte schlicht versäumt, mir zu erklären, dass man eine Banane schälen muss, bevor man sie isst.

Ich habe keine allzu schlechten Erinnerungen an die Nachkriegszeit, auch wenn das Leben natürlich sehr bescheiden war. Im Winter mussten wir Holzscheite in die Schule mitbringen – zum Heizen. Weil es nicht genug zu essen gab, fuhren wir regelmäßig auf die Dörfer zum »Hamstern«. Da tauschten meine Eltern bei den Bauern Silberlöffel und andere Wertgegenstände gegen Kartoffeln oder Rüben ein. Wie mangelhaft unsere Ernährung gewesen sein muss, war an meinen O-Beinen zu sehen: Sie waren die Folge einer Stoffwechselstörung, der Rachitis, die in Europa nach den Weltkriegen durch die Mangelernährung wieder verstärkt auftrat. Lebertran war die uns dagegen üblicherweise verabreichte Medizin – fettig, fischig, miefig: fast noch schlimmer als eine ungeschälte Banane!

Mein Vater, der als Soldat auch an der Ostfront gewesen war, kehrte früh aus der Gefangenschaft zurück. Aber er fand im Nachkriegs-Erlangen keine Arbeit mehr. Er war mittlerweile fünfzig Jahre alt. Als Berufsoffizier (Oberstleutnant) hatte er keine Ausbildung, die jetzt von Nutzen war. In Erlangen fehlte es ihm an Kontakten, um als Quereinsteiger eine Chance zu bekommen. Meine Familie stammte nämlich aus Österreich und war nur durch Zufall nach Erlangen gekommen.

Mein Großvater hatte beim Militär Karriere gemacht und war unter Kaiser Franz-Joseph I. zum Feldmarschallleutnant aufgestiegen, dem zweithöchsten Generalsrang in der Armee von Österreich-Ungarn. Das war etwas Besonderes für einen Offizier bürgerlicher Herkunft und letztlich nur möglich, weil mein Großvater nach vierzigjähriger Dienstzeit ein Adelsprädikat verliehen bekam.

Als Eduard Pierer von Esch, wie er sich unter Hinzuziehung des Mädchennamens seiner Frau Valerie fortan nannte, konnte er auch in Generalsränge aufsteigen, die eigentlich dem Adel vorbehalten waren. Ich habe meinen Großvater nicht kennengelernt, aber ich besitze ein Foto von ihm an der Seite von Kaiser Franz-Joseph I. bei einem Manöver. Die Bücher von Joseph Roth vermitteln einem eine ungefähre Vorstellung vom Militär in der k. u. k. Monarchie. Das war nicht unbedingt eine besonders martialische Truppe, sondern – ohne irgendjemandem in seiner militärischen Ehre zu nahe treten zu wollen – eher eine gemütliche, statusbewusste Herrenrunde.

Dass mein in Graz geborener Vater in die Fußstapfen seines

Vaters trat und Berufssoldat wurde, entsprach der Tradition. Das Militärische hat in meiner Kindheit keine Rolle gespielt. Im Gegenteil: Mein Vater war ein Abbild des lebensfrohen, gemütlichen Österreichers, den nichts so schnell aus der Ruhe bringen konnte. Ende der 30er Jahre war er nach Deutschland übergesiedelt, um Berufsoffizier bei der Wehrmacht zu werden, und hatte nach seiner Einbürgerung das Adelsprädikat, das in Österreich 1918 abgeschafft worden war, wieder angenommen und hieß in Übereinstimmung mit dem gültigen Namensrecht seither: Leo Carl Oskar Eduard Pierer von Esch.

In meinem Pass steht dementsprechend der Name »Heinrich Pierer von Esch«, aber dieser lange Name war schon meinem fast elf Jahre älteren Bruder etwas bombastisch erschienen. Er wurde in Erlangen kurz Peter Pierer oder Peter von Pierer genannt. Diese Kurzform wurde entsprechend auf mich übertragen. In Erlangen bin ich meist ohnehin nur der »Heiner«, dabei wäre als Verkleinerungsform österreichisch eigentlich »Heini« korrekt. Die Zeiten ändern sich, und mit ihnen auch die Namen.

Nach dem Krieg kamen viele Flüchtlinge nach Erlangen, und die Bevölkerung musste enger zusammenrücken, um Platz für alle zu schaffen. Unsere Wohnung war relativ geräumig. Das Haus war ein mehr als hundert Jahre alter Fabrikbau, der irgendwann zu einem Mehrfamilienhaus umgebaut worden war. Der Kohleofen stand in der Küche, weswegen wir oft statt Puderzucker Kohlenstaub auf unseren Tellern hatten. Aber die Menschen waren froh, dass sie ein Dach über dem Kopf hatten, und meine Eltern konnten sich durch die Untervermietung einzelner Zimmer ein wenig Zubrot verdienen.

Nach dem Krieg lebte unsere Familie von der eher bescheidenen Offizierspension meines Vaters, was dazu führte, dass mein Bruder und ich früh begannen, Geld zu verdienen.

In der spartanisch eingerichteten Dachstube des Hauses, in

dem wir zur Miete wohnten, lebte ein junger Mann, Klaus Barthelt, mit seiner Frau und später auch mit ihrer kleinen Tochter. Zum Waschen oder auf die Toilette mussten sie immer in die darunter liegende Wohnung gehen. Er stammte aus Berlin, und obwohl sich die Wiener und die Berliner nicht immer gut verstehen und der Altersunterschied groß war – Klaus Barthelt Anfang zwanzig, meine Eltern um die fünfzig –, haben sich meine Eltern mit ihm angefreundet. Er war ein ausgesprochener Sympathieträger, alle mochten ihn.

Ich war vielleicht fünf oder sechs Jahre alt, da warf ich ihm aus nächster Nähe einen Schneeball an den Kopf und traf ihn genau ins Auge. Doch schneller als ich wegrennen konnte, hatte ich mir eine saftige Ohrfeige eingefangen. Mit knallroter Wange rannte ich zu meinen Eltern, um mich zu beklagen. Doch ich hatte keine Chance. Statt dem jungen Mann Vorwürfe zu machen, gaben sie ihm recht und lasen mir die Leviten.

Klaus Barthelt zog mit seiner Familie bald aus der armseligen Dachstube aus. So trennten sich die Wege. Aber dreißig Jahre später bin ich Klaus Barthelt wiederbegegnet: Er war mittlerweile Vorstandsvorsitzender der Kraftwerk Union, die später in die Siemens AG eingegliedert werden sollte. Derselbe Mann, dem ich als übermütiger Steppke einen Schneeball an den Kopf geworfen hatte, machte mich 1977 zum kaufmännischen Leiter des größten Projekts, das es bei Siemens je gab, und legte damit den Grundstein für meinen späteren Weg in dem Unternehmen.

1947 kam ich zunächst auf die Loschge-Schule und wechselte, als das Brennholz knapp und die Beheizung von zwei Schulgebäuden unmöglich wurde, mit allen anderen Kindern auf die Prinzregentenschule. Nach der Volksschule besuchte ich das Fridericianum, das humanistische Gymnasium, wo ich mit Latein als Fremdsprache begann, dann kam Altgriechisch hinzu und später auch noch Englisch. Ich habe mich stets ausgesprochen gern mit der Geschichte und vor allem der Antike befasst. Auch die griechische Geschichte, der Krieg zwischen Athen und Sparta, die Trojanischen Kriege und die Irrfahrten des Odysseus haben mich fasziniert. Platon im Original zu lesen war ein besonderes Erlebnis, obgleich ich bestimmt nicht alles verstanden und nicht richtig übersetzt habe. Aus heutiger Perspektive könnte man kritisieren, dass wir damals zu wenig neue Sprachen gelernt haben. Aber das hat sich dann später auf dem humanistischen Gymnasium etwas verändert. Darum haben wir auch unsere Tochter und unsere beiden Söhne auf das Fridericianum geschickt.

Meine Schulzeit verlief nicht besonders aufregend. Außer als ich mir einmal einen sogenannten Direktoratsarrest einhandelte, weil ich wegen einer Tennismeisterschaft die Schule schwänzte. Die Kritik der Eltern fiel milde aus, weil sie meinem Tennisausflug vorher zugestimmt hatten. Auch an der Schule wurde das eher augenzwinkernd registriert.

Schon während der Schulzeit begann ich, eigenes Geld zu verdienen. Mein Bruder Peter hatte sich schon seit längerem als Journalist bei den *Erlanger Nachrichten* betätigt und mit dem Zeilengeld sein Studium finanziert; also lag es nahe, dass auch ich den Weg in die Redaktion der *Erlanger Nachrichten* einschlug, um mir dort das Taschengeld aufzubessern. Mit sechzehn Jahren habe ich meinen ersten Artikel geschrieben, mit achtundzwanzig meinen letzten. Meistens handelte es sich um Artikel für den Sportteil, also um Berichte von lokalen Fußballspielen.

Nebenbei lernte ich, mich ordentlich auszudrücken, vor allem wie man einen komplexen Sachverhalt auf einen kurzen Nenner bringt. Denn auch ein Fußballspiel ist eine recht vielschichtige Veranstaltung, bei der allerhand passiert. Die Ereignisse von neunzig Minuten am Ende auf das Wesentliche zu reduzieren und das numerische Ergebnis erzählerisch einzuordnen und zu kommentieren, das ist die Kunst eines Sportberichts.

Der Job bei der Zeitung hat letztlich verhindert, dass ich Erlangen zum Studium verlassen konnte. Ich war jeden Tag in der Redaktion, während der Woche schrieb ich irgendwelche Kurzmeldungen, und das Wochenende war mit Sportveranstaltungen jeglicher Art voll ausgelastet, im Wesentlichen mit Fußball. Es hat eine Zeit gegeben, da hätte man mir das Foto einer Wade zeigen können, und ich hätte gewusst, welchem Erlanger Fußballspieler sie gehört.

Wenn man bedenkt, dass ich bis zu 400 DM im Monat verdient habe, dann waren es bei 20 Pfennig Zeilenhonorar immerhin 2000 Zeilen, die ich im Monat schrieb. Ein großer »Aufmacher« hat vielleicht 120 oder 150 Zeilen, aber Kurzmeldungen kommen oftmals über 10 Zeilen nicht hinaus. Da muss man also schon eine Menge Berichte zusammenstottern, um auf einen solchen Betrag zu kommen. Umso nachdrücklicher ist mir im Gedächtnis geblieben, als herauskam, dass meine Kollegen und ich unser Honorar nicht immer korrekt ausbezahlt bekamen.

Die *Erlanger Nachrichten* gehörten zu den überregionalen *Nürnberger Nachrichten*. Der Erlanger Chefredakteur verantwortete das Budget für die freien Mitarbeiter, das naturgemäß begrenzt war. Es gab viele zeitaufwändige Veranstaltungen, an denen die fest angestellten Redakteure nicht selbst zugegen sein konnten und für die man deshalb lieber einen jungen, gut motivierten freien Mitarbeiter einsetzte.

Die Sportveranstaltungen am Wochenende waren fest in der Hand der freien Mitarbeiter. Und so verdiente auch ich mein Zeilenhonorar. Mal waren es sechs, mal acht, oder wenn es besonders gut lief, auch mal 10 oder 12 DM für einen Bericht. Sauer verdientes Geld also, das erst am Monatsende ausgezahlt wurde.

Dann nämlich listete eine Sekretärin immer genau auf, wer wie viele Zeilen geliefert hatte, und entsprechend wurde das Honorar ermittelt. Jedenfalls dachten wir das. Doch wenn das

Budget für die freien Mitarbeiter überschritten war, wurden von dieser Liste immer wieder 10 Prozent gestrichen. Das Ganze kam nur deshalb ans Tageslicht, weil ein Kollege und ich, als wir eines Sonntags allein in der Redaktion waren, zufällig die Unterlagen entdeckten. Wir waren ziemlich geschockt, als wir die Listen mit den wahren Zahlen sahen. Aber wir wagten nicht, die Sache aufzudecken, weil wir als Freie Angst hatten, unseren Job zu verlieren. Als fest angestellte Mitarbeiter hätten wir uns an den Betriebsrat wenden können, aber als Freie fühlten wir uns machtlos.

Die *Nürnberger Nachrichten* galten immer eher als »links« ausgerichtet und haben sich häufig durchaus eindrucksvoll für soziale Belange engagiert. Mit meiner persönlichen Erfahrung im Hintergrund habe ich die sozialkritischen Verlautbarungen des Blattes jedoch manchmal etwas verhalten zur Kenntnis genommen. Erst als Ende der 1990er Jahre das Blatt wieder einmal die Siemens-Personalpolitik kritisierte, habe ich den Herausgeber und Verleger in einem Gespräch höflich darauf hingewiesen, dass sein eigenes Unternehmen nicht ganz unfehlbar sei und die *Erlanger Nachrichten* mir im Prinzip noch Geld schuldeten.

Noch lieber als Berichte zu schreiben, war mir freilich meine eigene sportliche Betätigung, vor allem auf dem Tennisplatz.

Von meinem zehnten Lebensjahr an habe ich jeden Sommernachmittag, wenn es nicht gerade regnete, auf dem Tennisplatz verbracht. Angefangen habe ich beim Tennis-Club Erlangen an der Ebrardstraße. Als »Clubhaus« diente eine einfache Holzbaracke, aber es gab bereits acht Tennisplätze. Unvergesslich, wie der legendäre »Tennisbaron« Gottfried von Cramm 1953 in unserem Club gegen den Südafrikaner David Lurie mit 6:2, 6:2 gewann – mehr als tausend Zuschauer drängelten sich auf der einfachen Tribüne um den Ascheplatz, und ich als Zwölfjähriger mittendrin.

Natürlich war Gottfried von Cramm ein großes Vorbild. Er war in den 1930er Jahren der populärste Tennisspieler beziehungsweise Sportler gewesen, nur Max Schmeling übertraf ihn vielleicht an Beliebtheit. Von Cramm galt als »ewiger Zweiter«. Dreimal stand er im Wimbledon-Finale, und jedes Mal verlor er. Trotzdem bewahrte er Haltung: Es sei ihm eine Freude, gegen einen Besseren zu verlieren, sagte er nach seiner zweiten Niederlage 1936. Seine Art von Fair Play hat alle sehr beeindruckt.

Mit großem Eifer und einer tüchtigen Portion Glück habe ich es 1959 als Achtzehnjähriger in Schweinfurt zum bayerischen Jugendmeister gebracht. Dann bin ich zum 1. FC Nürnberg gewechselt, wo die Herrenmannschaft in der damals höchsten Spielklasse der Oberliga spielte. Allerdings habe ich doch recht schnell eingesehen, dass ich kein überragender Tennisspieler würde und mich das Training zu viel Zeit kostete. So bin ich schon ein Jahr später wieder aus dem ehrgeizigen Training ausgestiegen und zum Turnerbund 1888 in Erlangen gewechselt, dessen Plätze am Fuß des Burgbergs liegen. Das war insofern eine doppelt richtige Entscheidung, weil ich dort nicht nur eine sportliche Heimat gefunden, sondern auch meine Frau Annette kennengelernt habe.

Wenn man in Erlangen aufwuchs, gab es nach dem Schulabschluss quasi nur zwei Welten: Die eine war die Siemens-Welt und die andere die universitätsgeprägte Welt. Die Siemens-Welt schien mir wenig attraktiv. Als Outsider hatte man den Eindruck, die festgefügte Siemenshierarchie setze sich auch noch ins Privatleben der Mitarbeiterinnen und Mitarbeiter fort.

Siemens hatte nach dem Krieg viel in der Stadt gebaut, nicht nur Fabrik- und Verwaltungsgebäude, sondern auch Mietshäuser. Es gab ein paar tausend Siemens-Wohnungen in Erlangen, die erst vor kurzem mit gutem Gewinn verkauft wurden. Wenn jemand befördert wurde, etwa zum »Oberbeamten« – so nannte man einen leitenden Angestellten bei Siemens –, dann wurde in dessen Wohnung der schwarze Klodeckel gegen einen weißen ausgetauscht. In den Büros hatte der gewöhnliche Angestellte einen Stuhl *ohne*, der »Oberbeamte« einen *mit* Armlehnen. Es gab einmal einen einarmigen Mann bei Siemens – viele waren ja versehrt aus dem Krieg zurückgekehrt –, der, weil er nicht »Oberbeamter« war, keinen Anspruch auf einen Stuhl mit Armlehnen hatte. Damit er aber gut auf seinem Stuhl sitzen konnte, brauchte er eine Armlehne. Da wurde dann ein Spezialstuhl angefertigt, der nur auf einer Seite eine Armlehne hatte, nämlich dort, wo er keinen Arm hatte. Solche Storys wurden damals zuhauf in der Stadt erzählt. Ob sie wirklich alle wahr waren, konnte man bezweifeln. Aber das spielte keine Rolle.

Selbst beim Damendoppel auf dem Tennisplatz konnte man sofort feststellen, wie die Hierarchie der Ehemänner aussah: Denn auch die Ehefrauen ließen stets erkennen, wer mit einem Prokuristen verheiratet war und wer nicht.

Zu einem solchen Unternehmen wollte ich ganz sicher nicht!

Mein Vater, der sich prinzipiell nie in unsere Entscheidungen eingemischt hat, riet mir nach meinem juristischen Staatsexamen, Notar zu werden; was ich durchaus ernsthaft in Erwägung zog. Von einer militärischen Karriere war übrigens nie die Rede. Mein Vater war seit Kriegsende Pensionär, mein Bruder, Jahrgang 1930, gehörte ohnehin zu den sogenannten »weißen Jahrgängen«, für die keine Wehrpflicht bestand. Für mich galt zwar die allgemeine Wehrpflicht. Aber es gab nicht genügend Platz für alle Abiturienten, so dass ich zunächst vom Militärdienst zurückgestellt wurde und später, als ich das dritte Semester erreicht hatte, auch nicht mehr einberufen werden konnte.

Das Jurastudium schien mir in jedem Fall eine vernünftige Entscheidung, weil mir als Jurist später viele berufliche Möglichkeiten offenstünden. Mein Bruder hatte ebenfalls Jura studiert und sich als Rechtsanwalt in der Stadt niedergelassen. Im Unterschied zu ihm nahm ich noch die Volkswirtschaftslehre als Studienfach dazu.

In Erlangen konnte man die beiden Fächer sehr gut miteinander verbinden, schon allein weil die Vorlesungen im selben Gebäude gehalten wurden. Zwar hatte ich einen vollen Stundenplan, aber das machte mir nichts aus. Die eher mathematisch orientierten Veranstaltungen habe ich gezielt vernachlässigt und lieber die Vorlesungen von Professoren besucht, die Gesamtzusammenhänge verbal darstellten.

Von Professor Horst Claus Recktenwald habe ich einiges über John Maynard Keynes erfahren. Recktenwald war Herausgeber einer Edition der Klassiker der Nationalökonomie, an der zahlreiche namhafte Ökonomen mitarbeiteten. Er selbst hat das Hauptwerk von Adam Smith *Wealth of Nations* ins Deutsche übersetzt. Seine Frau wurde später Ehrensenatorin der Universität Erlangen-Nürnberg, wo sie 1993 mit einer Stiftung den »Horst-Recktenwald-Preis für Nationalökonomie« ins Leben rief, um die Forschung auf diesem Gebiet zu fördern. Recktenwald konnte sein Wissen hervorragend vermitteln, seine Vorträge zu vermeintlich trockenen Themen wie Ordnungstheorie, Deficit Spending und Hochkonjunktur waren höchst spannend.

Ich hörte auch Vorlesungen von Professor Rudolf Stucken, der eine Zeitlang Berater der damaligen Bundesregierung war. Er war ein interessanter Gelehrter, der uns die Geldtheorie praxisnah erklären konnte.

Obgleich das Volkswirtschaftsstudium nur ein Zweitstudium war, das ich mehr zur allgemeinen Bildung betrieb, kann ich mich heute an einzelne Vorträge und Vorlesungen zur Ökonomie besser erinnern als an manche juristische Vorlesung.

Bei der mündlichen Prüfung traf ich auf den später berühmt gewordenen Ökonomen Professor Ottmar Issing. Er war erst kurz zuvor als Direktor des Instituts für Internationale Wirtschaftsbeziehungen an die Universität Erlangen-Nürnberg berufen worden, ein Posten, den er dann sechs Jahre innehatte. Viele Jahre später wurde er Chefvolkswirt und langjähriges Direktoriumsmitglied der Europäischen Zentralbank (EZB) und erarbeitete dort maßgeblich die geldpolitische Strategie. Er hat heute noch den Vorsitz einer Expertengruppe inne, die für die Bundesregierung eine Reform der internationalen Finanzmärkte entwickelt.

Ottmar Issing galt schon damals als Autorität; darum ging ich einigermaßen gut vorbereitet, jedoch etwas nervös in die mündliche Prüfung. Sie fand als öffentliche Anhörung im Hörsaal vor gut zwei Dutzend Zuhörern statt, weil es immer einen Kreis von Studenten gab, die sich über den Ablauf und Inhalt einer solchen Prüfung informieren wollten. Da eröffnete eben jener angesehene Ottmar Issing die Prüfung mit der Frage: »Was macht Ihr Tennisspiel? Sind Sie noch erfolgreich?«

Das konnte doch nicht wahr sein! Ich war auf viele Fragen vorbereitet, aber nicht auf diese. Was sollte ich bloß antworten? Zögernd, weil ich nicht sicher war, wie meine Antwort ankommen würde, sagte ich letzthin offen und ehrlich: »Na ja, heuer war die Saison nicht so gut. Ich habe mich so konzentrieren müssen auf das Studium, aber ich habe schon gespielt.« Die Reaktion war freundlich. Issing war wirklich interessiert, und so haben wir uns ein wenig über Tennis unterhalten. Dann stellte er doch noch fachliche Fragen, auf die ich zum Glück passabel zu antworten verstand, und so bekam ich am Schluss von einem sehr wohlwollenden Professor Issing eine ordentliche Benotung.

Meine mündliche Doktorprüfung in Jura dagegen verlief nicht ganz so reibungslos. Ich hatte meine Doktorarbeit bei Karl-Heinz Schwab, Professor für bürgerliches Recht und

Zivilprozessrecht, geschrieben. Ein sehr angesehener Wissenschaftler, der einige Jahre dem Stadtrat von Erlangen angehörte, im Verwaltungsrat des Bayerischen Rundfunks saß und regelmäßig Rufe an andere renommierte Hochschulen bekam, die er jedes Mal ablehnte.

Als Thema meiner Dissertation gab er mir einen Artikel, den er kurz zuvor publiziert hatte, mit dem Auftrag, die darin enthaltenen Thesen zu belegen. Es ging um teilnichtige Rechtsgeschäfte, also um die Frage, ob ein Vertrag insgesamt unwirksam ist, wenn er eine oder mehrere unwirksame Klauseln enthält. Das kann zum Beispiel der Fall sein, wenn nur eine Bestimmung eines größeren Vertrags nicht im Einklang mit dem geltenden Recht steht. Wie wirkt sich das aus? Gilt dann alles Übrige noch, oder ist der ganze Vertrag hinfällig? Es gibt eine ganze Reihe von Anwendungsfällen dafür; seiner stammte aus dem Prozessrecht. Obgleich ich den Auftrag hatte, die Thesen meines Doktorvaters zu belegen, hatte ich in meiner Arbeit das Gegenteil unternommen und sie widerlegt.

Das war natürlich nicht sehr klug. Jura ist eine Geisteswissenschaft, keine exakte Wissenschaft, in der es immer um eindeutige Erkenntnisse geht, die wahr oder unwahr, richtig oder falsch sind. In der Rechtswissenschaft kann man manches so und manches anders sehen. Es wäre mir also wohl auch möglich gewesen, zu einem anderen Ergebnis zu kommen; aber ich war damals überzeugt, dass meine Meinung richtig war, und wollte diesen Standpunkt nicht aufgeben, nur weil es opportun gewesen wäre.

Doch seinen eigenen Doktorvater, noch dazu eine Koryphäe wie Karl-Heinz Schwab, in der Dissertation zu widerlegen, ist vielleicht mutig, aber nicht geschickt. Statt eines »Summa cum laude«, wie bei wissenschaftlichen Mitarbeitern üblich – und das war ich ja –, bekam ich jedenfalls nur ein »Magna+«. Wer ein »Magna+« gibt, kann genauso gut ein »Summa« geben, dachte ich und war darüber enttäuscht.

Den Satz »Ach, Sie haben doch damals meine These widerlegt!« habe ich übrigens noch 30 Jahre später von Professor Schwab zu hören bekommen, jedes Mal wenn ich ihn traf. Diese Doktorarbeit hat auch Karl-Heinz Schwab, der ein großer und bedeutender Mann war, nicht vergessen.

Die Assistentenzeit, in der ich meine Doktorarbeit schrieb, habe ich sehr genossen. Ich arbeitete für Heinrich Hubmann, der als »Nestor des deutschen Urheberrechts« gilt. Anders als üblich setzte er mich nicht für alle möglichen umfangreichen Hilfsdienste ein, sondern ließ mich Seminare und Übungen halten, Klausuren korrigieren und manchmal auch an Gutachten mitwirken, ohne mich aber übermäßig zu beanspruchen.

Das war insofern wichtig, als ich in dieser Zeit heiratete und wir unser erstes Kind, Tochter Christiane, bekamen. Mein Schwiegervater war sehr besorgt, ob ich genug Geld verdiente, aber ich bin nie wieder so schnell befördert worden wie in dieser Zeit: Ich habe als »Hilfsbremser« begonnen, wie man junge Assistenten nannte, mit etwa 230 DM im Monat. Sehr schnell hatte ich dann eine halbe Assistentenstelle, das bedeutete schon 450 DM. Daraus wurde bald eine volle Stelle, allerdings nur als »Verwalter« einer vollen Stelle, weil ich noch nicht promoviert war, was aber schon an die 1000 DM im Monat einbrachte. Nach der Promotion wurde daraus eine ordentliche Stelle als wissenschaftlicher Assistent im Beamtenverhältnis mit 1200 DM Monatsgehalt. Anfangs bekam ich neben meinem Assistentengehalt noch die übliche Aufwandsentschädigung als Rechtsreferendar. Später, mit den verbesserten Bezügen an der Universität, entfiel diese Einnahmequelle.

Meine Frau arbeitete nach ihrer Ausbildung zunächst als medizinisch-technische Assistentin. Solange wir nur ein Kind hatten, halfen die Großeltern bei der Betreuung, später nahm meine Frau eine Halbtagsstelle an.

Unser Einkommen war nicht üppig, vor allem am Monatsende wurde es ein bisschen eng. Aber meine Frau hat lange Zeit sehr gründlich Buch geführt über unsere Ausgaben, und so hatten wir nie das Gefühl, wir könnten uns etwas nicht leisten. Man musste eben sparen, wenn man zum Beispiel Skiurlaub mit Freunden im Engadin machen wollte und seinen Beitrag zu einer gemeinsamen Ferienwohnung leisten musste.

Nur ein einziges Mal in meinem Leben habe ich um eine Gehaltserhöhung gebeten, nämlich einige Jahre später bei der Kraftwerk Union: Ich hatte innerhalb kürzester Zeit mehrfach die Stelle gewechselt, und normalerweise ist ein anspruchsvollerer Job mit einem höheren Gehalt verbunden. Da sich auf meinem Gehaltszettel längere Zeit nichts veränderte, hatte ich den Eindruck gewonnen, dass ich bei den Gehaltslesungen zwischen die Ritzen gefallen war. Ich fragte darum meinen Vorgesetzten, ob man mich möglicherweise übersehen hätte – und tatsächlich, mein Gehalt wurde sofort nach oben korrigiert.

Als ich am 1. Oktober 1969 meine erste Stelle bei Siemens antrat, habe ich dasselbe Gehalt wie als Vollassistent – so nannte man die wissenschaftlichen Assistenten im internen Sprachgebrauch – ins Gespräch gebracht. Mehr nicht. Mit den Sozialversicherungszuschlägen waren das am Ende etwa 1800 DM. Ansonsten war schon das zweite Kind, unser Sohn Michael, auf der Welt. 1800 DM für eine vierköpfige Familie – das war nicht viel. Meinen Job bei den *Erlanger Nachrichten* habe ich trotzdem sofort aufgegeben, da es zeitlich nicht mehr zu schaffen war. Umso überraschter war ich, als ich das erste Mal auf meinen Gehaltszettel schaute. Da stand etwas von über 2000 DM. Wie konnte das sein? Ein Irrtum? Natürlich nicht, es hatte unmittelbar zuvor eine Tariferhöhung gegeben, und Siemens war ein anständiger Arbeitgeber: Man hatte mich in eine bestimmte Gehaltsstufe eingruppiert, und da sich keine vier Wochen später der Tarif verändert hatte, waren 200 oder 300 DM mehr auf meinem Konto. Das war damals viel

Geld. Diese unerwartete Geste des Unternehmens hat meine Einstellung zu meinem Arbeitgeber für das ganze Berufsleben nachhaltig geprägt.

In all den Jahren seither war mein Gehalt nie ein Thema gewesen, auch später bei meinem Vorstandsvertrag habe ich kein einziges Wort über Geld verloren. Das Gehalt war einfach vorgegeben. Da wurde nicht verhandelt.

Dass ich trotz meiner ursprünglichen Bedenken am Ende doch bei Siemens landete, war die Folge eines ziemlich heftigen Missgeschicks. Als einem promovierten Juristen und Volkswirt standen mir viele Türen offen. Und ich wollte eigentlich gern mal aus Erlangen heraus. So habe ich mich zum Beispiel bei Zeiss in Oberkochen beworben und in München im Finanzministerium. Auch die Idee, Notar zu werden, war noch nicht aus der Welt. Bei meiner vorsorglichen Bewerbung zum Notar war mir sogar schon amtsärztlich bescheinigt worden, dass ich gesundheitlich auch für eine Beamtenlaufbahn geeignet wäre.

Mein Ausbilder beim Landratsamt, wo ich die Verwaltungsstation meiner Referendarzeit absolviert hatte, Dietmar Hahlweg, der spätere SPD-Oberbürgermeister von Erlangen, mit dem ich mir dann jahrelang viele engagierte und amüsante Gefechte im Erlanger Stadtrat geliefert habe, lud mich damals spontan zum Abendessen ein.

Bei dieser Gelegenheit riet er mir eindrücklich davon ab, Notar zu werden. Einfach so. Er habe mich während der Ausbildung kennengelernt und den Eindruck gewonnen, das sei nichts für mich. Siemens zum Beispiel – das wäre schon besser.

Was mich schließlich zu Siemens führte, hatte mit dem Übermut auf unserer Abiturfeier zu tun. Es war ein heißer Sommerabend 1960. Wir hatten in einem kleinen Vorort von Erlangen sehr ausgiebig unser Abitur gefeiert und reichlich Beerenwein getrunken. Beerenwein schmeckt wie Limonade, hat aber eine »verheerende« Wirkung.

Entsprechend »gut in Form« gingen wir – etwa ein Dutzend 19- bis 20-Jähriger – mitten in der Nacht durch den Wald nach Hause und gelangten dabei über den Bürgermeistersteg auf die Hindenburgstraße, wo sich einige Villen mit privaten Schwimmbädern befanden.

Übermütig stiegen wir im Dunkel der Nacht über einen der Zäune, zogen uns splitternackt aus und sprangen mit entsprechendem Lärm ins kühle Nass. Einer der Anwohner, Joachim von Oertzen, bekam wohl Angst um seine Töchter, weil lauter nackte Betrunkene in seinem Garten herumturnten. Er rief die Polizei.

Bevor die Polizei eintraf, waren wir schon über die Zäune in die nächsten Gärten und Schwimmbäder vorgedrungen. Als die Polizisten auftauchten, ergriffen wir natürlich die Flucht. Splitternackt rannte ich hinten durch den Garten, über einen Zaun hinweg, sogar noch durch ein Flüsschen, die Schwabach, hindurch in den Norden der Stadt. Dort wohnte ein Freund von mir, in dessen Haus ich mich gut auskannte. Ich wusste, dass ich mich im Keller verstecken konnte.

Erst dort stellte ich fest, dass der Zaun, über den ich im Dunkeln geflüchtet war, offenbar ein Stacheldrahtzaun gewesen war, und ich mir am ganzen Körper übelste Schnittwunden zugezogen hatte. Das Blut tropfte in einem fort auf den Kellerboden, und als mich mein Bruder, von meinem Freund benachrichtigt, kurze Zeit später dort abholte, brachte er mich sofort ins Krankenhaus.

Dort wurden meine Wunden genäht. Vor allem an den Fußsohlen hatte ich mich verletzt. Ich war in den Stacheldrahtzaun getreten, und Schmutz war in die offenen Stellen eingedrungen. Eine Sehne am Zeh konnte nicht mehr gerettet werden, aber das hat mich zum Glück nie wirklich behindert. Ich musste fast zwei Wochen im Krankenhaus bleiben, heute würde man vermutlich viel schneller nach Hause entlassen werden.

Als ich nach zwei Wochen endlich wieder laufen konnte, bin ich beschämt auf Krücken zu jenem Joachim von Oertzen gehumpelt und habe mich in aller Form entschuldigt. Inzwischen hatte er sich aber auch seine Gedanken gemacht und offenbar kein so gutes Gewissen mehr oder vielleicht sogar etwas Mitleid, weil er diesem etwas überzogenen nächtlichen Spaß durch das Herbeiholen der Polizei ein so drastisches Ende bereitet hatte. Er war damals noch Direktor bei Siemens, aber wohl schon auf dem Sprung in den Vorstand. So sagte er zu mir: »Na ja, wenn Sie mal fertig sind mit Ihrem Studium, dann kommen Sie zu mir!«

Daran erinnerte ich mich acht Jahre später wieder, als ich überlegte, welche berufliche Laufbahn ich einschlagen sollte. Ich wollte keine Möglichkeit auslassen, also schrieb ich auch an Joachim von Oertzen, der mittlerweile Personalvorstand bei Siemens in München war. Er vermittelte mich an Hans-Wilhelm Decker, den Leiter der Rechtsabteilung in Erlangen. Dieser eröffnete mir eine Perspektive, die mir tatsächlich attraktiver erschien als alle zuvor sorgfältig geprüften Alternativen.

Erste Jahre bei Siemens

Am 1. Oktober 1969 stieg ich, 28 Jahre alt, in einem meiner zwei neuen, preisgünstigen Anzüge mit frisch gebügeltem Hemd, neuer Krawatte und einer leeren Aktentasche am frühen Morgen das erste Mal die Stufen zum imposanten Siemens-Gebäude an der Sieboldstraße hoch. »Himbeerpalast« nennen die Erlanger das rötliche Hauptverwaltungsgebäude der Siemens AG.

Es entstand, weil das Unternehmen seine Hauptverwaltung nach dem Zweiten Weltkrieg aus dem zerstörten Berlin in das vom Krieg verschonte Erlangen verlegte, wo sich ohnehin eine große Fertigungsstätte für Medizintechnik des Unternehmens befand. Eigentlich wollte sich die erste Vorhut von Siemens, die aus Berlin kam, in Nürnberg einquartieren. Doch die zerstörte Stadt konnte und wollte Siemens nicht aufnehmen. Der »Himbeerpalast« beherbergte die Firmenverwaltung mit 3500 Arbeitsplätzen und wurde am 1. April 1953 bezugsfertig.

Das Gebäude steht unter Denkmalschutz. Es ist ein stolzes Symbol für das Wachstum der Stadt, die binnen zwanzig Jahren statt 40 000 mehr als 100 000 Einwohner zählte – nicht zuletzt, weil Siemens seit Kriegsende mit umfangreichen Investitionen und dem Bau von nahezu 5000 Wohnungen für eine starke Belebung der Erlanger Wirtschaft gesorgt hatte. Das moderne Erlangen legte sich wie eine schützende Hand im Süden um den barocken Stadtkern. Schulen, Kirchen, Kindergärten entstanden in zeitgenössischer Architektur, auch die ersten Hochhäuser wurden gebaut, wie etwa 1970 der »Lange Johann«, Bayerns höchstes Wohnhaus.

Als ich nun an jenem Tag das Unternehmen erstmals als fest angestellter Mitarbeiter der Rechtsabteilung (natürlich mit sechsmonatiger Probezeit) betrat, war ich selbstverständlich etwas aufgeregt. Mein damaliger Vorgesetzter, Hans-Wilhelm Decker, war auf Dienstreise. Also führte mich ein Kollege durch die Abteilung, zeigte mir, was ich unbedingt wissen musste, und stellte mich den anderen vor. Dabei wurde ich auch in der Steuerabteilung eingeführt, sozusagen die Schwester der Rechtsabteilung. Dort kam ich mit dem Erlanger Abteilungsleiter Friedrich Klein ins Gespräch, der mir einen dezenten Tipp gab: »An der Sonne bräunt sich's schneller.«

Erst verstand ich nicht, was er mir damit sagen wollte; aber dann fiel der Groschen. Im Klartext: In Erlangen wird man nichts, wer was werden will, muss möglichst rasch in die Zentrale nach München.

Solche Überlegungen interessierten mich damals aber nicht sehr; ich war gespannt auf meine neue Aufgabe und wollte nur einen guten Job machen. Das Weitere würde sich schon fügen.

Mir war bewusst, dass ich in eines der aufregendsten und vielversprechendsten Unternehmen Deutschlands eingetreten war, das zudem auf eine mehr als hundertjährige Geschichte zurückblicken konnte.

Dabei stand am Anfang dieses Unternehmensgiganten ein einzelner junger Mann, der seiner Mutter am Sterbebett versprach, für den Lebensunterhalt seiner Geschwister zu sorgen: Werner Siemens. Er war als achtzehnjähriger Bursche 1834 ins preußische Ingenieurkorps eingetreten, um zur Königlichen Artillerie- und Ingenieurschule in Berlin zugelassen zu werden – zu jener Zeit der einzige Weg für Kinder aus ärmeren Verhältnissen, um höhere Bildung zu erlangen.

Angesichts der Herausforderung, für den Unterhalt seiner

jüngeren Geschwister verantwortlich zu sein, musste er sich etwas einfallen lassen, und der junge Werner ließ sich etwas einfallen – oder besser: Ihm fiel etwas auf, nämlich dass man Besteck mit einem Goldüberzug versehen kann, wenn man es in einem elektrolytischen Verfahren veredelt. Das Patent, Messer, Gabel und Löffel per Galvanik zu »vergolden«, verkaufte sein sechs Jahre jüngerer Bruder Wilhelm an einen britischen Besteckfabrikanten und konnte mit dem Erlös von 1500 Pfund Sterling der Familie wenigstens vorübergehend aus den schlimmsten Nöten helfen.

Not macht erfinderisch, heißt es im Volksmund. Bald ging das Geld aus, und Werner Siemens tüftelte weiter. So manche Erfindung misslang oder ließ sich nicht verkaufen, aber eines Tages – es war im Jahr 1847 – kam ein Uhrmacher hilfesuchend in seine Werkstatt: Es ging um die Reparatur eines Zeigertelegraphen, mit dem damals Textnachrichten in kurzer Zeit über große Strecken übermittelt werden konnten. Siemens half, das Gerät zu reparieren, und begriff, welche Bedeutung ein solcher Telegraph in der damaligen Welt haben würde: In dieser frühen Phase der Industrialisierung und vor allem des Kolonialismus wurde es zunehmend wichtig, Informationen über immer größere Entfernungen zu übermitteln.

Gemeinsam mit seinem Freund und späteren Geschäftspartner Johann Georg Halske bastelte er aus einer Zigarrenkiste, Weißblech, Kupferdraht und einem Uhrzeiger den Prototyp eines verbesserten elektrischen Zeigertelegraphen. Am 1. Oktober 1847 gründeten die beiden die »Telegraphenbauanstalt Siemens & Halske«.

Zwei Jahre später wurden ihr Mut und Einfallsreichtum belohnt. Der Zeigertelegraph setzte sich bei einem Wettbewerb der preußischen Telegraphenkommission gegen den sehr viel komplizierter zu bedienenden Morsetelegraphen durch. Siemens bekam den Auftrag, die erste elektrische Ferntelegraphenlinie Europas von Frankfurt nach Berlin aufzubauen, später auch weitere Großstädte mit Berlin zu verbinden. In den folgenden Jahrzehnten kamen immer weitere Telegraphenlinien dazu. Aus der bescheidenen Werkstatt in einem Berliner Hinterhof in der Schöneberger Straße 19 wuchs ein Unternehmen von Weltrang: Innerhalb eines Jahrzehnts entwickelte sich der Handwerksbetrieb zu einer Produktionsstätte mit industrieller Fertigung.

Galvanik und Telegraphie waren die ersten beiden technischen Anwendungsformen von elektrischem Strom. In den privaten Haushalten gab es damals weder Telefon noch elektrisches Licht. Doch etwa 1866 entdeckte Werner Siemens – zwölf Jahre nach dem dänischen Physiker Søren Hjorth, dem allerdings keine Anwendungsform gelang – das elektrodynamische Prinzip, nämlich die Umwandlung von mechanischer Kraft in elektrische Energie durch Nutzung magnetischer Felder. So konnte er durch die Drehung einer magnetischen Spule in einem Metallkörper Strom erzeugen. Jedem ist dieses Phänomen von seinem Fahrradlicht her bekannt, bei dem aus der Drehung der Räder via Dynamo die kleine Lampe betrieben wird.

Siemens entwickelte dieses Verfahren weiter und baute leistungsfähige Generatoren, aus denen ganze Stromnetze gespeist und damit viele Tausend Haushalte in einer Stadt mit elektrischer Energie versorgt werden konnten. Auch die Versorgung von Eisenbahnen, die bislang von kohlebetriebenen Dampfloks über Schienen gezogen wurden, war nun über Stromleitungen möglich. Ab 1878 fanden Versuche zur elektrischen Beleuchtung der Berliner Straßen statt, 1879 stellte Werner Siemens auf der Gewerbeausstellung die erste elektrische Lokomotive der Welt vor, und 1881 fuhr in der Gemeinde Groß-Lichterfelde im Süden Berlins die erste elektrische Straßenbahn. Siemens trug wie kein anderer dazu bei, elektrischen Strom nutzbar zu machen, und etablierte damit nicht nur die Siemens-Sparte Starkstromtechnik, sondern veränderte das tägliche Leben in der ganzen Welt.

Zugleich erschloss Siemens seinem Unternehmen neue Geschäftsfelder im Bereich der Schwachstromtechnik. Zu dem Kabel- und Telegraphengeschäft kam bald auch die Produktion von Glühlampen und anderen elektrischen Geräten hinzu.

Sein Bemühen, an den noch jungen Technischen Hochschulen eigene Lehrstühle für Elektrotechnik einzurichten, und sein Engagement bei der Gründung der »Physikalisch-Technischen Reichsanstalt« 1887 entsprangen ganz sicher der Zielsetzung, die Spitzenforschung zu fördern und die Ausbildung des Ingenieurnachwuchses zu verbessern.

Auch als er sich mit vierundsiebzig Jahren aus der Geschäftsführung zurückzog, gab er die Wissenschaft noch lange nicht auf. In seiner kurz vor seinem Tod erschienenen Autobiographie lautet der letzte Satz: »Mein Leben war schön, weil es wesentlich erfolgreiche Mühe und nützliche Arbeit war, und wenn ich meiner Trauer darüber Ausdruck gebe, dass es seinem Ende entgegengeht, so bewegt mich der Schmerz, dass es mir nicht vergönnt ist, an der Entwicklung des naturwissenschaftlichen Zeitalters erfolgreich weiterzuarbeiten.«

Zu den vielen Erfindungen des Begründers der Elektrotechnik und der heutigen Siemens AG kamen nach seinem Tod unzählige weitere im Hause Siemens hinzu, etwa 1896 das erste Röntgenröhrenpatent, 1933 das erste Telexnetz der Welt und 1953 ein Verfahren, um das für Halbleiterbauelemente notwendige hochreine Silizium zu gewinnen.

Die Stärke des Unternehmens und seine Krisenfestigkeit basierten viele Jahrzehnte auf den beiden Säulen des Stark- und Schwachstroms. Im vergangen Jahrhundert gab es sogar den Anspruch: »Wir sind (nur) *ein* Unternehmen der Elektrotechnik, aber wir decken das *ganze* Gebiet der Elektrotechnik ab.«

Angesichts der rasanten technischen Entwicklung einerseits und des wachsenden Wettbewerbs infolge der Globalisierung andererseits ließ sich dieser Anspruch nicht aufrechterhalten. Aber noch heute hat Siemens mit seinen drei Säulen – Energie, Industrie und Medizin – ein breiteres Portfolio als fast alle seine Wettbewerber. Dies hat dazu beigetragen, dass die jüngste Wirtschaftskrise besser gemeistert wurde, als es den meisten anderen gelungen ist.

Noch wichtiger als diese Form von Branchenfokussierung war die stete Besinnung des Unternehmens auf seine vier Stärken: Erfindungsreichtum stand nicht nur Pate bei der Geburt des Unternehmens, sondern gehörte von jeher zu den Kerntugenden aller Siemens-Aktivitäten. Vom Innovationsgeist des Gründers ist das Unternehmen immer geprägt gewesen, Innovation war und ist das Lebenselixier von Siemens, dem Konzern, der durch alle Jahrzehnte immer die besten Köpfe anzog, die ihren Forschungs- und Erfindungsdrang in der Firma voll entfalten konnten – gemäß dem Lebensmotto von Werner Siemens, der in Anerkennung seiner Verdienste um Wissenschaft und Gesellschaft durch Kaiser Friedrich III. 1888 vier Jahre vor seinem Tod in den Adelsstand erhoben wurde: »Das Kunststück ist nicht, dass man mit dem Kopf durch die Wand rennt, sondern, dass man mit den Augen die Tür findet.«

Die zweite Stärke von Siemens war von Anfang an die Internationalisierung, heute Globalisierung genannt. Werner von Siemens, von dem viele Bonmots überliefert sind, schrieb bereits 1887 an seinen Bruder Carl, dass er von der Gründung eines Weltunternehmens nach dem Vorbild von Jakob Fugger von Jugend an geschwärmt habe.

Darum erstaunt es nicht, dass Siemens & Halske zu den ersten international agierenden Industrieunternehmen Europas gehörte: Bereits 1853 ging Werners Bruder Carl nach Sankt Petersburg und leitete die dortige Zweigniederlassung, 1863 entstand ein Kabelwerk bei Woolwich in England, 1883 folgte ein Werk in Wien, und schon 1892 wurde die erste Siemens-Niederlassung in Asien, die Siemens & Halske Japan Agency in Tokio, gegründet.

Inzwischen ist die Siemens AG in 190 Ländern rund um den Globus aktiv. Kaum ein anderes Unternehmen in der Welt ist vergleichbar international. Sie ist fast so präsent wie der Weltverband des Fußballs (die FIFA besteht aus 208 Nationalverbänden) oder Coca-Cola (die Company ist ebenfalls in über 200 Ländern tätig, beschäftigt allerdings weltweit nur rund 90 000 Mitarbeiter, also lediglich ein Fünftel der globalen Siemens-Belegschaft).

Die dritte große Siemens-Stärke war immer eine konservative Finanzpolitik, wenngleich das Unternehmen in den letzten Jahrzehnten oft genau dafür kritisiert worden ist – allerdings in der Regel von Investmentbankern und Analysten, die sich oft nur um Profit und Rendite kümmern. Werner Siemens hatte durchaus auch anderes im Sinn: »Ich sehe im Geschäft erst in zweiter Linie ein Geldeswert-Objekt«, schrieb er 1887 in dem bereits zitierten Brief an seinen Bruder Carl. Ihm ging es darum, ein nachhaltiges Unternehmen zu schaffen, das über sein Leben hinaus auch die nächsten Generationen versorgen würde. Das Unternehmen wurde erst nach seinem Tod, nämlich 1896, in eine Aktiengesellschaft umgewandelt. Es hat sich nie auf kurzfristige Spekulationen eingelassen.

Die Werksgebäude waren immer Eigentum von Siemens, ebenso die meisten Bürogebäude. Heute geht das Unternehmen unter dem Druck der Finanzmärkte einen anderen Weg. Es wird dafür kritisiert, dass die Eigentumsquote angeblich zu hoch und dadurch zu viel Kapital gebunden sei. Viele Bürogebäude, nicht die Werke, werden deshalb an Investoren verkauft und zurückgemietet. Dadurch kann man zwar kurzfristig enorme Buchgewinne einstreichen und auch die Bilanz verkürzen, aber man gibt Reserven auf, die in Krisenzeiten vielleicht bitter nötig werden können, und verschiebt Belastungen in die Zukunft.

Lange Zeit gab es bei Siemens die Übung: Ein Ergebnis hat drei Teile – ein Drittel schüttet man aus, ein Drittel kommt sichtbar in die Rücklagen, und ein Drittel gelangt unbemerkt in die stillen Reserven. So entstand gegen Ende des 20. Jahrhunderts unter Wirtschaftsexperten die spöttische oder vielleicht auch neidvolle Etikettierung von Siemens als »Bank mit angeschlossenem Elektrobetrieb«. Dabei hätte es eigentlich eher »Pensionsfonds mit angeschlossenem Elektrobetrieb« heißen müssen, denn ein großer Teil des Vermögens stammte aus den notwendigen Rückstellungen für die Pensionszahlungen von mehr als 100 000 Ruheständlern, denen Siemens Monat für Monat Pension und Betriebsrente zahlt.

Wie wichtig die solide Finanzpolitik für Siemens stets war, zeigte sich in der wechselseitigen Präsenz in den Aufsichtsräten; immer saß ein Vorstands- oder Aufsichtsratsmitglied der Deutschen Bank bei Siemens im Aufsichtsrat und umgekehrt.

Die vierte Stärke von Siemens ist traditionell die soziale Einstellung. Werner von Siemens sorgte sich nicht nur um seine eigene Familie, sondern kümmerte sich stets in besonderer Weise um das Wohl seiner Mitarbeiter. »Mir würde das verdiente Geld wie glühendes Eisen in der Hand brennen«, schrieb er 1868 in einem Brief an seinen Bruder, »wenn ich den treuen Gehülfen nicht den erwarteten Antheil gäbe«.

Anlässlich des 25-jährigen Firmenjubiläums gründeten die Siemens-Brüder Werner, Wilhelm und Carl 1872 eine Pensions-, Witwen- und Waisenkasse für alle ihre Beschäftigten in Deutschland, England und Russland. Auch Johann Georg Halske, der bereits 1867 aus dem Unternehmen ausgeschieden war, zahlte dafür einen Zuschuss. Damit entstand bei Siemens eine betriebliche Altersversorgung, lange bevor im Deutschen Reich eine staatliche Rente gezahlt wurde. Als Reichskanzler Bismarck 1889 eine gesetzliche Rentenversicherung im Deutschen Reich einführte, standen die Grundprinzipien der Siemens-Einrichtung Pate.

Schon Mitte der 1850er Jahre hatte »Siemens & Halske« angefangen, die Stammbelegschaft am Gewinn zu beteiligen,

1866 vergab das Unternehmen sogenannte Inventurprämien an die Mitarbeiter. 1868 erfolgte die Einführung eines Neun-Stunden-Arbeitstags, der 1891 sogar auf 8,5 Stunden verkürzt wurde. Im selben Jahr wurde mit der gewerblichen Ausbildung von Lehrlingen, 1893 mit der gezielten Fortbildung für Betriebsangehörige begonnen.

Darüber hinaus übernahm Werner von Siemens politische Verantwortung, indem er die deutsche Revolution 1848/49 unterstützte und sich als Mitglied des Deutschen Nationalvereins für die deutsche Einheit einsetzte. Er war Mitbegründer der Deutschen Fortschrittspartei und wurde 1863 ins Preußische Abgeordnetenhaus gewählt, dem er drei Jahre lang angehörte. Er unterwarf sich den Mühen komplizierter Gesetzgebungsverfahren, als er im von ihm gegründeten »Deutschen Patentschutzverein« das erste deutsche Patentgesetz entwickelte.

Durch dieses Vorbild des Gründers wuchs bei Siemens eine Tradition sozialen Engagements und Miteinanders, die sich in dem Begriff der »Siemens-Familie« widerspiegelt: Werkskantinen, Werksärzte, Werkswohnungen, Ferienheime, Sportplätze, Kindertagesstätten und Kindererholungsheime wurden bei Siemens viel eher als in anderen Unternehmen eingerichtet. Die Mitarbeiter verstanden sich als Mitglieder einer Unternehmensgemeinschaft – und konnten sich darauf verlassen. Sie zeichneten sich durch ein hohes Maß an Loyalität aus und wussten, dass das Unternehmen sie nicht im Stich lassen würde. »Hire and fire« – das hat es bei Siemens nie gegeben. Heute nennt man das nachhaltige Personalpolitik.

Als ich bei Siemens eintrat, gab es noch eine Rechtsberatungsstunde des Betriebsrats. Etwa einmal im Monat gab ein Mitarbeiter der Rechtsabteilung nach Dienstschluss im Auftrag des Betriebsrats jedem Mitarbeiter, der darum ersuchte, kostenlos eine Rechtsberatung. Die vorgesehene eine Stunde hat nie ausgereicht, meist wurden zwei oder drei Stunden in Anspruch genommen.

Das waren Fälle, so bunt wie das Leben: Einer meinte, er würde von seiner Frau betrogen, er habe sie neulich mit jemandem im Parkhaus gesehen – und er fragte, ob er sie jetzt heimlich beobachten dürfe. Ein anderer erzählte, dass die Baumwurzeln seines Nachbargrundstücks bei ihm im Garten den Rasen zerstörten und im Herbst das Laub des Nachbarn in seinen Garten falle – was er denn da machen könne?

Der schlimmste Fall war, als ein Mitarbeiter, der im vierten oder fünften Stock eines Hochhauses wohnte, berichtete, dass der Abfluss der Toilette im Stockwerk unter ihm verstopft gewesen sei. Da seien buchstäblich die Fäkalien nach oben gestiegen und in seiner Wohnung auf den Boden gelaufen. Er schilderte mir in allen Farb- und Geruchsnuancen, wie sich der Unrat knöcheltief ausgebreitet hatte, als er nach dem Urlaub heimkam. Zum Glück war er versichert, es erwuchs ihm also kein finanzieller Schaden. Aber er schüttelte sich und sagte: »Ich kann in dieser Wohnung nicht mehr bleiben. Das geht nicht!« Ob aufgrund des Vorfalls ein sofortiges Kündigungsrecht bestehe?

Nach kurzer Überlegung habe ich ihm gesagt: »Ja, da können Sie kündigen. Das ist unzumutbar. Das würde jeder Richter verstehen, wenn Sie dem beschreiben, wie es in der Wohnung ausgeschaut hat, als Sie die Tür aufgemacht haben.«

Meine schönste Rechtsberatung fand 1970 statt, als ein Mitarbeiter aus dem Iran zu mir kam und sagte: »O je, die wollen mich ausweisen.« Ich erkundigte mich nach seinen Lebensumständen, nach Familie, Freunden, Perspektiven. Darauf erzählte er mir, er habe eine deutsche Freundin und die liebe er sehr, deswegen wolle er auch nicht wieder zurück, sondern lieber in Erlangen bleiben. Da habe ich ihm gesagt: »Passen Sie auf, das klingt vielleicht nicht so, ist aber doch ein juristischer Rat: Heiraten Sie Ihre Freundin und schauen Sie, dass sie so schnell wie möglich ein Kind bekommt! Dann erhalten Sie ein Bleiberecht.« Genau das hat er getan, geheiratet, ein

Kind bekommen und später noch eins. Die Kinder habe ich in der Folge oft auf dem Tennisplatz gesehen. Ihn selbst treffe ich heute noch ab und an auf der Straße, und dann lachen wir uns zu. Der Rat hat offenbar nicht nur in juristischer Hinsicht gestimmt.

Die eigentliche Arbeit in der Rechtsabteilung war am Anfang nicht sehr aufregend. Damals haben wir häufig selbst Gutachten zu verschiedenen Themen erstellt und dabei auch Verantwortung übernommen. Das war kostengünstiger als eine Fremdvergabe, aber es erforderte auch Mut, denn wenn man etwas schrieb, was sich später als nicht zutreffend erwies, konnte es unangenehm werden. Heute würde man solche Gutachten wohl eher an eine externe Kanzlei vergeben, um sich gegen mögliche Ansprüche und gegen Kritik abzusichern.

Natürlich versucht man in einem Gutachten, alle Optionen abzuwägen, beispielsweise ob man einen Prozess führt, sich gegen das unfaire Verhalten eines Geschäftspartners zur Wehr setzt oder ob man lieber darauf verzichtet, weil die Erfolgsaussichten zu gering sind. Aber wenn der Rat suchende Abteilungsleiter am Ende aller Überlegungen fragt: »Und was soll ich jetzt machen?«, dann muss man eine Antwort geben. Genau für diese Situation musste man erst einmal eine klare Position beziehen und Vertrauen gewinnen. Nicht von ungefähr haben häufig manche Kollegen die Zusammenarbeit mit Juristen gescheut, weil diese sich nur selten haben festlegen wollen, vor allem die Kaufleute konnten mit den endlosen Einerseits-andererseits-Einlassungen der Juristen nichts anfangen.

»Denken wir mal nicht juristisch, denken wir mal realistisch.« Und: »Haltet uns die Juristen vom Leib!« Das waren beliebte Sprüche bei Siemens. Es kostete manchmal mühsame Überzeugungsarbeit, bis sich die Kollegen überhaupt angehört haben, was juristisch möglich war.

Wie sich heute Vertreter der Wirtschaft mitunter mit Gutachten »bewaffnen«, um eine Position zu rechtfertigen oder zu untermauern, und sich auch renommierte Juristen dazu hergeben, solche Gutachten bei Bedarf und auf Verlangen zu schreiben, ist freilich eine ganz andere Sache.

Ich hatte großes Glück, dass ich mir aussuchen konnte, für welchen Unternehmensteil ich juristisch arbeiten wollte. Aus verschiedenen Gründen habe ich mich für das Kraftwerksgeschäft entschieden. Zum einen weil es mich interessiert hat – die Energiebranche war schon damals eine Zukunftsbranche –, zum anderen weil in diesem Geschäftsbereich komplexe juristische Fragestellungen bewältigt werden mussten.

Dabei habe ich zunächst nicht einmal gewusst, was das Kürzel bedeutet. KWU stand für Kraftwerk Union. Das Unternehmen war erst kurz zuvor als Zusammenschluss der Kernkraftwerksbereiche von Siemens und AEG gegründet worden, nämlich 1969. Bis dahin hatte AEG basierend auf der Technik des US-Konzerns General Electric Siedewasserreaktoren und Siemens ursprünglich in Lizenz des US-Konzerns Westinghouse Druckwasserreaktoren gebaut. Es ging aber auch um die Zusammenarbeit bei den nicht nuklearen Kraftwerkstechniken, also um Dampfturbinen und Generatoren und um das sogenannte konventionelle Kraftwerksgeschäft. Große Werke befanden sich in Berlin und Mülheim.

Die ersten Kernkraftwerke wurden in Deutschland gebaut, aber sehr früh hatte Siemens schon mit der Errichtung eines Kernkraftwerks im Ausland begonnen, nämlich in Argentinien. Mein erstes Rechtsgutachten im Kraftwerksgeschäft betraf dann auch das Kernkraftwerk Atucha, einen Schwerwasserreaktor in der Provinz Buenos Aires. Projektbeginn war 1968, in Betrieb ging die Anlage am 19. März 1974.

In der Zwischenzeit war allerhand zu tun, technisch, kaufmännisch und eben auch juristisch – und natürlich auch vor Ort. So kam es, dass mich meine erste richtige Auslandsreise nach Argentinien führte.

Reisen war damals noch nicht so selbstverständlich wie heute. Natürlich wäre ich gern einmal ans Mittelmeer gefahren, was in den 1960er Jahren viele Deutsche machten, wenn sie es sich leisten konnten. Aber das war finanziell gesehen völlig ausgeschlossen. Meine Eltern sind irgendwann in dieser Zeit mit der Eisenbahn nach Italien gefahren – in der Nachsaison, in eine drittklassige Pension, weil meine Mutter unbedingt mal ans Meer wollte, das war aber alles.

Eine meiner ersten Reisen führte mich nach München, in die Sportschule Grünwald, das war nicht weit, aber ein besonderes Ereignis: Immerhin galt die Sportschule Grünwald als Wiege des »Wunders von Bern«: Sepp Herberger hatte hier die legendäre Fußball-Elf für die Fußball-WM 1954 trainiert. Ich war mit fünfzehn Jahren mittelfränkischer Tennisjugendmeister geworden, und zur Belohnung durfte ich mit der Eisenbahn zu einem Lehrgang nach München, Sportschule Grünwald.

Später bin ich mit achtzehn Jahren zur Deutschen Tennisjugendmeisterschaft nach Köln gefahren. Auch diese Reise war ein aufregendes Erlebnis. Meine erste Flugreise habe ich erst als Erwachsener bei Siemens unternommen, sie führte mich 1970 drei Tage nach Berlin. Ich hatte nur kleines Gepäck dabei, ein wenig Wäsche zum Wechseln, aber nur den einen Anzug und die Krawatte, die ich auch auf der Reise trug. Daran erinnere ich mich deshalb so genau, weil die Flugzeuge in dem ihnen zugewiesenen Korridor nur in relativ geringer Höhe fliegen durften und deswegen besonders anfällig für Turbulenzen waren. Es kam, wie es kommen musste: Als das Flugzeug in irgendeinem Luftloch kurz absackte, bekleckerte ich mich mit dem gerade servierten Kaffee. Die folgenden Tage hatte ich dann einige Schwierigkeiten, ordentlich auszusehen.

1972 trat ich also meine erste richtige Auslandsreise an, um in Argentinien Details rund um das Kernkraftwerk Atucha zu klären.

Der Schwerwasserreaktor, der dort zum Einsatz kam, kann mit Natur-Uran betrieben werden, das nicht angereichert werden muss, was allerdings die Konstruktion des Reaktors technisch sehr anspruchsvoll macht. Bei solchen Riesenprojekten »first of its kind« tauchten immer unerwartete Probleme auf. Nichts Unlösbares. Aber trotzdem kam es dadurch zu Verzögerungen, und für den Kunden und uns entstanden erhebliche Mehrkosten. Natürlich gab es einen Vertrag, in dem das meiste geregelt war, aber eben nicht alle Details, also entstanden viele juristische Fragen – und darum musste ich mit.

Bei dieser Gelegenheit habe ich ein paar Brocken Spanisch gelernt. Nie vergessen werde ich die Redewendung »de ninguna manera«. Der gegnerische Anwalt konnte kein Englisch, deswegen wurde alles per Dolmetscher vom Englischen ins Spanische und zurück übersetzt. Und egal, was ich anbot, immer begann er: »De ninguna manera!« Die Übersetzung des Dolmetschers fiel dann oft etwas differenzierter aus, er übersetzte ja nicht Wort für Wort. Irgendwann habe ich ihn gefragt, was dieses »de ninguna manera« denn eigentlich bedeute. »Oh«, sagte er überrascht, »das heißt ›auf gar keinen Fall‹!«

In dieser Zeit wütete im argentinischen Nachbarland Uruguay die nicht ungefährliche Nationale Befreiungsbewegung der Tupamaros. Das war insofern für unser Projekt von Bedeutung, als das Kraftwerk Atucha in der Nähe der Stadt Zárate im östlichen Argentinien lag, und zwar an einem der Arme des Río Paraná, eines der längsten Flüsse der Welt, der zusammen mit dem fast 2000 Kilometer langen Rio Uruguay den 220 Kilometer langen Mündungstrichter Rio de la Plata bildet. Will man aus Buenos Aires nach Montevideo, der Hauptstadt Uruguays, dann führt der kürzeste Landweg über eine Brücke über den Río Uruguay, also wenige Kilometer an dem Kernkraftwerk vorbei.

Die Tupamaros, die der Stadtguerilla entsprangen und anfangs nur durch ihre Propaganda aufgefallen waren, hatten sich seit 1970 zunehmend radikalisiert. So war es zu ersten Anschlägen in den Großstädten und zur Entführung und Ermordung hochgestellter Persönlichkeiten gekommen.

Weihnachten 1973 waren die Tupamaros auf dem Höhepunkt ihrer Aktivitäten. Wieder einmal stand eine Reise nach Argentinien an, aber kein Techniker und kein Kaufmann war bereit, zu dieser Zeit die Strapazen der Reise auf sich zu nehmen – und so mancher wollte sich vielleicht auch nicht der Gefahr aussetzen, die in der umkämpften Region auf Vertreter der Großindustrie lauerte. Die Führungsmannschaft von Siemens Argentinien war damals zeitweise nicht mehr in Buenos Aires, sondern in Uruguay im Hotel untergebracht.

Ich aber musste nach Buenos Aires. In meinem Hotel waren nur noch die beiden obersten Etagen von Gästen bewohnt. Zwei Hotels in der Nachbarschaft waren ganz geschlossen. Ein paar Männer mit auffällig dicken Taschen saßen oben im Gang – offenbar Wachleute mit irgendwelchen Waffen. Das war schon ein seltsames Gefühl.

Bei den Verhandlungen verging viel Zeit, in der nichts geschah. Die Argentinier ließen mich immer nur ein oder zwei Stunden pro Tag antreten, hörten sich an, was ich zu sagen hatte, und zogen sich dann wieder zu Beratungen zurück. In der Zwischenzeit ging ich einkaufen. So viele Weihnachtsgeschenke wie damals habe ich meinen Kindern nie mehr von einer Reise mitgebracht. Trotz der zähen Verhandlungen erreichten wir am Ende aber doch eine vernünftige Lösung.

Nach und nach gewöhnte ich mich an die Betreuung von Großprojekten, bei denen es immer gleich um enorme Geldsummen ging und entsprechend hart verhandelt wurde. Ich lernte jeden Tag dazu, versuchte, allmählich auch komplizierte technische Zusammenhänge zu verstehen, so dass ich das Nötige wusste, um die juristischen Fragen zu beantworten, und so sammelte ich Stück für Stück auch internationale Erfahrung.

Im September 1974 – ich war dreiunddreißig Jahre alt, also noch relativ jung, aber es gab damals keinen Juristen im Unternehmen, der in Kraftwerksfragen über mehr Erfahrung verfügte als ich – landete plötzlich ein »Letter of Intent« auf meinem Schreibtisch. So nennt man eine Absichtserklärung, die von den Vertragspartnern in einem frühen Stadium der Verhandlung unterzeichnet wird, wenn zahlreiche Detailfragen noch nicht geklärt sind, aber man sich grundsätzlich schon einig ist, dass es zum Abschluss eines Vertrags kommen wird. Ein »Letter of Intent« ist von großer Bedeutung, weil gerade bei Großprojekten die beteiligten Unternehmen in hohem Maße in Vorleistung gehen und sich deswegen durch diese Absichtserklärung wechselseitig zur Zusammenarbeit, zu Vertraulichkeit, Verschwiegenheit und, was den Kunden betrifft, häufig auch zu ersten Zahlungen verpflichten.

Bei dem »Letter of Intent« ging es um ein Kernkraftwerk im Iran, dessen Leistungskraft noch unklar war. Das konnten 600 oder auch 1200 Megawatt sein, was etwa der damaligen Spannbreite von Kraftwerksleistungen entsprach.

Zur Orientierung: Das inzwischen stillgelegte Kraftwerk Obrigheim im Odenwald brachte eine Bruttoleistung von 357 Megawatt, das Kraftwerk Atucha 335 Megawatt und das damals wohl modernste Kraftwerk Biblis A eine Leistung von 1225 Megawatt. Das allererste kommerziell betriebene Kernkraftwerk in Calder Hall in Großbritannien, das 1956 ans Netz ging, wies nur eine Leistung von 50 Megawatt auf. Das leistungsstärkste Kraftwerk der Welt ist heute das Kraftwerk Kashiwazaki-Kariwa in Japan mit sieben Reaktorblöcken und einer Gesamtleistung von über 8000 Megawatt.

Der »Letter of Intent«, den die Iraner vorgelegt hatten, war also hinsichtlich der technischen Aspekte und des Auftragsvolumens noch vage, was die juristische Beurteilung kompliziert machte. Es war etwa so, als müsse man einen Kaufvertrag inklusive Produktionsplan für ein Fahrzeug abschließen, das entweder ein Kleinwagen oder eine Großraumlimousine sein kann. Darüber hinaus stand in dem Papier vieles, was aus Siemens-Perspektive nicht akzeptabel war. Meine Aufgabe war, einen geeigneten Gegenentwurf auszuarbeiten, der auch die Verhandlungsspielräume berücksichtigen musste.

Kurz danach begann die Verhandlung in Teheran. Für den von mir zu vertretenden juristischen Teil waren zwei Punkte besonders heikel. Der eine betraf die bei internationalen Geschäften übliche Schiedsklausel, die im Falle von Rechtsstreitigkeiten die staatliche Gerichtsbarkeit ausschließt und ein unabhängiges Schiedsgericht vorsieht. Es ist bekannt, dass die Gerichtsbarkeit in manchen Ländern nicht sonderlich vertrauenswürdig ist oder nicht den Ansprüchen von westlichen Rechtsstaaten entspricht, oder dass man ganz einfach die Neutralität der Richter in Frage stellt. Bei Vertragsabschluss einigt man sich darum darauf, vor welchem Schiedsgericht man sich im Fall eines Streits trifft. In der Regel wird ein Schiedsgericht gewählt, bei dem keine der Streitparteien einen »Heimvorteil« hat.

Im Iran war eine solche Schiedsklausel damals nicht üblich. Aber natürlich war uns sehr daran gelegen, dass bei einem derart komplizierten Auftrag wie einem Kernkraftwerk klar geregelt wird, welches unabhängige und vertrauenswürdige Gericht im Zweifelsfall strittige Fragen klären würde. Doch die iranischen Verhandlungspartner lehnten das kategorisch ab. Auf alle Argumente, die wir vortrugen, kam die ablehnende Antwort: »Das kann ich nicht akzeptieren. Da hat die Regierung etwas dagegen. Die machen mich einen Kopf kürzer. Der Vertrag muss sich mit iranischem Recht decken und im Streitfall von einem iranischen Gericht entschieden werden.«

Genau das aber wollten wir nicht! Zum Glück hatte ich aber schon bei meinen Vorbereitungen auf die Verhandlungen in alten Verträgen, die Siemens mit iranischen Unternehmen geschlossen hatte, nach Referenzen gesucht. Tatsächlich hatte ich in einem anderen Unternehmensfeld – es war wohl die Kommunikationstechnik, und es waren auch Partner aus den USA am Vertrag beteiligt – einen von beiden Seiten unterschriebenen Vertrag entdeckt, in dem genau eine solche Schiedsklausel enthalten war. Den legte ich nun auf den Verhandlungstisch in Teheran: »Schauen Sie, bei diesem Projekt haben Sie die Schiedsklausel schon einmal akzeptiert. Da dürfte es doch kein Problem sein, sie auch hier zu akzeptieren.«

Damit konnte sich unser Verhandlungspartner nicht länger herausreden, und es wurde eine Schiedsklausel vereinbart. Im Streitfall würden wir uns vor dem Schiedsgericht der Internationalen Handelskammer Paris treffen. Wie wichtig diese Klausel eines Tages sein würde, ahnte damals noch keiner von uns.

Der zweite heikle Punkt bei diesem großen Kraftwerksvertrag betraf die Frage, was passiert, wenn Siemens aus irgendwelchen Gründen zeitlich in Verzug gerät, also den Liefertermin nicht halten kann. Das ist bei solchen großen Projekten in einem fernen Land unter schwierigen örtlichen Bedingungen mit Hunderten von Unterlieferanten, die am Bau beteiligt sind und für die der Generalunternehmer KWU die Verantwortung trägt, nicht nur nicht auszuschließen, sondern die Regel.

Die Kunden wollen aber natürlich verhindern, dass der Auftragnehmer die Termine überschreitet, und versuchen, jede Verzögerung mit besonders drastischen Sanktionen zu belegen. Deshalb wollten die Iraner damals, wenn es zu Verzögerungen käme, nach bestimmten Fristen die Möglichkeit haben, vom Vertrag zurückzutreten. Das hätte für Siemens im Ernstfall dramatisch ausgehen können. Man stelle sich vor: Da hat man schon ein paar Milliarden Mark verbaut, dann geht irgendetwas schief, man gerät aus dem Zeitplan, und prompt sagt der Kunde erbarmungslos: »Vorbei! Wir annullieren den Vertrag.« Und sei es nur, um rigorose Forderungen auf Schadensersatz durchzusetzen.

Also musste eine entsprechende Formulierung gefunden werden, die die Liefertermine so weit aufzuweichen half, dass in jedem erdenklichen Fall Siemens die Möglichkeit hatte, die Arbeit fortzusetzen. Aus der Siemens-Perspektive hatten wir für den Ernstfall im Vertrag festgehalten, dass der Kunde – selbst bei noch so viel Verzug – nie zurücktreten könnte, sondern immer wieder Nachfristen setzen müsste. Eine solche im internationalen Geschäft eher ungewöhnliche Klausel haben wir am Ende für den »Letter of Intent« tatsächlich durchgesetzt.

Als wir Mitte Oktober von unserer knapp zweiwöchigen Verhandlungsrunde aus Teheran zurückkehrten, hatten wir eine Absichtserklärung über ein Riesenvolumen in der Tasche: Im unterschriebenen »Letter of Intent« stand nicht ein Kraftwerk mit 600 Megawatt, auch nicht eines mit 1000 Megawatt, sondern eine Anlage mit zwei Reaktorblöcken von jeweils 1200 Megawatt!

Das war der größte Auftrag, den Siemens bis heute bekommen hat. Das waren damals vielleicht 12 Milliarden DM, mit allem, was dazugehörte, wie langjährige Lieferungen von Brennelementen und sogar die Beschaffung von Natururan und Leistungen zur Anreicherung des Urans. Wohlgemerkt 1974 – um den heutigen Wert zu errechnen, müsste man das wahrscheinlich mal drei nehmen …

Mich hat dieser Vertrag – und das iranische Kernkraftwerk – während meiner ganzen Siemens-Laufbahn beschäftigt, sogar noch über die Zeit als Aufsichtsratsvorsitzender hinaus. Denn nun ging es ja erst richtig los!

Das Iran-Unternehmen

Das Kraftwerk Bushehr im Iran war auch ein Projekt, das auf die Agenda der großen Weltpolitik rücken würde. Aber das ahnte damals noch niemand.

Als der »Letter of Intent« am 19. November 1974 verabschiedet war, stand der Bauplatz für das Kraftwerk noch nicht einmal fest. Dabei ist der Bauplatz doch schon bei der Kalkulation einer der wesentlichen Faktoren: Es macht eben einen Unterschied, ob das Kraftwerk gewissermaßen vor der Haustür an der Isar oder am Rhein oder knapp 4000 Kilometer entfernt entsteht. Schließlich müssen große Bauteile wie Turbinen, das Reaktordruckgefäß oder die Dampferzeuger an die Baustelle transportiert werden.

Außerdem braucht man für den Bau eines Kraftwerks an einem solchen Standort im Ausland einige Tausend einheimische Bauarbeiter, dazu zahlreiche Experten, die extra aus Europa eingeflogen werden müssen. Sie alle müssen vor Ort untergebracht werden, was in den eher dünn besiedelten Gebieten, in denen Kraftwerke üblicherweise errichtet werden, keine leichte Aufgabe ist. In der Regel werden dafür spezielle Siedlungen angelegt, die am Ende der jahrelangen Bauzeit wieder abgerissen oder neuen Nutzungen zugeführt werden, zum Beispiel der Unterbringung des Betriebspersonals. Dann spielte für die Ausführung der Anlage auch noch die Beschaffenheit des Geländes eine große Rolle. Insbesondere ging es darum, welche Parameter für mögliche Erdbeben bei der Auslegung zu berücksichtigen waren. Auch die Temperatur des zur Kühlung der Anlage eingesetzten Meerwassers war von großer Bedeutung. Und vieles andere Standortbezogene mehr.

Anfang der 1970er Jahre, als wir die Verhandlungen über den Bau des Kraftwerks aufnahmen, wurde der Iran im westlichen Sprachgebrauch immer noch »Persien« genannt. Das Land ist insgesamt so groß wie Spanien, Frankreich und Deutschland zusammen, hat allerdings weniger Einwohner als Deutschland.

Der Ort, an dem das Kraftwerk schließlich errichtet werden sollte, befand sich am Persischen Golf in der Nähe der Stadt Bushehr in der gleichnamigen Provinz, die etwa so groß wie Mecklenburg-Vorpommern ist. Die iranische Hauptstadt Teheran liegt etwa 700 Kilometer entfernt. Das Kraftwerk entstand also »in the middle of nowhere«.

Knapp acht Monate nach der Zustimmung zum »Letter of Intent« starteten im Juli 1975 die Bauarbeiten mit dem feierlichen ersten Spatenstich. Doch die Vertragsverhandlungen waren zu diesem Zeitpunkt noch lange nicht abgeschlossen. Eigentlich begannen sie gerade erst. Die am Bau beteiligten deutschen Bauunternehmen Hochtief und Dyckerhoff & Widmann (DYWIDAG) mit Hochtief als Federführer und einer kleineren iranischen Baufirma als zusätzlichem Partner hatten sich zu einem Konsortium zusammengeschlossen. Für das Gesamtkraftwerk lag die Führung bei der Kraftwerk Union.

Das hieß, dass zwar der Auftrag gemeinsam abgewickelt wurde, die Baufirmen und KWU aber auf eigenes Risiko arbeiteten. Entsprechend nervös waren alle Beteiligten; es ging schließlich um hohe Risiken und furchtbar viel Geld – nicht nur für Siemens, sondern noch mehr für die beteiligten Baufirmen. Sehr schnell waren ein paar hundert Millionen Mark verbaut – auf der Basis eines bloßen »Letter of Intent« und ohne bindenden Vertrag.

Als ich anfangs manches Mal in den Verhandlungen Bedenken vortrug, weil mir die vertraglichen Zugeständnisse zu groß erschienen, bekam ich oft von den erfahrenen Kollegen zu hören: »Stellen Sie sich nicht so an mit Ihrem Vertrag. Die Iraner zahlen! Das ist wichtig!« Man fürchtete, ich würde durch meine Bedenken den Zeitplan zu sehr aufhalten. Doch die Verhandlungen waren ohnehin mühsamer als erwartet und zogen sich nicht nur Tage und Wochen, sondern Monate und insgesamt dann mehr als anderthalb Jahre hin.

Seit mehr als einem Jahrzehnt regierte im Iran Schah Mohammad Reza Pahlavi, der aus dem Agrarstaat einen modernen Industriestaat formen wollte. Er galt den westlichen Industrieländern als verlässlicher Wirtschaftspartner, wenngleich sich in Deutschland gegen sein undemokratisches Regime politischer Protest formiert hatte. Schon am 2. Juni 1967 hatte es jene berühmte Anti-Schah-Demonstration in Berlin gegeben, die als Auftakt der '68er-Revolution in Deutschland gilt. An jenem Tag war der Student Benno Ohnesorg von einem Westberliner Polizisten und, wie sich später herausstellte, ehemaligen IM des Ministeriums für Staatssicherheit der DDR durch einen Schuss in den Hinterkopf getötet worden.

Der Iran, als eines der Mitglieder der Organisation erdölexportierender Länder (OPEC) eine der mächtigsten Ölnationen der Welt, stand stets im Fokus des politischen Interesses der westlichen Industrieländer. Die USA versuchten durch die Finanzierung der Rüstungsaktivitäten des Landes, den Iran innerhalb der Region gegen mögliche Anfeindungen zu stabilisieren. Aber auch der große Gegenspieler der USA, die Sowjetunion, schloss Anfang der 1970er Jahre Abkommen mit dem Iran, die die weitere wirtschaftliche und technische Zusammenarbeit zum Gegenstand hatten.

1975 ahnte noch niemand, wie sehr sich die innenpolitischen Spannungen im Iran in den nächsten Jahren verschärfen würden. 1979 sollte dann die Islamische Revolution den Iran und in Folge auch die weltpolitische Ordnung grundlegend verändern. Wie viele andere gingen auch wir damals davon aus, dass sich im Iran der Demokratisierungsprozess, den der Schah begonnen hatte, fortsetzen würde und die radikalen Kräfte sich nicht durchsetzen könnten.

Das war der Hintergrund, vor dem Siemens zur Planung und Umsetzung dieses gewaltigen Infrastrukturprojekts im Iran antrat. Das Land, dessen Reichtum vor allem auf Öl basierte, wollte für die Zeit nach dem Versiegen der Ölquellen wirtschaftliche Substanz aufbauen. Elektrizität – das wusste man aus der europäischen Geschichte – war der Schlüssel zum Umbau einer Agrargesellschaft zu einer modernen Industrienation. Das Kraftwerk sollte dazu beitragen, den überwiegend immer noch in bitterer Armut lebenden Menschen im Iran allmählich eine bessere Lebensführung zu ermöglichen.

Unsere Verhandlungsrunde muss man sich wie eine mittelgroße Konferenz vorstellen. Auf der einen Seite saßen die Vertreter der Iranischen Atomenergieorganisation »Atomic Energy Organization of Iran« (AEOI), einer in Teheran ansässigen Behörde, die für alle kerntechnischen Anlagen des Landes verantwortlich war. Auf der anderen Seite saß ein kleines Team aus verschiedenen Siemensabteilungen, also im Kern ein Techniker, ein Kaufmann – und eben ich als Jurist sowie zumindest anfangs noch Vertreter der beteiligten Baufirmen.

Je mehr man in die technischen Details einstieg, desto mehr Fachleute mussten hinzugezogen werden. Die erste Verhandlungsrunde fand in Zürich statt, da waren wir noch eine kleine Gruppe. Die nächste in Wien war schon etwas größer. Bei der dritten Runde im Hotel Überfahrt in Rottach-Egern am Tegernsee zählten wir in der Spitze bestimmt schon siebzig Personen. Dann saßen in einem Raum die vier oder fünf Verhandlungsführer beider Seiten, und in den benachbarten Räumen verhandelten kleine Expertenteams über die technischen, finanziellen und organisatorischen Anhänge des Vertrags.

So spielte zum Beispiel in den Verhandlungen das Trainingsprogramm eine wichtige Rolle. Es sollten im Zuge der Kooperation Hunderte von Iranern ausgebildet werden, damit sie später das Kraftwerk eigenständig betreuen könnten. Allein für dieses Trainingsprogramm galt es, unendlich viele Fragen zu beantworten: Was genau sind die Trainingsinhalte? Wer lernt was in welchem Zeitraum? Welches Wissen behält Siemens für sich, welches gibt es weiter? Man kann sich leicht vorstellen, dass die beiden Vertragsparteien da unterschiedliche Vorstellungen hatten. Jedenfalls kamen die Kollegen immer wieder aus den Nebenräumen zu uns, um sich Rat und Entscheidungen zu holen.

Wenn man monatelang zusammenarbeitet, dann entwickelt sich entweder ein absolutes Vertrauensverhältnis, oder es kracht. Darum spielten auch Nebensächlichkeiten eine große Rolle. In Wien habe ich beispielsweise in einer Nacht mit dem iranischen Verhandlungsführer getrunken – leider so viel, dass ich am nächsten Tag nicht mehr zur Verhandlung gehen konnte. Mir war das entsetzlich peinlich, da überdies mein Trinkgenosse am nächsten Morgen souverän wie immer die Verhandlung leitete. Aber letztlich hat das meinem Renommee eher geholfen: Offenbar fanden die Iraner es ganz sympathisch, dass ich da »geschwächelt« hatte.

Wir mussten aber nicht nur mit den Iranern auf der Kundenseite verhandeln, sondern auch mit den Konsortialpartnern auf unserer Anbieterseite – und das war manchmal noch schwieriger. Zwar gab es den »Letter of Intent« mit dem Kunden, aber für den Fall, dass die Verhandlungen scheiterten, hatte das Konsortium eine Bankgarantie geben müssen, mit der mögliche Rückforderungsansprüche der Iraner in Bezug auf die von ihnen geleistete hohe Anzahlung abgesichert werden mussten. Schlimmstenfalls hätten die Iraner den Auftrag platzen lassen, die Bankgarantie gezogen, und dann wäre mal eben eine Milliarde DM weg gewesen. Eine solche Summe ist auch für einen Konzern wie Siemens kein Pappenstiel. Zwar hätte Siemens möglicherweise die großen Kraftwerkskomponenten genauso wie die vielen technischen Einzelteile, die in einem Kraftwerk verbaut werden, an einen anderen Auftraggeber verkaufen oder in einem anderen Kraftwerk einsetzen und dadurch das Risiko reduzieren können. Aber die Baufirmen mussten das Schlimmste befürchten. Beton konnte man eben nur einmal ausbringen.

Unser Verhandlungsführer war der Projektleiter Marco Killer. Doch ganz anders als der Name vielleicht vermuten lässt, war Marco Killer ein wahres Verhandlungsgenie mit großem diplomatischem Geschick. Als Deutsch-Slowene sprach er immer mit leichtem Akzent, aber sein Englisch war sehr gut. Das hielt ihn aber nicht davon ab, in den Verhandlungen gelegentlich in furchtbarstem Pidgin English herumzueiern – nämlich genau dann, wenn er von seinem hochintelligenten Gegenüber in die Enge getrieben worden war.

Es kam immer wieder vor, dass der Kunde irgendeine Forderung stellte, bei der ich insgeheim die Hände über dem Kopf zusammenschlug, weil ich den Ruin der Firma vor Augen sah. Da antwortete er in aller Seelenruhe: »I agree with you a hundred percent.« Aber bevor irgendjemand etwas sagen konnte und ohne Luft zu holen, stotterte und stammelte er sogleich in einem kaum verständlichen Kauderwelsch weiter. Während ich noch fassungslos über den ersten Satz staunte und sich die Iraner freuten, dass er ihnen gerade so bedingungslos recht gegeben hatte, begann Marco Killer unvermittelt anhand eines Beispiels den iranischen Vorschlag genau zu analysieren. Meist begann er mit dem Satz: »Let's take the example of a pump.«

Er erklärte dann detailliert irgendwelche Dinge rund um die im Kraftwerk einzubauenden Pumpen, und die Gegenseite nickte zu jedem Satz, weil sie glaubte, er erläutere jetzt kleinteilig, warum er zu hundert Prozent einverstanden sei.

Nach einer Viertelstunde hatte sich Killer in mäßigem Englisch total gedreht. Und bevor unsere Verhandlungspartner erkannten, dass sie jetzt eigentlich den Kopf schütteln müssten, hatte Killer ihnen am Beispiel der Pumpe erklärt, warum sie unrecht hatten. Er war ein Meister der Verhandlungsführung.

Von ihm gibt es wunderbare Aussprüche, etwa: »Wir können nicht billig einkaufen, wir sind dazu nicht reich genug.« Mit diesem Satz hat er seinem Gegenüber immer deutlich gemacht, dass Qualität nun einmal ihren Preis hat und sich diese Investition langfristig rechnen würde. Von ihm habe ich auch die vom Balkan stammende Redewendung gelernt: »Es gibt nichts Schöneres, als wenn Nachbars Ziege krepiert.« Ein treffender Ausspruch für Schadenfreude.

Eher kopfschüttelnd und in seinem typisch langsamen Deutsch kommentierte er einmal die Maßlosigkeit der Iraner, von denen sich einer irgendwann einmal auf unsere Kosten ein Schnitzel für 15 DM bestellt hatte: »Für fremdes Geld ist nichts zu teuer.« So viel Geld hätten wir selbst nie ausgegeben. Wir waren ausgesprochen sparsam bei unseren Aufenthalten im Hotel, auch dann, wenn wir kurz vor dem Abschluss eines Milliardenauftrags standen.

Die besondere Kunst Marco Killers bestand darin, dass er bei allem Verhandlungsgeschick ein sehr verlässlicher Partner war. Auf sein Wort konnte man sich absolut verlassen. Die Iraner liebten ihn geradezu und wollten nur mit ihm verhandeln. »If I have to make concessions, I will make it only to him«, sagte der iranische Verhandlungsführer, als Marco Killer einmal wegen einer schweren Krankheit für einige Zeit ausfiel. Ohne Marco Killer waren unsere Verhandlungen deswegen fast unmöglich.

Die vierte, wiederum sechswöchige Verhandlungsrunde fand im Iran statt – von Mai bis Mitte Juni 1976. Zwar tagten wir in Teheran, der größten iranischen Stadt, trotzdem war eine Kommunikation nach Europa damals nur unter größten Schwierigkeiten möglich. Ich war ja nun verheiratet, hatte zwei Kinder daheim und wollte zwischendurch schon mal hören, ob alles in Ordnung war. Aber das Telefonat musste zuerst angemeldet werden, und dann dauerte es ein paar Stunden, bis die Verbindung zustande kam. Es kam vor, dass man das Telefongespräch um vier Uhr nachts vom »Fräulein vom Amt« durchgestellt bekam. Doch egal, wie verschlafen man war, das war die einzige Möglichkeit, miteinander zu sprechen.

Selbst im Büro gab es nur einen Fernschreiber; auf diesem Weg konnte man einen Kollegen in Erlangen bitten: »Richte meiner Frau doch mal einen schönen Gruß aus.« Aber das war natürlich wenig befriedigend. Junges Familienleben stellt man sich anders vor! Aber meine Frau hat diese schwierigen Umstände immer mitgetragen und mich nach Kräften unterstützt. Sie wusste, um was es ging. So haben wir uns eben Briefe geschrieben.

Die Kommunikation mit den Kollegen in Deutschland lief ebenfalls nur über den Fernschreiber, aber dabei konnten wir wenigstens den Zeitunterschied nutzen. Wenn wir nachmittags um fünf Uhr vom Verhandlungstisch aufstanden und unsere Fragen nach Erlangen schickten, war es in Deutschland erst halb drei, und die komplette Mannschaft war noch an Bord. So konnten wir bereits am nächsten Morgen alle Antworten auch zu detaillierten technischen Fragen vorlegen. Das hat den Iranern immer sehr imponiert.

Trotzdem verliefen die Verhandlungen nur sehr zäh. Am Ende ging es nur noch um vielleicht zwanzig Vertragspunkte. Aber die Iraner wollten uns weichkochen und stellten sich stur. Sie zeigten sich für kein Argument zugänglich und schüttelten immer nur den Kopf, bis dann völlig unvermittelt von der Gegenseite Zugeständnisse gemacht und zwei oder drei kleine Punkte mit uns einvernehmlich gelöst wurden. Doch als wir gerade dachten, nun würde sich alles lösen lassen und der große Durchbruch sei geschafft, fiel wieder die Klappe, und nichts bewegte sich mehr.

Wir machten ein paar Scherze und plauderten über Belanglosigkeiten, um die Stimmung wieder aufzulockern, aber die Iraner blieben kompromisslos und manchmal auch aggressiv. Ohne jeden erkennbaren Anlass nannten sie mich plötzlich einen Chauvinisten und verlangten, dass ich aus der Verhandlung ausgeschlossen werde. Das war offensichtlich reine Taktik. Denn solange der Kunde sich in welcher Form auch immer verweigert, gibt es keinen Auftrag. Zugleich kostete jeder Tag, der keine Entscheidung brachte, das Unternehmen Geld, denn die Bauarbeiten liefen die ganze Zeit weiter. Solange ich also im Raum blieb, war die Verhandlung blockiert. Was sollte ich tun?

Marco Killer versuchte kurz, die Iraner zu beschwichtigen, aber als deutlich wurde, dass es hier nicht um eine sachliche Frage ging, sondern die vermeintliche Empörung reine Verhandlungsstrategie war, stand ich auf und ging hinaus. Jetzt war den Iranern jeder Vorwand genommen, die Verhandlungen zu blockieren. Am nächsten Tag ging alles weiter, als ob nichts gewesen wäre. In dieser Form arbeiteten wir uns mühsam Tag für Tag durch den Verhandlungsmarathon, bis wir nach sechs Wochen endlich mit einem unterschriftsreifen Vertrag nach Deutschland zurückkehrten, der dann auch wenige Tage später mit großem Tamtam in Teheran unterschrieben wurde.

Doch im Geschäftsleben ist es manchmal wie beim Fußball: Nach der Verhandlung ist vor der Verhandlung! Hatte man das eine Projekt endlich vereinbart und in Angriff genommen, musste man sich schon Gedanken um das nächste machen – und schon saß man wieder am Verhandlungstisch.

In dieser Zeit wechselte ich bei Siemens die Abteilung. Obgleich ich durchaus spannende Aufgaben hatte, konnte ich mich des Eindrucks nicht erwehren, in einer Sackgasse zu stecken. Ich war fünfunddreißig Jahre alt und hatte noch drei Jahrzehnte Berufsleben vor mir, das nicht aus immer derselben Rechtsberatung bestehen sollte, die mich manches Mal frustrierte. Da hatte ich für die Kollegen mit großem Aufwand juristische Stellungnahmen erarbeitet, und dann machten sie doch, was sie wollten – was ich im Übrigen heute besser verstehe als damals. Langfristig hätte ich vielleicht mit einer Menge Glück Leiter der Rechtsabteilung werden können. Das war damals ein hoch angesehener Posten im Rang eines »Generalbevollmächtigten«. Er galt in der Zentrale am Wittelsbacherplatz in München als graue Eminenz. Wenn man laut gesagt hätte, dass man das werden möchte, dann wäre das als überzogene Erwartung angesehen worden, daraus wäre bestimmt nichts geworden. Aber die Perspektive lockte mich auch nicht besonders. Ich wollte lieber in eine Position kommen, wo man nicht kluge Ratschläge anderen gibt, die sie dann befolgen oder auch nicht. Ich wollte selbst anpacken dürfen.

So ging ich eines Tages zum damaligen Vorstandsvorsitzenden der KWU, den ich schon aus früherer Zeit kannte. Chef der KWU war nämlich inzwischen ausgerechnet der sympathische Untermieter aus dem Haus meiner Eltern, dem ich als junger Bub einen Schneeball ins Auge geworfen und der mir darauf eine mächtige Ohrfeige verpasst hatte: Klaus Barthelt. Der verstand mein Anliegen sofort und förderte unverzüglich meine Versetzung in die Vertrags- und Patentabteilung. Viel war damit nicht gewonnen, aber es gab zumindest neue, eher technisch orientierte Aufgaben und einen neuen Chef.

Das Kraftwerk Bushehr blieb freilich auch in der neuen Abteilung in meiner juristischen Obhut, obgleich das Projekt eigentlich ins Ressort der Rechtsabteilung gehört hätte. Doch kein anderer Hausjurist kannte sich auf diesem Gebiet so gut aus wie ich, und die meiste Arbeit war im Grunde schon erledigt. Also nahm ich die alte Aufgabe wie einen Rucksack mit in die neue Funktion. Auf diese Weise war ich zwar immer noch gedanklich, aber zunächst nur noch sporadisch tatsächlich an den Verhandlungen beteiligt.

Dann nahmen die Dinge plötzlich eine völlig unerwartete Wendung. Im August 1977 verstarb der kaufmännische Leiter des Bushehr-Projekts, Erich Steuerlein, über Nacht an einem Herzinfarkt. Er wohnte mit seiner Frau und seinen Söhnen in unserer unmittelbaren Nachbarschaft in Erlangen, insofern starb für uns mehr als nur ein geschätzter Kollege, sondern dazu ein Nachbar und Freund.

Die Kraftwerk Union stand plötzlich bei ihrem wichtigsten Kraftwerksprojekt ohne kaufmännischen Leiter da, was natürlich ein Ding der Unmöglichkeit war. Ein Projekt dieser Größenordnung verlief nie ohne Probleme. Da war die Projektleitung buchstäblich jeden Tag gefordert.

Es galt also, möglichst schnell jemanden zu finden, der ein solches Projekt führen und Erich Steuerlein ersetzen könnte – auf allen Ebenen. Zwar gab es natürlich im Siemens-Konzern durchaus einige Kaufleute, die die fachlichen Qualifikationen für eine solche Aufgabe mitbrachten, aber niemand verfügte über Erfahrungen vor Ort und vor allem im Umgang mit den schwierigen Kunden im Iran.

So kam mein Name ins Gespräch. Ich war mit der gesamten Geschichte des Projekts vertraut, hatte an den wichtigsten Verhandlungen teilgenommen und kannte alle beteiligten Personen. Die Kunden kannten mich auch, und wir waren immer gut miteinander zurechtgekommen.

Aber konnte man einem Juristen eine so komplexe kaufmännische Aufgabe überantworten? Da fiel dann ins Gewicht, dass ich nach dem Jura-Studium noch ein volkswirtschaftliches Studium erfolgreich zu Ende gebracht hatte. Da ich obendrein bei den Technikern über eine gute Reputation verfügte, fiel die Entscheidung auf mich: So wurde ich quasi über Nacht Kaufmann!

Im August 1977 war Erich Steuerlein gestorben, im September hatte ich seinen Posten übernommen, und im selben Monat musste ich plötzlich – zusätzlich zu den zwei bereits vereinbarten Kraftwerken in Bushehr – ein Angebot über vier weitere neue Kernkraftwerke im Iran vorlegen: viermal 1300 Megawatt, also vier Druckwasserreaktoren der Größenordnung von Biblis oder Grafenrheinfeld!

Dieses Angebot musste jetzt vorbereitet werden. Wir setzten zuerst ein Angebot für zwei Kraftwerksblöcke auf, was allein schon ein Volumen von über 4,5 Milliarden DM ausmachte. In Wirklichkeit ging es also um 9 Milliarden DM, weil von vornherein klar war, dass es vier Blöcke werden sollten. Dieses Angebot haben Marco Killer und ich natürlich persönlich überbracht. Ich sehe das heute noch vor mir: Ich sitze im Flugzeug nach Teheran und unterschreibe einen meiner ersten Briefe als frisch gebackener Kaufmann, einen Angebotsbrief mit einer Endsumme von 4,5 Milliarden DM.

Ein paar Wochen später startete der nächste Verhandlungsmarathon. Der Preis hatte die Iraner nicht überrascht, aber wieder ging es um zahllose Details, die verhandelt werden mussten. Dieses Mal waren wir sechs Wochen am Spitzingsee in den bayerischen Alpen. Auch über diesen Riesenauftrag haben wir im Kern nur zu viert verhandelt – plus Frau Reibe, die als Sekretärin alles schreiben musste.

Die Iraner wurden auf der juristischen Seite von Dr. Bardia Khadjavi-Gontard vertreten, einem Deutsch-Iraner mit brandenburgischen Vorfahren. Er praktiziert heute als Anwalt für Energierecht in München und hat den alten Familiensitz der Gontards, Schloss Stechau im märkischen Elbe-Elster-Kreis, Anfang der 1990er Jahre zurückgekauft und umfassend restaurieren lassen.

Dieses Mal ging alles viel schneller, weil wir nun die beiderseitigen Verhandlungsspielchen kannten und wussten, wie wir uns verhalten mussten.

In dieser Zeit wurde unser drittes Kind geboren. Um meinen Sohn zu sehen, bin ich nachts schnell nach Erlangen gefahren und in der Frauenklinik, wo die Türen schon geschlossen waren, über ein Treppengeländer geklettert; dann bin ich noch in derselben Nacht zurückgefahren. Am nächsten Morgen saß ich wieder am Verhandlungstisch. Die anderen haben mir gratuliert und gescherzt, ich müsse – wenn wir den Auftrag haben wollten – den Sohn »Kyros« oder »Dareios« nennen wie die berühmten persischen Könige der Antike. Wir haben ihn dann doch Stephan genannt und trotzdem die Verhandlungen gut zu Ende gebracht.

Als wir den »Letter of Intent« unter Dach und Fach hatten, bekam ich für den Abschluss eine Prämie – die erste in meinem Leben und eine von zweien, die ich überhaupt bekam. 10 000 DM gab es zur Belohnung für unseren Einsatz – und ich habe mich wirklich wahnsinnig darüber gefreut. Das entsprach etwa zwei Monatsgehältern. Ich war sehr zufrieden – mit der Arbeit wie mit dem Geld.

Endlich schien alles in trockenen Tüchern. Nunmehr begann der kaufmännische Alltag. Das Wichtigste war, in dem rasant fortschreitenden Projekt Buschehr dafür zu sorgen, dass die Zahlungsraten des Kunden, die an den Baufortschritt geknüpft waren, auch pünktlich bei uns eintrafen. Die nach der Ölkrise deutlich gestiegenen Ölpreise hatten die Taschen der Iraner gut gefüllt. Sie waren ordentliche Zahler. Es gab fast nie Verzug. Entsprechend zufrieden waren auch unsere Hunderte von Unterlieferanten und unsere tüchtigen Konsorten auf der Baustelle, die von uns termin- und leistungsgerecht bezahlt wurden.

Besonders spannend war der Aufbau einer deutschen Schule für die Kinder der 3000 auf der Baustelle beschäftigten Ausländer. Bis zum November 1978 wurden dort 360 Kinder, vorwiegend deutsche, von 21 Lehrern unterrichtet.

Bei einer der vielen Verhandlungen, die Marco Killer und

ich in Teheran mit diversen iranischen Firmen führten, ging es um Unterstützung bei der Beschaffung der Tausende von Arbeitsvisa, die wir für die sogenannten »expatriates«, also die nicht iranischen Arbeitskräfte auf der Baustelle, benötigten – natürlich immer unter Termindruck. Der dafür zu leistende bürokratische Aufwand hielt uns in Atem. Wir hofften, dass eine iranische Firma bei den örtlichen Behörden schneller zum Ziel käme. Bei den Verhandlungen drehte es sich wie immer um viele Details, und als wir auseinandergingen, waren wir noch längst nicht handelseinig. Auf der Fahrt ins Hotel gratulierte Marco Killer mir, ich sei ja über das an uns gerichtete dezente Provisionsangebot elegant hinweggegangen. »Oh«, stutzte ich, »elegant?« Ich hatte das Angebot gar nicht mitbekommen.

Insgesamt waren für die vielen kaufmännischen Abwicklungen rund dreißig Mitarbeiterinnen und Mitarbeiter eingesetzt, die mir regelmäßig detailliert Bericht erstatteten. Dass ich kein gelernter Kaufmann war, wussten alle, und in gewisser Weise war das sogar von Vorteil. Niemand nahm es mir übel, wenn ich immer wieder einfache, man könnte auch sagen, dumme Fragen stellte.

»Erzählen Sie mir bitte mal, was Sie machen.« Mit diesem simplen Einstiegssatz habe ich damals die Erfahrung gemacht, dass die Menschen gern einbezogen wurden. Sie fühlten sich ernst genommen und haben mir mit großer Begeisterung von ihrem Job erzählt. Es entwickelte sich nebenbei ein gutes, offenes Verhältnis mit allen Kollegen. Wir haben zusammen gearbeitet und zusammen gefeiert – und ich habe jeden Tag etwas dazugelernt. Etwa was ein »AKN« ist: ein Auftrags-Kosten-Nachweis nämlich. Bei einem Projekt über fast 10 Milliarden DM ist es schließlich empfehlenswert, die Kosten im Blick zu behalten – genau dafür brauchte man den AKN.

Eines ist mir allerdings bis zum Ende des Projekts nicht gelungen: mit den Baufirmen einen internen Zusammenarbeitsvertrag zu schließen. Wir konnten uns nicht einigen, wie die im Iran anfallenden Steuern zu behandeln beziehungsweise aufzuteilen waren.

So kam es, dass auch Ende 1978 die Baufirmen noch nicht unseren internen Vertrag unterschrieben hatten. Unvorstellbar, aber wahr: Wir hatten eine riesige Zahlung von 5,5 Milliarden DM vom Kunden, davon unsererseits Milliardenbeträge an Hochtief und Dyckerhoff & Widmann weitergeleitet und ein funktionierendes Konsortium – aber der Konsortialvertrag war nicht unterschrieben!

Währenddessen wurde die politische Lage im Iran immer kritischer. Die Islamische Revolution tobte in den Straßen, alle paar Wochen gab es neue Demonstrationen, immer mehr Menschen kamen dabei ums Leben. Als fanatischer Führer einer wachsenden politischen und religiösen Bewegung agierte der sechsundsiebzigjährige Ayatollah Ruhollah Musavi Khomeini, der bereits in den 1960er Jahren als Gegner der Reformbemühungen des Schahs aufgefallen war.

Nachdem Khomeini im August 1978 eine Fatwa gegen »koloniale Programme« und »westliches Kino« ausgesprochen hatte, wurden in der etwa dreihundert Kilometer von Bushehr entfernten, ebenfalls am Persischen Golf gelegenen Stadt Adaban Kinos in Brand gesteckt. Fast fünfhundert Kinobesucher sollen dabei ums Leben gekommen sein.

Im September 1978 fanden während des Fastenmonats Ramadan im ganzen Land Demonstrationen statt. Als die Schah-Gegner zum Generalstreik aufriefen, legten mehr als 100 000 Menschen ihre Arbeit nieder. In Teheran und zehn anderen Städten wurde das Kriegsrecht verhängt. Der 8. September 1978, der Tag, an dem das Militär wahllos in die Menge geschossen haben soll und mehr als tausend Menschen starben, ging als »Schwarzer Freitag« in die iranische Geschichte ein.

Khomeini hatte in den 1960er Jahren das Land verlassen und lebte in Kabala im Irak. Von hier wurde er – man sagt auf

Druck des Irans – ausgewiesen und erhielt Asyl in Paris. Dort wiederum startete er eine für die damalige Zeit ungewöhnlich erfolgreiche Medienkampagne. Im Januar 1979 beschlossen die USA, Frankreich, England und Deutschland, den Schah nicht länger zu unterstützen und Khomeini die Rückreise in den Iran zu ermöglichen. Unter den Augen der Weltöffentlichkeit, begleitet von 150 Journalisten flog Ayatollah Khomeini Ende Januar 1979 in Teheran ein. Ende Februar wurde die Islamische Republik Iran ausgerufen, und bis zum Ende des Jahres hatten Khomeini und sein Revolutionsrat die Macht im Staat übernommen.

Führende Politiker aus der Schah-Zeit wurden verhaftet, jede Art von Opposition radikal unterdrückt. Am 4. November 1979 kam es zu jenem Ereignis, das für die USA derart traumatisch verlaufen sollte, dass es bis heute auf die amerikanische Außenpolitik im Nahen Osten Einfluss hat: Mehrere Hundert radikale Studenten besetzten in Teheran die amerikanische Botschaft – in den Worten Khomeinis »das Spionagezentrum der Feinde gegen die geheiligte islamische Bewegung«.

Die Besetzer überstanden eine versuchte Befreiungsaktion durch amerikanische Soldaten im April 1980, deren Scheitern mit zu Jimmy Carters Wahlniederlage beitrug. Die Besetzung endete erst nach 444 Tagen am 20. Januar 1981, einen Tag nach Machtantritt des neuen US-Präsidenten Ronald Reagan.

Was hier jetzt nur in wenigen Sätzen zusammengefasst ist, war eine Zeit voller politischer Auseinandersetzungen mit hochdramatischen Ereignissen, und wir standen mit Tausenden von Menschen auf einer Großbaustelle, um dort ein Kraftwerk mit zwei Druckwasserreaktoren zu errichten. Bislang hatte es sich dabei um eine Infrastrukturmaßnahme zur umfassenden Stromversorgung und um ein großes, aber doch kontrolliertes Geschäft im Kraftwerksbau gehandelt. Doch plötzlich stand Bushehr im Mittelpunkt der Weltpolitik: Denn der Zorn des Ayatollahs richtete sich nicht nur gegen amerikanische Filmkunst, demokratische Gesinnung und emanzipatorische Aufklärung, sondern auch gegen moderne Energiepolitik. Das Kernkraftwerk sei »Taghüt«, Teufelswerk. Und so war denn auch auf unserer Baustelle plötzlich der Aufruhr angekommen. Allerdings anders, als die meisten Menschen in Deutschland meinten.

»Teheran brennt!« meldeten die deutschen Nachrichten und zeigten Bilder von einer qualmenden Stadt. Vor Ort war das Szenario jedoch halb so wild. Je nachdem, in welchem Stadtteil Teherans man sich bewegte, merkte man von den Unruhen mehr oder weniger. Teheran ist eine Stadt mit großem sozialem Gefälle. Das Stadtgebiet erstreckt sich über ein Gebiet mit einem Durchmesser von etwa 50 Kilometern. Hier leben heute fast 8 Millionen Menschen, die sich auf 22 Bezirke verteilen. Vor dreißig Jahren war die Stadt kleiner, aber auch schon mit 4,5 Millionen Einwohnern eine gewaltige Metropole. Im Norden wohnt die Oberschicht in luxuriösen Villen, im Süden leben in beengten Verhältnissen die Ärmsten der Stadt.

In den Zeiten der politischen Unruhen steckten die Armen in ihren Vierteln ganze Stapel von Autoreifen in Brand, die dichten Qualm entwickelten. Durch den Qualm in den beengten Straßen entstand im Fernsehen der Eindruck, Teile der Stadt stünden in Brand; in Wahrheit aber war der Norden wenigstens tagsüber wenig betroffen; erst wenn die Dunkelheit hereinbrach, wurde es kritisch. Da unser Hotel wie die Verhandlungsräume im Norden Teherans lag, haben wir morgens auf dem Weg zur Arbeit oftmals wenig vom Aufruhr in der Stadt gemerkt.

Trotzdem war unsere Arbeit natürlich nicht gemütlich. Während der Verhandlungen gab es zum Beispiel einmal plötzlich eine Bombendrohung, so dass wir binnen weniger Minuten das ganze Gebäude räumen mussten. Ich erinnere mich, wie unser Auto eines Nachmittags auf dem Weg zurück ins Hotel plötzlich umringt war von dunkel gekleideten bärtigen Männern, die gespenstisch aus dem Nichts auftauchten. Da waren wir froh, als wir wieder im Hotel waren. Das war schon in der fortgeschrittenen Phase der Revolution, kurz vor Weihnachten 1978.

Nachdem Khomeini im Iran eingetroffen war und die Islamische Republik ausgerufen hatte, blieben die Zahlungen für unser Projekt aus. Wir wussten zunächst nicht, woran wir waren. Klare, belastbare Äußerungen gab es von iranischer Seite nicht. Aber noch wichtiger als die Zahlungen war die Frage, wie wir unsere 10 000 Mitarbeiter auf der Baustelle schützen konnten, davon etwa 3000 Deutsche.

So, wie sich die Lage zuspitzte, war klar, dass man alle westlichen Mitarbeiter möglichst schnell aus dem Land evakuieren musste. Die iranischen Mitarbeiter zogen sich auf eigene Faust in ihre Heimatdörfer zurück. Sie kannten sich im Land besser aus als wir. Aber wie bekamen wir die 3000 Deutschen gesund nach Hause? Handy und Internet gab es damals noch nicht. Zeitweilig waren der Flughafen in Teheran und der ganze iranische Luftraum gesperrt, es gab keine Verbindung mehr.

Unser Projektleiter war Karl-Friedrich Haas, der sich damals einer gewissen Bekanntheit erfreute, weil er bei den Olympischen Spielen in Helsinki 1952 beim 400-Meter-Lauf Vierter geworden war – als einziger Weißer zwischen fünf Schwarzen. Eine Sensation! 1956 in Melbourne hatte er über die gleiche Strecke sogar die Silbermedaille geholt.

Der erfolgreiche Sprinter zeigte sich auch in dieser Krisensituation als ein belastbarer, nervenstarker Mann. Er stieg in eine Charter-Maschine, eine Boeing 707 der Condor, und flog direkt nach Bushehr. Es gab keine Flugüberwachung mehr, also war Sichtflug angesagt. Karl-Friedrich Haas hat immer wieder aus dem Fenster gelugt und gebrummelt: »Wo simmer denn jetzt? – In Wolken!« Irgendwann hat er zwischen den Wolken Bushehr entdeckt: »Also, jetzt simma richtig!« Die

Maschine landete, lieferte Zeitungen und etwas Bier ab und startete nach anderthalb Stunden mit 180 Personen Richtung Deutschland. Unvergesslich.

Wir haben dann die Mitarbeiter der Reihe nach evakuiert. Einige von ihnen haben sich auf den Landweg gemacht. Sie sind über die Dörfer bis in die Türkei und dann durch den Balkan zurück nach Deutschland gekommen. Zur Sicherheit hatten wir auch noch Schiffe geordert und vor Ort an der Küste in internationalen Gewässern positioniert für den Fall, dass die Baustelle gestürmt würde und die Leute kurzfristig in Sicherheit gebracht werden müssten. Der Projektleiter in Deutschland musste täglich zur vereinbarten Zeit um vier Uhr früh versuchen, mit dem Oberbauleiter in Bushehr zu telefonieren, um einen Tagesbericht zu erhalten.

Heute würde man über eine solche Situation täglich im Fernsehen berichten und im Sekundentakt via Internet darüber erfahren. Aber damals hat diese Dramatik in Deutschland kaum jemand mitbekommen.

Jede Woche hielten wir eine Krisensitzung mit dem KWU-Vorstand in Erlangen ab. Zunächst ging es nur um die Menschen, dann natürlich auch um die Kosten. Denn irgendwann war klar, dass wir das Projekt nicht würden fortsetzen können. Die Frage war nur, wie beendet man das Ganze? Schließlich hatten wir schon fast 5,5 Milliarden DM vom Kunden als Anzahlung erhalten und gemeinsam mit den Baufirmen erheblich investiert. So einfach konnte man das Projekt nicht abbrechen. Nach der erfolgreichen Evakuierung hatten wir noch etwa 150 Mitarbeiter auf der Baustelle, um sicherzustellen, dass dort nichts geschah, was später gegen uns verwendet werden könnte – etwa, dass wir oder andere die Anlagen zerstört hätten und deswegen regresspflichtig seien oder ähnlich Absurdes.

Außerdem gab es Verträge. Wir konnten also nicht einfach aufhören zu arbeiten, sondern mussten den Vertrag ordentlich kündigen, was wir im August 1979 taten. Ein bislang beispielloser Vorgang. Einerseits lehnten die Iraner die Kernkraft als Teufelswerk ab, zugleich zeigten sie sich aber daran interessiert, den Bau im aktuellen Stadium zu erhalten, um ihn eventuell eines Tages aus eigener Kraft zu vollenden.

Also saßen wir schon wieder am Verhandlungstisch in Teheran. Auf dem Weg zur Verhandlung wurde ich einmal von einem jungen Burschen gestoppt. Er trug die Uniform der Pasdaran, der Elitegarde der Islamischen Revolutionswächter. Er hielt mit zittriger Hand ein Maschinengewehr im Anschlag und forderte mich auf, meinen Pass zu zeigen. Ich war mir nicht sicher, ob der junge Mann die Nerven behielt, wenn ich in meine Jackett-Innentasche griff, um den Pass hervorzuholen. Darum stellte ich ihm eine harmlose Frage: »Ist das eine Mauser?«, fragte ich und deutete auf seine Waffe. Ich wusste, dass die Revolutionäre oft mit Waffen dieser alten Traditionsmarke ausgestattet waren. Um stolz die Waffe zu zeigen, drehte er sie zur Seite, und ich war aus der Schusslinie. Jetzt erst zückte ich den Pass. Natürlich sprach ich Deutsch mit ihm – Englisch oder noch schlimmer Amerikanisch wäre lebensgefährlich gewesen. Als Deutscher war man weitestgehend außer Gefahr.

Die Verhandlungen waren spannend. Es ging um wenige Dinge: Erstens um die Frage, ob iranisches Recht zur Geltung kam. Wir hatten zwar iranisches Recht akzeptiert, aber zum Glück festgelegt, dass die Regelungen des Vertrags zwischen den Parteien abschließend waren und darüber hinaus keine anderen Bestimmungen Gültigkeit hatten. Das war nunmehr, da Khomeini jeden Tag eine neue Fatwa ausrief, die altes iranisches Recht außer Kraft setzte, doppelt wichtig, gefiel aber den Iranern natürlich nicht. Der zweite Punkt betraf unser Kündigungsrecht, gemäß dem wir den Vertrag beenden konnten, wenn der Kunde seine Rechnungen nicht bezahlte. Die Iraner waren zwei Ratenzahlungen in Verzug, die im November 1978 und im April 1979 fällig gewesen wären, und schuldeten uns noch eine halbe Milliarde DM.

Wir wollten endlich Klarheit darüber haben, ob noch mit einer Zahlung zu rechnen war und ob jemals ein Weiterbau möglich wäre. Die Iraner dagegen forderten alles bereits gezahlte Geld zurück, weil das Kraftwerk nicht fertiggestellt würde. Außerdem wollten wir die letzte auf der Baustelle verbliebene Mannschaft am besten nur mit Zustimmung der Iraner abziehen, damit man uns später nicht vorwarf, wir hätten uns vertragswidrig von der Baustelle entfernt. Es gab also genug Grund zu streiten.

Die entscheidende Verhandlung fand am 7. November 1979 statt. Nur wenige Tage vorher hatte man die amerikanische Botschaft gestürmt und alle Amerikaner als Geiseln genommen.

Gerade als die Verhandlungen sich mal wieder stunden-, ja tagelang ergebnislos im Kreis drehten und ins Stocken gerieten, kam die Nachricht: »Einer der Unsrigen ist auf der Baustelle angeschossen worden!« Wir haben das später den »Goldenen Schuss« genannt, der wie bestellt im richtigen Moment kam. Vorher war keinem Mitarbeiter etwas passiert und danach auch nicht. Aber an jenem Tag wurde ein Mann namens Harder angeschossen, ein sportlicher junger Mann, dem ich später in Brasilien noch einmal begegnete, wo er sich als Hobbyfußballer auf einer unserer Baustellen hervortat.

Der Schuss war nicht gefährlich, aber er war immerhin ein Schuss, und er hatte getroffen. Damit hatte Marco Killer sein Stichwort für einen seiner vielen großen Verhandlungsauftritte. Wie von der Tarantel gestochen sprang er vom Stuhl auf und rief empört in seinem wunderbaren Englisch: »Now we close the books!« Jetzt sei die Verhandlung zu Ende, es gebe überhaupt keinen Spielraum mehr, man müsse die Baustelle dichtmachen, denn so könne es nicht weitergehen, dass hier Menschenleben gefährdet seien. »Schluss, aus!« Er ließ sich nur mit Mühe beruhigen. Binnen einer Stunde hatten wir die Zustimmung der Iraner, dass wir, ohne Folgen befürchten zu müssen, unsere Leute abziehen durften. Dem »Goldenen Schuss« sei Dank!

Ansonsten war eine Einigung aber nicht möglich, also landeten wir im April 1980 vor dem Schiedsgericht, das nach den Regeln der Internationalen Handelskammer Paris gebildet wurde. Zum Glück trafen wir dort mit Robert Briner auf einen exzellenten Richter, der als Vorsitzender das Verfahren mit aller Behutsamkeit leitete.

Das Schiedsverfahren verlief dabei relativ schnell und unkompliziert und hinterließ wenig Zweifel. Vertraglich war die Lage eindeutig, und so war klar, dass das Verfahren zu unseren Gunsten ausgehen musste. Aber Briner war klug genug, zusammen mit seinen beiden Kollegen die Sache ordentlich zu prüfen und nicht zu hastig ein Urteil zu fällen, denn dann hätten die Iraner vielleicht das Verfahren gesprengt und sich dem Urteil nicht unterworfen.

Es erforderte großes Geschick, der Gegenseite ihre unvermeidliche Niederlage beizubringen. Briner hatte das notwendige diplomatische Fingerspitzengefühl dafür: Stück für Stück löste er eine Frage nach der anderen, bevor er den nächsten Punkt zur Diskussion stellte. Dank dieser klugen Vorgehensweise hatten wir das Verfahren schon im Juni 1982 praktisch zu hundert Prozent gewonnen. Die Wirtschaftswelt nahm den Prozess mit großer Aufmerksamkeit zur Kenntnis, schließlich hatte nicht nur Siemens große Investitionen im Iran getätigt; auch andere Unternehmen hatten Außenstände aus Geschäften im Iran und fürchteten nun entsprechende finanzielle Ausfälle. Siemens und die Baufirmen, deren Interessen wir mitvertraten, konnten die bereits geleisteten Anzahlungen der Iraner behalten. Das war die beruhigende Botschaft aus unserem Verfahren.

Einer der klugen Kompromisse, die der Vorsitzende des Schiedsgerichts fand, war, dass er Siemens »under reasonable conditions« eine Weiterbauverpflichtung auferlegte, also wenn man sich unter anderem auf akzeptable Konditionen wie Termin- und Preisanpassung verständigte. Diese Regelung war sehr sachgerecht, weil sie im Kern für die Zukunft alles offen ließ.

Vor dem Schiedsgericht mussten wir auf Geheiß der Richter aber noch ein anderes Zugeständnis machen, das politisch brisant war. Die KWU musste sich verpflichten, sämtliche von den Iranern bereits bezahlten Anlagenteile auszuliefern, also Turbinen, Generatoren, Transformatoren, Dampferzeuger und ein Reaktordruckgefäß. Vor allem Letzteres bereitete der politischen Öffentlichkeit Sorgen. Andererseits bestand immer noch die zuvor erteilte Exportgenehmigung; KWU hatte also keine Argumente, um die Lieferung nicht zu leisten.

Diese Anlagenteile hatten ein Gesamtgewicht von mehr als 30 000 Tonnen. Der Transport war aufwändig und teuer, und die Teile hätten irgendwo in der Nähe der Baustelle gelagert werden müssen, bis man sie eines Tages vielleicht für den Weiterbau hätte einsetzen können. Noch aber war das Kraftwerk »Taghüt«, Teufelswerk, und die Iraner hatten keine große Eile, die Lieferung einzufordern und die Voraussetzung für die Auslieferung zu schaffen.

So kam es, dass die Anlagenteile nicht bei uns abgerufen wurden. Im September 1984 lief die Exportgenehmigung aus. Damit war eine Verschiffung der Komponenten nach Bushehr unmöglich geworden.

Aber ein solch großes und politisch brenzliges Projekt geht damit nicht einfach zu Ende. Wir taten gut daran, die Baustelle in Bushehr auch in der Folgezeit weiter im Blick zu behalten.

Diese Vorsicht war nicht unbegründet: Mitte der 1990er Jahre stand das scheinbar lange abgewickelte Kraftwerk Bushehr mal wieder im Mittelpunkt des Weltinteresses.

Das Kernenergie-Geschäft

Bushehr war zwar ein sehr aufreibendes und zeitintensives Projekt, sicher auch das spektakulärste, aber nicht das einzige, das in jener Zeit zu betreuen war. Die Kraftwerk Union (KWU) baute rund um den Globus Kraftwerke, in gewissem Umfang auch konventionelle, also mit Kohle, Öl oder Erdgas betriebene Kraftwerke, aber wesentlich wichtiger waren Kernkraftwerke. Als die KWU zum 1. Oktober 1988 in den Siemens-Konzern eingegliedert wurde, verfügte sie über einen Auftragsbestand von 25 Milliarden DM, der sich mit 22 Milliarden DM auf Kernkraftwerke und 3 Milliarden DM auf konventionelle Kraftwerke verteilte. Wasserkraftwerke wurden nicht von KWU angeboten, sondern waren beim Mutterunternehmen Siemens verblieben.

Die Kraftwerk Union war bei weitem nicht das einzige Unternehmen, das Kernkraftwerke bauen konnte. Wir standen in hartem Wettbewerb mit einer Reihe von anderen Unternehmen. Unsere stärksten Rivalen waren die beiden amerikanischen Anbieter Westinghouse und General Electric. Sie bedienten vor allem den amerikanischen Markt – in den USA macht derzeit Atomstrom etwa ein Fünftel der Stromversorgung aus, und hier stehen insgesamt rund hundert Kernkraftwerke. Aber natürlich versuchten die beiden Unternehmen auch, ihr Know-how und ihre Anlagen in anderen Ländern zu verkaufen.

Mit Westinghouse hatte Siemens in den 1960er Jahren noch kooperiert, später aber deren Konzept des Druckwasserreaktors in eigener Regie weiterentwickelt. Westinghouse verfügte wie Siemens über eine jahrzehntelange energietechnische Erfahrung, kam jedoch ab den 1980er Jahren in erhebliche wirtschaftliche Schwierigkeiten. Der Konzern orientierte sich Mitte der 1990er Jahre völlig neu, kaufte eine der größten amerikanischen Hörfunk- und Fernsehsenderketten, die Columbia Broadcasting System, und nannte sich fortan CBS Corporation.

General Electric (GE) ist einer der größten Mischkonzerne der Welt, der in seinem industriellen Teil eine mit Siemens vergleichbare Größe aufweist und dabei auch ähnliche Firmensegmente beherrscht. Das Portfolio reicht von Medizintechnik über Glühbirnen bis zum Lokomotivenbau und enthält eben auch eine große und erfolgreiche Kraftwerkssparte. Als ich in den 90er Jahren Vorstandsvorsitzender von Siemens wurde, bin ich oft an den Zahlen von GE gemessen worden.

Bei fast allen Aufträgen mussten wir im Vorfeld mit einem der beiden amerikanischen Unternehmen in den Wettbewerb treten. Wenn es um Druckwasserreaktoren ging, dann war Westinghouse zur Stelle. Waren Siedewasserreaktoren gefragt, dann hatten wir es mit General Electric zu tun. KWU bot beide Reaktortypen an. Denn zusätzlich zur Druckwassertechnik hat KWU beim Zusammenschluss zwischen AEG und Siemens Ende der 1960er Jahre auch die Siedewassertechnik der AEG übernommen und weiterentwickelt. Diese Technik des Siedewasserreaktors beruhte ursprünglich auf einer Lizenz von General Electric.

Wie intensiv der Wettbewerb mit den Amerikanern war, erlebten wir zum Beispiel in der Angebotsphase rund um das Kernkraftprojekt Trillo in Zentralspanien. Es ging um einen Druckwasserreaktor, Westinghouse war als Konkurrent im Spiel. Ich war noch in der Rechtsabteilung und musste mich um die Verträge kümmern. Wenn wir am Nachmittag den Verhandlungsraum betraten, standen auf dem Tisch noch die

Aschenbecher mit den Zigarettenstummeln der Westing-house-Leute, die am Vormittag dort getagt hatten. Am Ende hat jedoch Siemens den Auftrag bekommen. Projektbeginn war 1975; in Betrieb genommen wurde das Kraftwerk aber erst 1988, weil Finanzierungsschwierigkeiten den Bau verzögerten.

Für den Bau eines Kernkraftwerks kann man von der ersten Planung bis zur Inbetriebnahme gut und gerne zehn Jahre veranschlagen. Aber manche Kraftwerke sind auch fünfzehn Jahre oder länger in Arbeit und immer noch nicht fertig. Das hat in der Regel damit zu tun, dass durch Finanzierungseng-pässe Projekte ins Stocken geraten, wie wir es beispielsweise in Argentinien und Brasilien erlebt haben.

Auch in Südamerika hatten wir große Projekte in Auftrag, etwa die bereits erwähnten Kraftwerke Atucha I und II in Argentinien, die ich schon als Jurist begleitet hatte und später auch als Kaufmann betreute. Atucha I war 1974 als erstes Kernkraftwerk in Lateinamerika in Betrieb genommen worden. Der Bau von Atucha II wurde zwar 1981 begonnen, aber 1994 nach langwierigen Verhandlungen und endlosen Verzögerungen abgebrochen. Viele Jahre lang war ich zeitweilig alle paar Monate in einem großen Tross nach Buenos Aires gereist, um mit den Argentiniern über den Fortgang des Projekts zu verhandeln. Aber da sich die politischen Rahmenbedingungen ständig veränderten, war irgendwann klar, dass man den Bau nicht würde fortsetzen können.

Die wichtigste Aufgabe unseres Teams war, zu verhindern, dass die durch die Verzögerung verursachten Mehrkosten – wir sprachen über Hunderte von Millionen – bei uns hängen blieben.

In Brasilien ging es ursprünglich um ein viel größeres Projekt. Zunächst waren acht Reaktoren geplant; nach und nach schrumpfte das 1975 spektakulär vereinbarte Großprojekt, mit einem Volumen von etwa 30 Milliarden Dollar, auf zwei

Reaktoren. Doch schon Mitte der 1980er Jahre wurden noch kleinere Brötchen gebacken: Der ins Amt gekommene Präsident José Sarney beschloss 1985, die Bauarbeiten zu verzögern, um Geld zu sparen.

Schon sein Vorgänger, General João Figueiredo, hatte die Ausschreibung der Infrastrukturarbeiten für die beiden bei São Paulo geplanten Kernkraftwerke Iguape I und II gestoppt, die als drittes und viertes Kraftwerk in deutsch-brasilianischer Kooperation hätten entstehen sollen.

Übrig blieben am Ende die bis heute einzigen Kernkraftwerke Brasiliens, in der Nähe der Industriestadt Angra dos Reis an der Küste des Landes, etwa 150 Kilometer südwestlich von Rio de Janeiro. Das Werk Angra I war von Westinghouse errichtet worden. KWU baute Angra II, während Angra III, von und mit KWU geplant, aber aufgrund fehlender finanzieller Möglichkeiten 1986 von den Brasilianern eingefroren wurde.

Brasilien, dessen Bevölkerung in den letzten Jahrzehnten rasant zunimmt und das wie China und Indien als wachstumsstarkes Schwellenland gilt, verfolgt seit jener Zeit ein langfristiges Energiekonzept, das in hohem Maße auf Wasserkraft, aber auch zu etwa einem Zehntel auf Kernenergie setzt.

Doch die Pläne lassen sich eben nur in genau dem Tempo umsetzen, wie das Wirtschaftswachstum des Landes es erlaubt. Es dauerte also bis 2007, ehe sich die brasilianische Regierung in der Lage sah, den Bau von Angra II wiederaufzunehmen. Die Verhandlungen über den Weiterbau dauern aber immer noch an. Brasilien plant jetzt, vier weitere Kernkraftwerke zu errichten.

Wer die nüchternen Daten liest, wird vermuten, dass die Verhandlungen sich ähnlich zäh und schwierig gestalteten wie im Iran. Aber das war keineswegs der Fall. Die Brasilianer zeigten sich als sehr sympathische und kooperative Gesprächspartner. Das einzige Problem war eben, dass sie nicht so konnten, wie sie wollten. Es fehlte an den notwendigen Strukturen und noch mehr an den nötigen finanziellen Mitteln. Für uns war das oft frustrierend, denn wenn ein Projekt verzögert wird, kostet das immer eine Menge Geld – die Frage ist, wessen Geld es kostet: das des Auftraggebers, also der Brasilianer, oder das des Lieferanten, eben der KWU?

Aber auch hier setzten wir uns am Ende vor allem dank einer guten vertraglichen Ausgangslage – verantwortlich dafür waren der damalige Vorstand Hans Frewer und sein juristischer Berater aus der Siemens-Rechtsabteilung, Peter Gnam – durch und konnten zumindest einen finanziellen Schaden von uns fernhalten.

Vielleicht genauso lebhaft ist mir die Arbeit rund um ein Kernkraftwerksprojekt in der Türkei in Erinnerung geblieben. Es ging um einen Reaktor von 1000 Megawatt, der in Akkuyu, östlich von Antalya am Mittelmeer, entstehen sollte. 1983 hatte die türkische Regierung mehrere Bieter eingeladen, Vorschläge zu Realisierung zu unterbreiten. Genau fünfzehn Monate dauerten die Verhandlungen: In dieser Zeit sind wir 24-mal nach Ankara gefahren; immer für eine knappe Woche: Sonntag hin, Freitagnachmittag zurück.

Beeindruckend war der Verhandlungsraum, der gerade groß genug war, dass die zwölf Personen, die am Tisch saßen, darin Platz fanden. Leider waren alle starke Raucher – alle außer mir. Es war entsetzlich. Zum Glück saß mir ein sehr sympathischer Türke gegenüber, mit dem ich mich zwischendrin auch auf Deutsch unterhalten konnte, weil er in der Schweiz an der ETH Zürich studiert hatte. Ansonsten verhandelten wir auf Englisch, und das sehr intensiv, was sich leider auch im Zigarettenkonsum niederschlug. So viel passiv geraucht wie in jenen Wochen habe ich mein ganzes Leben lang nicht.

Am Ende war alles geregelt: die technischen, kaufmännischen, juristischen Details und auch der Preis – sogar bei der Finanzierung hatten wir wesentliche Unterstützungsarbeit geleistet und Kreditgeber aus Deutschland, Frankreich, Österreich, Schweden, der Schweiz und anderen Ländern gewonnen, die zu einem akzeptablen Zinssatz mitspielten.

Zur Abschlussrunde waren wir an einem Sonntagvormittag in das Büro des Ministerpräsidenten Turgut Özal nach Ankara eingeladen worden. Unsere kleine KWU-Delegation bestand aus den beiden Vorständen Hans Hirschmann und Anton Peisl sowie dem Verhandlungsteam um Fritz P. Ruess, der mein Partner auf der technischen Seite war. Ihn zeichneten nicht nur großer technischer und kaufmännischer Sachverstand, sondern auch die bei solchen Verhandlungen notwendige Ruhe und Gelassenheit aus.

Nur verlief alles anders als erwartet. Turgut Özal hörte sich kurz die Präsentation der Verhandlungsergebnisse an, runzelte die Stirn und sagte: »Now I have it, but I don't like it.«

Wir hatten die Ausschreibung gewonnen, die Verträge ausverhandelt, die Finanzierung gesichert. Fünfzehn Monate lang hatten sich alle die Hacken abgelaufen, ihre ganze Energie in das Projekt gesteckt, ihre Familien vernachlässigt und alles zu einem respektablen Ergebnis geführt – und dann war mit einem knappen Satz das Ergebnis aller Arbeit vom Tisch gewischt.

Aber es gab einen Gegenvorschlag: Turgut Özal liebäugelte mit einem sogenannten Betreibermodell, dessen Abkürzung (BOT) für »Build, Operate and Transfer« steht. Es hätte bedeutet, dass wir das Kraftwerk auf eigenes Risiko hätten bauen und betreiben sollen und die türkische Regierung dann den Strom abnähme und (hoffentlich) auch bezahlte. Irgendwann, vielleicht nach fünfzehn oder noch mehr Jahren, wäre das dann abgeschriebene Kraftwerk der Türkei übertragen worden.

Das war natürlich völlig inakzeptabel. Auf dieser Basis hätten wir auch nie eine internationale Finanzierung gewährleisten können. Aber unser unterlegener kanadischer Mitbewerber sandte wenige Tage später einen Brief, in dem er seine

Bereitschaft äußerte, über ein solches Modell zu verhandeln. Das war reine Taktik, daher war er prompt wieder im Spiel. Wir klärten noch ein paar andere ebenfalls unannehmbare Randbedingungen und zogen uns dann zurück, ohne das Projekt dem Aufsichtsrat vorzulegen. Diese Abfuhr konnten wir uns ersparen. »At least the lawyers will benefit«, sagte der Vertreter des kanadischen Unternehmens zu mir, als ich ihn zufällig am Flughafen traf und auch dieser »letzte Versuch« gescheitert war.

Erst 2009 haben die Türken das Projekt Akkuyu erfolgreich wiederbelebt und mit Russland den Bau von vier Kraftwerksblöcken am selben Standort vereinbart. Die genauen Bedingungen sind nicht bekannt. Aber es scheint, dass die alte Idee von Turgut Özal von den Russen akzeptiert worden ist und in den nächsten Jahren eine Art von BOT-Modell mit Unterstützung der russischen und der türkischen Regierung verwirklicht wird.

Welche Erinnerungen bleiben mir aus dieser aufregenden Zeit in der Türkei? Dass die Türken, die ich getroffen habe, ausnahmslos freundliche, liebenswürdige und ehrliche Verhandlungspartner waren und dazu den Deutschen sehr zugetan. Ich habe danach häufig Urlaub in der Türkei gemacht. 2008 trat ich auf Vermittlung meines Freundes Helmut Maucher, des früheren Vorstandsvorsitzenden und Präsidenten von Nestlé, dessen Nachfolge im Aufsichtsrat der Koç-Holding an, einem Mischkonzern mit weltweit 85 000 Mitarbeitern und einem Jahresumsatz von 40 Milliarden US-Dollar (26 Milliarden Euro) und damit größten Firma der Türkei.

Nach dem Scheitern der Verhandlungen in der Türkei begannen Ende der 1980er Jahre die Verhandlungen über die ersten Kernkraftwerke in China. Auch hier endeten die ersten mühsamen und extrem aufwändigen Kalkulationen und Vorarbeiten für ein ambitioniertes Kraftwerksprojekt letztlich im Nichts.

Die Chinesen waren immer sehr eifrig in solchen Verhandlungen, nicht nur wenn es um Kernkraftwerke ging, sondern bei jeder Art von Technik. Sie hatten und haben bis heute ein großes Interesse am Transfer von Technologie, wollten alles lernen und alles wissen. Fast jede Woche war eine chinesische Delegation bei uns zu Gast, die uns mit Fragen löcherte und alles bis ins letzte Detail besprechen wollte.

Im Unterschied zu den Türken pflegten die Chinesen nicht zu rauchen, dafür damals aber viel zu trinken – und zwar Mao Tai, einen chinesischen Hirseschnaps, so hochprozentig wie russischer Wodka, also meistens um die 60 Prozent.

Bei chinesischen Geschäftstreffen trank man früher davon eine Menge: Man saß beim Abendessen zusammen, schön in bunter Reihe, zwischen zwei Chinesen immer ein Deutscher. Alles ziemlich steif. Ein solches Essen dauert im Allgemeinen zwei Stunden. Dolmetscher hatten nur die Big Bosse am Haupttisch. Das Fußvolk, zu dem ich mich damals zählte, hatte keine. Wenn wir Deutschen uns miteinander unterhalten hätten, wäre das unhöflich gewesen. Also konnte man nur essen und sich gelegentlich quer über den Tisch freundlich und mit großer Geste irgendein Gericht zureichen – oder eben trinken!

Irgendwann hob also einer sein Glas und rief: »Friendship!« Dann kam der Nächste: »Cooperation!« Dann: »To your health!« Und weiter: »To your wife and to your children!« Aber sobald man mit jedem einzelnen Geschäftspartner getrunken hatte, ging es wieder von vorne los. Immer auf ex. Wenn es ganz schlimm kam, standen die Kollegen vom Nachbartisch auf und verlängerten die Runde.

Die einzige Chance, dieses Ritual halbwegs nüchtern zu überstehen, war, entweder ab und zu unauffällig ein Glas auf den Boden zu entleeren, was natürlich nur ging, wenn man sich nicht in einem Luxushotel mit Veloursteppich befand, oder das Getrunkene unauffällig ins Glas zurückzuspucken, was allerdings sehr unfein war und was ich auch nie getan habe.

Irgendwann habe ich herausgefunden, dass die hübschen chinesischen Kellnerinnen auf ihrem Tablett meist zwei Karaffen hatten, aus denen sie den Schnaps ausschenkten. Eines Tages ging mir auf, dass in der einen Karaffe nicht Mao Tai war, sondern Wasser, was genauso aussieht, aber eben nicht dieselbe Wirkung hat. Fortan habe ich mir aus der zweiten Karaffe einschenken lassen und blieb damit genauso nüchtern wie die Chinesen, deren unglaubliche Trinkfestigkeit mich dann nicht mehr so sehr erstaunte.

Das ist heute, mehr als zwanzig Jahre später, völlig überholt. Mao Tai wird bei offiziellen oder halboffiziellen Anlässen jedenfalls in den großen chinesischen Zentren so gut wie nicht mehr getrunken. Auch das Sprachproblem ist deutlich reduziert, denn viele von den jüngeren Chinesen sprechen gutes Englisch. Nur die vorzügliche, abwechslungsreiche chinesische Küche hat sich nicht geändert.

Wir hatten uns damals bis zu einem »Letter of Intent« für vier Anlagen vorgearbeitet, der bei Verhandlungen in Peking bereits von fünf chinesischen Vizeministern abgesegnet war. Etwa 100 Millionen DM waren für die Erarbeitung des Projekts von uns ausgegeben worden, es lagen detaillierte Unterlagen vor, inklusive eines umfangreichen Sicherheitsberichts für die zu errichtenden Kernkraftwerke.

Im Beisein von Bundeskanzler Helmut Kohl und dem chinesischen Ministerpräsidenten – er wurde später im Zuge der Niederschlagung der Unruhen am Platz des Himmlischen Friedens in Peking abgesetzt – wurde 1988 der »Letter of Intent« unterschrieben. Dann wurde das Projekt im Staatsrat diskutiert. Bei der Abstimmung soll das Projekt mit knapper Mehrheit abgelehnt worden sein. Man wolle nicht in ähnliche Schwierigkeiten geraten wie südamerikanische Länder, so hörte man einmal, die sich damals gerade in einer Finanzkrise befanden. Heute liegen die Währungsreserven Chinas in einer Größenordnung von mehr als 2500 Milliarden US-Dollar und wachsen täglich weiter an. Aber damals waren die Verhältnisse eben noch ganz anders.

Unser Projekt war damit tot. Die bei den Franzosen zuvor bestellte Anlage blieb freilich weiter im Bau. Später haben die Chinesen weitere Anlagen bei den Franzosen, den Russen, den Kanadiern und auch bei Westinghouse, heute von Toshiba kontrolliert, bestellt. Siemens war nur noch einmal gefragt, als die Chinesen für die »russische« Anlage deutsche Kraftwerksleittechnik, genauer: Siemens-Technik, einsetzen wollten, weil sie zu dieser mehr Zutrauen hatten. Wir mussten lange um den Erhalt der erforderlichen Genehmigung bangen, bis Kanzler Gerhard Schröder sein uns gegebenes Versprechen einlösen und seinen grünen Koalitionspartner zum Einlenken bewegen konnte.

Das Scheitern in China beschleunigte unsere Bereitschaft, die Kernkrafttechnik nicht mehr alleine weiterzubetreiben. In Deutschland hatte die Anti-Atom-Bewegung die Oberhand gewonnen.

Besonders der Unfall im Kernkraftwerk Harrisburg in den USA 1979, bei dem zum Glück niemand zu Schaden kam, und die Katastrophe in Tschernobyl sieben Jahre später, bei der die gesamte Region verstrahlt wurde und der viele Menschen zum Opfer fielen, hatten für die friedliche Nutzung der Kernenergie verheerende Folgen. Da konnten die Experten noch so oft betonen, dass die Sicherheitsstandards in den Kraftwerken deutscher Bauweise ganz anders waren. Die Angst war stärker als jedes Sachargument.

Die Art der Kommunikation, wie sie von den Befürwortern der Kernenergie – manche davon auch ungerufene Verteidiger – praktiziert wurde, war nicht immer überzeugend. Man war sicher bemüht, technische Sachverhalte zu erklären, und betonte, bei Kernkraftwerken würde Sicherheit immer vor

Wirtschaftlichkeit gehen. Manche Darstellungen wurden aber dennoch als Verharmlosung aufgefasst, machten die Sache nur noch schlimmer und förderten den Widerstand. Die Sorgen der Menschen – besonders um ihre Kinder – konnten nach Tschernobyl gar nicht ernst genug genommen werden. Ein lapidarer Hinweis, ohne Kernenergie gingen die Lichter aus, vermochte niemanden zu überzeugen.

Besondere Wirkung hatte in Deutschland der Ausstieg Schwedens aus der Kernenergie. So wurde das jedenfalls bereitwillig kommuniziert. In Wirklichkeit waren die Verhältnisse viel komplexer.

Schweden fasste 1980 den weltweit ersten Beschluss eines Landes zum Stopp der Kernenergie. Das war eine Sensation und hat die Diskussion in Deutschland sehr beeinflusst: Die Schweden sollen unser Vorbild sein! Aber kaum jemand hat genau hingesehen, was in Schweden eigentlich geschehen ist.

Damals gab es in Schweden zwölf Kernkraftwerke an drei Standorten: in Forsmark, Oskarshamn und Ringhals. Nach dem Unfall von Harrisburg in den USA kam es in Schweden im März 1980 zu einem rechtlich nicht bindenden Referendum. Der Vorschlag eines Ausstiegs innerhalb von zehn Jahren erhielt nur 38,7 Prozent der Stimmen. Die Mehrheit der Bevölkerung, nämlich 58,1 Prozent, sprach sich für die beiden anderen, einander ähnlichen Vorschläge aus, die die Nutzung aller zwölf in Betrieb und im Bau befindlichen Kernkraftwerke, aber nicht den Bau weiterer vorsahen. Für eine uneingeschränkte Nutzung der Kernenergie konnte man nicht stimmen – das war nicht vorgesehen.

Dementsprechend entschied das schwedische Parlament, dass die vorhandenen Kraftwerke weiterbetrieben, die sechs im Bau befindlichen Reaktoren fertiggestellt, aber anschließend keine neuen Kraftwerke mehr gebaut werden sollten; ferner, dass 2010, also erst dreißig Jahre später, das letzte Kernkraftwerk vom Netz gehen sollte. In der Zwischenzeit sollten alternative Energien entwickelt werden. Außerdem wurde noch beschlossen, dass die Stilllegung nicht zu Lasten der Wohlfahrt und der Beschäftigten gehen dürfe. Das klingt ganz anders als der deutsche Atomausstieg? Genau: Kernenergie macht knapp die Hälfte der schwedischen Stromversorgung aus, die andere Hälfte stammt aus Wasserkraft. Mit dem Versprechen des fernen Ausstiegs hatte man also in der schwedischen Konsensdemokratie die Nutzung der Kernenergie auf lange Zeit gesichert. Zum Konsens gehörte auch, die Wasserkraft nicht weiter auszubauen, da man nicht weitere Täler zu Stauseen umwandeln und die inländischen Gewässer schützen wollte. Das hatte man bereits 1965 beschlossen, als man sich für ein umfassendes Kernkraftwerksprogramm entschied.

Im Jahr 1997 wurde das Zieldatum 2010 für den vollständigen Ausstieg ersatzlos aufgehoben, weil auch die regierenden Sozialdemokraten einräumten, dass die Kernenergie noch lange notwendig sei. Eine Laufzeitbegrenzung gibt es nicht; alle zehn Jahre erfolgt aber eine Sicherheitsüberprüfung. Die Betreiber gehen von einer Nutzungsdauer von bis zu sechzig Jahren aus.

Auch die Tatsache, dass die beiden Kraftwerke in Barsebäck abgeschaltet wurden, war nicht wirklich ein Zeichen für einen irgendwie gearteten Atomausstieg, sondern bedeutete lediglich die Stilllegung von zwei Kraftwerken mit geringer Leistungskraft. Zum Ausgleich wurde die Energieleistung der anderen Kernkraftwerke erhöht.

Weiterhin produzieren die insgesamt zehn Kernkraftwerke die Hälfte des schwedischen Stroms und sorgen für eine hervorragende CO_2-Bilanz des Landes. Damit nicht genug: Im Juni 2010 hob das schwedische Parlament den Ausstiegsbeschluss von 1980 auf und ließ den Bau neuer Atomreaktoren zu; sie dürfen allerdings nur als Ersatz gebaut werden, wenn einer der zehn bestehenden Reaktoren abgeschaltet wird. Aber damit wird der Weg freigemacht, um die alten Kernkraftwerke durch modernere und leistungsstärkere zu ersetzen. Denn wie jede Technik hat sich auch die Kernenergie fortwährend weiterentwickelt, wenngleich es in den letzten Jahren immer schwieriger wurde, ausreichend talentierte Köpfe für die atomare Forschung zu gewinnen.

Noch in den 1980er Jahren war das Know-how von KWU einzigartig. Es wird nach wie vor auf der Welt *kein* moderneres Kernkraftwerk betrieben als die drei Druckwasserreaktoren in Ohu an der Isar, in Lingen im Emsland und in Neckarwestheim. Diese sogenannten Konvoianlagen haben die weltweit höchsten Sicherheitsstandards und gehören zu den effizientesten Kernkraftwerken der Welt.

Selbst die Umweltorganisation Robin Wood schreibt über das niederbayerische Kernkraftwerk Isar-2 in der Nähe von Landshut: »Das AKW Isar-2, ein Reaktor der dritten Generation, gilt sicherheitstechnisch als vorbildlich.« Aber statt diese dritte Generation und damit auch den hohen deutschen Sicherheitsstandard in die ganze Welt zu verkaufen, diskutieren wir, die Kraftwerke in Deutschland ganz abzuschalten, und begeben uns ohne Not als Land der Ingenieure aufs Abstellgleis der Innovation.

Die KWU, einer der erfolgreichsten und renommiertesten Kraftwerksbauer der Welt, litt unter den politischen Diskussionen in Deutschland enorm. Klaus Barthelt eilte damals als Vorstandsvorsitzender der KWU von Podium zu Podium, um Politikern wie Bürgern zu erklären, was es mit der in den Augen vieler umstrittenen Technik auf sich hatte. Es war eine besondere Begabung von Barthelt, die komplizierten Zusammenhänge mit einfachen Worten und Beispielen darzustellen. Doch es wurde beileibe nicht nur geredet. Die Gegner waren dermaßen militant, dass die Proteste etwa gegen den Bau des Kernkraftwerks Brokdorf 1976, den »Schnellen Brüter« in Kalkar 1977 und die Wiederaufarbeitungsanlage Wackersdorf 1986 bürgerkriegsähnlichen Charakter annahmen. Das blieb nicht ohne Auswirkung auf die konkreten politischen Entscheidungen und damit auf die Rahmenbedingungen des Geschäfts.

Je nach Bundesland und politischer Zusammensetzung der Parlamente – inzwischen gab es schon die ersten Grün-Alternativen in den Parlamenten – mussten Kraftwerke unter anderen Auflagen genehmigt, gebaut und betrieben werden. Von einer Standardisierung konnte also angesichts der komplizierten Genehmigungsverfahren in der föderal organisierten Bundesrepublik nicht die Rede sein. Das war mühsam und kostspielig. Erst die drei Konvoi-Anlagen brachten hier eine Verbesserung.

Von den 14 Milliarden DM Inlandsaufträgen waren 1978 allein 7,5 Milliarden durch Gerichtsbeschlüsse und behördliche Entscheidungen blockiert. Zudem gab es in der Bundesrepublik keine neuen Aufträge für Kernkraftwerke mehr. Das wirkte sich natürlich auf das Auslandsgeschäft aus. Zwar versuchten wir, die ausbleibenden Aufträge im Inland durch verstärkte Akquisition im Ausland auszugleichen. Doch wenn man im eigenen Land keine Kraftwerke mehr bauen durfte, hielten einen die ausländischen Auftraggeber nicht mehr für glaubwürdig und lieferfähig.

Technisch genoss Siemens weltweit immer noch einen exzellenten Ruf, eben weil wir die bestqualifizierten Ingenieure beschäftigten und uns – ganz im Sinne unseres Gründers Werner von Siemens – permanent um Innovation bemühten. Wir hatten weiterhin die Hoffnung – manche von uns sogar die Überzeugung –, dass es auch in Deutschland früher oder später einen Stimmungswandel geben und das Kernkraftwerksgeschäft eine Renaissance erleben würde.

Aber die Fakten waren eben so, wie sie waren. Es gab den Ausstiegsbeschluss der rot-grünen Bundesregierung, wie er in dieser Rigorosität in keinem anderen Land der Welt je gefasst worden ist. Wir hatten unsererseits die Verantwortung für einige Tausend Mitarbeiter im Bereich Nukleartechnik, hochqualifizierte Männer und Frauen, die man mit ihrem Spezialwissen nicht einfach für andere Tätigkeiten umschulen konnte. Dazu waren in der Bundesrepublik fast zwanzig Kernkraftwerke in Betrieb, die alle von Siemens/KWU gebaut worden waren. Sie mussten weiterhin ordentlich betreut werden. Wenn Siemens die Kraftwerkssparte einfach aufgegeben hätte, wer hätte dann die Wartungsarbeiten übernommen? Wer würde sich um die Ersatzteile und um die notwendigen sicherheitstechnischen Nachrüstungen kümmern? Außerdem war davon auszugehen, dass auf der ganzen Welt, ungeachtet deutscher Ausstiegsbeschlüsse, auch in Zukunft Kernkraftwerke gebaut und betrieben werden. Ist es unter diesen Umständen sinnvoll, unabhängig von allen Arbeitsplatzargumenten, den Export überlegener deutscher Technik zu verbieten, allein weil hierzulande der Ausstieg beschlossen worden ist? Gibt es nicht auch eine Verantwortung dafür, dass weltweit nur die besten Reaktoren gebaut werden, wenn man dazu einen Beitrag leisten könnte? Ist es nicht auch eine Form der Unterlassung, für die man Verantwortung trägt, wenn man dies dann nicht tut?

Vor diesem Hintergrund ist Siemens im Jahr 2001 ein Joint Venture mit dem französischen Konkurrenten Framatome eingegangen. Nachdem die Franzosen fast sechzig Kernkraftwerke in ihrem Land laufen hatten und das ganze politische Spektrum in Frankreich die friedliche Nutzung der Kernenergie befürwortete, konnten wir in unserer schwierigen Lage froh sein, dort als Juniorpartner mit 34 Prozent Anteil unterzukommen.

Den größten Erfolg dieses Gemeinschaftsunternehmens sehe ich darin, dass es gelungen ist, den Sicherheitsstandard noch einmal ein Stück weiterzuentwickeln. »European Pressurized Water Reactor« (EPR) heißt das fortschrittliche Produkt des mittlerweile in Areva umbenannten Unternehmens, das heute mit rund 17 000 Mitarbeitern zu den weltweit füh-renden Herstellern von Kernkraftwerken gehört.

Je ein EPR ist derzeit in Olkiluoto, Finnland, und in Flam-manville, Frankreich, im Bau sowie zwei weitere in Taishan, China. Die Verzögerungen und Mehrkosten beim finnischen Projekt sind bedauerlich, aber bei der »ersten« Anlage wieder-um auch nicht ganz ungewöhnlich. Leider gibt es weltweit keine Einigung auf verbindliche Sicherheitsstandards für den Bau von Kernkraftwerken. Wenn bei einer Ausschreibung im Nahen Osten kürzlich Koreaner zum Zug kamen, dann kann das auch daran gelegen haben, dass der von Franzosen und Deutschen entwickelte EPR aufgrund seiner Sicherheitsausle-gung teurer war als das Konkurrenzprodukt.

Im Jahr 2009 hat Siemens die Zusammenarbeit mit den Franzosen etwas überraschend beendet und sich der russi-schen Firma Rosatom zugewandt – so bleibt es nicht nur span-nend, wie die Energiefrage in Deutschland weiter behandelt wird, sondern auch, wie sich Siemens auf diesem Gebiet wei-terentwickelt. Erfreulich für den Standort Deutschland ist dabei, dass sich Anne Lauvergeon, die Chefin von Areva, ent-schlossen hat, den Standort Erlangen weiter auszubauen. Ende 2010 wurden neue Gebäude in Betrieb genommen, die jetzt 3000 Mitarbeitern Platz bieten. Die alte Siemens-Tradi-tion in der Kerntechnik lebt damit am Standort Erlangen weiter.

Die SPD und der damalige Bundeskanzler Helmut Schmidt waren in den 1970er Jahren noch klare Befürworter der Kern-energie. Kein Industrieland der Welt könne sich in den nächs-ten Jahrzehnten einen Verzicht auf Reaktoren leisten, wenn man nicht die technische Entwicklung und damit die Grund-lagen der Wirtschaft gefährden wolle, war Helmut Schmidts überzeugendes Argument.

Erst 2008 unterstrich er im Wochenblatt *Die Zeit* noch ein-mal die energiepolitische Haltung seiner Regierungszeit: »Ich finde es erstaunlich, dass unter allen großen Industriestaaten der Welt – von den USA bis China, Japan und Russland – die Deutschen die Einzigen sind, die glauben, sie könnten ohne Kernkraft auskommen. Natürlich hat Kernkraft ihre Risiken. Es gibt aber keine Energie und nichts auf der Welt ohne Risiken, nicht einmal die Liebe.«

Obwohl Energie die Lebensader, das Blut einer Volkswirtschaft ist, hatte seit Helmut Schmidt keine Regierung mehr ein geschlossenes, langfristiges politisches Energiekonzept vorgelegt – weder die achtzehn Jahre dauernde Regierung Helmut Kohls noch die sieben Jahre während rot-grüne Koalition unter Gerhard Schröder. Erst die jetzige Bundesregierung unter Angela Merkel hat sich daran gewagt und wird wegen der geplanten Laufzeitverlängerung der Kernkraftwerke heftig angegriffen. Unüberwindbarer Streitpunkt blieb in der Vergangenheit immer die Kernenergie. Dabei war doch klar, dass es ohne Kernenergie auf längere Sicht nicht gehen würde. Wie sollten denn 25 Prozent der Stromerzeugung – ursprünglich waren es noch mehr – ersetzt werden? Kohlekraftwerke werden kritisch gesehen, weil sie das CO_2-Problem verschärfen und dem Klima schaden, leider unsere heimische Braunkohle ganz besonders. Gas in großen Mengen zu verbrennen erhöht unsere Abhängigkeit vom Ausland, ist ebenfalls nicht ganz CO_2-frei – und wer will schon neue Kraftwerkstandorte in seiner Nähe haben?

Sonnenenergie wird mit der gegenwärtig verfügbaren Technik in unseren Breitengraden keine bestimmende Rolle spielen können, außer für den Subventionsbedarf. Es bleiben ebenfalls subventionierte Windkraftwerke, die wir aus Umwelt- und Effizienzgründen jetzt offshore weit vor unserer Küste positionieren müssen und deren Strom über heute noch nicht existierende Stromleitungen in den Süden transportiert werden muss, wenn wir dort etwa die Kernkraftwerke abschalten. Wie lange noch können die deutsche Volkswirtschaft und die Verbraucher den Anstieg der Strompreise aufgrund steigender Subventionen verkraften?

Die Gleichung geht nicht auf. Damit der Strom weiter aus der Steckdose fließen kann, werden wir – bei Abschaltung der Kernkraftwerke – massive Stromimporte tätigen müssen. Kommt dann der Strom aus französischen, tschechischen, slowakischen oder anderen Kernkraftwerken, die sicherlich einen hohen, wenn auch nicht überall gleichen Sicherheitsstandard aufweisen, aber nicht nach den deutschen Regeln gebaut worden sind und auch nicht danach betrieben werden?

Es ist zu wünschen, dass in Deutschland der von Helmut Schmidt beschworene Realismus einsetzt. Am Ende sind bei der gegebenen Knappheit alle Energieerzeugungsformen additiv und nicht alternativ. Kernkraft muss bis zu dem Zeitpunkt, zu dem andere Technologien vergleichbar leistungsstark und effizient sein werden, erhalten bleiben – der Begriff »Brückentechnologie« trifft es sicher am besten, wobei allerdings offen ist, wie lange die Brücke sein muss, um eine gesicherte, preisgünstige und umweltgerechte Energieversorgung zu gewährleisten. Die erneuerbaren Energien sind Zukunftstechnologien, deren Erforschung und Ausbau in den nächsten Jahrzehnten – ohne Illusionen – dringend fortgeführt werden muss.

Den Windkraftwerken wird, wenn erst die Speicherung elektrischen Stroms technisch besser gelöst ist, eine steigende Bedeutung zufallen. Siemens hat deswegen noch im Jahr 2004 die dänische Firma Bonus für rund 300 Millionen Euro gekauft. Das war rückblickend ein guter Zeitpunkt; denn es war damals abzusehen, was zwischenzeitlich eingetreten ist, nämlich dass es in Zukunft nicht mehr um den Bau einzelner Windräder, sondern um die Errichtung großer Windparks mit hohem Finanzierungsbedarf gehen würde. Diese Entwicklung bietet einem starken Unternehmen wie Siemens glänzende Chancen. Wir werden auch eine weitere Steigerung der Energieeffizienz erleben, in diesem Fall mehr Effizienz beim Einsatz von Strom. Ob die dafür gegenwärtig kursierenden Annahmen realistisch sind, muss sich erst noch erweisen. Aber dass von einem Unternehmen wie Siemens gerade auch auf diesem Gebiet große Beiträge verbunden mit hervorragenden Geschäftsmöglichkeiten zu erwarten sind, steht außer Frage.

Insgesamt war ich, nach den ersten acht Jahren in der Rechts- und Vertragsabteilung von Siemens, vierzehn Jahre bei der Kraftwerk Union. In dieser Zeit änderten sich nach und nach die Besitzverhältnisse der KWU. Anfangs, nämlich 1969, hatten die Unternehmen AEG und Siemens schon ihre konventionellen Kraftwerkssparten zusammengelegt und teilten sich die dafür gegründete Kraftwerk Union 50 zu 50. 1974 wurden auch die Reaktorabteilungen von AEG und Siemens eingebracht, ab 1977 war Siemens Alleinaktionär der KWU. 1988 wurde der gesamte Bereich KWU in die große Siemens AG eingegliedert, führte also keine eigene Bilanz mehr und war eine ganz normale Unterabteilung von Siemens.

Leider hatte die KWU nicht die Chance erhalten, sich frühzeitig auf dem konventionellen Gebiet, etwa durch eine größere Akquisition, zu verstärken – also bevor die Milliarden-Rücklagen, die die KWU in den erfolgreichen 1980er Jahren gebildet hatte, durch die Eingliederung bei Siemens Bestandteil der Siemens-Bilanz wurden.

Es gab – in der Zeit vor dem Zusammenschluss mit der französischen Framatome – kein überzeugendes Kernkraftwerksgeschäft mehr, lediglich kleinere Erträge aus einem technisch anspruchsvollen Brennelementegeschäft für laufende Kernkraftwerke und aus dem Wartungs- und Nachrüstgeschäft. In diesem Feld standen wir aber auch in Konkurrenz mit zahlreichen Mittelständlern, die uns als teurem »Original Equipment Manufacturer« (OEM) durchaus etwas entgegenzusetzen hatten – vor allem preislich.

Siemens verfügte zwar über eine breite technische Basis mit

beeindruckenden Persönlichkeiten auf der Ingenieursseite. Aber es war allen klar, dass eine gewaltige Umstrukturierung hin zum konventionellen Kraftwerksgeschäft anstand. Schon seit längerem hatte der KWU-Vorstand erkannt, dass die Stromversorgung in den nächsten Jahren vom Einsatz der Gasturbinen bestimmt würde, von denen KWU aber nur ganze vier im Jahr verkaufte. Folgerichtig wurde mit aller Kraft versucht, die technische Position auf diesem Feld auf ein wettbewerbsfähiges Niveau zu bringen.

Bei den Dampfturbinen, die vorwiegend in Kohlekraftwerken zum Einsatz kommen sollten, war die Situation etwas besser. Aber auch hier musste in einigen Leistungsklassen die Konkurrenzfähigkeit verbessert werden.

Viele Mitarbeiter der erfolgsverwöhnten KWU fürchteten um ihren Job. Klaus Barthelt, die hochangesehene Vaterfigur der KWU, wurde 1989 in den neu geschaffenen Zentralvorstand des Konzerns berufen, und ich wurde nach der neuen Bezeichnung »Vorsitzender des Bereichsvorstands Energieerzeugung (KWU)«. Wir, das heißt das Team, das Klaus Barthelt vorausschauend aufgebaut hatte, gingen unbeeindruckt von den schwierigen Rahmenbedingungen mit großem Optimismus an die Arbeit.

Vorstandsvorsitzender
der Siemens AG

»Finanzierungsmöglichkeiten bei Kraftwerken« – darüber sollte ich als Vorsitzender des Bereichsvorstands der KWU im Sommer 1989 eine Präsentation im Aufsichtsrat der Siemens AG geben. Üblicherweise ließen sich die zwanzig Mitglieder des Aufsichtsrats bei ihren fünf turnusmäßigen Sitzungen im Jahr vom Vorstand die aktuelle Lage erklären. Dazu kamen Erläuterungen der Unternehmensstrategie und Diskussionen über grundsätzliche Fragen. Dass andere Mitarbeiter, die nicht dem Vorstand der Siemens AG angehörten, zu einem Vortrag über Fachthemen eingeladen wurden, war die Ausnahme. Die Einladung an mich war also etwas Besonderes.

Natürlich war ich schon oft in unserer Münchner Zentrale am Wittelsbacherplatz gewesen. Aber so richtig fand ich mich in dem verschachtelten Gebäude nicht zurecht. Es gab damals zwei Kantinen, eine große für alle mit Selbstbedienung und eine kleine für die leitenden Angestellten mit Bedienung durch Kellner, die jeden beim Namen kannten und entsprechend auf die Sonderwünsche der Einzelnen eingestellt waren. Aber da ich mich nicht auskannte, ging ich vor der Aufsichtsratssitzung, die am frühen Nachmittag begann, zum Mittagessen nicht in eine der Kantinen, sondern in die Cafeteria, die allen Mitarbeitern offenstand.

Während ich dort das belegte Brötchen aß, das ich mir von der Selbstbedienungstheke geholt hatte, setzten sich vier Siemens-Angestellte an den Nachbartisch und unterhielten sich zwar nicht laut, aber immerhin so, dass ich ihr Gespräch verfolgen konnte. Sie sprachen über dies und das, doch dann fielen Sätze, die mich aufhorchen ließen: »Heute Nachmittag ist ja wieder AR-Sitzung«, sagte der eine, »ich weiß«, meinte der andere. Da fiel der Dritte ein: »Und da wollen sie schon wieder zwei AG-Vorstände ernennen.« Worauf der Vierte bemerkte: »Wirklich? Wir haben doch schon jetzt zu viele Vorstände!«

Instinktiv senkte ich den Kopf, weil ich ahnte, dass diese Sätze nicht für meine Ohren bestimmt waren, aber wohl auch meine Person betrafen. Außer mir war noch ein Kollege, Werner Maly, als Leiter des Bereichs Medizintechnik zum Vortrag im Aufsichtsrat eingeladen worden. Von wem sonst konnte also hier die Rede sein, wenn nicht genau von uns beiden?

Ich hatte bis dahin keine konkreten Hinweise bekommen, dass ich am Nachmittag in den Vorstand des Siemens-Konzerns berufen würde, lediglich ein paar vage Andeutungen, die man im Nachhinein etwa so interpretieren konnte: »Das ist für Sie sicher nicht unerfreulich, da eingeladen zu sein!« Mein damaliger Mentor und Vorgesetzter, Klaus Barthelt, der natürlich wusste, was mich erwartete, hatte mir nur den guten Ratschlag auf den Weg gegeben: »Strengen Sie sich bei Ihrem Vortrag bitte an!« Als ob ich das nicht sowieso tun würde! Erst später wurde mir klar, was er mir damit durch die Blume strenger Fürsorge als dezenten Hinweis mitgeben wollte.

Aber niemand hatte offen gesagt: »Am Ende dieser Aufsichtsratssitzung sind Sie AG-Vorstand.« Natürlich hatte ich gewisse Vorahnungen, aber es hätte ja auch anders kommen können. Schließlich wurde nicht jeder, der zum Vortrag in den Aufsichtsrat geladen wurde, später Konzernvorstand. Deshalb hatte ich vorher auch mit kaum einem Kollegen über meinen AR-Auftritt gesprochen, nur mit meiner Frau. Aber der Münchner »Flurfunk« hat es mir über die – unbekannten, aber offenbar gut informierten – Kollegen dann doch rechtzeitig beim Mittagessen zugetragen.

Die Ernennung zum AG-Vorstand lief dann denkbar profan ab: Nachdem wir unsere Vorträge gehalten hatten, wurden Werner Maly und ich gebeten, den Sitzungsraum zu verlassen. Man musste schließlich noch formelle Beschlüsse fassen. Zum anschließenden Essen waren wir beide allerdings wieder geladen, und so vertrieben wir uns bis dahin irgendwie die Zeit. Ich ging zu Kollegen, die ich kannte, um mich bei dieser Gelegenheit über offene Fragen auszutauschen, als plötzlich ein Mitarbeiter auftauchte und aufgeregt meldete, man würde nach mir suchen, ich sollte noch einmal in die Sitzung des Aufsichtsrats kommen.

Offenbar hatte man gedacht, Werner Maly und ich würden vor der Tür des Sitzungssaals warten, und war nun erstaunt, dass ich spurlos verschwunden war. Ich hingegen glaubte, ich könnte die Zeit bis zum Essen frei nutzen. Also eilte ich im Laufschritt zurück in den Konferenzraum. Mittlerweile war die Sitzung beendet, und einige AR-Mitglieder waren schon auf dem Weg zum Essen. Aber der Aufsichtsratsvorsitzende Heribald Närger, der mich hatte suchen lassen, wartete noch auf mich und sagte: »Ich möchte Ihnen mitteilen, dass Sie zum Vorstand der Siemens Aktiengesellschaft ernannt sind.« Er schüttelte mir die Hand, die umstehenden AR-Mitglieder, die noch im Saal waren, gratulierten ebenfalls, und dann ging es zum Essen. Das war's.

Ab September 1989 war ich also nicht nur »Vorsitzender des Bereichsvorstands Energieerzeugung KWU«, sondern auch Mitglied des Siemens-Vorstands. Das hatte gewisse materielle Vorteile. Sonst änderte sich aber erst einmal nicht viel. Im Grunde war diese Ernennung auch nur so etwas wie die Korrektur eines nach allgemeinen Organisationsprinzipien unhaltbaren Zustands: Ich hatte zwei Kollegen im Bereichsvorstand, die bereits Mitglieder im übergeordneten Siemens-Vorstand waren. Damit ich nicht schlechter gestellt würde als die beiden, wurde eben auch ich in den Konzernvorstand berufen. In dieser Hinsicht hatten die beiden Kollegen aus der

Cafeteria nämlich recht: Damals gab es sehr viele Konzern-vorstände, mehr als zwanzig. Aber das war nur ein Über-gangsphänomen im Zuge der Reintegration der KWU AG und deren Vorstände in die Siemens AG.

Das Unternehmen hatte gerade eine der massivsten Um-strukturierungen eingeleitet, die es im Hause je gegeben hat. Siemens hatte eine über Jahrzehnte gewachsene Organisa-tionsstruktur, die aus sieben »Unternehmensbereichen« be-stand – jeder so groß wie ein eigener Konzern. Die Chefs dieser Bereiche waren allesamt Mitglieder des Konzernvorstands und bildeten dort den sogenannten Zentralausschuss. Diesem ge-hörten neben dem Vorstandsvorsitzenden auch die Leiter der Zentralabteilungen Finanzen, Betriebswirtschaft, Personal und Vertrieb an.

Diese Struktur hatte mehrere Schwachstellen. Die Unter-nehmensbereiche waren aufgrund ihrer Größe von außen, also auch aus der Siemens-Zentrale heraus, kaum zu durchschauen. Gelegentlich kam es zu Doppelarbeit, weil mehrere Unterneh-mensbereiche an denselben Entwicklungen arbeiteten, ohne voneinander zu wissen. Da alle sieben operativen Chefs Mit-glieder des Zentralausschusses waren, wurden bisweilen schwierige Entscheidungen vertagt, weil mancher seine eige-nen Interessen verfolgte und man sich gegenseitig nicht allzu weh tun wollte. Gleichzeitig herrschte aber Einigkeit darüber, dass die Konzernzentrale vor allem auf dem Vertriebssektor zu teuer und zu mächtig war. Denn der Zentralvertrieb hatte, wenn man die Landesgesellschaften mitzählte, mit mehreren Zehntausend Mitarbeitern das Privileg, weltweit den Verkauf der Siemens-Produkte aller Unternehmensbereiche zu organi-sieren.

Aufbauend auf der Vorarbeit des frühverstorbenen hochan-gesehenen Max Günther, hatte der damalige Chef des Unter-nehmensbereichs Installations- und Automobiltechnik und spätere Leiter der zentralen Unternehmensentwicklung, Hermann Franz, im Auftrag des AR-Vorsitzenden Heribald Närger und des Vorstandsvorsitzenden Karlheinz Kaske Pläne für eine Umorganisation erarbeitet und im Unternehmen mit den Entscheidungsträgern abgestimmt. Ziel war es, Siemens besser auf den zunehmend globalen Markt auszurichten und flexibler zu gestalten. Flache Hierarchien und kurze Entscheidungswege, das waren die wesentlichen Kriterien. Jeder Bereich sollte mit allen Ressourcen ausgestattet werden, die er für sein Geschäft benötigte.

Natürlich verlief eine derart umfassende Veränderung nicht ohne Widerstände. So manche lieb gewordene Gewohnheit musste aufgegeben werden, der eine oder andere Mächtige verlor an Einfluss, die »allmächtigen« Zentralabteilungen wurden deutlich zurückgeschnitten. Dennoch ging diese radikale Umstrukturierung – jedenfalls von außen betrachtet – ohne großen Wirbel über die Bühne. Das in die Jahre gekommene Traditionsunternehmen verwandelte sich in einen Konzern, der in neuer Struktur Chancen hatte, frische Schlagkraft zu gewinnen. Aus den sieben riesigen Unternehmenseinheiten wurden fünfzehn kleinere Bereiche, die aber jeder für sich immer noch eine ansehnliche Größe hatten. Jeder Bereich wurde von einem Bereichsvorstand geführt, dem neben dem Vorsitzenden in der Regel zwei weitere Führungskräfte angehörten. Sie waren selbständig in ihren Entscheidungen, aber in klarer Absprache, in welchen Punkten der Konzernvorstand letztlich das Sagen hat. Die Bereichsvorstände waren also die eigentlichen Unternehmer und verantworteten ein weltweites Geschäft (siehe Abbildung auf Seite 104/105).

Als Ausschuss des Konzernvorstands wurde ein sogenannter Zentralvorstand eingerichtet, dem nach einer Übergangszeit neben dem Vorstandsvorsitzenden drei »geborene« Mitglieder, nämlich die Vorstände für Finanzen, Personal und Unternehmensentwicklung, angehörten. Vier weitere Mitglieder des Zentralvorstands übernahmen »Betreuungsaufgaben«

für die 15 Bereiche und die Regionen Europa, Amerika, Asien/ Pazifik und GUS/Afrika/Naher Osten. Sie hatten bewusst keine operativen Verantwortungen, um sich nicht mit ihren partikulären Interessen gegenseitig zu blockieren. Sie agierten letztlich wie Aufsichtsräte, die sich entsprechend ihrer Betreuungsaufgaben um die ihnen zugewiesenen Einheiten kümmerten. Der Zentralvorstand stellte die strategischen Weichen, setzte Meilensteine der Unternehmenspolitik, gab den Bereichen operative Ziele vor und kontrollierte deren Erfüllung.

Der Konzernvorstand in seiner Gänze blieb für die nach dem Aktienrecht erforderlichen Kontrollen und Beschlüsse zuständig, zum Beispiel für die Aufstellung der Quartals- und Jahresbilanzen. Er tagte in der Regel viermal im Jahr. Anfangs, also nach 1989, gehörten ihm noch mehr als zwanzig Mitglieder an, zuletzt wie geplant aber nur noch etwa ein Dutzend. Die neue Ordnung von zentraler und dezentraler Führung bei Siemens wurde in der deutschen, aber auch in der internationalen Öffentlichkeit als wegweisend angesehen und diente zahlreichen anderen Großunternehmen als Vorbild.

Vor diesem Hintergrund war es noch relativ wenig spektakulär, dass ich als Vorsitzender des starken Bereichs Energieerzeugung (KWU) in den Konzernvorstand berufen wurde. Mein Vorgänger Klaus Barthelt war mit Beginn der neuen Unternehmensstruktur zum 1. Oktober 1989 in den Zentralvorstand aufgestiegen. Als er ein Jahr später in den Ruhestand ging, wurde sein Posten als Mitglied des Zentralvorstands vakant. Da lag es nahe, dass ich seine Nachfolge auch in diesem Gremium antreten würde. Tatsächlich wurde ich zum 1. Oktober 1990 auf diese Position berufen. Allerdings – eigentlich im Widerspruch zur neuen Organisation – behielt ich zunächst noch die Funktion als operativer Führer des Bereichs Energieerzeugung. Ich kontrollierte mich also für kurze Zeit sozusagen selbst.

Meine beiden Kollegen im Bereichsvorstand waren zwar

GESAMTVORSTAND
Zentralvorstand

Bereiche

Anlagentechnik	Antriebs-, Schalt- und Installationstechnik	Automatisierungstechnik
Daten- und Informationstechnik	Energieerzeugung (KWU)	Energieübertragung und -verteilung
Medizinische Technik	Öffentliche Kommunikationsnetze	Passive Bauelemente und Röhren
Private Kommunikations- systeme	Sicherungstechnik	Verkehrstechnik

Selbständige Geschäftsgebiete

| Audio- und Videosysteme | Elektromechanische Komponenten |

Bereiche mit eigener Rechtsform

| Osram GmbH | Dr.-Ing. R. Heil GmbH |

Regionale Einheiten
Zweigniederlassungen, Landesgesellschaften, Vertriebsgesellschaften, Stützpunkte, Vertretungen

US-Operating Companies

Siemens-Struktur nach der Neuorganisation zum 1. Oktober 1989.

sehr anerkannte und verdiente Persönlichkeiten. Aber die Siemens-Spitze wollte einen Generationswechsel einleiten. Man spürte, dass sich nicht nur die weltpolitische Großwetterlage – in jener Zeit fiel die Berliner Mauer, und der über Jahrzehnte andauernde Ost-West-Konflikt begann sich aufzulösen – verändern würde, sondern die Weltwirtschaft generell. Schon damals deutete sich der Aufstieg Asiens zur ökonomischen Weltmacht an, und unsere Antwort auf diesen Wandel

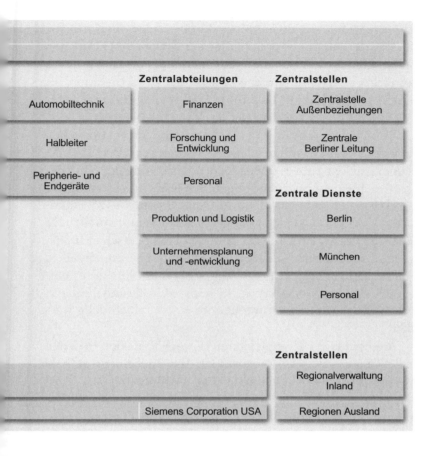

Zentralabteilungen		Zentralstellen
Automobiltechnik	Finanzen	Zentralstelle Außenbeziehungen
Halbleiter	Forschung und Entwicklung	Zentrale Berliner Leitung
Peripherie- und Endgeräte	Personal	**Zentrale Dienste**
	Produktion und Logistik	Berlin
	Unternehmensplanung und -entwicklung	München
		Personal

		Zentralstellen
		Regionalverwaltung Inland
	Siemens Corporation USA	Regionen Ausland

wollte die Konzernspitze in die Hände eines jüngeren Managers geben. Es war deshalb eine besondere Herausforderung für mich, dass mir als Zentralvorstand auch die Zuständigkeit für die Region Asien/Pazifik übertragen wurde. Mein eigentliches Fachgebiet blieb aber zunächst selbstverständlich der Sektor Energie, in dem ich mehr als zu Hause war.

Der nächste »Sprung nach oben« kam dann aber schon im darauffolgenden Sommer, im Juli 1991. Der Aufsichtsrat hatte zu entscheiden, wer turnusmäßig die Nachfolge von Karlheinz Kaske als Vorstandsvorsitzender der Siemens AG antreten sollte. Und da fiel dann die Wahl auf mich. Formal wurde ich zunächst stellvertretender Vorsitzender des Vorstands, bis Karlheinz Kaske zum 1. Oktober 1992 in den Ruhestand treten und ich neuer Vorsitzender des Vorstands werden sollte.

Binnen vier Jahren war ich damit vom kaufmännischen Vorstand, dann vom Bereichsvorsitzenden der KWU über die Zugehörigkeit zum Siemens-Zentralvorstand zum Chef des gesamten Konzerns aufgestiegen. Ich war nun zuständig für ein Unternehmen, das allein in Deutschland an 125 Standorten Werke und Niederlassungen betrieb, verantwortlich für den – gemessen am Umsatz – zweitgrößten deutschen Industriekonzern mit weltweit über 400 000 Mitarbeitern, was allein schon zahlenmäßig fast der Einwohnerzahl Nürnbergs entsprach. Bei dem Gedanken an die schiere Größe und die damit verbundene Verantwortung konnte einem schwindelig werden.

Angesichts der Komplexität der Geschäftsfelder, in denen sich Siemens betätigte, war aber klar, dass ein Siemens-»Chef« in keinster Weise Alleinherrscher sein konnte und dass selbst der achtköpfige Zentralvorstand auf die Expertise der Bereichsvorstände und ihrer Führungsmannschaften angewiesen war. Siemens blieb trotz der Neuorganisation für viele – extern und intern – ein nur schwer überschaubares Gebilde. Fünfzehn Bereiche und zwei rechtlich selbständige Gesellschaften, das konnte man nur schwer auf einen Nenner bringen. Dabei verbarg sich dahinter eigentlich eine Struktur, die in wenigen übergreifenden Arbeitsgebieten zusammengefasst werden konnte, letztlich entsprechend der Segmente, die schon der Firmengründer Werner von Siemens im Auge gehabt hatte.

Da gab es – aufbauend auf den »Schwachstrom«-Aktivitäten – die Bereiche »Öffentliche Kommunikationsnetze«,

»Private Kommunikationssysteme« und »Peripherie- und Endgeräte«. Auch die »Daten- und Informationstechnik« gehörte zu diesem Arbeitsgebiet, ebenso die »Sicherungstechnik« für militärische Anwendungen.

Auf der »Starkstrom«-Seite ging es um »Energieerzeugung (KWU)« und um »Energieübertragung und -verteilung«. Anwendungen dieser Technologien wurden in den Bereichen »Anlagentechnik« (Energieversorgung für große Industriekomplexe wie Zement- und Stahlwerke), »Automatisierungstechnik« (Fabrikausrüstungen zum Beispiel für die Automobil- und Chemieindustrie) sowie »Antriebs-, Schalt- und Installationstechnik« (Motoren, Stromversorgung für Gebäude) betrieben. Dazu kamen die »Verkehrstechnik« auf dem Gebiet der Schienenfahrzeuge und die »Automobiltechnik«.

Als drittes Schwerpunktgebiet hatte Siemens schon kurz nach seiner Gründung mit dem Erwerb der Firma Reiniger und auf Basis eigener Patente bei der Röntgentechnologie die »Medizintechnik« auf- und ausgebaut.

Basistechnologien und Vorprodukte für diese Segmente lieferten die Bereiche »Halbleiter«, »Passive Bauelemente und Röhren« sowie das kleinere selbständige Geschäftsgebiet »Elektromechanische Komponenten«.

Abgesehen von anderen kleineren Spezialgebieten (»Audio- und Videosysteme« für Bild- und Tontechnik, »Dr. Ing. R. Heil GmbH für grafische Produktionssysteme«) war traditionell die selbständige Tochtergesellschaft Osram für das Lampengeschäft tätig.

Nicht zum Siemens-Konsolidierungskreis zählte das eigenständige Joint Venture »Bosch-Siemens-Hausgeräte«. Dies ist übrigens eines der seltenen Beispiele, in denen eine 50:50-Beteiligung nunmehr bereits über mehrere Managergenerationen hinweg erfolgreich am Markt operiert. Grundlage dieser beispielhaften Zusammenarbeit sind ähnliche Managementphilosophien bei Bosch und Siemens, nämlich dass es nicht so sehr auf schnellen Gewinn, sondern auf langfristigen Erfolg ankommt. Auf dieser Basis entwickelten sich die vertrauensvollen persönlichen Beziehungen mit dem Bosch-Management, zuletzt um Hermann Scholl, Tilman Todenhöfer und ihre Kollegen und Nachfolger.

Siemens war also in der Tat ein komplexes Unternehmen, im Einzelnen aber mit vielen technischen Synergien und der Möglichkeit ausgestattet, im globalen Markt mit gebündelter Stärke aufzutreten. Schon Anfang der 1990er Jahre war Siemens mit seinen vielen Regionalgesellschaften in 190 Ländern der Erde aktiv. Es wurde rund um die Uhr gearbeitet. Mit mir gingen allmorgendlich fast 240 000 Mitarbeiterinnen und Mitarbeiter in deutschen Siemens-Standorten zur Arbeit. Wenn unsere Mannschaft nachmittags oder abends nach Hause zurückkehrte, nahmen am anderen Ende der Welt – etwa in den USA, Brasilien oder Argentinien – andere Siemens-Mitarbeiter die Arbeit auf. Und wenn unsere Leute dann spät am Abend ins Bett gingen, begannen die Kollegen in China oder Japan ihren Arbeitstag.

Warum wurde gerade ich Vorstandsvorsitzender dieses Mammutunternehmens, das ich bis dahin nur zu einem Teil wirklich kannte? Von der Nachrichtentechnik verstand ich nicht allzu viel, auch Mikroelektronik und Computertechnik gehörten nicht zu den Feldern, auf denen ich beruflich bewandert war. Aber das war eigentlich nicht anders, als ich fünfzehn Jahre zuvor kaufmännische Verantwortungen bei der KWU übernehmen durfte. Und dennoch hatte es funktioniert. Welche Argumente hatten wohl den Ausschlag gegeben?

Sicherlich hatte es – Punkt eins – ein gewisses Gewicht, dass ich bei der KWU erfolgreich war. Diese Siemens-Gesellschaft, der dann in die Siemens AG integrierte Bereich Energieerzeugung, genoss weltweit hohes Ansehen aufgrund der gelungenen Kombination von technischen und kaufmännischen Leistungen. Hausintern waren wir durchaus ein »Schwergewicht«, weil wir kräftige Rücklagen gebildet und gezeigt hatten, dass wir auch mit extremen Marktveränderungen umgehen konnten.

Ob es sich für mich positiv auswirkte, »Erlanger« zu sein, ist eher zweifelhaft. In Erlangen waren zwar die Starkstromseite – also Kraftwerke, Schaltanlagen, Industrieausrüstungen, Schienenfahrzeuge und dergleichen – sowie die Medizintechnik des Konzerns beheimatet, aber das musste Anfang der 1990er Jahre nicht unbedingt von Vorteil sein. Denn die guten Siemens-Zahlen wurden damals von den Bereichen der Kommunikationstechnik mit Sitz in München geschrieben. Im Übrigen waren meine Vorgänger Karlheinz Kaske und Bernhard Plettner auch im Wesentlichen Vertreter der Starkstromseite gewesen. Demnach wäre jetzt eher ein »Schwachstrom«-Mann an der Reihe gewesen.

Eher von Bedeutung war die Tatsache, dass ich durch meine Zeit in der Rechtsabteilung mit anderen Bereichen, wie etwa der Medizintechnik vertraut war. Auch meine internationalen Einsätze waren in der Zentrale aufmerksam registriert worden. Durch das Kraftwerksgeschäft war ich nicht nur in den USA, in Brasilien, Argentinien, im Iran, China und Korea, sondern auch in ganz Europa herumgekommen, von der Türkei über Spanien und Schweden bis nach Osteuropa.

Mit ausschlaggebend war mein Alter. Für Siemens-Verhältnisse war ich mit Ende vierzig noch relativ jung. Da bei uns Kontinuität großgeschrieben wurde, würde ich die Gewähr bieten, mindestens zwei Vorstandsperioden von jeweils fünf Jahren zu gestalten. Das entsprach der Tradition des Konzerns. Außenstehende mögen diese Eigenschaft eher skeptisch beurteilen. Denn mit dem Bekenntnis zur Tradition waren auch negative Einschätzungen verbunden: selbstbezogen, bieder und altbacken. Zu den Kritikern des Hauses gehörte damals auch Altbundeskanzler Helmut Schmidt, der von unserer Innovationskraft trotz unserer vielen Patentanmeldungen nicht überzeugt war und dies zu unserem Leidwesen mitunter auch öffentlich äußerte. Seine Kritik war insofern berechtigt, als wir bei Siemens oft sehr lange brauchten, um aus den vielen Erfindungen wirklich marktfähige Produkte, ertragreichen Umsatz und sichere Arbeitsplätze zu schaffen, und sich dieser Umstand auch im Image des Unternehmens widerspiegelte. Ein noch nicht einmal fünfzigjähriger Vorstandsvorsitzender konnte also für frischen Wind sorgen. Ein jüngeres Gesicht würde den Neuanfang symbolisieren, den sich viele nach der anstrengenden Umstrukturierung nun wünschten.

Damit hing ferner die Einsicht zusammen, dass gerade ingenieursgetriebene Unternehmen häufig unter Kommunikationsproblemen litten. Ich galt als Kommunikator. Das war vermutlich der Hauptpunkt, der für mich sprach. Die interne und externe Öffentlichkeit forderte Informationen, und auch im Zusammenspiel mit der Politik, auf das Siemens in vielen Bereichen angewiesen war, bedurfte es immer größerer Bereitschaft zur Kommunikation und damit zur Öffnung nach außen. In der Vergangenheit hatte sich Siemens vor allem darauf verlassen, die Leistungen des Unternehmens und die Qualität der Produkte für sich sprechen zu lassen. Gute Produkte würden sich selbst verkaufen, hieß es fälschlicherweise. Doch diese für Ingenieure typische Verschlossenheit und pragmatisch-bescheidene Zurückhaltung wurden von der Öffentlichkeit eher als Arroganz und Überheblichkeit interpretiert.

Für einige Zeit galten natürlich auch andere Vorstandsmitglieder als Mitfavoriten für den Vorsitz, vor allem Karl-Hermann Baumann, Finanzchef des Hauses, und Horst Langer, der sich in bewundernswerter Weise als Chairman der Siemens Corporation in New York für unseren Erfolg in diesem Schlüsselmarkt eingesetzt hatte. Beide waren aber »schon« Mitte fünfzig, und das schien dem damaligen Aufsichtsrat unter Leitung von Heribald Närger wohl bereits als »zu alt«. Mit beiden Kollegen unterhielt ich nach meiner Ernennung zum Vorsitzenden des Vorstands besonders gute und enge Beziehungen. Beide haben niemals Enttäuschung über die zu meinen Gunsten getroffene Entscheidung erkennen lassen.

Karl-Hermann Baumann hatte schon lange eng mit dem damaligen Finanzchef Heribald Närger zusammengearbeitet und wurde, als dieser 1988 in den Aufsichtsrat wechselte, in seiner Nachfolge Leiter des Zentralbereichs Finanzen. Er war somit Herrscher über das Konzernvermögen, was bei einer »Bank mit angeschlossener Elektroabteilung«, wie man Siemens manchmal etwas spöttisch nannte, eine mächtige Position war. Aber offenbar wollte man trotz aller unbestrittenen Fähigkeiten und seiner großen Erfahrung und profunden Kenntnis des Unternehmens nicht den Finanzchef zum Vorstandsvorsitzenden machen, sondern bevorzugte jemanden, der aus dem operativen Geschäft kam.

Baumann wusste schon vor mir, wie die Entscheidung ausfallen würde, und in der heißen Entscheidungsphase lud er mich zum Essen ein. Offen und direkt erklärte er mir ungefragt, er habe kein Problem damit, wenn ich Vorstandsvorsitzender würde: »Das ändert nichts an unserem Verhältnis.« Und so war es dann auch. Als Finanzchef war er das »kaufmännische Gewissen« des Unternehmens, jemand, auf den ich mich immer verlassen konnte und mit dem auch später, als er nach Hermann Franz Aufsichtsratsvorsitzender der Siemens AG wurde, großes Einvernehmen bestand.

Auch mit Horst Langer, dessen Wort im Vorstand und bei mir persönlich Gewicht hatte und dessen offene und direkte Art sowie dessen Verlässlichkeit im ganzen Unternehmen geschätzt wurden, arbeitete ich vor allem bei der weiteren Erschließung des amerikanischen Marktes hervorragend zusammen. Er wohnte in Erlangen nicht weit von mir entfernt und wollte mich immer überreden, nach gemeinsamer Rückkehr aus den USA den unvermeidlichen Jetlag mit einem Jogging-Lauf durch den nahe gelegenen Rathsberger Wald zu bekämpfen. Aber was ihm guttat, musste nicht unbedingt auch für mich gut sein.

Die Position des stellvertretenden Vorstandsvorsitzenden, die ich ab Juli 1991 einnahm, sollte – der Siemens-Tradition entsprechend – allein der Vorbereitung auf den Vorsitz dienen, der dann ab Oktober 1992 wirksam würde. Eigentlich hätte ich also gut ein Jahr lang in Ruhe »den ganzen Betrieb« anschauen sollen, bis mein Vorgänger wie geplant in seinen wohlverdienten Ruhestand gehen würde.

Doch im Januar 1992, am Wochenende vor den entscheidenden internen und externen Sitzungen mit dem Abschluss für das Geschäftsjahr 1990/91, überschlugen sich plötzlich die Ereignisse. Karlheinz Kaske wurde wieder einmal vom Schicksal hart getroffen. Er hatte in den Jahren zuvor zwei Söhne verloren, die bei tragischen Unfällen ums Leben kamen. In ihrem Namen hatte er 1988 mit seiner Frau die Christoph-und-Stephan-Kaske-Stiftung zur Förderung der Neuen Musik gegründet. Er hatte besonders darunter gelitten, als 1986 Kurt Beckurts, der damalige Forschungschef von Siemens, zusammen mit seinem Fahrer von Terroristen ermordet wurde. Kaske und Beckurts waren ein enges Team, das sich intensiv und kreativ um zukunftsfähige Strategien für Siemens gekümmert hatte.

Im Januar 1992 stürzte Karlheinz Kaske in seinem Winterurlaub in den Schweizer Bergen und zog sich einen Oberschenkelhalsbruch zu, keine leichte Verletzung, bei der man ein paar Tabletten schluckt und am nächsten Tag zur Arbeit humpelt. Plötzlich hieß es am Sonntag: »Herr von Pierer, Sie müssen die Sitzungen des Zentralvorstands am Montag und des Konzernvorstands am Dienstag leiten, dem Aufsichtsrat am Mittwoch Rede und Antwort stehen und dann am Donnerstag auf der Bilanzpressekonferenz Siemens repräsentieren.« So hatte ich mir meinen Einstieg als Siemens-Chef nicht vorgestellt.

Die Sitzungen des Zentral- und des Konzernvorstands waren die leichtere Übung. Schließlich traf ich hier auf kooperative und verständnisvolle Kollegen, deren Präsentationen und Diskussionen ohne große Vorbereitungen zu moderieren waren. Auch die Sitzung des Aufsichtsrats ging problemlos über die Bühne. Denn im Jahresturnus stand nun der Jahresabschluss im Vordergrund, und das war ohnehin die »Stunde« des Finanzchefs. Da hat Karl-Hermann Baumann wieder einmal seine unbestrittene Kompetenz unter Beweis stellen können.

Aber die Pressekonferenz war durchaus eine Herausforderung. Hier hatten die Journalisten erstmals Gelegenheit, den designierten Nachfolger Kaskes genauer unter die Lupe zu nehmen, und das macht Journalisten bekanntermaßen Spaß. Wenn ich hier patzte, würde mich das lange verfolgen. Was einmal im Archiv der Medien landet, ist dort unwiderruflich gespeichert; jede Schwäche wird von den nachfolgenden Generationen wieder und wieder erzählt. Nichts bleibt so lange an einem kleben wie eine negative Schlagzeile. Es war klar, dass die Presse testen wollte, ob ich außer der Kraftwerksthematik auch die anderen wichtigen Siemensthemen »draufhatte«.

In dieser Situation kam mir meine Erfahrung mit der Presse zugute, auch wenn es nur die Lokalredaktion der *Erlanger Nachrichten* war und schon einige Jahre zurücklag. Wie Journalisten ticken, hatte ich nicht vergessen. Ich versuchte, mich von Anfang an entspannt und locker zu geben, begrüßte die Medienvertreter vor Beginn der Pressekonferenz schon im Foyer und schaffte damit offenbar eine Atmosphäre, die jegliche formale Beklommenheit beseitigte. Meine Offenheit kam gut an, und diese Art, Pressekonferenzen zu geben, habe ich auch alle Jahre danach beibehalten.

Inhaltlich war zu erwarten, dass neben den üblichen Fragen zur Jahresbilanz, die dem ebenfalls am Podium sitzenden Finanzchef Karl-Hermann Baumann galten, strategische Themen eine Rolle spielen würden. Man wollte natürlich hören, was ich zu Problemen zu sagen hätte, die mit den mir bisher vertrauten Themen wenig zu tun hatten. Hier sorgte der Kommunikationschef des Hauses, Eberhard Posner, mit seinem Team dafür, dass die auf der Hand liegenden Fragen rechtzeitig aufgelistet und verständliche, kurz gefasste Statements oder auch rasch begreifliche Faktenpapiere vorbereitet wurden. Es war mir dadurch möglich, Antworten zu geben, die ich nicht von irgendeinem »Sprechzettel« ablesen musste, sondern die Zusammenhänge frei aus meiner Sicht darzustellen.

Jene Pressekonferenz im Januar 1992 mit der unerwarteten Premiere im Rampenlicht der Öffentlichkeit verlief ganz zufriedenstellend. Einer der damals wortführenden Journalisten, Gerhard Czerwinski, schrieb anschließend in seinem Pressedienst, dass ich die Herausforderungen des Hauses offenbar in der gesamten Breite im Blick hätte. Ihn hatte zum Beispiel beeindruckt, dass ich überzeugend erklären konnte, warum Siemens im Sinne einer »Rückwärtsintegration« den Hersteller von Straßenbahnen, die Düwag AG in Krefeld, gekauft hatte, um Systemführer bei Schienenfahrzeugen zu werden. Das hatte nun wirklich nichts mit KWU zu tun. Aber dass ich damals wirklich über das gesamte Unternehmen Bescheid gewusst hätte, entsprach wohl eher nicht den Tatsachen.

Auch später habe ich das Prinzip durchgehalten, genügend Zeit einzuplanen, um mich vor und nach den Pressekonferenzen mit den Journalisten zu unterhalten. Ich habe immer Wert darauf gelegt, ihre Sichtweisen und Anliegen zu verstehen. Darum habe ich mich bei meinen Antworten auf ihre Fragen fast nie nur kurz auf die entscheidenden Fakten beschränkt, sondern auch Zusammenhänge und Hintergründe, manchmal sogar persönliche Erlebnisse geschildert. Dank der gezielten Vorbereitungen war es kaum möglich, mit Themen konfrontiert zu werden, die mich überrascht oder in Verlegenheit gebracht hätten.

Pressekonferenzen haben natürlich einen besonderen

»Kick«, weil Antworten mehr oder weniger spontan gegeben werden müssen. Das ist bei Hauptversammlungen »einfacher«. Dort kann man Fragen sammeln und dann – wohlüberlegt – im Zusammenhang beantworten. Andererseits macht es schon einen Unterschied, ob man hundert Journalisten – die meisten namentlich bekannt – in einem überschaubaren Saal vor sich hat oder mehr als zehntausend Aktionäre – fast alle anonym – in der Olympiahalle in München.

Diese Erfahrung hatte ich seit meiner Ernennung zum Vorstand der Siemens AG bereits dreimal machen können, aber nur als Beobachter oder als Berater, um Karlheinz Kaske zu helfen, zum Beispiel Fragen aus dem Kraftwerksbereich zu beantworten. Nach meinem überraschenden Auftritt auf der Bilanzpressekonferenz im Januar 1992 hatte ich in dieser Hinsicht noch »Schonfrist«. Denn damals lag der Termin der Siemens-Hauptversammlung noch im März. Da war Karlheinz Kaske wieder von seinem Skiunfall genesen und konnte den erforderlichen Auftritt selbst wahrnehmen.

Dennoch war es mir bereits 1992 ein besonderes Anliegen, auch diesen Teil der externen Kommunikation intensiv zu verfolgen, um dann in den Folgejahren meine persönliche Note einzubringen. Hauptversammlungen sind das höchste Organ einer Aktiengesellschaft. Die Aktionäre, also die eigentlichen Inhaber des Unternehmens, kommen zusammen, um sich über die aktuellen Entwicklungen ihres Unternehmens zu informieren. Das ist eine gute Gelegenheit, über Erfolge zu berichten, aber auch zu Misserfolgen Stellung zu nehmen. Der Vorstand muss erklären, wie er vorhandene Probleme lösen will und wie er das Unternehmen für eine erfolgreiche Zukunft aufstellt.

Die Siemens-Aktien verteilten sich traditionell auf etwa eine halbe Million Anteilseigner in aller Welt. Dazu gehören Liebhaber, die sich von ihrem Ersparten einzelne Aktien zulegen und über Jahrzehnte behalten. Da gibt es Kleinanleger, die für ein paar tausend Euro Aktien erworben haben und auf eine langfristige Rendite hoffen, bis sie ihr Vermögen an ihre Kinder und Enkel vererben. Hinzu kommen professionelle Anleger wie Banken, Versicherungen oder Pensionsfonds, die mit ihrem Aktienbesitz eigene Risiken absichern oder dauerhaft Geld verdienen wollen. Die größten von ihnen besitzen 20 Millionen oder mehr Aktien. Schließlich gibt es auch eine gewisse Zahl von Spekulanten, die sich bei niedrigen Kursen gezielt einkaufen, auf kurzfristige Schwankungen hoffen und bei höheren Kursen schnell wieder aussteigen.

Die Siemens-Hauptversammlung findet in der Regel in der Olympiahalle in München statt. Sie ist ein Tummelplatz für sehr unterschiedliche Personen. Schließlich ist jeder Aktionär geladen, egal wie viele Aktien er besitzt. Jedes Jahr strömen an die 10 000 Aktionäre in die eigentlich für andere Events geschaffene und nicht gerade gemütliche Arena. Darunter sind natürlich nicht nur interessierte und schon gar nicht nur wohlwollende Menschen, sondern auch solche, die dem Unternehmen eher skeptisch oder manchmal sogar feindselig gegenüberstehen. Sie kaufen gezielt Aktien, um an einer Hauptversammlung teilnehmen zu können und diese dann als Bühne für einen öffentlichkeitswirksamen Auftritt zu nutzen, bei dem sie ihre Anliegen zu Gehör bringen.

Ein wahrer Profi auf diesem Gebiet war der gelernte Landschaftsgärtner Henry Mathews aus Berlin, der in jungem Alter erkannte, welche Möglichkeiten das Aktienrecht zum politischen Protest gab. Er gründete 1993 den »Dachverband kritischer Aktionäre«, dessen Geschäftsführer und Sprecher er bis zu seinem Tod im Jahr 2006 blieb. Jahrelang reiste er von Hauptversammlung zu Hauptversammlung und trat Medienkampagnen gegen diverse deutsche Konzerne los. Er war im »Schering-Aktionsnetzwerk« und im »Komitee gegen Bayer-Gefahren« tätig. Er traktierte die Aufsichtsräte und Vorstände von Daimler und Telekom, von der Deutschen und der Dresdner Bank mit unzähligen Anträgen, über die dann bei deren Hauptversammlungen abgestimmt werden musste. Er war – wie die *taz* es einmal formulierte – ein »Stachel im Fleisch der DAX-Konzerne«.

Ich lernte ihn auf einer der ersten Siemens-Hauptversammlungen kennen, die ich als Vorstandsvorsitzender zu bestreiten hatte. Seitdem kam er Jahr für Jahr. Bei einer dieser Gelegenheiten hatte ich unter anderem über unsere Erfolge in Asien berichtet. Bei der anschließenden Aussprache meldete sich Mathews zu Wort und ließ sich in wenigen, geschickt vorgetragenen Sätzen über die Menschenrechtsverletzungen in China aus, die 1989 einen entsetzlichen Höhepunkt erreicht hatten, als auf dem Platz des Himmlischen Friedens in Peking viele friedliche Demonstranten zu Tode kamen. Am Ende seiner Auslassungen zückte er ein Papiertaschentuch, trat vorne ans Podest, wo die Siemens-Vorstände saßen, um mir das Tuch zu überreichen. Dazu rief er effektvoll: »Damit Sie sich das Blut abwischen können, das an Ihren Schuhen klebt, weil Sie über den Tian'anmen-Platz gelaufen sind.«

Das war eine eindrucksvolle Geste, die den Anwesenden im Gedächtnis blieb – wahrscheinlich mehr als alle meine Versuche, darzustellen, inwiefern man gerade durch wirtschaftliche Kooperation auf den sicher nur langsam voranschreitenden Demokratisierungsprozess in China positiv einwirken und wie man »Wandel durch Handel« erreichen könne. Später habe ich ihn auf diese Szene angesprochen und gefragt, wie oft er schon in China gewesen sei. »Noch nie«, war seine Antwort. Seitdem habe ich mich bei seinen engagierten Auftritten gefragt, ob er wirklich wusste, wovon er sprach.

Aber sosehr er mit seiner Kritik oftmals danebenlag, ich habe Henry Mathews für sein politisches Engagement und seinen Mut geschätzt. Am Rande so mancher Hauptversammlung haben wir geradezu freundschaftlich miteinander geplaudert. Umso mehr war ich erschüttert, als im Juli 2006 die

Nachricht seines Todes Schlagzeilen machte. Er war im Urlaub in Schweden einem plötzlichen Herzstillstand erlegen. Auf der darauffolgenden Siemens-Hauptversammlung habe ich ihn entsprechend gewürdigt.

Mathews war gewiss nicht der einzige Kritiker. Zeitweilig bestand die Hauptversammlung zu einem Drittel aus Kernkraftgegnern. Sie machten uns das Leben weniger durch sachliche Argumente als durch emotionale Kampagnen schwer. Angst kann man nicht wegdiskutieren. Diese Erfahrung versuchten bestimmte Interessenvertreter für ihre Standpunkte zu nutzen. So manche Redebeiträge von Antikernkraftaktivisten dienten in erster Linie dazu, Ängste zu schüren, wohl wissend, dass es praktisch nicht gelingen kann, ihnen mit rationalen Argumenten zu begegnen. Auch so wird Politik gemacht.

Ein Fall, der auf unseren Hauptversammlungen immer wieder eine Rolle spielte, war der Forschungsreaktor Garching, für dessen Bau Siemens den Auftrag hatte. Der dazu inszenierte Medienwirbel stieß wohl vor allem bei unseren amerikanischen Wettbewerbern auf Wohlgefallen. Mit der Verhinderung dieses für Forschung und Entwicklung sehr wichtigen Projekts konnte man unserem Land einen wesentlichen Wettbewerbsvorteil nehmen. Es war deshalb naheliegend, dass der von den Projektgegnern aufgebotene »Experte« aus einem völlig unbekannten Institut in Washington – um es vorsichtig zu formulieren – nicht unbedingt als neutraler Fachmann einzuordnen war.

Schlagworte wie »bombenfähiges Uran« waren im Zusammenhang mit Garching in der Sache zwar unzutreffend, aber wirkungsvoller als technische Vokabeln wie »inhärente Sicherheit« oder der Verweis auf das geringe nukleare Inventar, den niedrigen Druck und die geringen Temperaturen, alles Eigenschaften, die einen Forschungsreaktor, in dem kein Strom erzeugt wird, auszeichnen und beherrschbar machen.

Es gab auch eine Reihe von Landtagsabgeordneten, die sich

eine Siemens-Aktie kauften, um auf unseren Hauptversammlungen politische Bekenntnisse abzulegen. Ich habe sie bei ihren Wortmeldungen namentlich und mit dem Titel »Herr Abgeordneter« oder »Frau Abgeordnete« begrüßt. Da war den anderen Aktionären klar, dass es gar nicht um ihr Unternehmen ging, sondern dass Bayerischer Landtag gespielt werden sollte. Das hat ihnen dann schnell den Wind aus den Segeln genommen.

Manchen Aktionären, die sich mit einem Redebeitrag hervortaten, war die Antwort herzlich egal. Ihnen ging es nur um Selbstdarstellung. Darum habe ich, als ich mich auf den Hauptversammlungen schon etwas sicherer fühlte, begonnen, nicht mehr jede Frage einzeln zu beantworten, sondern verschiedene Redebeiträge zu Themenblöcken zusammenzufassen und als Ganzes zu beantworten. Wenn ich dann, nachdem ich die Fragen gesammelt hatte, meine Antworten vortrug, waren die Widersacher oft nicht mehr im Saal. Gleichwohl habe ich mir immer Mühe gegeben, jeden Redner, auf den ich in meinem Antwortblock einging, beim Namen zu nennen und auf jede Äußerung, egal wie polemisch sie vorgetragen worden war, vernünftig einzugehen.

Bisweilen wurde ich als Vorstandsvorsitzender auf unseren Hauptversammlungen auch persönlich heftig kritisiert. Ich sei zum Beispiel verantwortlich dafür, dass bei einem bestimmten Handy die Tasten falsch angeordnet seien oder dass bei einem bestimmten Zug die Klimaanlage, die noch dazu nicht von Siemens stammte, ausgefallen sei. Selbst bei solchen Redebeiträgen gab es Beifall. Manchmal hatte ich den Eindruck, die Leute klatschten automatisch, egal, was gesagt wurde.

Nach zehn Stunden Hauptversammlung – so lange dauerte es in der Regel – war es nicht immer leicht, auf alle Reden sachlich zu reagieren. Aber darin bestand eben die Herausforderung. Letztlich ist die Hauptversammlung, obwohl formal das höchste Gremium einer Aktiengesellschaft, eine öffentliche

Veranstaltung, die vor allem der Imagebildung dient. Wirklich neue Informationen werden hier selten weitergegeben, da sich die Medien und die professionellen Anleger ihre Meinung anhand der veröffentlichten Berichte und aktuellen Daten bereits vorher gebildet haben. Aber es ist offenbar für viele Teilnehmer spannend genug zu sehen, wie der Vorstand mit den unterschiedlichsten gerechtfertigten oder auch nur vermeintlichen und gar nicht den Tatsachen entsprechenden oder sogar völlig abwegigen Kritikpunkten umgeht. Aus ihren Beobachtungen entstehen dann doch Eindrücke, ob das Unternehmen souverän auf dem richtigen Kurs ist oder sich verunsichern lässt und die Gefahr besteht, bald ins Schlingern zu geraten.

Die Übernahme von Nixdorf und Westinghouse

»Man muss immer dorthin, wo die Hütte brennt.« Das ist wohl ein gutes Motto für die Arbeit eines Vorstandsvorsitzenden. Gemeint ist: Als Chef eines Großunternehmens ist man nicht nur mit hehren Strategien beschäftigt, sondern vor allem auch Problemlöser. Und in einem Unternehmen mit einer breiten Aufstellung wie Siemens gibt es nie nur *eine* Baustelle.

Bisweilen kam ich in der Früh mit bester Laune und voller Tatendrang ins Büro und habe als erste Amtshandlung ein paar mir gut bekannte Mitarbeiter angerufen: »Was macht euer Projekt?« Danach war oft der Pegelstand der guten Laune etwas gesunken, und ich war wieder auf dem Boden der Tatsachen. Diese Erfahrung ist wichtig und dämpft die Ausschläge der Emotionen. So mancher Unternehmer leidet an Realitätsverlust: Erst sieht er die Probleme nicht mehr, dann will er sie auch nicht mehr hören, und schließlich beginnt er, die Überbringer schlechter Nachrichten zu köpfen. Irgendwann gibt es scheinbar keine schlechten Nachrichten mehr, weil sich keiner mehr traut, sie zu melden. So entsteht ein fataler Teufelskreis.

Wenn etwas komplett schiefgeht, kann und muss man sich mit einer Portion Gelassenheit sagen: »Es kommen wieder bessere Zeiten, es wird auch wieder in eine andere Richtung gehen!« Natürlich darf man dann nicht die Hände in den Schoß legen, sondern muss sich intensiv darum bemühen, Fehlentwicklungen zu beseitigen. Aber man darf auch nicht in Verzweiflung geraten, wenn mal nacheinander mehrere große Aufträge verlorengehen oder gar bei einem Kunden ein von

Siemens installierter Generator Feuer fängt. Das alles habe ich erlebt. Aber das war gewissermaßen Alltag.

Die wirklich großen Herausforderungen waren von einem anderen Kaliber. Ein Beispiel dafür war Siemens Nixdorf. Das Problem lag schon auf meinem Schreibtisch, als ich den Vorstandsvorsitz übernahm. Mit großer öffentlicher Aufmerksamkeit war 1990 die legendäre Paderborner Computerfirma Nixdorf aufgekauft und mit der Siemens Datentechnik verschmolzen worden. Siemens Nixdorf Informationssysteme (SNI) hieß die neue Firma. Sie hat uns fast zehn Jahre lang in Atem gehalten und permanent tiefgreifende, neue Entscheidungen abverlangt. Eine Mammutaufgabe.

Erhofft hatte man sich aus diesem Zusammenschluss ein Unternehmen, das in Europa und auch auf dem Weltmarkt der Computertechnik eine eigenständige, erfolgreiche Rolle spielen und bereits 1994 einen Umsatz von 18 Milliarden DM mit guten Renditen generieren sollte. »Synergy at Work« hieß die Zauberformel der Siemens-Strategen rund um Vorstandsmitglied Hermann Franz, der den Deal eingefädelt hatte. Von beiden Welten – Siemens und Nixdorf – wollte man das Beste übernehmen und das neue Gebilde zum Erfolg führen. Zwei plus zwei gibt fünf – das war die Grundüberzeugung.

Es gab auch einige Punkte, die für solche Annahmen sprachen: Siemens war stark bei Großcomputern, öffentlichen Auftraggebern und privaten Großkunden, Nixdorf bei mittleren und kleinen Systemen, also bei PCs oder Geldautomaten, im Mittelstand, aber auch im Banken- und Handelsbereich. Das schien gut zusammenzupassen. Siemens war bekannt für seine Solidität, seine Innovationskraft und seine auf langfristigen Erfolg ausgerichtete Unternehmenspolitik, Nixdorf hatte sich durch Kundenorientierung und einen zum modernen Computergeschäft passenden »lockeren« Auftritt einen hervorragenden Namen gemacht. Es schien ein reizvolles Unterfangen, diese jeweiligen Qualitäten zusammenzuführen.

Teile der deutschen Industrieelite sowie maßgebliche politische Stellen – ganz oben in der Bundesregierung angesiedelt – hatten sich für eine innerdeutsche Lösung stark gemacht. Vor der anstehenden Bundestagswahl 1990, so wurde gemunkelt, wollte man verhindern, dass ein deutsches Vorzeigeunternehmen, wie Nixdorf es zweifellos war, abwanderte und in Hände amerikanischer oder asiatischer Wettbewerber geriet.

In der Folgezeit kamen dann aber einige Punkte zusammen, die es fast zu einer »Mission impossible« machten, SNI zum Erfolg zu führen:

Im Vordergrund stand die unerwartete Tiefe der Probleme, die Nixdorf wirklich hatte. Das Unternehmen war praktisch pleite, und in den letzten Jahren war das wahre Ausmaß seiner Probleme zum Teil auch durch – um es vorsichtig auszudrücken – kreative Buchführung nicht offenbar geworden.

Die Manager hatten erheblich in Niederlassungen und Werke rund um den Globus investiert, weil man annahm, dass man mit der ausreichenden Kundennähe nicht nur Hardware, sondern auch komplette Lösungen verkaufen könne. Dazu brauchte man ein entsprechend ausgebautes Vertriebs- und Servicenetz. Doch die Nachfrage nach Computerhardware ging zurück, und die Software ließen sich die meisten Kunden lieber von Spezialisten liefern.

Siemens erbte als Nixdorf-»Mitgift« einen Verlustvortrag von 1,3 Milliarden DM, ein Bilanzrechenwerk, das erst einmal in mühseliger Kleinarbeit geprüft und der Realität angepasst werden musste, sowie Überkapazitäten auf praktisch allen Wertschöpfungsebenen. Das Unternehmen war in einem schlimmen Zustand und wäre selbst unter positiven Marktbedingungen mit hohen Wachstumsraten und stabilen Preisen nur schwer zu sanieren gewesen.

Diese Aufgabe wurde in den Folgejahren durch das wirtschaftliche Umfeld noch erschwert. Es kam zur Rezession und einer allgemeinen Schwäche in der Computerbranche mit fallenden Preisen bei gleichzeitig steigendem Investitionsbedarf. Denn die technologische Entwicklung mit immer mächtigeren Mikroelektronikbausteinen und dem Zusammenwachsen der Informations- und Kommunikationstechnik erforderte erheblichen Einsatz auf dem Gebiet von Forschung und Entwicklung. Neue Generationen von Produkten und Lösungen lösten sich in immer kürzeren Abständen ab.

Damit verbunden war ein weiterer Wandel: »Proprietäre Lösungen«, also eigene, nicht kompatible Betriebssysteme der verschiedenen Anbieter, ließen sich immer weniger vermarkten. Der Marsch in eine »offene Welt« der Datentechnik war unaufhaltsam – ein Problem, das nicht nur Nixdorf, sondern vor allem auch die Siemens-Datentechnik betraf. Dadurch entstand zusätzlicher Innovations- und Investitionsbedarf.

Und schließlich war unterschätzt worden, wie groß die Unterschiede in den Unternehmenskulturen von Siemens und Nixdorf waren. Nixdorf werde als reines Computerunternehmen mit modernem Image – sozusagen als Insider – besser wissen als die Siemens-Mitarbeiter, worauf es in dieser Branche ankomme, lautete die Grundannahme. Also wurde die Devise ausgegeben, Nixdorf nicht zu »siemensianieren«. Das zugekaufte Unternehmen sollte behutsam in die Siemens-Welt integriert werden.

Diese an und für sich verständliche Vorgabe hat aber letztlich nur Zeit gekostet und den Prozess des Zusammenwachsens erschwert. Der dann am Ende nötige Kraftakt war umso größer.

Vor diesem Hintergrund war es nicht verwunderlich, dass SNI mit erheblichen Verlusten startete. Die negativen Ergebnisse wurden in der Öffentlichkeit fälschlicherweise dem Management unter Leitung von Hans-Dieter Wiedig angelastet. Dieser hatte sich vorher einen Namen gemacht, weil er die Siemens-Datentechnik nach langen Jahren der Schwäche in gute schwarze Zahlen geführt und auch komplexe Restrukturierungen erfolgreich bewältigt hatte. Aus Stroh Gold machen

124

konnte aber auch er nicht. Stattdessen quälte er sich mit der hartnäckigen Sanierungsarbeit in einem rückläufigen Markt ab. Ein undankbarer Job.

Er startete ein Programm namens »Target«, das in erster Linie auf Kapazitätsanpassung und Produktivitätsgewinne angelegt war. Von 1991 bis 1994 musste die Zahl der SNI-Mitarbeiter von über 50 000 auf unter 40 000 reduziert werden. Auch im Inland mussten Standorte – zum Beispiel in Berlin, Köln, Augsburg und Poing – geschlossen oder erheblich verkleinert werden. Das waren gigantische und richtig schmerzhafte Maßnahmen. Sie treffen die Mitarbeiter auch dann, wenn sie in »sozialverträglicher« Weise mit Übergangszahlungen und Frühverrentungen durchgeführt werden. Sie kosten Geld und binden die Aufmerksamkeit des Managements, das sich eigentlich mit voller Kraft auf Zukunftssicherung konzentrieren sollte. Jedes Jahr war es meine Aufgabe als Siemens-Chef, dem Aufsichtsrat und dann der Öffentlichkeit diese schlechten Nachrichten zu überbringen.

Immerhin schaffte es SNI, den Verlust von anfangs knapp 800 Millionen DM bis zum Geschäftsjahr 1993/94 auf rund 350 Millionen DM zu reduzieren – mit der Aussicht auf eine »schwarze Null« im Folgejahr.

Den Durchbruch sollte nun Gerhard Schulmeyer schaffen. Er hatte vorher in den USA bei Motorola und ABB bereits umfassende Restrukturierungserfahrung gesammelt. Im Juli 1994 wurde er Vorstandsmitglied der SNI und im Oktober desselben Jahres deren Vorstandsvorsitzender. Er ging die schwierige Sanierungsaufgabe bei SNI mit großem Elan an, hatte aber – wie in den USA üblich – angesichts der riskanten Aufgabe, auf die er sich einließ, seinen Preis.

Ich erinnere mich noch, wie mich der inzwischen zum Vorsitzenden des Siemens-Aufsichtsrats aufgestiegene Hermann Franz fragte: »Sind Sie wirklich damit einverstanden, dass der

Chef einer Tochtergesellschaft erheblich mehr verdient als der Vorstandsvorsitzende der Muttergesellschaft?« Ich sah dazu keine Alternative und sagte dann in aller Ruhe: »Nun, die Dinge müssen in Ordnung gebracht werden. Und ich halte Schulmeyer für den richtigen Mann dafür. Er ist sein Geld wert.«

Also wurde Gerhard Schulmeyer neuer SNI-Chef, und ich übernahm als Siemens-Chef – ja, die Hütte brannte – zusätzlich bei SNI den Aufsichtsratsvorsitz. Das Nachrichtenmagazin *Der Spiegel* schrieb am 7. November 1994 mit einer gewissen Häme: »Wenn der Chef [Pierer] den Anschluss [an den internationalen Wettbewerb] nicht schafft, droht auch ihm der Absturz.«

Es war nicht zu bestreiten, dass die vorangegangenen Restrukturierungsmaßnahmen, obwohl sie einschneidend waren und schon große Opfer verlangt hatten, nicht ausreichten, um das Überleben von SNI abzusichern. Es mussten schnell Wege gefunden werden, um die in Schieflage geratenen Marktpositionen in den sehr unterschiedlichen Geschäftsfeldern dem sich stark ändernden Markt anzupassen.

Schulmeyer leitete eine umfassende Neuausrichtung des Unternehmens ein, die einen tiefgreifenden »Cultural Change« zum Ziel hatte. Die Organisation wurde verflacht, Managementebenen entfielen, die Geschäftseinheiten bekamen durchgängige Geschäftsverantwortung von der Entwicklung bis zum Vertrieb, Managementpositionen wurden neu besetzt – zum Teil von außen –, junge Management- und Fachtalente im Unternehmen wurden gefördert und schnell an verantwortliche Aufgaben herangeführt, um die Innovationsstärke von SNI wieder zu beleben. Allmählich traten die immer noch bestehenden Empfindlichkeiten und Unterschiede zwischen der Siemens- und Nixdorf-Kultur in den Hintergrund. SNI gelang es, am Markt und innerhalb der eigenen Organisation ein positives und kundenorientiertes Profil zu gewinnen.

Gleichzeitig mussten zusätzliche strukturelle Einschnitte gemacht werden. Als Erstes wurde das Dienstleistungs- und Service-Geschäft aus den Gerätebereichen, der Hardware, herausgelöst und später als rechtlich eigenständiger Bereich Siemens Business Services (SBS) aufgebaut.

Der Hardwarebereich wurde in vier Produktgruppen gegliedert: Großrechner und sogenannte Unix-Server, Personal Computer, Kassen- und Geldautomaten sowie Hochgeschwindigkeitsdrucker.

Während dieser Umstrukturierungen mussten weiterhin Stellen abgebaut werden beziehungsweise auch Wissenslücken durch Neueinstellungen geschlossen werden. Insgesamt wurden in dieser Phase weitere 17 000 Mitarbeiter aus dem Unternehmen ausgegliedert, und 12 000 neue Mitarbeiter, vor allem im Dienstleistungsbereich, kamen hinzu.

Im Geschäftsjahr 1994/95 schrieb SNI – natürlich auch dank der Vorarbeiten von Hans-Dieter Wiedig mit seinem Management-Team – erstmals bescheidene Gewinne. Aber die Ertragslage blieb trotz dieser Generalüberholung fragil, und es zeichnete sich ab, dass nach dem Software- und Dienstleistungsbereich nun auch für den Hardwarebereich weitreichende neue Lösungen gefunden werden mussten.

Die Kassensysteme und Geldautomaten waren tief in den roten Zahlen. Eigentlich stand dieses Geschäft kurz vor der Schließung. Ich habe mich dann aber vom zuständigen Manager, Karl-Heinz Stiller, überzeugen lassen, dass wir diesem Geschäft noch eine Chance geben sollten. Er hatte dem Vorstand in einer sehr selbstbewusst vorgetragenen Präsentation dargestellt, mit welchen Maßnahmen er diesen Teil aus der Verlustzone führen wollte. Das Bemerkenswerte an dieser Vorstandssitzung war, dass sich der Siemens-Zentralvorstand in einer kurzen Sitzung zuvor eigentlich schon einig geworden war, diesen Bereich aufzugeben, und sich dann aber von Karl-Heinz Stiller »umdrehen« ließ.

Heute ist dieser ehemalige SNI-Bereich, jetzt mit Karl-Heinz Stiller als Aufsichtsratsvorsitzendem, unter dem Namen »Wincor Nixdorf« an der Börse notiert. Die bei Siemens entwickelten Kassensysteme finden sich inzwischen bei allen großen Handelsketten und Kaufhäusern, und auch bei Geldautomaten besitzt das neue Unternehmen einen erfreulichen Marktanteil.

Für die Hochleistungsdrucker von SNI hatten wir in Poing bei München ein riesiges vollautomatisiertes Werk gebaut. Ich hatte bisweilen das Gefühl, dass sich hier unsere »Fertigungsautomatisierer« ein Denkmal setzen wollten. Dort waren in der Spitze fast 3000 Mitarbeiter beschäftigt. Leider stellte sich dann heraus, dass das Werk überdimensioniert und nicht in der Lage war, flexibel der schwankenden Nachfrage zu begegnen. Wir haben es dann 1996 an den niederländischen Kopiergerätehersteller Océ van der Grinten verkauft, der durch unsere Hochleistungsdrucker sein Produktportfolio auf eine für ihn attraktive Weise vergrößern konnte.

Besonders dramatisch verlief die Entwicklung auf dem Gebiet der Personal Computer. Trotz konstanter Belegschaft konnte SNI den Output in kurzer Zeit verdreifachen, und zwar von 390 000 PCs in 1993/94 auf gut eine Million in 1996/97. SNI schaffte es, in Deutschland zum PC-Marktführer und in Europa zur Nummer fünf zu werden. In dieser kurzen Zeit ein echter Erfolg. Doch das war nur die eine Seite der Medaille. Denn auf der anderen Seite fraß der rasante Preisverfall die Margen komplett auf.

Immer wieder haben wir darüber nachgedacht, wie wir das Hauptwerk für PCs in Augsburg retten könnten. Seine Schließung wollte ich unbedingt vermeiden, nachdem wir an einem anderen Standort in derselben Stadt bereits ein Werk für Großrechner erheblich heruntergefahren hatten und dann schließen mussten.

Zum Glück hatten wir in Augsburg eine Mannschaft, die es

immer wieder schaffte, zumindest in Deutschland und einigen europäischen Ländern, die Marktposition zu verteidigen und einigermaßen akzeptable Gewinne zu erwirtschaften. Dabei half, dass es im Werk mit Otto Müller einen weitsichtigen und sehr kooperativen Betriebsrat gab. Otto Müller war ein Mann von ausgesprochen hoher unternehmerischer Intelligenz. Er hatte verstanden, wie das Geschäft funktionierte und dass die Belegschaft mitspielen musste, wenn sie ihren Arbeitsplatz nicht verlieren wollte. Bei den PCs gingen weniger Einzelbestellungen ein, sondern – wenn überhaupt – gleich Riesenbestellungen mit großen Stückzahlen. Siemens hatte viele private und öffentliche Großkunden. Da musste man flexibel reagieren können. In Augsburg wurde deshalb mit Unterstützung des Betriebsrats ein flexibles Arbeitszeitmodell eingeführt, das alles Bisherige auf diesem Gebiet in den Schatten stellte. Sobald eine Großbestellung einging, wurde Tag und Nacht gearbeitet; wenn wenig los war, wurden die Überstunden wieder abgebummelt.

Mit Erfolg: Das Augsburger Werk gibt es heute noch, allerdings unter dem Namen Fujitsu. Denn trotz der guten Entwicklung mussten wir einsehen, dass wir auf Dauer in diesem hart umkämpften Markt nicht alleine bestehen konnten. Wir machten uns deshalb auf die Suche nach einem Partner. Nachdem der zunächst ins Auge gefasste taiwanesische Wettbewerber Acer die Finanzierung für die SNI-PC-Sparte nicht aufbringen konnte, fanden wir im japanischen Technologiekonzern Fujitsu einen verlässlichen Partner, den wir schon seit Jahrzehnten kannten und mit dem wir auf einigen Gebieten zuvor schon gute Erfahrungen gesammelt hatten.

Mit Fujitsu haben wir 1999 ein Joint Venture vereinbart, an dem beide Unternehmen mit 50 Prozent beteiligt waren. Unser PC-Geschäft lief fortan unter dem Namen »Fujitsu Siemens Computers GmbH« mit Sitz in München. Die Werke in Augsburg und Sömmerda bei Erfurt waren damit gerettet. Die Zusammenarbeit mit Fujitsu hat zehn Jahre gut funktioniert. Erst im April 2009 wurde der Vertrag von meinem Nachfolger gekündigt. Unser Anteil wurde an Fujitsu verkauft. Das war nur konsequent, denn Siemens hatte sich inzwischen aus dem Geschäft mit IuK-Endgeräten verabschiedet, und Fujitsu war bei PCs weltweit zur Nummer drei nach HP und Dell aufgestiegen.

Auf diese Weise hat Siemens nach mühseliger jahrelanger Kleinarbeit den Ausstieg aus der 1990 gefeierten Übernahme von Nixdorf geschafft. Soweit es ging, wurden die Kassen geschont und die Beschäftigung gesichert. Und – was ich für besonders wertvoll halte: Wir haben daraus gelernt. Zum Beispiel, mit welchen Mitteln man Übernahmekandidaten vor der Entscheidung prüfen und einschätzen soll. Oder wie man konsequent und systematisch Integrationsprozesse organisiert, wie man also tatsächlich Synergien hebt. Bei anderen Vorhaben wie beim Westinghouse-Deal auf dem Kraftwerksgebiet oder bei der Übernahme der Automobiltechnik von VDO konnten wir aus dieser Erfahrung Nutzen ziehen.

Trotzdem gehört das SNI-Kapitel zu einem der schmerzhaftesten in der langen Siemens-Geschichte. Denn mit der Auflösung der SNI war der Leidensweg noch nicht zu Ende. Der in diesem Zusammenhang neu aufgestellte Bereich IuK (später »Com«) umfasste auch die umfangreichen Aktivitäten bei Kommunikationsnetzen, in der Übertragungstechnik und bei Kommunikationsendgeräten wie Handys und Telefonnebenstellenanlagen. Hier ist Siemens heute mit Ausnahme der Beteiligung an Nokia Siemens Networks nicht mehr unternehmerisch tätig.

Ausschlaggebend für diesen Rückzug waren vor allem vier Entwicklungen, die zum Teil aus dem Umfeld auf uns zukamen, zum Teil aber auch auf hausinternen Fehleinschätzungen beruhten:

1. Die Privatisierung und Deregulierung des »Postgeschäfts« in Deutschland und fast allen anderen Zielländern.

Das traf Siemens – wie auch die übrigen klassischen Anbieter von Telekom-Technik – besonders hart. Neue Vertriebsstrukturen, vor allem aber auch neue Verhaltensweisen mussten eingeführt werden. In der Vergangenheit wurden zum Beispiel F&E-Projekte (Forschung und Entwicklung) zusammen mit dem Kunden bearbeitet – mit gemeinsam getragenem Risiko für Fehlschläge –, und nun lagen diese Aufgabe und auch das Risiko ausschließlich auf der Seite der Lieferanten. Wenn Liefertermine oder Qualitätsanforderungen, aus welchen Gründen auch immer, nicht einzuhalten waren, ging das voll zu deren Lasten.

2. Mit dem Siegeszug des »Voice over IP«, der Nutzung des weltweit ausgebauten Internets für die Sprachübertragung, hatte Ende der 1990er Jahre ein Trend eingesetzt, der unter anderem mit der Entwicklung von sogenannten Routern verbunden war. Unternehmen wie Cisco schafften dadurch die technischen Voraussetzungen, um mit neuen Netzknoten das chaotisch gewachsene datentechnische Internet für die Sprachübertragung aufzurüsten. Dagegen waren unsere über Jahrzehnte so erfolgreichen Telekommunikationsexperten lange Zeit der Überzeugung, dass dies mit der für den Telefonbetrieb erforderlichen Qualität nicht möglich sei. Da war plötzlich ein Zug abgefahren, auf den Siemens mit überschaubarem Aufwand und in der Kürze der Zeit nicht mehr aufspringen konnte. Die klassische Technik der Telefonvermittlungs- und -übertragungstechnik wurde mehr und mehr obsolet.

3. Nach dem Boom zur Jahrtausendwende kam es zu einem dramatischen Rückgang des Marktvolumens mit entsprechendem Preisverfall. Ende der 1990er Jahre befürchtete man, dass bei vielen Kunden – zum Beispiel auch in Kraftwerken oder Krankenhäusern – die so wichtigen kommunikations- und datentechnischen Anlagen mit dem Datumswechsel zum 1. Januar 2000 zusammenbrechen und auf diesen sensiblen Gebie-

ten großen Schaden anrichten könnten, weil sie auf einen vierstelligen Wechsel der Jahreszahl nicht vorbereitet waren. Dieses von den Amerikanern als Y2K-Problem oder Millennium Bug bezeichnete Phänomen löste 1998 und 1999 einen regelrechten Boom an Neubestellungen aus. Anfang 2000 war dann für einige Zeit der Bedarf an Neuanlagen gedeckt. Der Markt brach zusammen. Das brachte alle großen Wettbewerber der klassischen Daten- und Telekommunikationstechnik in größte Schwierigkeiten.

4. Hinzu kam, dass es uns nicht gelang, bei Mobiltelefonen mit wachsenden Marktanteilen nachhaltigen Erfolg zu erzielen. Siemens hatte in den 1990er Jahren als traditioneller Anbieter von Telefongeräten nach einigem Zögern begonnen, sich auch in der Herstellung von Handys zu profilieren. Auf diesem Gebiet konnte das Unternehmen in einzelnen Jahren hervorragende Erfolge erzielen und sich Schritt für Schritt zunehmende Marktanteile sichern, zunächst in Deutschland, dann europaweit und schließlich mit eigenen Fertigungen auch in Asien. Im Grunde genommen war dieses Geschäft mit kurzlebigen Konsumartikeln und hohem Marketingaufwand aber ein Fremdkörper in der Siemens-Kultur. Um es wirklich nachhaltig zu fördern, hätte es eines immensen Aufwands bedurft, den das Unternehmen nicht leisten konnte und wollte. Dann kam der Zeitpunkt, an dem die Erkenntnis unausweichlich war, dass ein Weltmarktanteil von unter 10 Prozent nicht ausreichte, um auf Dauer auf diesem Gebiet mitzuhalten. Unser Handy-Geschäft wurde – mit meiner Unterstützung als Vorsitzender des Aufsichtsrats – von meinem Nachfolger an die taiwanesische Firma BenQ verkauft. Und diese hat sich leider nicht als fähig erwiesen, daraus ein erfolgreiches Weltgeschäft zu entwickeln.

Viele langjährige Siemens-Mitarbeiter – mich eingeschlossen – und auch große Teile der deutschen Öffentlichkeit haben den »Abschied« des Unternehmens von der Kommunikationstechnik mit großem Bedauern wahrgenommen. Immerhin hatte unser Firmengründer Werner von Siemens 1847 mit der Erfindung des Zeigertelegraphen seinen Siegeszug begonnen. Telekom gehörte also zu den Kerngebieten des Unternehmens. Da konnte einem trotz aller Einsicht in die Unabwendbarkeit der Entwicklung schon das Herz bluten, wenn man registrieren musste, dass dies nun endgültig der Vergangenheit angehören sollte.

So schwierig der eine Geschäftsbereich war, so erfolgreich waren wir in einem anderen, nämlich in der Energiesparte KWU. Ausgerechnet hier sollten wir – entgegen allen zeitweiligen Befürchtungen – einen unverhofften Boom erleben.

Spätestens Ende der 1980er Jahre wurde klar, dass das Geschäft mit der Kernenergie, das bei KWU 80 Prozent des Umsatzes ausmachte, angesichts der politischen Widerstände, zumindest was den Neubau von Kraftwerken anbelangte, zum Erliegen kommen würde. Mit Wartungsarbeiten, Nachrüstungen für die laufenden Kernkraftwerke und den zunehmenden Lieferungen von Brennelementen allein konnte KWU aber nicht am Leben erhalten werden. Und im konventionellen Geschäft mit Dampf- und Gasturbinen wurde kein Geld verdient. Die Kosten waren zu hoch, die Technik nicht überzeugend und die Marktstellung folglich zu schwach.

Andererseits hatte man bei der KWU frühzeitig erkannt, dass auf der Welt enorme Gasreserven vorhanden waren, die in vielen Ländern erschlossen wurden, und deshalb vor allem auf dem Gebiet der Gasturbinen ein ausgesprochener Boom zu erwarten war.

Das Prinzip der Gasturbinen ist eine Erfindung aus dem 18. Jahrhundert. Darin wird durch Verbrennung erzeugte thermische Energie in mechanische Energie umgesetzt und kann so zum Antrieb etwa eines Propellers oder einer Pumpe dienen. Seit dem frühen 20. Jahrhundert finden Gasturbinen vor allem in der Luftfahrt Verwendung, weil sie ein relativ geringes Eigengewicht mitbringen und durch ihren guten Wirkungsgrad den Treibstoffverbrauch reduzieren. Gasturbinen werden auch als Antriebsaggregat großer Fahrzeuge, etwa bei Panzern, oder zur Stromerzeugung bei Schiffen oder Luftkissenbooten eingesetzt. Es gab also ein breites Anwendungsgebiet für diese Technik.

Wir waren freilich nur auf dem Gebiet der Stromerzeugung tätig und dort scheinbar hoffnungslos im Hintertreffen. Klarer Marktführer war die amerikanische General Electric. Aber es gab auch Konkurrenz von der schwedisch-schweizerischen Firma ABB, von der französischen Alstom, von Mitsubishi aus Japan, von Westinghouse in den USA und anderen mehr.

Wieder waren Tausende von Arbeitsplätzen bedroht, und man musste für die Umstrukturierung vom Schwerpunkt »Nukleares Großanlagengeschäft« hin zum wettbewerbsfähigen konventionellen Kraftwerksgeschäft mit mittleren und kleineren Anlagen Lösungen finden. So wurden auch in diesem Bereich Gespräche mit potentiellen Partnern aufgenommen, unter anderem mit dem Weltmarktführer General Electric (GE).

Die GE wurde in den Verhandlungen durch zwei ausgesprochene »Heavy Weights« vertreten, beide Vice-Presidents unter dem legendären Konzernchef Jack Welch: durch Larry Bossidy, der später als Vorstandsvorsitzender von AlliedSignal durch die Fusion mit Honeywell 1999 eines der weltweit führenden Zuliefererunternehmen für die Flugzeug- und Raumfahrt- sowie die Automobilindustrie schuf, und durch Paolo Fresco, der später als Fiat-Präsident auch in Europa noch eine wichtige Rolle spielte.

Als es um die Frage der Machtverhältnisse in einem gemeinsamen Joint Venture ging, vertraten die beiden die Meinung, man könne doch die Umsätze der beiden Unternehmen, die Stückzahlen der Lieferungen sowie die Ergebnisse der jeweiligen Geschäfte als Grundlage nehmen. Mit anderen Worten: Egal, welchen Maßstab man gewählt hätte, Siemens-KWU wäre in jedem Fall als Juniorpartner im Rennen gewesen. Das wiederum hätte bedeutet, dass über kurz oder lang aus Kostengründen die Werke in Deutschland geschlossen worden wären, zumindest das Berliner Gasturbinenwerk hätte auf mittlere Sicht nicht überlebt.

Zu diesem Zeitpunkt war ich einer der drei Bereichsvorstände der KWU und zum Verhandlungsführer auserkoren worden. Auf der technischen Seite war Hans Böhm mein Partner, der als Ingenieur bei der Inbetriebsetzung von Kraftwerken und später als Leiter unseres Turbinen- und Generatorenwerks in Mülheim große Verdienste errungen und so manchen Sturm durchgestanden hatte. Mittlerweile war Hans Böhm für das gesamte konventionelle Kraftwerksgeschäft der KWU zuständig.

Wir beide – und noch einige andere junge Kollegen – wollten uns aber nicht als Juniorpartner der GE ausliefern und uns dadurch unsere Lebensperspektive kaputtmachen lassen, sondern bei KWU eine Zukunft haben. Die internen Sitzungen verliefen dramatisch. Selbst KWU-intern waren die Meinungen geteilt.

Klaus Barthelt, der damals noch das Kraftwerksgeschäft betreute und im Zentralvorstand saß, ließ sich von unserer Begeisterung anstecken. Dank seiner Eloquenz und der hohen Reputation, die er im Konzern genoss, konnte er nach und nach die Stimmung wenden. Entscheidend war dabei, dass Hans Böhm ein überzeugendes Konzept präsentierte, wie unsere Gasturbinen, die in Zukunft die wesentliche Kraftwerkskomponente darstellen sollten, in technischer Hinsicht wettbewerbsfähig würden. Wir verpflichteten uns, das vorgelegte Sanierungskonzept unverzüglich umzusetzen.

Die Verhandlungen mit der GE brachten wir dadurch zum Platzen, dass wir nun unsererseits die Mehrheit an dem Joint Venture verlangten. Das war für GE natürlich nicht akzeptabel.

Gab es am Ende dieser heftigen Auseinandersetzungen interne Verlierer, weil wir, die Jüngeren, GE hatten abblitzen lassen? Nein, eigentlich nicht. Die Initiative, uns bei KWU mit GE zusammenzuführen, war zwar nicht erfolgreich, aber es war ein vielleicht notwendiger Warnschuss. Wir waren mehr als wachgerüttelt und wussten, eine zweite Chance würde es nicht geben.

Der eigentliche Durchbruch im Kraftwerksgeschäft kam aber erst Jahre später. Wir hatten uns in den Folgejahren nicht nur auf die interne Sanierung beschränkt, sondern immer auch Ausschau gehalten, wie wir uns eventuell extern verstärken könnten. Auf dem Radarschirm tauchte dabei immer wieder der Name Westinghouse auf.

Auch Westinghouse war auf dem Gebiet der Kernkraftwerke mit seinem Druckwasserreaktor sehr erfolgreich gewesen. Bei den Gasturbinen hatte Westinghouse jedoch genauso zu kämpfen wie Siemens/KWU. Wir dachten, dass früher oder später dieser Bereich zum Verkauf stehen könnte, und da wollten wir die Ersten sein, die davon erfuhren, um schnell zuzugreifen, bevor jemand anderes auf dieselbe Idee käme.

Tatsächlich bekam Westinghouse Probleme. Doch zuerst wurde der Bereich Schaltanlagen/Übertragungstechnik verkauft, was für Siemens sicher auch ein interessanter Zukauf hätte sein können, doch da war ABB schneller und hatte den Zuschlag erhalten.

Jahrelang hatte ich mich trotz aller Konkurrenzverhältnisse um ein gutes Gesprächsklima mit Westinghouse bemüht. Wir alle litten unter der Übermacht der GE, die ihre hohen Marktanteile für prächtige und für andere unerreichbare Gewinne nutzte.

Inzwischen war ich selbst Vorstandsvorsitzender bei Siemens. Immer wieder klopfte ich bei Westinghouse an. Allerdings musste ich dabei sehr vorsichtig sein; in den USA wird bei solchen Treffen schnell der Verdacht unerlaubter Absprachen geweckt, und man muss kartellrechtliche Strafen fürchten. Die Gespräche bewegten sich darum immer nur an der Oberfläche.

Es dauerte bis 1998, als wir endlich zum Zug kamen. Westinghouse war Mitte der 1990er Jahre immer stärker ins Schlingern geraten. Dazu trug auch bei, dass der Hauptlizenzpartner, die japanische Mitsubishi, sich auf dem konventionellen Kraftwerksgebiet mehr oder weniger von Westinghouse abgenabelt und die eigentliche technologische Führung übernommen hatte. Ich hatte einmal den Vorsitzenden dieser Mitsubishi-Sparte in Tokio besucht, dabei hatte der Japaner fast mitleidsvoll und ziemlich von oben herab über seinen früheren Technolgiegeber gesprochen.

Jedenfalls wurde Westinghouse allmählich völlig umstrukturiert. Aus der Electric Corporation wurde ein reiner Medienkonzern, der 1997 in Columbia Broadcasting System (CBS) umbenannt und 1999 von seiner eigenen Tochter Viacom übernommen wurde. Damit stand das konventionelle Kraftwerksgeschäft der Firma Westinghouse, die ihre Gasturbinen in Hamilton am Ontariosee herstellte, endlich tatsächlich zum Verkauf.

Auf unserer Seite führte Adolf Hüttl zusammen mit seinen Kollegen im Bereichsvorstand, Hans Böhm und Andreas Kley, die Verhandlungen. Adolf Hüttl hatte sein ganzes Berufsleben in den Dienst des Kraftwerkbaus gestellt. Für sein Engagement zur friedlichen Nutzung der Kernenergie in Deutschland wurde er 1997 mit dem Bundesverdienstkreuz ausgezeichnet. Seit 1973 war er für die KWU tätig, 1991 wurde er mein Nachfolger als Vorsitzender des KWU-Bereichsvorstands, und als er im September 1999 in den Ruhestand ging, hatte er das Geschäft mit Gas- und Dampfturbinenkraftwerken international so erfolgreich ausgebaut, dass Siemens darin weltweit eine führende Position eingenommen hatte.

Hatten wir uns bis zum Westinghouse-Kauf nur mehr oder

weniger elegant durchgehangelt, war dieser Kauf durch den Zugang zum US-Markt nun der Durchbruch zum großen Erfolg. Innerhalb kürzester Zeit wurden Geschäft und Profil der Werke in den USA und in Deutschland perfekt aufeinander abgestimmt. Fast zeitgleich mit dem Erwerb – der Kauf war nur seit ein paar Wochen abgeschlossen – setzte am US-Gasturbinenmarkt ein solcher Boom ein, dass wir mit der Produktion von Gasturbinen nicht mehr nachkamen. Sozusagen über Nacht mussten wir unsere Kapazitäten mehr als verdoppeln.

Gewöhnlich denkt man in diesem langfristigen Geschäft, eine solche Marktentwicklung müsse doch beizeiten abzusehen sein, und im Prinzip waren wir auch schon Anfang der 1990er Jahre von der Zukunft des Gasturbinengeschäftes überzeugt gewesen. Und doch kam dieser Boom – zumindest in seinem Ausmaß – völlig unerwartet.

Die Energieversorgungsunternehmen – nicht nur in den USA – hatten zu diesem Zeitpunkt endgültig die Wirtschaftlichkeit von Gasturbinenkraftwerken und Gas-und-Dampf-Kombikraftwerken (GuD-Kraftwerke) entdeckt. GuD-Kraftwerke zählen zu den effizientesten konventionellen Kraftwerken, und zwar nicht nur, weil sie einen Wirkungsgrad von bis zu 60 Prozent erreichen, sondern auch, weil sie sich binnen Minuten schnell und einfach regulieren lassen. Sie verfügen also über kurze Startzeiten und können Strom für Bedarfsspitzen liefern. Außerdem sieht ihre CO_2-Bilanz wesentlich günstiger aus als die von Kohlekraftwerken. Das macht sie im Kraftwerksmanagement so erfolgreich.

Entsprechend eifrig bestellten die Stromversorger solche Kraftwerke. Es gab richtig lange Wartelisten – mit für uns angenehmen Auswirkungen. Angesichts der rasanten Nachfrage wurden die Preise in die Höhe getrieben, und nun waren die Kunden sogar bereit, Reservierungsgebühren dafür zu bezahlen, dass sie auf unserer Produktionsliste beispielsweise im zweiten oder dritten Jahr die Plätze zehn bis achtzehn besetzen konnten.

Der Boom ließ auch in den nächsten Jahren nicht nach. Wurden in unserem Berliner Werk 1999 noch siebzehn schwere Gasturbinen pro Jahr gebaut, waren es im Geschäftsjahr 2000 schon zweiunddreißig und 2004 an die fünfzig. Es war ein unglaublicher Run!

Das berühmte Tüpfelchen auf dem *i* war jedoch die Service-Initiative, die wir gleich im Anschluss an diesen Coup mit Westinghouse starteten. Bislang war es Siemens nämlich nicht wirklich gelungen, ein ausreichend profitables Service- oder Wartungsgeschäft aufzubauen. Dabei ist dieses in manchen Branchen im Vergleich zur Herstellung der Produkte das viel interessantere Geschäft.

Heutzutage hat sich herumgesprochen, dass man beispielsweise beim Kauf eines Laserdruckers für das Home Office nicht in erster Linie auf den Anschaffungspreis achten muss, sondern auf die Preise der Ersatz-Tonerkassetten. Denn während die Geräte selbst häufig zum Schnäppchenpreis unters Volk gebracht werden, sind die Verbrauchs- und Ersatzteile überproportional teuer.

General Electric hatte dieses Prinzip im Turbinengeschäft zur Meisterschaft gebracht. Man erzählte zum Beispiel, dass GE seine Flugzeugturbinen zu sehr niedrigen Preisen verkauft haben soll, während dann im Service ordentliche Rechnungen präsentiert wurden. Das war geschickt eingefädelt. Im Flugzeug darf eine Turbine schließlich keine Sekunde ausfallen. Deswegen ist das Servicegeschäft hier besonders wichtig – und wertvoll.

Siemens hatte aus alter Tradition immer ein anderes Geschäftsgebaren und allzu oft – aus kaufmännischer Sicht muss man sagen: leider – Wartung und Reparatur zwar technisch, aber eben nicht kaufmännisch so ernst genommen. Vielleicht kam das auch daher, dass Siemens in der Vergangenheit mehr im Dampfturbinengeschäft tätig gewesen war. Dampfturbinen sind von Hause aus nicht so wartungsintensiv wie Gasturbinen. Bei diesen sind die Schaufeln, die Heißgastemperaturen von etwa 1400 Grad ausgesetzt sind, nach einer gewisser Zeit so abgenutzt, dass sie ausgetauscht werden müssen. General Electric, immer noch der Marktführer in diesem Bereich, hatte schon lange ein sehr erfolgreiches Servicegeschäft etabliert. Als wir nun durch den Westinghouse-Kauf ebenfalls massiv auf den US-Markt traten, übernahmen wir deren Idee und bauten den produktnahen Service stark aus.

Um aber nicht mühsam den deutschen Ingenieuren mit ihrem traditionellen Siemens-Denken erst den Service-Gedanken vermitteln zu müssen, beschlossen wir, auf amerikanische Fachkräfte zurückzugreifen und das Serviceunternehmen kurzerhand in Orlando, Florida, zu belassen. Wenn General Electric ein deutsches Unternehmen kaufte, dann schrieb GE am nächsten Tag »GE« aufs Schild und setzte schon mal ein neues Management ein. Siemens ging einen anderen Weg: Wir machten einen »Reverse-Take-Over«, das heißt, wir kauften zwar das Westinghouse-Servicegeschäft, behielten aber den alten Namen bei und gliederten unsere bestehende Serviceabteilung in das amerikanische System ein.

Präsident der Siemens Westinghouse Global Service Division wurde ein Amerikaner, Craig Weeks, großer Golfspieler und prima Kerl. Die Finanzanalysten waren begeistert, vor allem die amerikanischen, die ja immer ein bisschen national gesinnt sind und es gern hören, wenn wir Deutschen sagen: »Das könnt ihr Amerikaner besser als wir.«

In der Tat war der Bereich Service ausgesprochen erfolgreich. 2006 bekam der Siemens-Bereich »Power Generation«, zu dem das Servicegeschäft gehörte, sogar eine Auszeichnung des größten Kraftwerkbetreibers in den USA, des Energieversorgers Exelon: den »Operational Excellence Award 2006«.

Plötzlich war aus dem notleidenden Kraftwerksgeschäft ein

hoch profitabler Umsatzbringer geworden. Das machte auch deshalb besonderen Spaß, weil der Erwerb des Kraftwerksgeschäfts von Westinghouse an den Finanzmärkten zunächst keineswegs mit besonderer Begeisterung aufgenommen worden war.

Ich erinnere mich noch, dass an dem Tag, als wir diese wichtige Akquisition bekanntgaben, der Aktienkurs von Siemens ziemlich in Mitleidenschaft gezogen wurde. Man hatte damals kein Zutrauen zur sogenannten Old Economy und hätte es lieber gesehen, wenn wir in Informations- und Kommunikationstechnik investiert hätten. Dabei war es doch klar, dass die Versorgung mit ausreichender und preiswerter Energie in jedem denkbaren Szenario immer eine Schlüsselrolle spielen würde. Wenn wir damals den Finanzmärkten gefolgt wären, dann hätte es den Aufstieg von »Siemens Power Generation«, wie sich der Bereich fortan nannte, zu einem Weltmarktführer nicht gegeben.

Das Tagesgeschäft war allerdings auch in diesem Bereich nicht frei von Sorgen. Eines Tages wurde mir die Meldung vorgelegt, es gäbe technische Probleme bei den Gasturbinen, nämlich ein sogenanntes Humming, also ein Brummen. Beim Humming handelt es sich um Schwingungen, die während der Verbrennung des Gases entstehen, weil sich die Brenner der Gasturbine gegenseitig beeinflussen. Wenn neue leistungsstärkere Gasturbinen entwickelt werden, lassen sich solche Wechselwirkungen auch mit modernsten Methoden nicht immer vorher berechnen. Solche Schwingungen übertragen sich dann auf die gesamte Gasturbine. Dadurch lösen sich kleinste Teile der inneren Auskleidung, fliegen mit großer Wucht umher und beschädigen die Schaufeln der Turbine.

Eine Gasturbine, in der enorme Kräfte und gewaltige Temperaturen wirken, ist von innen mit einer Wärmedämmschicht ausgekleidet, die im Brennerbereich Oberflächentemperaturen von über 1000 Grad aushalten muss. Permanent arbeiten die Forscher daran, diese Innenauskleidung durch Verbundsysteme mit neuen Materialien derart zu optimieren, dass sie immer höheren Temperaturen standzuhalten vermögen. Denn je höher die Temperatur ist, desto größer ist der Wirkungsgrad der Anlage, also der in Strom umgewandelte Anteil der Wärmeenergie, die aus der Verbrennung gewonnen wird. In den USA hatte man in den 1980er Jahren mit großer staatlicher Förderung an der Entwicklung von Bauteilen für keramische Gasturbinen gearbeitet.

Auch in Deutschland forschten Maschinenbauer, Konstrukteure, Pulverhersteller und Materialforscher gemeinsam an einem keramischen Verbundstoff, der die von den Kunden geforderten 25 000 Stunden Betrieb aushalten sollte. Seit der Übernahme von Westinghouse durch Siemens hatten sich die Ingenieure auf neue Materialansätze konzentriert, um die Temperaturen und damit den Wirkungsgrad hochzutreiben.

Probleme bei der Einführung neuer Gasturbinen waren nichts Ungewöhnliches. Auch General Electric hatte sie vor uns erlebt und ganz besonders ABB, erst allein, dann im Gemeinschaftsunternehmen mit der französischen Alstom. Nachdem Alstom die Kraftwerkssparte der ABB vollständig übernommen hatte, war das Problem dort gelandet. Bei der Bewältigung der Schwierigkeiten soll Alstom mehrere Milliarden Euro Verlust gemacht haben und geriet in der Folge sogar in eine Existenzkrise, bei der schließlich der französische Staat rettend eingreifen musste.

Entsprechend groß war der Aufwand, den wir betrieben. Immer wieder ließen wir uns im Vorstand darüber berichten. Einmal hielten wir sogar die Vorstandssitzung im Berliner Werk, um uns vor Ort schildern zu lassen, wie die Maßnahmen zur Behebung des Schadens vorankamen.

Inwiefern kann man als Vorstandsvorsitzender, noch dazu als Nicht-Techniker, zur Lösung solcher Probleme beitragen? Zum einen, indem man zum offenen Umgang mit Problemen auffordert. Niemand darf Angst haben, schlechte Nachrichten zu überbringen. Leider hat es solche Fälle auch in meiner operativen Zeit gegeben. Da wurde lieber nach dem Prinzip Hoffnung verfahren, als dem Vorgesetzten einen Fehler einzugestehen. Häufig kam es aber schlimmer als befürchtet. Probleme werden nicht kleiner, wenn man sie ignoriert. Im Frühstadium lassen sie sich nämlich meist noch beheben.

Außerdem musste der Vorstand zeigen, dass er ein Thema ernst nimmt, getreu dem Motto: »Wo das Auge des Herrn ruht, da gedeiht das Vieh.« Er muss sich überzeugen, dass die geeigneten Experten an der Sache arbeiten und dass sie mit den notwendigen technischen und finanziellen Ressourcen ausgestattet sind. Ist die zentrale Technik eingeschaltet? Gibt es Experten außerhalb des Unternehmens, die helfen können? Deshalb war auch der Besuch des Vorstands im Berliner Werk so wichtig. Damit wurde demonstriert, dass der Vorstand nicht nur am vornehmen Wittelsbacherplatz Berichte entgegennimmt, sondern auch »hands on« vor Ort sein kann. Schließlich kann man im Gespräch mit besorgten Kunden im In- und Ausland einfließen lassen, dass man die Sache sehr ernst nimmt und zur Lösungsfindung beiträgt. Dadurch gewinnt man manchmal auch die notwendige Zeit, um Lösungen zu finden.

Im konkreten Fall haben mehr als hundert Techniker aus der Entwicklungsabteilung und der Fertigung an dem Problem des Hummings gearbeitet. Am Ende haben sie mit enormem Aufwand eine tragfähige technische Lösung gefunden. Die Überwindung dieser existenzbedrohenden Krise hat trotzdem letztlich mehr als eine Milliarde Euro gekostet, bedingt durch den direkten Aufwand für die Problemlösung und die Erfüllung von Schadensersatzansprüchen seitens der Kunden.

143

Der Aufbau Ost:
Görlitz und Erfurt

»Es tut mir leid für den Rest der Welt, aber wir werden in den nächsten Jahren nicht zu besiegen sein«, sagte der Teamchef der deutschen Fußballnationalmannschaft Franz Beckenbauer in der Pressekonferenz gleich nach dem WM-Finale 1990 gegen Argentinien, das die deutsche Mannschaft in Rom 1:0 gewonnen hatte. In diesen Sätzen artikulierte sich der Überschwang des Teamchefs nach einem gewonnenen Turnier. Doch die Begründung, die Beckenbauer für seine selbstbewusste Prognose vorausgeschickt hatte, war auch ein Zeugnis für das Lebensgefühl vieler Deutscher in jener Zeit: »Wir sind jetzt die Nummer eins in der Welt, wir sind schon lange die Nummer eins in Europa. Jetzt kommen die Spieler aus den neuen Bundesländern noch dazu. Ich glaube, dass die deutsche Mannschaft über Jahre hinaus nicht zu besiegen sein wird.« Wenige Monate zuvor war in Berlin die Mauer gefallen, und wenige Monate später, am 3. Oktober 1990, würde das vierzig Jahre geteilte Land seine Wiedervereinigung feiern.

Nicht nur der damalige Kanzler Helmut Kohl, der am Tag der Wiedervereinigung seine dritte Wiederwahl erkämpfte, freute sich auf »blühende Landschaften« in Ostdeutschland. Die ganze Welt rechnete damit, dass sich in den fünf neuen Bundesländern ein Wirtschaftswachstum erreichen ließ, das sogar das westdeutsche Wirtschaftswunder der 1960er Jahre in den Schatten stellen könnte.

In der ersten Euphorie schien das plausibel: Die DDR galt als die zehntgrößte Wirtschaftsnation der Welt. Wenn die starke west- und ostdeutsche Wirtschaft nun zusammenkämen, dann wären wir – so die weit verbreitete Überzeugung – nicht nur auf dem Fußballfeld unschlagbar. Nur wenige ahnten, dass die DDR-Statistiken schamlos gefälscht waren. Der von der sozialistischen Propaganda über Jahre geschürte Mythos der leistungsstarken DDR-Wirtschaft hatte auch in den Köpfen westlicher Manager Wirkung gehabt, umso größer war später die Ernüchterung. Man hatte zunächst auch keinen wirklichen Einblick in die Ostunternehmen. So richtig zeigte sich der wahre Rückstand an Leistungskraft, Produktivität und Effizienz erst im Lauf der Jahre.

Für mich war die Wiedervereinigung, neben all den politischen und wirtschaftlichen Optionen, die daran geknüpft waren, zuallererst auf ganz privater Ebene ein Glücksfall. Es war immer mein Traum gewesen, einmal über den Rennsteig zu wandern, jenen berühmten Kammweg im Thüringer Wald, der als einer der ältesten Fernwanderwege der Welt gilt. Zu DDR-Zeiten ist es mir leider nie gelungen; zwar hatte ich auf Umwegen sogar einmal eine Einladung eines dort ansässigen Pfarrers bekommen, aber ich hätte sehr kompliziert über den Harz einreisen müssen, und so habe ich es immer wieder aufgeschoben. Nach dem Mauerfall bin ich sogleich mit meiner Frau und Freunden nach Thüringen gefahren. Ein wunderbares Erlebnis, vor allem auch die vielen Begegnungen mit den hoffnungsvollen Ostdeutschen, die auch auf dem Rennsteig unterwegs waren und die so tatendurstig ihr Leben in Freiheit in die Hand nahmen.

Ich war damals noch nicht Vorstandsvorsitzender, sondern Bereichsleiter der Energiesparte/KWU. In dieser Funktion bekam ich zahlreiche Untersuchungen über die ostdeutschen Kraftwerke zu lesen, weswegen ich früh mit der bitteren DDR-Realität konfrontiert wurde. Die Kraftwerke hatten durchweg einen sehr niedrigen Wirkungsgrad, teilweise unter 30 Prozent, und das zu einem Zeitpunkt, als die westlichen

Kohlekraftwerke schon bei über 45 Prozent angelangt waren. Auf diesem Gebiet waren also erhebliche Investitionen notwendig.

Dass wir uns hier sofort und mit großem Elan engagierten, hatte mehrere Gründe. Zum einen traditionelle, schließlich hatte Siemens im Osten Deutschlands vor dem Krieg eine bedeutende Rolle gespielt; diese Tradition sollte nun wieder aufgegriffen werden. Zugleich versprachen wir uns davon aber auch ein großes Geschäft, schon allein weil wir überzeugt waren, dass die Aufträge aus dem Osten auch bevorzugt an im Osten ansässige Unternehmen gehen würden. Wir nahmen fest an, dass es eine natürliche Präferenz für lokale Anbieter geben würde – beim Thema Energie, beim Neubau und der Rehabilitation alter Kraftwerke.

Als Drittes war auch in unseren Reihen viel Patriotismus zu spüren. Als deutsches Unternehmen wollten wir uns für Deutschland stark machen. Appelle dieser Art hat auch Bundeskanzler Helmut Kohl damals an die deutsche Industrie und Wirtschaft gerichtet. Er hat ausdrücklich zu diesem Thema »Kanzlerrunden« einberufen, zu denen die wichtigsten Unternehmer anreisen mussten, um darzulegen, was sie im Osten des Landes auf die Beine stellten.

Anfangs nahm noch mein Vorgänger Karlheinz Kaske an diesen Treffen teil. Er hatte schon frühzeitig seine Vision verkündet: 5 Milliarden DM Umsatz, 1 Milliarde an Investitionen und 30 000 Beschäftigte sollten es in den neuen Bundesländern sein. Jeder Bereich musste dem Vorstand vortragen, was er zum Aufbau Ost beitragen konnte. Ab 1992 war ich als Vorstandsvorsitzender dazu aufgefordert, dem Kanzler und den anderen Gästen zu erläutern, welche Fortschritte Siemens im Osten der Republik erzielte. Und da gab es viel Positives zu berichten, denn Siemens hatte vor allem den Aufbau und Ausbau hochmoderner Fertigungsstandorte vorangetrieben, Vertriebsstandorte aufgebaut und die dringend notwendige Ausbildung von Lehrlingen weit über den eigenen Bedarf in die Hand genommen. Auch als Auftraggeber hat sich Siemens als eine Art Wirtschaftsmotor Ostdeutschlands gezeigt: Durch regionale Auftragsvergabe investierte Siemens in ostdeutsche Produkte und Dienstleistungen und sicherte dadurch in den meist mittelständischen Unternehmen Tausende von Arbeitsplätzen.

Um die Jahreswende 1989/90, also wenige Wochen nach der Öffnung der Mauer, haben wir bereits die Übernahme der Turbinenfabriken in Ostdeutschland in Erwägung gezogen. Besonders interessiert waren wir am Berliner Anlagenbauer VEB Bergmann-Borsig, dem größten Hersteller von Kraftwerkskomponenten in der DDR. Dort baute man große Turbinen, mit denen wir gern unser Turbinen-Portfolio ergänzt hätten. Die ersten Verhandlungen führten damals noch die Kombinate, und das zuständige Kombinat entschied sich unter dem wesentlichen Einfluss des damaligen Kombinatsleiters für einen Verkauf an unseren Konkurrenten ABB.

Warum das Kombinat sich für ABB aussprach und nicht für das Berliner Traditionsunternehmen Siemens, blieb uns ein Rätsel, jedenfalls wurde die Firma im Sommer 1990 in eine GmbH umgewandelt und im Frühjahr 1991 an ABB verkauft, wobei die Abwicklung dieses Kaufs bereits die Treuhand verwaltete. Die 4300 Mitarbeiter wurden binnen weniger Jahre auf 1300 reduziert, heute arbeiten noch etwas über 300 Mitarbeiter in dem Werk, das mittlerweile der französischen Alstom gehört, die im Jahr 2000 die angeschlagene ABB-Kraftwerkssparte übernahm.

So blieb uns im Bereich der KWU auf der Turbinenseite nur noch die Fabrik für kleinere Industriedampfturbinen in Görlitz. Industriedampfturbinen werden unter anderem als Antriebe für Verdichter, Generatoren und Pumpen verwendet. Doch auch an Görlitz war die ABB interessiert, nicht weil sie noch Bedarf an Turbinenfabrikation gehabt hätte, sondern wohl eher um starke Wettbewerber wie Siemens aus dem Geschäft herauszuhalten.

Es gab nun innerhalb des Görlitzer Betriebs zwei gegensätzliche Positionen: Der Kombinatsleiter befürwortete auch in diesem Fall eine Kooperation mit ABB, die offenbar ein sehr gutes Angebot vorgelegt hatte; der Werksleiter, Günter Lohse, bevorzugte eine Zusammenarbeit mit Siemens. Lohses Kalkül entsprang langfristigen Überlegungen: Wenn ABB alle Turbinenwerke in den neuen Bundesländern übernähme, bestand die Gefahr, dass über kurz oder lang aus Effizienzgründen das kleinere Werk, also Görlitz, geschlossen würde. Stellte man aber dem ABB-Werk in Berlin ein Siemens-Werk gegenüber, entstünde Wettbewerb, und davon könnte Görlitz nur profitieren.

Deswegen machte Günter Lohse, nachdem er offiziell zu einem Gespräch mit ABB nach Nürnberg gefahren war, heimlich auf der Rückreise eine Stippvisite in Erlangen und vereinbarte mit uns einen cleveren Deal: Wir sollten ganz schnell nach Görlitz ins Werk kommen und unser Zukunftskonzept dort den Mitarbeitern präsentieren. Dann würde er sogleich eine Abstimmung der Mitarbeiter im Werk veranlassen – und wenn es nicht ganz dumm liefe, würde sich eine Mehrheit für die Übernahme durch Siemens entscheiden. Günter Lohse hatte sich für dieses ungewöhnliche Vorgehen der Unterstützung des stellvertreten Kombinatsleiters Netzmann versichert.

Natürlich mussten mein Kompagnon Hans Böhm und ich diese Idee erst mit dem Vorstand am Wittelsbacherplatz abstimmen, was wir zügig taten. Dabei stießen wir – bei aller Euphorie – auch auf gewisse Skepsis, weil schon früh klar war, dass die 2000 Mitarbeiter in Görlitz in keinem Verhältnis zu der Zahl der dort produzierten Turbinen standen. Auch gab es erhebliche Zweifel hinsichtlich der wirtschaftlichen und technischen Situation in Görlitz. Doch man ließ uns ziehen.

Unser Vorgehen war ungewöhnlich. Da die Kombinatsleitung nicht auf unserer Seite war, wollten wir versuchen, die Mitarbeiter zu mobilisieren, und auf diese Weise eine Entscheidung zu unseren Gunsten herbeiführen: Wenn man so will, betriebliche Mitbestimmung pur – für die Beschäftigten sicher eine ganz neue Erfahrung. Obendrein waren wir die ersten »Wessis«, die in einem Ost-Kombinat eine Betriebsversammlung durchführten. Niemand wusste, ob hier nicht zwei völlig verschiedene Welten aufeinanderprallen würden.

Das Ganze konnte ziemlich schiefgehen: Wenn wir die Mitarbeiter nicht überzeugen könnten und das Ergebnis zu unseren Ungunsten ausfallen würde, wäre das Werk für uns unwiderruflich verloren. Denn im Nachhinein doch mit dem Kombinat und der Werksleitung weiter zu verhandeln, nachdem die Mitarbeiter uns abgelehnt hatten, war undenkbar. Genau das war unsere Idee: durch die Mitarbeiterentscheidung so viel Druck auf die Leitung auszuüben, dass sie sich gar nicht mehr gegen Siemens wenden konnte.

Die Anreise nach Görlitz war aufgrund der schlechten Straßenverhältnisse allein schon beschwerlich, doch die Ankunft in der Stadt ist mir in noch schmerzlicherer Erinnerung geblieben. Die Stadt, eine wunderschöne barocke Anlage, war weitgehend verfallen. Damit die baufälligen Häuser nicht wegstürzten, hatte man – wie bei Buchstützen im Regal – immer am Ende und am Anfang eines Straßenzugs Betonverstärkungen angebracht. Viele Fenster waren eingeschlagen, und der Putz bröckelte von den Wänden. Das sah alles katastrophal aus. Aber die Ostdeutschen hatten darüber ihren Humor nicht verloren. In Görlitz las ich in Riesenlettern auf einem dieser baufälligen Gebäude das unvergessliche Graffito: »Ruinen schaffen ohne Waffen!«

In einem der eindrucksvollen Türme, die einst die Stadtwallanlage krönten und Görlitz den Namen »Stadt der Türme« bescherten, stieß ich mir bei der Besichtigung dermaßen den

Kopf an, dass ich fast umgefallen wäre. Zum Glück sollte das die einzige Beule bleiben, die ich mir in der Stadt zugezogen habe.

Als wir den Versammlungssaal betraten, war der ganze Schmerz vergessen: Vor uns saßen 450 Mitarbeiter, knapp jeder fünfte im Werk Beschäftigte hatte Platz gefunden. Wir schauten in Gesichter voller Erwartung, Hoffnung, aber auch Skepsis: »Da kommen die reichen Kapitalisten aus dem Westen mit ihren dicken Autos vorgefahren und erklären uns die Welt«, schienen sie zu sagen. »Können und wollen wir das glauben? Aber was haben wir für Alternativen?«

Wir hatten uns natürlich viele Gedanken gemacht, was und worüber wir reden wollten, und hatten uns sehr schnell dagegen entschieden, den Leuten das Blaue vom Himmel zu versprechen. Ehrlich und nüchtern beschrieben wir unsere Erwartungen, aber auch unsere Zweifel; erklärten, wie ein Siemens-Betrieb üblicherweise funktioniert, welche Ansprüche wir an Qualität, Innovationsgeist und Produktivität haben, und schilderten auch die Tradition der Siemens-Familie und des Fürsorgeprinzips unseres Unternehmens. Nicht in gleißenden Farben, nicht mit utopischen Versprechen. Denn wenn wir hier überzeugen konnten, dann nur durch das, was wir waren: Mitarbeiter eines anerkannten und soliden Unternehmens. Von Marketing und heißer Luft verstanden andere sehr viel mehr als wir.

Selbstverständlich stellten wir auch die eine oder andere Frage. Schließlich wollten wir wissen, mit wem wir es zu tun hatten. Wo lagen die Probleme, welche Ideen hatten die Görlitzer Mitarbeiter? Welche Stärken brachten sie mit, welche Sorgen? Auf diese Weise kamen wir schnell miteinander ins Gespräch, und nach gewisser Zeit lag die drängendste Forderung auf dem Tisch: Bevor wir mit dem Kombinat und mit der Treuhand verhandelten, sollten wir eine Million DM in das Werk investieren. Eine Million vorab!

Wir staunten: Für was denn? Die Antwort war symptomatisch für die damalige Situation: für die Kantine und die Toiletten. Denn beide waren in einem erbärmlichen Zustand. Das leuchtete uns ein, und wir sagten zu, dass beides zuallererst in Ordnung gebracht werden würde.

Eine »Due Diligence«, wie sie heute bei einer Akquisition die Regel ist, fand natürlich nicht statt. Aber so war das damals eben in Ostdeutschland. Man kaufte nicht unbedingt einen funktionierenden Betrieb, sondern eine Option auf die Zukunft. Es war in gewisser Weise klar, dass die DDR-Betriebe den westlichen Standards erst angepasst werden mussten. Detaillierte Zahlen gab es ohnehin nicht. Es würde sich mit der Zeit herausstellen, wo die Defizite lägen. Dass es sie gab, stand außer allem Zweifel. Der Sozialismus war nicht wegen übergroßen Reichtums gescheitert.

Trotz alledem waren wir erstaunt, in welchem Zustand sich das Werk befand. Die erste Überraschung war, dass auch diese Schwermaschinenfabrik – und Turbinen waren nun wirklich Schwermaschinen – wie alle Maschinenfabriken in der DDR-Planwirtschaft sogenannte Consumer Products herstellen musste, in diesem Fall Tischleuchten.

Da saßen also in dem Werk, in dem überwiegend tonnenschwere Turbinen von mehreren Metern Durchmesser produziert wurden, in der einen Ecke auch polnische Gastarbeiterinnen, die kleine Tischstehlampen zusammensteckten. Es war ohne Zweifel klar, dass diese Fertigung das Erste war, was auf der Strecke bleiben würde.

Dann kamen wir in eine Gießerei. In der langen Siemens-Tradition hatte es natürlich auch Gießereien gegeben, aber die waren längst an Spezialisten verkauft worden. Im Zuge der Arbeitsteilung war die Fertigung bestimmter Gussstücke externen Lieferanten überlassen worden, die das sehr viel effizienter konnten als Siemens selbst. Zu DDR-Zeiten jedoch war man sich nie sicher, dass in der Planwirtschaft die Lieferanten ihre Aufträge rechtzeitig erfüllten, und so produzierte man wichtige Bauteile lieber selbst. Die Gießerei war somit der nächste Teil, der den Übergang von der Plan- in die freie Marktwirtschaft nicht überleben würde.

Und so ging es weiter. Wir entdeckten eine große Werksbücherei; eine tolle Sache, aber nicht unbedingt ein notwendiger Bestandteil einer Turbinenfabrik. Es gab eine Gärtnerei, die sich um die Außenanlagen des Werks kümmerte. Etwas Schönes, aber musste man wirklich eine Abteilung in der Größenordnung eines mittelständischen Betriebs nach IG-Metall-Tarif bezahlen, um die Grünanlagen zu pflegen? War diese Tätigkeit nicht besser bei einem Gartenbetrieb aufgehoben? Darüber hinaus stießen wir noch auf eine Reihe von Hilfsbetrieben, deren Existenz im Rahmen der Turbinenproduktion mehr als fragwürdig war.

Schnell zeichnete sich als Tendenz ab: Die Belegschaft würde auf ein Drittel schrumpfen. Das war noch eine relativ gute Zahl, wenn man die Gesamtproduktivität des Werks bedachte.

Außerdem war zu diesem Zeitpunkt noch völlig unklar, wie sich der Turbinenmarkt entwickeln würde. Wir hatten bereits vergleichbare Werke bei Siemens, die noch längst nicht ihre Auslastungsgrenze erreicht hatten. Zu jedem neuen Werk mussten also auch noch entsprechend viele neue Kunden akquiriert werden.

In diesem Zusammenhang machten wir bald die nächste Erfahrung: Görlitz hatte bis dahin ein gutes Geschäft mit Kuba gemacht, da man Gasturbinen auch als Antriebsturbinen bei der Zuckergewinnung einsetzen kann. Doch das Geschäft mit Kuba war sofort tot, als die DDR nicht mehr existierte. Die Kooperation war eben nicht wirklich ökonomischer Natur gewesen, sondern eine Art Tauschgeschäft – Zucker gegen Turbine – und gelegentlich sogar eine Art Wirtschaftshilfe für befreundete sozialistische Länder, denen Turbinen auch ohne Gegenleistung geliefert wurden.

Richtig nachrechnen ließ sich dieses Geschäft ohnehin nicht, denn auch das Kalkulations- und Rechnungswesen war nicht sonderlich ausgeprägt. Auf die Frage, wie der Preis einer Turbine kalkuliert würde, gab es eine ausweichende Antwort, die sich um die Gesamtbilanz des Betriebs drehte. Die konkreten Herstellungskosten einer Turbine waren zunächst nicht zu ermitteln.

Sie spielten in der Planwirtschaft auch keine wesentliche Rolle: Es wurden so viele Turbinen beim »volkseigenen Außenhandelsunternehmen« WMW Import-Export abgeliefert, wie man gebaut hatte. Dafür bekam man eine fest definierte Summe Geld. Die Turbinen lieferte die staatseigene Exportorganisation dann an die befreundeten Sozialisten in anderen Ländern, und was oder wie viel im Gegenzug dafür bezahlt wurde, ging das Werk in Görlitz nichts mehr an.

Für den eisigen Wind im weltweiten Wettbewerb würden wir uns in Görlitz neu orientieren müssen. Wir wussten nur noch nicht, wie sehr. Der Markt – Comecon, das Netzwerk der Ostblock-Volkswirtschaften – war weggebrochen; deshalb musste fortan mit harter Währung gerechnet werden.

Wenn man dann noch den unerfreulichen Zustand der Werksgebäude und auch den nicht gerade hochmodernen Maschinenpark in Rechnung stellt, dann kann man sicherlich fragen, warum ein Werk wie Görlitz überhaupt so begehrenswert war, dass gleich zwei Wettbewerber, ABB und Siemens, danach trachteten.

Die Begeisterung beruhte zur Hälfte auf der Fehlannahme, dass man große Marktanteile mitkaufen würde oder zumindest beim Wiederaufbau in Ostdeutschland Präferenzen eingeräumt bekäme. Beides war nicht der Fall. Die andere Annahme war dagegen zutreffend, und auf deren Richtigkeit kam es am Ende auch an: Wir begegneten in Görlitz sehr gut ausgebildeten Ingenieuren und hochmotivierten Facharbeitern, die wussten, wie man Turbinen baut. Das war das Kapital, auf das wir für die Zukunft setzten. Wie sich später herausstellte – mit großem Erfolg.

Allerdings gab es auch eine nennenswerte Zahl von Stimmen innerhalb von Siemens, die meinten, es käme günstiger, wenn man das Werk in Görlitz einfach schließen und auf der grünen Wiese ein neues Werk bauen würde. Zumal niemand wusste, in welcher Weise in dem Werk in der Vergangenheit mit ökologischen Fragen umgegangen worden war und welche ökologischen Risiken unter den Fabrikhallen lauerten. Umweltschutz spielte im Westen schon lange eine wichtige Rolle, in den neuen Bundesländern war das noch mehr oder weniger Brachland.

Beinahe wäre der Kauf an dieser Frage gescheitert, denn die Treuhand wollte uns zunächst dazu verpflichten, für alle etwaigen Alt- und Umweltschäden aufzukommen. Das wäre jedoch ein unwägbares Risiko gewesen, auf das wir uns nicht einlassen konnten. So einigten wir uns schließlich auf den Kompromiss, dass wir natürlich für die Zukunft den Siemensstandard in allen ökologischen Fragen zugrunde legen – und der war ohne Frage sehr viel höher, als das Gesetz vorschrieb –, aber dass mögliche Altlasten nicht von Siemens, sondern von der Allgemeinheit getragen werden müssten.

Am Ende dieser schwierigen und langwierigen Verhandlungen haben wir das Werk in Görlitz nicht nur gekauft, sondern auch kräftig in die Modernisierung investiert, neue Hallen errichtet, die alten in Ordnung gebracht und die Maschinen erneuert.

Tatsächlich haben wir das Werk mit Hilfe seiner tüchtigen und begeisterungsfähigen Mannschaft so gut zum Laufen gebracht, dass wir uns Ende der 1990er Jahre unvermittelt mit einem ganz anderen Problem konfrontiert sahen. Plötzlich waren wir aus dem Tal der Tränen auf den Gipfel der Leistungskraft marschiert – und hatten, aus der Siemens-Gesamtperspektive betrachtet, Überkapazitäten geschaffen. Es gab das Werk in Görlitz und ein Werk in Wesel in Nordrhein-Westfalen, das im Grunde dasselbe Produktspektrum herstellte. Eines war zu viel, so viele Aufträge waren nicht zu akquirieren. Was tun?

In der Regel wurde in einem solchen Konfliktfall eher das Werk in den neuen Bundesländern aufgegeben. Doch wir entschieden uns, Görlitz zu erhalten, und haben das Traditionswerk in Wesel 1997 erst reduziert, dann 2003 geschlossen. Die Mitarbeiter konnten wir teilweise in unseren Werken in Mülheim und Duisburg unterbringen. Das war ein schmerzhafter Prozess, aber wenigstens, so gut es ging, sozial abgefedert. In Görlitz hätten wir für die Mitarbeiter keine Alternative gehabt.

Inzwischen ist auch die Entwicklungsabteilung für Turbinen in Görlitz verstärkt. So kam eins zum anderen: hervorragende Leute, moderne Fabrik, flexible Arbeitszeiten, große Erfolge. Das Werk ist heute in jeder Hinsicht ein blühendes Unternehmen und war in den letzten Jahren voll ausgelastet. So wurde aus einem maroden Werk in einer zur Zeit der Wende verfallenen Stadt die weltweite Zentrale des Industriedampfturbinenbaus im Siemens-Sektor Energy in einer – übrigens durch einen unbekannten Großspender – herrlich wiederaufgebauten Barockstadt. Mittlerweile sind in der Neißestadt viele kleine und mittelständische Unternehmen ansässig. Hier konnte der Aufbau Ost endlich ein kleines Happy End feiern.

In der allgemeinen Euphorie der Wiedervereinigung wollten wir bei KWU damals auch ein Werk für Porzellanisolierungen in Thüringen kaufen, die zum Beispiel bei Stromleitungen eingesetzt werden. Aber davor schob der Vorstand damals einen Riegel: »Wir können nicht Dinge kaufen, nur weil es ein Werk gibt. Es muss sich auch vom Markt her rechnen!« So lautete die klare Ansage aus München an uns Bereichsvorstände. Schließlich hatten wir schon ein entsprechendes Werk an anderer Stelle. So blieb dieser Investitionsantrag – heute muss ich sagen: zu Recht – auf der Strecke.

Es gab bestimmt viele Gründe, den Aufbau Ost möglichst rasch voranzutreiben. Siemens übernahm innerhalb weniger Jahre rund ein Dutzend Fertigungen in den neuen Bundesländern und baute eine Reihe von Vertriebsstandorten auf. Besonders stark engagierten sich außer KWU auch die Bereiche der Kommunikationstechnik, so in Leipzig und Greifswald, und die Industrietechnik, zum Beispiel in Chemnitz. Aber natürlich musste dabei die Wirtschaftlichkeit immer Vorrang haben, diese Grundsatzentscheidung war mehr als richtig.

Wenn Karlheinz Kaske kurz nach der Wiedervereinigung davon gesprochen hatte, wir würden in Ostdeutschland am Ende auf 30 000 Beschäftigte kommen, war das dann doch zu optimistisch. Ende 1992 waren es tatsächlich knapp 20 000 Mitarbeiter, und zwar in Werken, die fast alle langfristig Bestand hatten.

Dabei haben wir nicht nur kluge Entscheidungen gefällt. Zum Beispiel haben wir auch unter meiner Leitung überflüssigerweise eine Kabelfabrik gekauft, die wir später schließen mussten. Wir trösteten uns dann damit, dass wir auf diese Weise auch Marktanteile erworben hatten, aber natürlich hatten wir uns mehr davon erhofft, und für die betroffenen Menschen war es eine große Enttäuschung.

Auch für Siemens könnte man gelten lassen, was Horst Köhler, bis 1993 verantwortlicher Staatssekretär im Bundesfinanzministerium, dann Präsident des Sparkassen- und Giroverbands und später Bundespräsident, 1995 ganz direkt fragte: »Was wäre denn gewesen, wenn wir die Kosten der Einheit richtig eingeschätzt hätten?« Die Antwort gab er gleich selbst: »Dann wäre der Vereinigungswille in Westdeutschland möglicherweise geringer ausgefallen.«

Darum ist es sicher ungerecht, wenn man dem damaligen

Kanzler Helmut Kohl seinen Satz von den blühenden Landschaften immer wieder vorhält. Die Euphorie war allgemein, und sie war notwendig, sonst wäre vieles gar nicht auf den Weg gebracht worden.

Volkswirtschaftlich gesehen hätte man vielleicht die vom Bundesverband der Deutschen Industrie (BDI) geforderte Mehrwertsteuerpräferenz einführen können. Dann wären Ost-Produkte zeitweilig geringer, beispielsweise nur mit dem halben Mehrwertsteuersatz, besteuert worden und hätten im harten Preiskampf eine bessere Chance gehabt. Aber diese Forderung erwies sich als nicht durchsetzbar, unter anderem deshalb, weil man fürchtete, eine solche Präferenz könnte missbraucht werden und zu viele Mitnahmeeffekte erzeugen.

Interessiert war Siemens auch an dem Erwerb des auf die Reparatur von elektrischen Maschinen spezialisierten VEB Reparaturwerks »Clara Zetkin«, dessen Standort Erfurt war. Nach der Wende war dieses Werk von der VEAG (Vereinigte Energiewerke AG) gekauft worden, einem in Berlin ansässigen Unternehmen, das erst 1990 mit dem sogenannten Stromvertrag durch den Zusammenschluss mehrerer deutscher Energieversorgungsunternehmen entstanden war. Im Kern handelte es sich dabei um die ehemaligen volkseigenen Kohlekraftwerk-Kombinate und Energie-Verbundnetze. Beteiligt waren die westdeutschen Energieunternehmen Preussen-Elektra, RWE und Bayernwerk sowie fünf kleinere Energieversorger.

Die ursprüngliche Idee war, dass die Energieversorger sich im Osten nicht wechselseitig das Leben schwer machen, sondern die Energieversorgung der neuen Bundesländer schnell gemeinsam auf die Beine stellen sollten. Doch dann gab es kartellrechtliche Bedenken und infolgedessen verschiedene Veränderungen und Verkäufe, bis 2002 die VEAG in die Vattenfall AG verschmolzen wurde.

Die VEAG war, wie gesagt, im Besitz des Erfurter Generatorenwerks und verkaufte es uns – wir waren nicht die einzigen Interessenten – für den stolzen Preis von 65 Millionen DM, nachdem die Weichen ursprünglich in Richtung ABB gestellt schienen. Ich persönlich habe als stellvertretender Vorstandsvorsitzender im Herbst 1991 den fünf VEAG-Vorständen gegenübergesessen und in der Erwartung, dass wir später von der VEAG entsprechende Aufträge bekommen würden, den Vertrag unterschrieben.

Das Werk war im selben Zustand wie die anderen ehemaligen DDR-Werke. Entsprechend mussten wir investieren. Nur die Aufträge blieben aus. Dabei gab es eine vom Bundeswirtschaftsministerium offiziell veranlasste »Bevorzugung ostdeutscher Betriebe bei der Vergabe öffentlicher Aufträge«.

Doch die Präferenz für Ost-Produkte bestand in nur halbherzig vorgetragenen Lippenbekenntnissen, die in Wahrheit aber nie umgesetzt wurden. Im Gegenteil: Wir haben selbst die bittere Erfahrung gemacht, dass Energieversorger ausländische Produkte unseren in Ostdeutschland produzierten vorzogen: Vordergründig ging es um irgendeinen kleinen Kostenvorteil. Unser Engagement beim Aufbau Ost wurde bei der Auftragsvergabe nicht berücksichtigt.

Wir selbst haben dann Teile der Mülheimer Produktion – die Generatoren bis etwa 150 Megawatt – nach Erfurt verlagert. Hinzu kam noch die Abwicklung von Spezialaufträgen, zum Beispiel die Fertigung von Spulen für ein Projekt in den USA. Dieser US-Auftrag war zunächst im Werk Mülheim geplant worden. Als wir später die Fertigung in Erfurt durchführen wollten, haben das unsere US-Kunden zunächst vehement abgelehnt mit der Begründung, wir würden in Erfurt nicht in der Lage sein, die erforderliche Qualität sicherzustellen. Daraufhin wurde der Kunde vom Bereichsvorstand nach Erfurt eingeladen, verbunden mit einer Reise durch die neuen Bundesländer. Am Ende stand fest: Der Kunde war mit Erfurt einverstanden. Man sagte, bei der Entscheidung hätten nicht nur die Fertigungsstätten in Erfurt und die dortigen Mitarbeiter überzeugt. Es sei auch von Bedeutung gewesen, dass es in den neuen Bundesländern bereits McDonald's-Restaurants gegeben habe.

Trotzdem standen wir in Erfurt 1996 vor der drängenden Frage, wie man das Werk retten könne. Oder schlimmer noch: Die damaligen Bereichsvorstände eröffneten uns, dass man das Werk aus Kostengründen schließen müsse. Da ich selbst den Kaufvertrag unterzeichnet hatte, intervenierte ich auch persönlich an dieser Stelle: »Das ist schlichtweg unmöglich«, sagte ich, »es kann nicht sein, dass der Vorstand ein Werk kauft, und die Bereichsleitung macht das Werk wenige Jahre später wieder zu. Das ist ganz ausgeschlossen! Lassen Sie sich bitte etwas einfallen!«

Das war natürlich nicht gerade die feine Art. Als Vorstand verlangten wir von jedem Bereich, dass er ordentliche Ergebnisse bringt. Aus diesem Grund wollten die Bereichsvorstände durch die Schließung des Werks in Erfurt Kosten einsparen, aber genau das wurde ihnen nun vom Vorstandsvorsitzenden untersagt. Leider ging es dann auch nur für kurze Zeit gut. Etwa zwei Jahre später begann dasselbe Spiel: Die Bereichsvorstände wollten wieder das Werk schließen, abermals aus wirtschaftlicher Notwendigkeit heraus. Ich sagte nochmals: »Das kann nicht sein. Lassen Sie sich etwas einfallen!«

Diesmal murrten aber die Herren dann doch etwas. Nicht zuletzt weil ich natürlich auch kein Konzept vorzulegen vermochte, wie es erfolgreich weitergehen könnte. Klar war nur, eine Schließung des Werks war keine akzeptable Lösung.

Es kam, wie es in solchen scheinbar ausweglosen Situationen oft kommt: Plötzlich zog man im zuständigen Bereich ein erweitertes Fertigungsspektrum mit zusätzlichen Generatoren in Erwägung. Der ohnehin kooperative Betriebsrat zog auch mit, und es wurde ein Höchstmaß an flexiblen Arbeitszeiten vereinbart: War der Arbeitsanfall groß, wurde voll gearbeitet; wenn es wenig Arbeit gab, wurde extrem kurz gearbeitet. Und so weiter. Ergebnis: Das Werk gibt es heute noch! Selbstverständlich waren das keine leichten Verhandlungen, und viele Veränderungen waren für die betroffenen Mitarbeiter äußerst schmerzhaft. Darum war die Stimmung nicht immer die allerbeste. Aber auch Streit und Diskussionen gehören zur Geschäftsführung dazu.

So kam es, dass wir eine unserer internationalen Pressekonferenzen, die immer an wechselnden Orten stattfanden, im Jahr 2002 in Erfurt abhielten und für die Journalisten auch eine Werksbesichtigung vorsahen. Da fragte der damalige Betriebsratsvorsitzende, Arnold Albrecht, ob er zur Pressekonferenz und zur Abendveranstaltung mit den Journalisten kommen dürfe. Er durfte. Warum sollten wir es ihm verbieten?

Doch statt sich, wie wir erwartet hatten, unauffällig unter die Journalisten zu mischen, um der Veranstaltung beizuwohnen, stand Arnold Albrecht, der bereits zu DDR-Zeiten im Werk gearbeitet hatte, plötzlich selbstbewusst auf und richtete sich per Mikrofon direkt an die etwa 120 anwesenden Medienvertreter, er wolle jetzt etwas sagen. Das war spannend, weil wir nicht so recht wussten, was uns jetzt erwartete. Im Raum war schließlich die gesammelte Elite der Wirtschaftsmedien versammelt, und jetzt sprach ein Betriebsrat aus dem Osten.

Arnold Albrecht holte etwas aus, referierte kurz die Geschichte des Werks seit seiner Gründung als Mitteldeutsche Metallwerke 1936 zur Instandsetzung von Militärflugzeugen. Er erzählte, wie man Ende Juni 1945 vor dem Nichts gestanden hatte, nachdem die amerikanischen Soldaten bei ihrem Rückzug alle Konstruktionsanlagen, Maschinen und Materialien mitgenommen hatten. Er schilderte auch, dass die sowjetische Militärregierung einen Großteil der Hallen und Gebäude sprengen ließ, und wie dann später auf dem alten Gelände in Holzbaracken das VEB Reparaturwerk »Clara Zetkin« seinen Anfang genommen hatte. Dann kam er auf die Wende zu spre-

chen, wie erneut die Angst in Erfurt umging, das Werk könne
die Wiedervereinigung nicht überleben, und wie dann 1991
Siemens begonnen habe, in das Werk zu investieren. Auch die
Krisen der vergangenen Jahre ließ er nicht unerwähnt. Dann

endete er seine kleine Rede mit dem Satz:»Dass es uns heute überhaupt noch gibt, verdanken wir dem Vorstandsvorsitzenden Heinrich von Pierer, den ich hiermit, nach Abstimmung mit meinen Kollegen, zum Ehrenmitglied des Betriebsrats in Erfurt ernenne!«

Die Journalisten applaudierten, sie hatten ihre Story, und tatsächlich fand diese Nachricht ihren Weg in alle Medien. Schließlich gab und gibt es in Deutschland wohl keinen anderen Vorstandsvorsitzenden, der in irgendeinem seiner Werke zum Ehrenbetriebsrat ernannt worden ist.

Doch diese Auszeichnung war nicht nur rührend, sie war auch raffiniert. Arnold Albrecht war, wie die Bayern sagen würden,»a rechter Baazi«, ein Schlitzohr, wie es im Buche steht. Er hat sich ausrechnen können, dass ich vielleicht zwei Mal gegen den Bereichsvorstand interveniere, wenn dieser eine Schließung des Erfurter Werks in Frage stellt. Aber ob das auch ein drittes Mal der Fall sein würde? Vermutlich eher nicht. Wenn man jedoch den Vorstandsvorsitzenden zum Ehrenbetriebsrat ernannte, dann war klar, dass keiner mehr wagen würde, eine Einstellung des Werks zu betreiben. Dann war der Bestand des Werks gesichert.

So war ich fortan einmal im Jahr zur Betriebsratssitzung eingeladen, an der ich selbstverständlich wiederholt teilgenommen habe. Natürlich habe ich auch von diesen Besuchen profitiert und habe mich mit eigenen Augen davon überzeugen können, welch engagierte Mitarbeiter dort beschäftigt waren, wie sie Qualität und Kosten in den Griff bekommen hatten und wie die vorbildliche Lehrlingsausbildung funktionierte.

Oft habe ich über die Bescheidenheit, aber auch die Kreativität dieser Leute gestaunt. Getreu unserem Credo, dass Innovation der wichtigste Wirtschaftsmotor ist, habe ich den Erfurtern immer empfohlen, neue Produkte, neue Märkte, neue Vertriebswege zu entwickeln, was sie auch sehr beherzt getan haben.

Jedenfalls bin ich dem Betriebsratsvorsitzenden Arnold Albrecht immer sehr verbunden geblieben, auch über den Tag meines Rücktritts als Aufsichtsratsvorsitzender hinaus. Umso trauriger war ich, dass ich an seiner Verabschiedung als Betriebsrat im März 2010 nicht teilnehmen konnte, weil man mich – wer auch immer dies veranlasste – partout nicht auf die Gästeliste setzen wollte, die Arnold Albrecht vorgeschlagen hatte. Vielleicht waren plötzlich die alten Berührungsängste wieder da. Die gab es nämlich schon einmal. Als ich das erste Mal nach meinem Rücktritt als Aufsichtsratsvorsitzender im April 2007 zur Betriebsratssitzung nach Erfurt kam, war zufällig die komplette Werksleitung auf Reisen. Vielleicht wollte man, so mutmaßte der eine oder andere Betriebsrat, nicht mit mir gesehen oder womöglich fotografiert werden. Erst bei meinem zweiten Besuch ein Jahr später waren alle anwesend.

Arnold Albrecht, langjähriges IG-Metall-Mitglied, hatte jedenfalls zu keinem Zeitpunkt Scheu, mir zu begegnen. Er gehörte auch zu denjenigen, die sich gegenüber den Medien stets positiv über die Zusammenarbeit geäußert haben. Er wusste, wie sehr ich ihn und seine Arbeit schätzte und wie sehr mir »Klara Zetkin« ans Herz gewachsen war. Ich glaube nicht, dass es jemanden gibt, der länger Betriebsratsvorsitzender in einem ostdeutschen Werk war und der sich ebenso lange Zeit intensiv und erfolgreich um »sein« Werk und »seine« Leute gekümmert hat.

Mikroelektronik: Rasanter Innovationswettlauf

Während die großen technischen Erfindungen der Vergangenheit – seien es Eisenbahn oder Automobil – eine gewisse Größe hatten, ist die größte Erfindung des digitalen Zeitalters fast unscheinbar: der Mikrochip.

Ausgelöst wurde der Siegeszug der Mikroelektronik durch die Realisierung der ersten Transistoren in den Bell Laboratories im Jahr 1947 auf der Basis des Halbleiters Germanium. Transistoren wiesen geringere Abmessungen, geringere Betriebsspannung und eine geringere Betriebstemperatur auf als die bis dahin eingesetzten Elektronenröhren und hatten diese folgerichtig in den 1950er Jahren schrittweise ersetzt. In den Anfängen der Computerindustrie hatte man elektronische Schaltungen realisiert, indem die verschiedenen Bauteile wie Transistoren, Kondensatoren oder Widerstände auf einer Platine gelötet und verdrahtet wurden.

Ein weiterer Quantensprung bei der Entwicklung der Mikroelektronik wurde erzielt, als es – basierend auf den Ideen des späteren Nobelpreisträgers Jack Kilby, Forscher bei Texas Instruments, und von Robert Noyce, einem der Mitbegründer der Firmen Fairchild und Intel – in den 1960er Jahren gelang, die Bauelemente auf einem kleinen Stück eines halbleitenden Siliziumkristalls monolithisch zu integrieren. Diese als integrierte Schaltung (Integrated Circuit oder Mikrochip) bezeichneten Bausteine haben inzwischen eine Komplexität erreicht, die die gesamte Intelligenz technischer Systeme beinhaltet, so dass man zu Recht auch von »System on a Chip« spricht.

Ohne die Revolution der Mikroelektronik wären die vielen Geräte, die heute selbstverständlich sind – wie PCs, Laptops, CD- und DVD-Player, Handys und Smartphones oder mp3-Player –, nicht möglich, und zwar sowohl was ihre Größe betrifft als auch in Bezug auf ihre vielen Funktionen und nicht zuletzt ihre niedrigen Herstellungskosten.

Mikrochips finden sich aber auch in der Medizintechnik, etwa in Hörgeräten und Herzschrittmachern, in Kommunikationssystemen der Luft- und Raumfahrt, in Steuerungssystemen der Industrie-, Automobil- und Gebäudetechnik, ja schlichtweg in allem, wo intelligente Systeme erforderlich sind: vom Aufzug bis zum Radiowecker, vom Backofen bis zum Navigationssystem. Überall, wo Kommunikations-, Steuerungs- und Regelungstechnik gebraucht wird, sind auch Mikrochips notwendig. Je kleiner und leistungsfähiger dieser Chip ist, desto einfacher und günstiger lässt er sich in die Geräte einbauen.

Nach der Realisierung der ersten integrierten Schaltungen wurde mit unglaublich viel Aufwand an der Weiterentwicklung der Mikroelektronik gearbeitet – und zwar in Labors auf der ganzen Welt im öffentlichen sowie vor allem im industriellen Bereich. Alle hatten erkannt, dass es sich bei der Mikroelektronik um ein dynamisch wachsendes Gebiet mit enormem Potential handelt. Jeder hoffte, durch frühzeitige Entwicklung auf diesem Gebiet »die Nase vorn« zu haben und Wettbewerbsvorteile zu erzielen.

In den Aufbau der Mikroelektronikindustrie wurde darum sehr viel Geld investiert, ein gewaltiger finanzieller Kraftakt, oftmals auf Kosten anderer Industriezweige. Mikroelektronik galt als »Schlüsseltechnologie«, die alles versprach: höhere Arbeitsproduktivität, enorme Kostensenkungen und vor allem bessere Erzeugnisse mit hohem Kundennutzen, die sich in der ganzen Welt verkaufen lassen.

Auch für Siemens spielte die Mikroelektronik für die eigenen Produkte und Systeme immer eine wesentliche Rolle. Siemens gehörte zu den Pionieren der Halbleitertechnik. Wichtige Grundlagen der Halbleiterphysik und -technik waren bereits von Walter Schottky in den 1930er und 1940er Jahren in Siemens-Laboratorien in Berlin und dann im Markt Pretzfeld, unweit von Nürnberg, erarbeitet worden.

In den 1950er Jahren gelang es dort auch der Forschergruppe um Eberhard Spenke, erstmals hochreines, für elektronische Schaltungen taugliches Silizium herzustellen, das damit zum Basismaterial für die Mikroelektronik wurde. Dieser »Siemens-Prozess« ist heute noch das Standardverfahren weltweit. In Erlangen entwickelte Heinrich Welker etwa zur selben Zeit sogenannte Verbindungsleiter, die heute die Basis der Optoelektronik und der Hochfrequenzbauelemente sind. Viele meinen, die Erfindung sei nobelpreiswürdig gewesen.

Auf Forscher und Entwickler von Siemens gehen aber auch andere bahnbrechende Erfindungen der Mikroelektronik zurück: 1971 wurde das Patent für die Ein-Transistor-Speicherzelle für dynamische Schreib-Lese-Speicher angemeldet, sogenannte DRAMs, die heute milliardenfach in Computern und allen anderen elektronischen Geräten rund um den Globus stecken.

Doch auch die Amerikaner und vor allem die Japaner forschten mit immensem Aufwand an der Halbleitertechnik. Dabei spielte anfangs die Region um San Francisco eine Rolle, die fortan auch als »Silicon Valley« bezeichnet wurde. In den 1970er Jahren starteten die Japaner, unterstützt von ihrer staatlichen Planungsbehörde, dem MITI, eine ehrgeizige und äußerst erfolgreiche Aufholjagd auf dem Gebiet der Speicherchips und bauten ihre Halbleiterindustrie konsequent aus. Dies mündete dann in den 1990er Jahren in einen wahren Wettlauf in der Mikroelektronik, der vor allem auf dem Gebiet der Forschung und Entwicklung ausgetragen wurde.

Siemens konnte und wollte in diesem Wettkampf zu keinem Zeitpunkt zurückstehen, dazu war die Mikroelektronik für das Unternehmen viel zu wichtig. Denn eins war klar: Wer diese Technik nicht beherrschte, verlor nicht nur in der Konsumelektronik und bei den Computern an Marktbedeutung, sondern auch in der Kommunikationstechnik, bei den Industriesteuerungen, in der Medizintechnik und der Kraftwerkstechnik – im Grunde war also das gesamte Geschäft von Siemens von der Mikroelektronik abhängig. Die Mikroelektronik hatte sich ganz unbemerkt zur alles beherrschenden »Querschnittstechnologie« entwickelt, die über viele Industriezweige und damit für jede Industrienation Schlüsselbedeutung hat. Zunehmend prägt sie aber durch Geräte der modernen Informations- und Kommunikationstechnik auch unser Privatleben und folglich die Entwicklung unserer Gesellschaft.

Vor diesem Hintergrund war der Wettstreit der Technik und Wirtschaft nicht zuletzt auch ein Hightech-Kampf der Nationen. Denn wenn es nicht gelänge, eine Mikroelektronikindustrie im eigenen Land aufzubauen, würde man in schwere Abhängigkeit von anderen Ländern geraten. Vor allem die Stärke der Japaner schien in diesem Zusammenhang bedrohlich. Siemens, als eines der größten deutschen Industrieunternehmen der Elektrotechnik, sah sich hier in der besonderen Pflicht, die deutsche oder besser europäische Unabhängigkeit sicherzustellen.

Mein Vorgänger Karlheinz Kaske hatte 1984 eine mutige Aufholjagd gestartet, das »Megaprojekt«, um die europäische Industrie aus dem drohenden Würgegriff aus Fernost zu befreien. Dieses Projekt hatte zum Ziel, mit der Entwicklung des 1-Megabit-DRAM als »Follower« zum Wettbewerb aufzuschließen und sich dann mit dem 4-Megabit-DRAM unter den führenden Halbleiterherstellern zu etablieren. Vor allem aber sollte dieses Projekt als die technologische Basis für die weitere Entwicklung von sogenannten Logikbausteinen dienen, die für das Systemgeschäft von Siemens unerlässlich waren. Den DRAMs kam dabei die Rolle der »Technologie-Lokomotive« zu.

Siemens stellte für dieses Projekt zusätzlich einige Hundert Forscher und Entwickler ein, vor allem Ingenieure, Physiker und Informatiker, die schnell eingearbeitet werden mussten, denn was Nachwuchsingenieure und -wissenschaftler mit einschlägiger Ausbildung betraf, war der Markt wie leergefegt. Die Ausbildung für das Gebiet der Mikroelektronik hatte nämlich in Europa damals bei weitem nicht den Stellenwert wie in Japan oder in den USA. Karlheinz Kaske investierte rund 1,3 Milliarden Euro (2,6 Milliarden DM) in dieses Projekt und löste damit eine ungeheure Aufbruchstimmung aus. Man wollte – koste es, was es wolle – zu den Technologieführern gehören. Innerbetrieblich wurde das bei Siemens nicht unbedingt wohlwollend gesehen. Aber wenn der Vorstandsvorsitzende persönlich sich eines solchen Themas annahm, dann gab es kein Zurück.

Doch die Euphorie war von kurzer Dauer: Schnell wurde klar, dass man bei den 1-Megabit-Speichern nicht schnell genug vorankommen konnte, so dass man sich entschloss, die Lizenz von dem – ausgerechnet! – japanischen Konkurrenten Toshiba zu erwerben, um die gewaltigen Kosten etwas einzudämmen und um halbwegs rechtzeitig auf den Markt zu kommen. Fortan produzierte Siemens 1-Megabit-Chips auf der Basis dieser Lizenz. Ende 1989 nahm Siemens – dann allerdings ohne fremde Hilfe, das heißt ausschließlich auf der Basis eigener Entwicklungsarbeit – die Produktion der moderneren 4-Megabit-Chips in München-Perlach auf und jubelte, endlich den Anschluss an die Weltspitze gefunden zu haben. Parallel dazu wurden die entsprechenden Logikschaltungen, hauptsächlich für die Konsum- und Nachrichtentechnik, entwickelt und gefertigt.

Aber auch dieser Jubel war verfrüht. Denn die Welt drehte sich laufend weiter. Statt der 4-Megabit-Chips waren bald leistungsfähigere 16- und 64-Megabit-Chips gefragt. Es war abzusehen, dass die nur wenig älteren 4-Megabit-DRAMs, die Siemens inzwischen in großer Stückzahl produzieren konnte, unter enormen Preisdruck geraten würden, sobald die Japaner ihre leistungsstärkeren Mikrochips zu einem vergleichbaren Preis auf den Markt werfen würden. Und das taten sie sehr schnell. Es war wie das Wettrennen zwischen Hase und Igel; sobald wir endlich mit letzter Kraft an das nächste Ziel gehetzt waren, hob irgendein Wettbewerber den Kopf und rief: »Ick bin all hier.«

Für das hohe Tempo der technischen und ökonomischen Entwicklung der Chipproduktion fand sich schnell ein Begriff, der in der Branche mal mit zittriger Stimme geflüstert, mal mit Begeisterung bejubelt wurde: »das Mooresche Gesetz«. Namenspatron ist der Physiker und Chemiker Gordon Moore, Mitbegründer der amerikanischen Firma Intel, eben jener Firma also, die in den 1970er Jahren binnen kürzester Zeit unter die Top Ten der Halbleiterindustrie schoss und heute das größte Mikroelektronikunternehmen der Welt ist.

In einem Zeitungsinterview hatte Moore am 19. April 1965, also drei Jahre vor der Gründung von Intel, festgestellt, dass sich die Anzahl der elektronischen Bauteile einer integrierten Schaltung bis dahin alle achtzehn Monate verdoppelt hatte, und er hatte sich die rhetorische Frage gestellt, was passieren würde, wenn man dieses Entwicklungstempo beibehielte.

Es war lange nicht ersichtlich, wie groß der daraus resultierende Produktivitätsgewinn in den Halbleiterfabriken tatsächlich sein würde. Aus anderen Branchen war bekannt, dass man – in einer Turbinen- oder Schaltanlagenfabrik – durch Rationalisierung die Produktivitätszuwächse von jährlich 2 oder 3 Prozent schaffen kann. In von Elektronik geprägten Fabriken, etwa bei EWSD, erzielte man Zuwachsraten von 8 oder 10 Prozent. Doch in der Chipproduktion gelangen Produktivitätssteigerungen von 30 Prozent oder noch mehr.

Dabei ging es nicht nur darum, in welchen Stückzahlen am Ende die »Wafer« vom Band fallen, wie man die kleinen, circa einen Millimeter dicken Siliziumscheiben nennt, sondern wie viele Chips auf einen Wafer passen, wie viele Bauelemente sich auf einem Chip befinden und wie sich die Ausbeute der »guten« Chips entwickelt. Die Chipfläche hat sich dabei nur wenig verändert, wohl aber die Größe des Wafers – von 4 über 6, 8 zu heute 12 Zoll – und damit auch die Zahl der auf einem Wafer befindlichen Chips.

Der entscheidende Produktivitätsfortschritt wurde aber durch die konsequente Miniaturisierung der Strukturen der auf einem Chip befindlichen Bauelemente erzielt. Heute gibt es Chips mit mehreren Milliarden Bauelementen und Strukturgrößen um die 50 Nanometer – und dies auf einer Siliziumfläche von etwa einem Quadratzentimeter. Mit höherer Integrationsdichte, die zugleich auch eine höhere Taktung erlaubte, stieg die Leistungsfähigkeit der Chips, und zwar exponentiell: von 1 zu 4 zu 16 zu 64 zu 256 Megabit. All dies machte die jährlichen Produktivitätszuwächse von 30 Prozent oder mehr plausibel.

Mit dem »Mooreschen Gesetz« versuchte man, dieses Phänomen – die Verdoppelung der Speicherkapazität der Chips innerhalb von achtzehn Monaten – in eine Formel zu bringen. Auch wenn die auf dieser Formel basierenden technologischen Prognosen mit bemerkenswerter Präzision eintraten, waren sie für einen Betriebswirt nur die halbe Wahrheit. Denn selbst wenn man bisher nie ans Ende der technologischen Möglichkeiten kam, so gelangte man mit der Zeit zunehmend ans Ende der finanziellen Kapazitäten. Schließlich stiegen die Kosten für Entwicklung und Fertigung der aufeinanderfolgenden Chipgenerationen ebenfalls exponentiell. Kurzum: Während man noch die Fertigungsstraßen der aktuellen Chipproduktion aufbaute, musste man bereits parallel in die Entwicklung der nächsten Chipgeneration investieren – und dieses vor dem Hintergrund eines extrem volatilen Marktes.

»Um die Produktion des 1-Megabit-Bausteins aufzunehmen, musste ein Unternehmen in Japan Ende der achtziger Jahre mit Investitionen von über 770 Millionen DM rechnen«, ermittelte die Wochenzeitung *Die Zeit* im März 1992. »Für die kommende Generation des 16-Megabit-Chips aber verlangt der Markteinstieg bereits das Doppelte: Das Tokioter Wirtschaftsmagazin *Toyo Keizai* berechnete die notwendigen Investitionskosten auf 1,5 Milliarden Mark.«

Wer konnte und wollte solch hohe Risiken noch eingehen? Mein Vorgänger hatte noch im Juli 1991 eine Kooperation mit IBM vereinbart, um dadurch die Kosten für die Entwicklung der nächsten Chipgeneration, den 16- und 64-Megabit-Speicher, etwas zu drosseln. Wir beteiligten uns auch an einer 16-Megabit-Fabrik von IBM bei Paris (Essonnes). Trotzdem: Die Kosten waren immens. Die Konkurrenz schien angesichts des ungebrochenen Entwicklungstempos auf die Dauer nicht zu schlafen.

Ab 1970 hatte die Halbleiterindustrie völlig unabhängig vom sonstigen Konjunkturablauf eine eigene Dynamik entwickelt, den sogenannten Silicon-Circle: Alle vier Jahre konnte die Branche Zuwachsraten von 40 Prozent im Vergleich zum Vorjahr vermelden.

Doch plötzlich, ausgerechnet 1992, also in dem Jahr, als ich den Vorstandsvorsitz übernahm, setzte diese Regel aus. Eigentlich hätte wieder ein Spitzenjahr folgen sollen. Doch stattdessen waren wir mit Negativzahlen ungeheuren Ausmaßes konfrontiert: Ein enormer Preisverfall wurde durch eine rapide Abnahme der Nachfrage und die dadurch entstandenen weltweiten Überkapazitäten ausgelöst. Die hohen Forschungsausgaben und Investitionen erwiesen sich als ineffektiv. Statt Jubel gab es »strukturelle Probleme« zu vermelden.

Damals hatte es für viele den Anschein, dass die Japaner der Weltwirtschaft ohnehin den Rang abliefen. Ich erinnere mich noch an den 1991 erschienenen Bestseller *Das leise Lächeln des*

Siegers, in dem der hochintelligente Wirtschaftsjournalist Günter Ederer vordergründig erklärte, »was wir von Japan lernen können«, aber insgeheim diagnostizierte, dass der Wettlauf längst verloren sei.

Der Markt veränderte sich in unerwarteter Weise: Erstmals seit vielen Jahren wurden Anfang der 1990er Jahre die beiden japanischen Chipproduzenten NEC und Toshiba aufgrund dessen dominierender Stellung bei den Mikroprozessoren vom amerikanischen Rivalen Intel überholt. Zusätzlich machten sich – vor allem bei Speicherchips – Wettbewerber wie Samsung aus Südkorea im Markt breit.

Immer wieder baute Siemens neue Fabriken, um die neue Chipgeneration zu fertigen und zu verpacken. Das kostete uns Milliarden. Doch das, was wir an Umsatz hatten, steckten einige der großen Wettbewerber allein in die Entwicklung – ein Faktum, das die Hoffnung dämpfte, in diesem Geschäft langfristig erfolgreich sein zu können.

Als ich den Vorstandsvorsitz übernahm, brauchte ich eine Weile, bis ich die Dimensionen der Mikroelektronik verstand. Damals ließ ich mir sozusagen Technik-Nachhilfestunden von Claus Weyrich geben, dem Leiter der zentralen Forschung, einem Mann mit einem ungewöhnlich breiten technologischen Wissen, der über zehn Jahre die Konzernforschung systematisch an zukünftigen Märkten und Kundenbedürfnissen ausrichtete. Seiner Führung verdankt der Konzern zahlreiche technologische Durchbrüche, von denen zwei sogar mit dem Zukunftspreis des Bundespräsidenten ausgezeichnet wurden. Innovationen sind immer das Lebenselixier von Siemens gewesen. Insofern hat Claus Weyrich mit seiner »Corporate Technology« maßgeblich zur Innovationsstärke des Konzerns beigetragen.

Von ihm habe ich mir immer wieder die Technik erklären lassen, nicht nur weil es mich persönlich interessierte, sondern auch um einschätzen zu können, wie die Märkte funktionierten. So habe ich bald verstanden, warum die Mikroelektronik ein faszinierendes Gebiet für einen Ingenieur ist. Aber auch die Zahlen wurden mir schnell begreiflich: Da standen 2,3 Milliarden DM Umsatz auf der einen und eine Milliarde Verlust auf der anderen Seite – trotz Förderungen und Subventionen, die es für diese Querschnittstechnologie, die schließlich allen zugutekommen sollte, aus externen und internen Quellen gab.

Im Nachhinein schüttelt man den Kopf. Aber damals war man allgemein davon überzeugt, auf die Mikroelektronik könne Siemens nicht verzichten. Die Beherrschung der Mikroelektronik und ein ungehinderter Zugriff auf Mikrochips waren darüber hinaus auch ein Anliegen der Politik, da diese Technologie strategische Bedeutung für alle Volkswirtschaften zu haben schien. So war sie lange Zeit hindurch Schwerpunkt öffentlicher Forschungsprogramme in Deutschland sowie auf europäischer Ebene. Deswegen mischte auch die Politik bei den unternehmerischen Entscheidungen mit und versprach Vergünstigungen und Unterstützung, damit die wenigen in diesem Feld engagierten europäischen Unternehmen sich nicht daraus zurückzogen.

Für unser Megaprojekt hatte das Bundesministerium für Forschung und Technologie Fördermittel in Höhe von insgesamt 240 Millionen DM beigesteuert, was angesichts des Milliarden-Gesamtinvestments nicht allzu viel war, aber doch genug, um die Kritiker auf den Plan zu rufen. »Ob Siemens denn ein Sozialfall sei«, fragte etwa der damalige FDP-Vorsitzende Otto Graf Lambsdorff provozierend. Dass zu der Zeit kein Chiphersteller der Welt ohne staatliche Subventionen auskam, interessierte wenige – erst recht nicht, dass die Dimensionen der Unterstützung andernorts erheblich größer ausfielen.

Trotzdem wagte der CDU-Politiker Kurt Biedenkopf, der 1990 zum Ministerpräsidenten des Freistaats Sachsen gewählt worden war, den Vorstoß, Siemens eine Kooperation vorzuschlagen. Er wollte das mit hoher Arbeitslosigkeit geplagte Dresden in ein Mikroelektronikzentrum verwandeln, was es in gewisser Weise schon zu DDR-Zeiten gewesen war. Damals hatte Honecker dort stolz der Welt den ersten volkseigenen 1-Megabit-Speicher präsentiert. Inzwischen war nicht nur die DDR, sondern auch die russische Armee aus Dresden verschwunden, und so hatte man auf dem ehemaligen Truppenübungsplatz einen idealen Standort für die künftige Chipproduktion ausgemacht.

Gemeinsam mit seinem Staatsminister für Wirtschaft und Arbeit Kajo Schommer und Finanzminister Georg Milbradt gelang es Biedenkopf, dank geschickter Wirtschaftsförderung viele internationale Großunternehmen wie Volkswagen, Quelle oder BMW in Sachsen anzusiedeln. Schließlich überzeugte er auch alle Mikroelektronik-Skeptiker, und schon 1994 kam es zur Grundsteinlegung einer hochmodernen Fabrik für Halbleiter, der größten Chipfabrik Europas.

In diesem Zusammenhang willigten auch wir ein, bis zum Jahr 2004 erneut 2,7 Milliarden DM in eine Hightechanlage zu investieren, und erhielten dafür entsprechend den in den neuen Bundesländern damals gültigen Regeln rund 800 Millionen DM Wirtschaftsförderung. Die Öffentlichkeit staunte über die großen Beträge und über die Risikobereitschaft aller Beteiligten.

Zur Grundsteinlegung am 6. Juni 1994 kam dann auf meine Einladung hin auch Bundeskanzler Helmut Kohl, der zu jener Zeit mit Kurt Biedenkopf nicht mehr ganz auf einer Wellenlänge war. Aber während der von großem Optimismus getragenen Feier haben die beiden Politiker sich gentlemanlike verhalten, mannhaft zum Spaten gegriffen und nur gute Worte über die Lippen gebracht.

Langfristig entwickelte sich Dresden – sprachlich analog zum berühmten »Silicon Valley« in den USA – zu einem

»Silicon Saxony«, in dem sich dank Subventionen und Bürgschaften auch das US-Unternehmen AMD und nach und nach eine große Zahl von Zulieferern ansiedelten. An dem gelungenen Aufbau des Clusters hatte Siemens mit seiner Entscheidung einen ganz wesentlichen Anteil. Anfang des 21. Jahrhunderts galt Sachsen mit über 40 000 Arbeitsplätzen in der Halbleiterindustrie als Beispiel für erfolgreichen Strukturwandel, wenngleich der hoch volatile Markt inzwischen das Halbleitergeschäft erneut in eine Krise gestürzt hatte, von der auch Werke in Dresden betroffen wurden.

Doch zurück in die 1990er Jahre: Für kurze Zeit schien sich damals der Wind in der Branche zu drehen. Nach Jahren des Verlusts (1993 noch über 200 Millionen DM) konnte Siemens plötzlich im Halbleitergeschäft Gewinne verbuchen. Der Halbleiterbranche wurde eine goldene Zukunft vorhergesagt. Experten prognostizierten jährliche Zuwachsraten von 20 Prozent und satte Gewinne. Tatsächlich steuerte der Halbleiterbereich bei Siemens zwischen 1994 und 1996 fast 2 Milliarden DM zum Konzernergebnis bei. Die Milliardeninvestitionen, die noch ein paar Jahre abgeschrieben werden mussten, schienen sich also langfristig zu rechnen. So entstanden in diesen Jahren gleich mehrere Fabriken: Neben Dresden erwarben wir auch ein Werk in Richmond (USA), beteiligten uns in Hsinchu (Taiwan) und wurden noch in Singapur, Malaysia und Portugal aktiv.

Keiner ahnte, dass wir schon 1998 einen Rekordverlust von 2,8 Milliarden DM machen würden. Alle glaubten vielmehr an ein ungebrochenes Wachstum der Halbleiterindustrie, mit ihrem scheinbar unbegrenzten Anwendungs- und Marktpotential. Deswegen waren wir im Vorstand auch alle der Meinung, wir müssten zu den vorhandenen Werken noch ein zusätzliches bauen. Die Frage war nur wo.

Wir hatten verschiedene Alternativen in England, Schottland, Irland, Österreich und in den neuen Bundesländern prüfen lassen. Ich hatte durchblicken lassen, dass ich Villach in Kärnten für einen geeigneten Standort hielt. Siemens hatte dort schon 1970 mit einer Halbleiterproduktion begonnen und 1979 ein Entwicklungszentrum für Mikroelektronik gegründet. Das Werk war stetig ausgebaut worden und hatte inzwischen eine Größe, die den Aufbau einer zusätzlichen Chipfabrik erleichtert hätte: Man hätte lediglich eine neue Halle bauen müssen; die Ingenieure, die Facharbeiter, die Technologie und Infrastruktur waren zum Großteil schon vor Ort, und so hätte man Schritt für Schritt die Chipproduktion erweitern können – die Investitionen hätten also ein überschaubares Risiko mit sich gebracht.

Doch im Vorstand und im Aufsichtsrat überwog die Meinung, dass man lieber in North Tyneside investieren solle. Der Verwaltungsbezirk mit knapp 200 000 Einwohnern im Norden Englands hatte bislang von einer kürzlich geschlossenen Werft gelebt und galt als strukturschwache Region. Vizepremierminister Michael Heseltine persönlich hatte sich für diesen Standort stark gemacht und neben Infrastrukturhilfen und Steuervergünstigungen etwa 30 Millionen Pfund an Subventionen versprochen.

»From ships to chips« lautete das Motto, unter dem Siemens mit dem Halbleiterwerk 1100 neue Arbeitsplätze schaffen sollte. Die Befürworter dieses Standorts argumentierten auch damit, man könne davon ausgehen, dass das Pfund schwächer würde und Siemens davon profitieren werde. Zudem müsse man ohnehin weiter internationalisieren, vor allem gebe es einen Nachholbedarf im angelsächsischen Umfeld. Die Subventionen und die große politische Aufmerksamkeit der britischen Regierung taten ein Übriges.

Als wir die Standortentscheidung für dieses Werk trafen, war es das einzige Mal, dass ich im Zentralvorstand einzeln abstimmen ließ. Ich fragte reihum jeden: »Sind Sie dafür oder dagegen?« Jeder musste sich einzeln äußern. Am Ende waren alle dafür. »Okay. Dann machen wir das so«, sagte ich und schob, da alle meine Bedenken kannten, lapidar den Satz nach: »Aber die Sache wird an mir hängen bleiben.«

Nicht viel später sollten sich alle an diesen Satz erinnern: Denn die Geschichte hätte mich tatsächlich beinahe den Kopf gekostet.

Am 15. Dezember 1995 fand der erste Spatenstich in North Tyneside statt. Vizepremierminister Michael Heseltine empfing mich in Downing Street Nr. 10 und führte mich dann in den englischen Kabinettssaal. Dort durfte ich auf dem Stuhl des Finanzministers Platz nehmen, und wir wurden wie Helden gefeiert. Immerhin war unsere Investition von 1,7 Milliarden DM eine der größten, die es im Vereinigten Königreich zu jener Zeit gab.

In London hielt ich eine Rede mit dem selbstbewussten Titel »Proof of Europe's Competitiveness in Microelectronics«, obgleich wir die europäische Konkurrenzfähigkeit in Sachen Mikroelektronik eigentlich erst noch beweisen mussten. Zwar stand Siemens damals verhältnismäßig gut da; aber vom Tennisspielen wusste ich nur zu gut, dass erst der letzte Ballwechsel ein Spiel entscheidet. In North Tyneside war noch nicht einmal der erste Satz zu Ende gespielt. Doch es war nicht der richtige Zeitpunkt, Zweifel zu säen. Jetzt galt es, die Aufbruchstimmung zu nutzen, um das Gelingen des Werks zu fördern.

Zur Einweihung der Fabrik am 23. Mai 1997 erschien Queen Elizabeth II. höchstpersönlich in Begleitung ihres Ehemanns Prinz Philip. Das war insofern spektakulär, als eine Chipfabrik nämlich eine hochtechnologische Fertigungsstätte ist, in der noch mehr als im Operationssaal allerhöchste Ansprüche an Sauberkeit herrschen.

Alle Mitarbeiter in den Hochsauberkeitstrakten, den Reinräumen, müssen sich in luftdichte Ganzkörperoveralls mit Kapuze hüllen, die Hände in sterilen Einmalhandschuhen verbergen und ihr Gesicht mit einem breiten Mundschutz maskieren, damit weder Haare noch Schweiß, Speichel oder Hautpartikel in den Produktionsprozess gelangen. Raucher dürfen zwei Stunden vor Dienstantritt nicht mehr rauchen, damit nicht über ihren Atem Rußpartikel aus den Lungen in die Luft geraten. Selbst Schminke ist untersagt.

Wer sich also die komplexe Technik in den Reinräumen der neuen Fabrik ansehen wollte, musste sich umziehen und in futuristisch anmutende Schutzbekleidung zwängen. Die Fotografen und Fernsehteams waren voller Vorfreude: die Queen in Plastik verpackt – solche Bilder gab es nicht jeden Tag. Entsprechend groß war der mediale Andrang.

Zur Enttäuschung der Medien verzichtete die Queen jedoch darauf, die Reinräume zu besichtigen, und überließ diesen Part Prinz Philip. Sie selbst ging nur durch die weniger kritischen Bereiche, in denen sie lediglich über die Schuhe kleine Plastiktüten stülpen musste. Als Vorstandsvorsitzender war es selbstverständlich meine Aufgabe, sie zu begleiten und ihr die Fabrik zu erläutern, wobei man mir dankenswerterweise einen Kommunikationsprofi an die Seite stellte, der den fachlichen Part übernahm.

Um den Rundgang etwas abwechslungsreicher zu gestalten, hatten wir alle paar Dutzend Meter eine kleine Gruppe als Gesprächspartner postiert. Jeweils einer kam aus North Tyneside, der Zweite aus dem Partnerwerk in Villach, der Dritte aus der Siemens-Halbleiterfabrik in München und ein Vierter aus der englischen Siemens-Zentrale. Die Queen stellte fundierte und interessierte Fragen, bekam gute Antworten, und dann ging es weiter zur nächsten Station.

In jeder Runde habe ich kurz auch immer mit dem Letzten aus der Gruppe ein paar Worte gewechselt. In einer dieser Situationen bin ich offenbar unwillkürlich ein paar Schritte vor die Königin getreten. Jedenfalls schoss sofort ihr Begleiter auf mich zu und wies mich streng zurecht: »Never walk in front of the Queen!« Drei Schritte vor der Königin zu laufen ist ein Fauxpas.

Zur eigentlichen Feier hatte sich Prinz Philip, nun ohne Schutzkleidung, wieder zu uns gesellt, und auch alle anderen Gäste nahmen ohne Plastikpuschen Platz. Wie mit dem Buckingham Palace vereinbart, durfte und sollte ich eine Rede halten, die inhaltlich mit den Beratern Ihrer Majestät abgestimmt war. Meine englischen Kollegen hatten die Idee, der Königin und Prinz Philip zu ihrem Ehejubiläum zu gratulieren, das sich in diesem Jahr zum fünfzigsten Mal jährte. Also habe ich in meiner Rede in freundlichen Worten darauf hingewiesen, dass die Anwesenden in diesem aktuellen Jahr 1997 verschiedene bemerkenswerte Jubiläen zu feiern hätten: 150 Jahre zuvor sei von Werner von Siemens das Unternehmen Siemens gegründet worden; 100 Jahre zuvor habe Joseph John Thompson das Elektron entdeckt und damit das Fundament für die Mikroelektronik gelegt; vor 50 Jahren seien in den Bell Laboratories die ersten Transistoren gebaut worden, ein weiterer Meilenstein in der Geschichte der Mikroelektronik. Aber auf ein ganz besonderes Jubiläum, so endete ich meine Aufzählung, könnten unsere Ehrengäste, »Her Majesty and His Royal Highness«, zurückblicken: Vor 50 Jahren habe Sir Winston Churchill ihre Hochzeit mit den Worten begrüßt, sie sei ein farbiger Lichtstrahl auf dem harten Weg, den die britische Nation damals zu gehen hatte, »a flush of colour on the hard road we have to travel«. Das war ein schönes Zitat, das auch in diesem Kontext den gewünschten Eindruck hinterließ.

Doch die Freude währte nicht lange. Schon ein Jahr nach dem Besuch der Queen in North Tyneside standen dieselben Manager, die 1994 noch dringend den Bau einer neuen Chipfabrik gefordert hatten, im Konferenzraum des Zentralvorstands im München und erklärten, die Fabrik in England sei nunmehr überflüssig und müsse geschlossen werden.

Ein Kunde aus Asien, der die Abnahme der Hälfte aller in England produzierten Chips garantiert hatte, hätte wegen wirtschaftlicher Schwierigkeiten seinen Vertrag gekündigt.

Es gäbe wohl auch kaum Chancen, einen alternativen Kunden zu finden, der entsprechende Mengen zum selben Preis abnähme. Denn weltweite Überkapazitäten drückten die Preise. In den letzten drei Jahren war der Preis dieser Chips nicht nur gesunken – oder wie in der Gasturbinenbranche um erschütternde 30 Prozent gefallen –, sondern von 60 Dollar auf 1,50 Dollar geradezu abgestürzt.

Kurzum: Wir machten enorme Verluste. Hatten wir im Geschäftsjahr 1996/97 noch gut 100 Millionen DM Gewinn erwirtschaftet, war es im Folgejahr ein Rekordverlust von 1,2 Milliarden DM. Davon gingen allein 400 Millionen DM auf das Konto von North Tyneside. Hier waren die Produktionskosten besonders hoch, weil in der Anlaufphase weder die Zielausbeute noch die geplante Produktivität erreicht wurden und deswegen die Stückkosten höher als in den anderen Siemenswerken waren. Es war eine Katastrophe.

Auf der Vorstandssitzung in Feldafing Ende Juli 1998 wurde endgültig entschieden, dass es keine andere Lösung gab: North Tyneside musste geschlossen werden. Bereichsvorstand Ulrich Schumacher fuhr direkt aus der Vorstandssitzung nach England, um den 1200 Mitarbeitern dort persönlich die schlechte Botschaft zu überbringen, bevor sie in der Zeitung stand. Ich selbst telefonierte aus der Sitzung heraus mit dem damaligen Premierminister Tony Blair, der sehr schnell verstand, dass es hier nichts mehr zu verhandeln gab. Er schloss das Telefonat mit der Bitte, dass wir vernünftige Sozialpläne machten und die Belegschaft nicht einfach auf die Straße setzten.

Das war eine Selbstverständlichkeit. Wir hatten alle Leute ausgebildet und würden uns darum kümmern, wie es bei Siemens immer üblich war, dass sie ordentlich behandelt würden, und ihnen auch bei der Suche nach einem neuen Job helfen. Man konnte nicht mit großem Aufwand ein neues Werk gründen und dann nach vierzehn Monaten die Mitarbeiter wieder auf ihre stillgelegten Fischerboote schicken. Im April 1999 haben wir dann auch sämtliche Subventionen der britischen Regierung, immerhin rund 54 Millionen DM, wieder zurückgezahlt.

Die Bereichsleitung hatte übrigens gehofft, dass sich für das Werk relativ schnell ein Käufer finden ließe, bevor man im Dezember mit der endgültigen Demontage beginnen müsse. Zumindest die 900 Millionen DM teure Ausrüstung mit modernsten Maschinen schien für einen potentiellen Käufer nicht uninteressant. Es dauerte allerdings bis zum September 2000, bis wir verkünden konnten, dass der amerikanische Chiphersteller Atmel Corporation das Werk in North Tyneside oder das, was noch davon übrig war, übernahm.

Dieser überlebte dort immerhin acht Jahre im Haifischbecken des Halbleitergeschäfts, verkaufte dann 2008 das Werk an das taiwanesische Unternehmen Taiwan Semiconductor Manufacturing Company TSMC weiter, die erst 1987 gegründete und inzwischen größte »Silicon Foundry« der Welt.

Für Siemens war mit der Schließung ein Negativ-Höhepunkt erreicht und nunmehr allen klar, dass das Halbleitergeschäft nicht in unser Portfolio passte. Den Siemens-Aktionären waren die Ergebnisschwankungen, die in diesem extrem zyklischen Geschäft einfach unvermeidbar waren und die jedes Mal voll auf die Siemens-Ergebnisrechnung durchschlugen, nicht zu vermitteln und nicht zuzumuten. Außerdem musste man für die sehr kapitalintensive Halbleiterproduktion mit gewaltigen Investitionssummen rechnen, die den anderen Teilen des Unternehmens dann fehlten. Berechtigterweise wurde der Druck der Finanzmärkte immer größer, eine Straffung des Portfolios herbeizuführen. Die einzige Überlebenschance, die man in diesem Markt hatte, war – nach dem Motto »Ganz oder gar nicht!« – die völlige Konzentration auf dieses Geschäft – oder der Ausstieg! Also beschlossen wir 1999, bei Siemens das Geschäft mit den Chips aufzugeben und die Halbleitersparte als eigenständige Unternehmung auszugliedern. Wir gründeten die Infineon Technologies AG und brachten das Unternehmen an die Börse.

Vorstandsvorsitzender von Infineon Technologies wurde der ehemalige Vorsitzende des Bereichsvorstands Ulrich Schumacher, ein Mann mit wachem Verstand und ein begnadeter Kommunikator. Im Zuge der Ausgliederung der Halbleitersparte war Schumacher in den Vorstand der Siemens AG berufen worden, mit 39 Jahren für Siemens ungewöhnlich jung.

Was Ulrich Schumacher auf seinem weiteren Weg sicher nicht half, waren Spekulationen auf den Gängen darüber, welche Schlussfolgerungen sich aus seinem jugendlichen Alter einerseits und der Alterspyramide im Vorstand andererseits für die Nachfolge im Vorstandsvorsitz ergeben könnten.

Für den Börsengang war seine forsche Dynamik jedoch perfekt. Schumacher beherrschte die Klaviatur der Medien und Aktienmärkte, fuhr zur Börseneinführung mit einem Porsche an der Wall Street vor und stieg im Rennanzug aus. Genauso rasant startete Infineon an der Börse durch.

Die Aktie war am Emissionstag mehr als 30-fach überzeichnet. Die Medien berichteten am nächsten Tag, dass der Andrang bei den Banken deren Systeme lahmlegte. Per Losverfahren wählten die am Börsengang beteiligten Banken die neuen Aktionäre aus. Nur jeder sechste Interessent kam in den Genuss einer Zuteilung. 60 Prozent der Aktien gingen an institutionelle Investoren, Fonds und Versicherungen, 34 Prozent an Privatanleger und 6 Prozent an Mitarbeiter. Mit einem Emissionsvolumen von rund 6,1 Milliarden Euro schaffte Infineon damit vom Volumen her die größte Einführung einer Hightech-Aktie weltweit und hinter der T-Aktie die zweitgrößte Einführung in Deutschland.

Der Börsengang am 13. März 2000 war ein Riesenerfolg, Schumacher wurde zu einem Helden der Finanzwelt.

Siemens hatte zunächst weit weniger als die Hälfte der Aktien von Infineon Technologies an die Börse gebracht und den

Rest behalten, obgleich es auch gute Argumente dafür gab, die Anteile schneller zu verkaufen. Schon allein um der deutlichen Überzeichnung etwas gegenzusteuern. Aber sofort die Mehrheit abzugeben war aus patentrechtlichen Gründen nicht ratsam. Siemens hatte viele Lizenzaustauschverträge mit anderen Unternehmen abgeschlossen, und nach diesen Verträgen haben nur Tochterunternehmen, die sich im Mehrheitsbesitz befinden, das Recht, an diesem Austausch teilzunehmen. Infineon hatte zwar die einschlägigen Patente und Nutzungsrechte von Siemens mit übertragen bekommen. Doch für ein Leben in der Eigenständigkeit war das Patentportfolio noch nicht stark genug. Infineon Technologies war auf Siemens angewiesen.

Außerdem rieten die Investmentbanker, doch behutsam vorzugehen. Das Mutterunternehmen sollte durch einen anfangs noch kräftigen Aktienbesitz an der Tochtergesellschaft zeigen, dass es voll hinter dieser stand. Aber ob es angesichts der riesigen Nachfrage nach Aktien wirklich noch rund 70 Prozent hätten sein müssen, das ist doch zu bezweifeln. Hätten wir gleich 10 Prozent mehr abgestoßen, wäre an den Börsenmärkten vermutlich etwas mehr Ruhe eingetreten – und es hätte auch unserer Kasse gutgetan.

Als Mehrheitsaktionäre waren wir aber auch daran interessiert, dass Infineon nicht nur einen guten Börsenstart, sondern auch gute Bilanzen vorlegte. Wir waren zwar im Aufsichtsrat von Infineon mit zunächst vier Siemens-Vorständen gut vertreten, aber tatsächlich nahmen unsere Einflussmöglichkeiten gegenüber dem dort zunehmend selbständiger auftretenden Management ab, was auch im Hinblick auf die vielen Fremdaktionäre im Einklang mit Good Corporate Governance so gewollt war.

Häufig erfuhren sogar wir nur aus den Medien, was sich gerade bei Infineon tat. Das klang immer aufregend und beeindruckend, doch leider entwickelten sich die Zahlen nicht so, wie wir uns das wünschten. Mein Vorstandskollege Volker

Jung – er war Aufsichtsratsvorsitzender bei Infineon – und ich haben daraufhin die vier Infineon-Vorstände zum Abendessen eingeladen, um uns von ihnen in Ruhe erläutern zu lassen, wie es in dem Unternehmen weitergehen sollte. Natürlich kamen all die Erfolgsgeschichten zur Sprache, von denen auch die Zeitungen immer berichteten, aber darum ging es uns nicht. Wir wollten wissen, wann wir endlich mit einer positiven finanziellen Entwicklung rechnen könnten. Schließlich befand sich Infineon noch im Konsolidierungskreis von Siemens. Wir hatten die Infineon-Zahlen auch nach außen zu vertreten.

Da gab uns Schumacher mit einem charmanten Lächeln zu verstehen, dass wir eben zu einer älteren Generation gehörten und vielleicht mit den heutigen Spielregeln der Kapitalmärkte nicht so vertraut wären. An der Börse ginge es heute nicht so sehr um die aktuellen Zahlen, sondern darum, die richtige Geschichte zu erzählen, um das richtige »Storytelling«. So nannte er das.

Für den Rest des Abends entwickelte sich eine ziemlich heftige Diskussion, die auch durch den von der Siemens-Küche servierten exzellenten Rotwein nicht freundlicher wurde. Später erfuhren Volker Jung und ich, dass unser beider Verhalten für den Infineon-Vorstand so unerträglich gewesen war, dass er den unerfreulichen Abend noch lange in einer Münchner Bar hatte ausklingen lassen müssen, um sich von uns »Alten« zu erholen.

Nach dem Zusammenbruch der New Economy erkannten die Aktionäre und die Medien dann auch, dass Storytelling allein nicht reicht. 2004 musste Schumacher zurücktreten. Siemens hatte seine Infineon-Anteile im Laufe der Jahre nach und nach paketweise verkauft und sich damit ganz aus dem Halbleitergeschäft zurückgezogen. Die großen Verluste, die Siemens beim Aufbau des Halbleitergeschäfts erlitten hatte, wurden durch den erfolgreichen Börsengang wieder mehr als ausgeglichen.

Zwischenzeitlich war in Bezug auf Infineon immer wieder von dem einen oder anderen größeren Problem die Rede. Max Dietrich Kley, der frühere BASF-Vorstand, den wir 2002 gebeten hatten, die schwierige Aufgabe des Aufsichtsratsvorsitzenden bei Infineon zu übernehmen, hatte alle Hände voll zu tun, das Unternehmen durch heftige Krisen zu steuern. Er war um diese Aufgabe, die Standfestigkeit erforderte, nicht zu beneiden. Das Halbleitergeschäft erlebte Innovationen, Euphorien und Enttäuschungen. 2006 gliederte Infineon seine Speichersparte aus und gründete das Unternehmen Qimonda, das infolge des massiven Preisverfalls im Januar 2009 Insolvenz anmelden musste. Zum Jahresende 2010 hat Infineon seine Mobilfunksparte – für einen guten Preis von 1,1 Milliarden Euro – an den Branchenriesen Intel verkauft. Infineon wird sich stärker auf das Geschäft mit der Auto- und Industrieelektronik sowie die Chipkartentechnik konzentrieren. Das Werk in Villach ist also offenbar immer noch profitabel. Das Unternehmen hat sich allem Anschein nach durch die solide Arbeit des Managements unter Führung des Vorstandsvorsitzenden Peter Bauer stabilisiert.

Die abenteuerliche Geschichte, die als Siemens-Halbleitersparte begann und so viele Höhen und Tiefen erlebte, ist bis heute nicht zu Ende. Nur mit Siemens hat sie eben nichts mehr zu tun.

Für mich jedoch blieb das Jahr 1998, in dem wir das Werk in North Tyneside nur wenige Monate nach der Eröffnung unter großen Verlusten wieder schließen mussten, eine meiner schmerzlichsten Erfahrungen. 2,8 Milliarden DM betrug damals der Jahresverlust der Halbleitersparte bei Siemens, und das war nur ein Teil der Negativbilanz dieses Jahres. Mit solchen Zahlen muss man sich als Vorstandsvorsitzender erst einmal auf die Bühne der Hauptversammlung wagen!

Kapitän auf der Brücke
von Siemens

»Sie haben oft etwas versprochen, aber wenig gehalten!« Das Echo dieser Worte hallte durch die Münchner Olympiahalle. Die Aktionäre klatschten. Es war meine siebte Hauptversammlung als Vorstandsvorsitzender der Siemens AG, Januar 1999, doch nie zuvor war mir der Wind derart kalt ins Gesicht geweht.

»Herr von Pierer, bringen Sie den schlingernden Tanker Siemens auf Kurs, lösen Sie Ihre unzähligen Versprechen ein – oder verlassen Sie die Brücke!« Der Applaus schwoll an. Sprecherin dieser vehementen Sätze war Daniela Bergdolt, bayerische Landeschefin der Deutschen Schutzvereinigung für Wertpapierbesitz und streitlustige Aktionärsvertreterin. Mit spärlicher Mimik und kontrolliert eingesetzter Gestik trug die Frau mit der adrett toupierten Hochsteckfrisur wirkungsvoll ihre Forderungen vor.

In gewisser Weise hatte sie recht. Die Zahlen, die ich auf der Hauptversammlung präsentieren musste, waren alles andere als gut. Im abgelaufenen Geschäftsjahr hatten wir das – mit großer Hoffnung und lautstarken Ankündigungen – gegründete Werk in North Tyneside sang- und klanglos wieder schließen müssen. Der Halbleitermarkt war extrem eingebrochen, und nach anstrengenden Jahren mit großen Investitionen musste ich nun relativ kleinlaut verkünden, dass die Halbleitersparte ausgegliedert und als selbständige Infineon Technologies AG an die Börse gebracht würde.

Das war eine Lösung für eines der vielen Probleme, mit

denen wir uns herumschlugen, aber eben nicht die gute Nachricht, die sich Aktionäre wünschten. Wir konnten zwar dank des Zehn-Punkte-Programms vom Sommer 1998 steigende Aktienkurse, aber keine höheren Dividenden verkünden, keine Wachstums- und Erfolgsstorys. Wir hatten unser Ergebnisziel verfehlt und nur mit Mühe überhaupt noch einen bescheidenen Gewinn ausweisen können. Dieser erlaubte gerade noch, eine unveränderte Dividende zu bezahlen. Das schlechte Ergebnis lag nicht nur an der kränkelnden Mikroelektroniksparte. Auch im Geschäft mit Mobiltelefonen, in dem Siemens erst seit relativ kurzer Zeit aktiv und mit der »S4-Generation« so erfolgreich gestartet war, war es zu Fehleinschätzungen der Marktentwicklung gekommen. Entsprechend brachen Umsatz und Ergebnis ein.

In der Sparte Bahntechnik waren wir quasi Opfer des eigenen Erfolgs geworden, wir schafften es nicht, die vielen Aufträge, die uns unsere Produktinnovationen einbrachten, korrekt abzuwickeln. Also mussten wir erhebliche Rückstellungen bilden, um den absehbaren Mehraufwand und die Vertragsstrafen für nicht termingerechte Lieferungen und für die anfallenden Nachbesserungen bezahlen zu können.

In der Kraftwerkstechnik hatten wir als Alternative zur Kernkraft erheblich ins Gasturbinengeschäft investiert, vor allem in Forschung und Entwicklung, damit wir im rasanten technologischen Wettlauf um immer höhere Wirkungsgrade insbesondere mit General Electric mithalten konnten. Doch ob wir dem Branchendruck standhalten würden, war völlig ungewiss – das Westinghouse-Geschäft und der Gasturbinen-Boom lagen zwar nicht mehr fern, waren aber zu diesem Zeitpunkt noch Zukunftsmusik. Aktuell kämpften wir ebenfalls mit Einbußen durch nicht rechtzeitig übergebene Projekte und erhebliche Kosten für Nachbesserungen.

Und schließlich hatte uns die Wirtschaftskrise in Südostasien mit aller Härte getroffen, begonnene Großprojekte im

Fernen Osten waren von krisengeschüttelten Kunden gestoppt worden. Wir blieben auf Verlusten sitzen und mussten obendrein noch Kredite abschreiben, die wir, wie es in der vorangegangenen Boom-Zeit üblich war, an unsere Kunden zur Finanzierung ihrer Projekte gegeben hatten. Dabei hatten wir in den zurückliegenden Jahren zahlreiche Maßnahmen ergriffen, um mit sinkenden Preisen und sich immer schneller verstärkendem Wettbewerbsdruck zurechtzukommen.

Bevor ich 1992 Vorstandsvorsitzender wurde, hatte es schon des Öfteren Vorstöße gegeben, um die Abläufe im Unternehmen zu verbessern, die Produktivität zu steigern und das Unternehmen auf gesunden Kurs zu bringen. Es gab beispielsweise ein »Jahr der Bestände«, in dem man sich ein Jahr lang darum bemühte, die Halb- und Fertigwarenlager zu reduzieren, heute würde man sagen, das »Working Capital« herunterzusetzen. In jenem Jahr fanden eine Managementtagung zu diesem Thema und viele Seminare statt, in denen das aktuelle Wissen über Bestandsmanagement vermittelt wurde.

Zu einem anderen Schwerpunktthema wurden in einem anderen Jahr Fragen der »Funktionalen Organisation« gemacht. Beklagt wurde dabei, dass Entwicklung, Fertigung und Vertrieb als völlig getrennte Funktionen auftraten, ohne die notwendige Durchlässigkeit. Das führte zwar zu Synergieeffekten innerhalb der Funktionen, hatte aber zur Folge, dass eine Abteilung manchmal nicht wusste, was die andere tat. Im Unternehmen war darum der Spottsatz in Umlauf: »Die Entwickler entwickeln etwas, was man im Werk gar nicht produzieren kann, und am Ende kommt etwas raus, was der Kunde gar nicht haben will!« In dem betreffenden Schwerpunktjahr wurde den Mitarbeitern auch filmisch vorgeführt, wie sie besser miteinander kooperieren könnten. Sicherlich nicht ohne Wirkung. Aber wie lange hielt eine solche Wirkung an?

Die Mitarbeiter hatten sich darauf eingestellt, dass Managementmaßnahmen wie Wellen kommen und gehen. Und so mancher, der überzeugt war, dass er auch ohne diese modischen Managementmethoden zurechtkommen würde, hatte sich kurz weggeduckt und gewartet, bis die Welle vorüber war. Letztlich verpufften all diese Maßnahmen überwiegend wirkungslos.

Nun spitzte sich die Situation weiter zu, die Auswirkungen der Globalisierung wurden immer offensichtlicher und bedrückender.

Ein Element, das die Globalisierung auszeichnete, war die zunehmende Geschwindigkeit, mit der sich Entwicklungen vollzogen und die auch ein anderes Tempo im Entscheidungsprozess verlangte –»Speed, speed, speed«, so wurde laut gerufen, und nicht jeder kam da gleich mit. Siemens war in der Vergangenheit häufig mit der selbstbewussten Devise erfolgreich gewesen: »Start second and end first!« Nach dem Motto: »Qualität setzt sich am Ende durch.« Aber dieses Vorgehen war vor allem in der schnelllebigen Kommunikations- und Datentechnik nicht mehr durchzuhalten.

Besonders getroffen wurden wir aber dadurch, dass die nationalen Märkte dereguliert und geöffnet wurden. Große Kunden wie die Deutsche Bundespost, die vorher in öffentlichem Besitz waren, wurden privatisiert und standen nun als Telekom und Deutsche Post ihrerseits in einem internationalen Wettbewerb. Der Kostendruck wurde natürlich an die Lieferanten weitergegeben. So kam es auf den wesentlichen Arbeitsgebieten von Siemens zu regelrechten Preiseinbrüchen, die Preise sanken in manchen Bereichen innerhalb von drei bis vier Jahren um die Hälfte oder mehr.

Staatskunden waren plötzlich Privatkunden – und haben den Wettbewerb in Gang gebracht. Natürlich völlig zu Recht. Ich habe mich darüber nie beklagt – im Gegenteil, ich habe mich verschiedentlich auch politisch dafür eingesetzt, dass der Prozess der Privatisierung wichtiger Staatsunternehmen, wie der Deutschen Bundespost, beschleunigt werden sollte. Wir brauchten starke Kunden, das würde auch uns helfen. Wir sind dann aus dem Tief stärker herausgekommen als zuvor. Aber die Zeiten dazwischen waren mehr als schwierig. Siemens hatte seine Rolle als sogenannter Hoflieferant ausgespielt. Aus diesen Erfahrungen zogen wir unsere Lehren. Anfang 1993 haben wir ein Programm gestartet, das umfassend und in allen Unternehmensbereichen einen kontinuierlichen Verbesserungsprozess einleiten sollte. Es basierte auf drei Säulen:

• Produktivität war die erste Säule. Hier ging es darum, die innerbetrieblichen Prozesse zu beschleunigen und vor allem die Kosten zu senken. In der deutschen Elektroindustrie lagen die Produktivitätsfortschritte traditionell bei 3 bis 4 Prozent pro Jahr. Das hoben wir auf eine Rate von 8 bis 10 Prozent an, zwar nicht jedes Jahr, aber im Durchschnitt doch einige Jahre lang.
• Die zweite Säule war eine unternehmensweite Innovationsinitiative. Denn allein mit niedrigen Kosten kann man seine Märkte nicht verteidigen und erobert auch keine neuen Märkte, sondern man braucht dafür auch bessere Produkte. Deswegen sollten unsere Mitarbeiter zu mehr Erfindungen motiviert und das Unternehmen durch besondere Anstrengungen im Bereich Forschung und Entwicklung auf internationalem Spitzenniveau gehalten oder, wo das noch nicht der Fall war, dorthin gebracht werden.
• Die dritte Säule hieß Wachstum auf neuen Märkten. Das konnten neue Fachgebiete sein, in die wir vorstießen, oder neue Anwendungen für unsere vorhandenen Technologien, aber in erster Linie regional neue Märkte. Wachstum sollte vor allem im Asien-Pazifik-Raum und in Nordamerika erzielt werden, wo Siemens zwar schon präsent war, aber noch nicht mit der gesamten Breite des Geschäfts und auch nicht mit der geballten Kraft des Managements.

Die drei Säulen griffen ineinander, denn ein Produktivitätsfortschritt hätte ohne Wachstum zu einem erheblichen Arbeitsplatzabbau geführt. Voraussetzung für Wachstum sind jedoch wettbewerbsfähige Produkte und Leistungen, also Innovationen. Diesem Programm mussten sich alle Abteilungen ohne Ausnahme unterwerfen.

Natürlich brauchten wir einen griffigen Namen, ein Schlagwort, mit dem dieses umfassende Programm der Erneuerung auf den Punkt gebracht werden konnte. Das Tempelbild mit den drei Säulen – Produktivität, Innovation, Wachstum –, mit der Kulturveränderung als Basis und dem Giebel-Ziel Ergebnisverbesserung war schnell entwickelt. Doch der markante Titel, der Begriff, der die Idee zusammenfasste, fehlte noch.

Nach einiger Zeit, nachdem so mancher Vorschlag unterbreitet und aus dem einen oder anderen Grund verworfen worden war, schlug jemand aus dem Projektteam »time optimized processes« vor, und das könne man »top« abkürzen. Ein Volltreffer! Die ausformulierte Wendung »time optimized processes« geriet sehr schnell in Vergessenheit, aber das Wort »top« hat sich durchgesetzt, nicht zuletzt auch aufgrund seiner Konnotation im Sinne von erstklassig, spitze.

Die dafür im Unternehmen notwendige Mobilisierung (erst im Inland, dann im Ausland) übernahm als »top«-Programmleiter im Vorstand Prof. Walter Kunerth, der dabei von Franz Holzwarth unterstützt wurde. Später lag die Federführung von »top« im Vorstand bei Günter Wilhelm und den von ihm benannten Projektleitern Christoph Kollatz und Klaus Kleinfeld. Unter Wilhelms Führung wurde das Programm weiter zu »top+« entwickelt. Die Neuerung bestand darin, dass nicht nur Produktivitätsfortschritte gemessen wurden, sondern eine klare Linie zur »bottom-line«, also zum Ergebnis, gezogen wurde. Alle Maßnahmen waren nur so gut, wie sie sich am Ende im Ergebnis der jeweiligen Einheit widerspiegelten. Nach Wilhelms Ausscheiden übernahm Klaus Wucherer diese Position.

Einen solchen Wandel zu organisieren und durchzusetzen bedeutete, Mitarbeiter und Führungskräfte – weit über eine kurzfristige Mobilisierungskampagne mit Workshops und Seminaren hinaus – von dem Kurswechsel zu überzeugen. Wir nannten das den Kulturwandel, den wir im Unternehmen erzielen wollten. Einmal fragte mich ein älterer Kollege, wie viel Zeit ich denn für diesen Kulturwandel veranschlagen würde. »Zwei bis drei Jahre«, antwortete ich frohgemut. Er lächelte und meinte, zehn Jahre seien realistischer. Aber so lange hatten wir nun wirklich nicht Zeit.

Das Programm stellte also erhebliche Ansprüche an die Kommunikationsfähigkeiten aller Beteiligten und verlangte enormen zeitlichen Einsatz für Gespräche, Präsentationen und Diskussionen – intern sowie extern. Denn auch die Öffentlichkeit – Kunden, Investoren und Medien – musste von dem neuen Kurs überzeugt werden.

Natürlich haben wir auch versucht, durch die üblichen Marketingmaßnahmen zu emotionalisieren: Es gab entsprechende Stifte, Blöcke und Fahnen mit einem eigenen »top«-Logo, das die einzelnen regionalen Einheiten auf ihre Weise abgewandelt haben. Einige haben dabei richtig Phantasie entwickelt, in Kanada beispielsweise war ein Ahornblatt in das »top«-Zeichen integriert. Dadurch konnten die Landesgesellschaften auch optisch signalisieren, dass sie das Programm akzeptierten und zur Leitlinie ihres Verhaltens machten.

Anders als bei früheren Maßnahmen gingen wir beim »top«-Programm richtig an die Substanz und führten ein neues Reporting-System ein, das Transparenz in alle Bereiche des Unternehmens brachte. Denn auch durch noch so viele Restrukturierungsmaßnahmen kann man ein strukturell schlechtes Geschäft kaum verbessern. Deshalb musste man den Stand jedes einzelnen Geschäftsbereichs kennen und wissen, woher die Verluste und die Gewinne kamen.

In einem historisch gewachsenen Portfolio war aber vieles

Bayerischer Tennis-Jugendmeister (1959).

1992: das erste Jahr als Vorstandsvorsitzender von Siemens.

Mit Vorgänger Karlheinz Kaske bei der Stabübergabe am 1. Oktober 1992.

Auf der Rickmer Rickmers im Hamburger Hafen (1993).

Mit Queen Elizabeth II. bei der Eröffnung eines neuen Siemens-Werks für Mikrochips in North Tyneside (1997).

Bei der Ankündigung des Zehn-Punkte-Programms im Sommer 1998 in Den Haag.

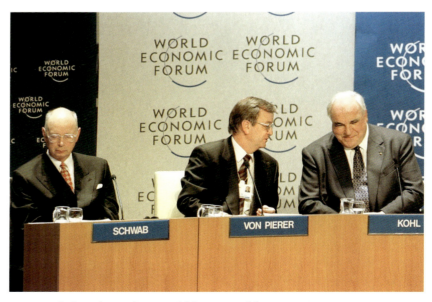

Mit Bundeskanzler Helmut Kohl beim World Economic Forum in Davos (1998).

Nach der Grundsteinlegung für eine neue medizintechnische Fabrik von Siemens in Erlangen wird mit dem Bundesfinanzminister Theo Waigel angestoßen (1998).

Verleihung der Ehrendoktorwürde der Katholischen Universität von Löwen durch den Rektor der Universität, André Oosterlinck (1998).

Shakehands mit dem chinesischen Premierminister Zhu Rongji während einer Fahrt im ICE (2000).

Bei der Verleihung des *Appeal of Conscience Award* 2001 in New York. In der Mitte der frühere amerikanische Außenminister Henry Kissinger.

2001 im amerikanischen Fernsehen anlässlich des Börsengangs.

Mit Bundeskanzler Gerhard Schröder im Dezember 2002 an Bord eines Luftwaffen-Airbus auf dem Flug nach China.

Die Konzernzentrale von Siemens am Wittelsbacherplatz in München, davor das Reiterdenkmal von Kurfürst Maximilian I. (2002).

2003 im Büro am Wittelsbacherplatz.

Bei einem Rundgang durch die Internet-City, dem neuen Hauptquartier von Siemens in Dubai. Mit dabei Bundeskanzler Gerhard Schröder (2003).

Nach der Übergabe des World Business Awards 2003 in Hamburg durch Michail Gorbatschow. Weitere Preisträger waren unter anderem Michael Douglas, Lech Wałęsa, Dietrich Grönemeyer und Karl Lagerfeld.

Am 15. April 2004 als bisher einziger Unternehmer vor dem UN-Sicher-heitsrat in New York.

Der nordrhein-westfälische Ministerpräsident Peer Steinbrück besichtigt im August 2004 das Siemens-Telefonwerk in Bocholt.

Der chinesische Ministerpräsident Wen Jiabao besucht am 3. Mai 2004 das Siemens-Gasturbinenwerk in Berlin und erhält als Gastgeschenk ein Turbinenmodell.

2004 beim Skifahren in der Schweiz.

Mit DFB-Präsident Gerhard Mayer-Vorfelder auf dem von Siemens gesponserten DFB-Technologieforum in München (2004).

Mit Altbundeskanzler Helmut Schmidt im Berliner Schloss Bellevue.

Verleihung der Ehrendoktorwürde der Technischen Universität Berlin (2004).

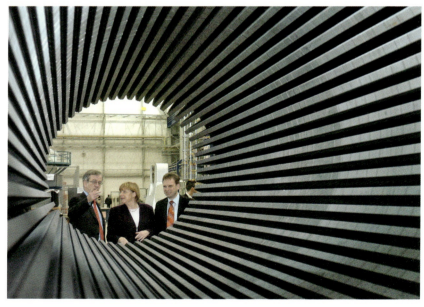

Die CDU-Vorsitzende Angela Merkel und Thüringens Ministerpräsident Dieter Althaus lassen sich bei einem Besuch des Siemens-Generatorenwerks in Erfurt im Januar 2005 die Bauweise eines Generators erklären.

Groß im Bild: während der Siemens-Hauptversammlung am 27. Januar 2005 in München, auf der Klaus Kleinfeld den Vorstandsvorsitz übernimmt.

Die Teilnehmer des Rates für Innovation und Wachstum versammeln sich am 24. Mai 2006 im Bundeskanzleramt um Bundeskanzlerin Angela Merkel und Bildungsministerin Annette Schavan.

Ehrenbürger von Singapur 2006.

unklar, manches Zuschussprojekt und manche Quersubvention liefen im Schatten eines glänzenden Geschäfts still und heimlich mit. Erst bei genauerem Hinsehen stellt sich manchmal heraus, dass das gute Geschäft in Wahrheit noch viel besser wäre, wenn es nicht eine lahme Ente im Gepäck hätte. Solange aber die Führungskräfte immer nur zusammengefasst über große Einheiten berichteten, fiel so etwas eben nicht auf.

Nun gab es jedoch ein fein ausgeklügeltes Berichts- und Kontrollinstrumentarium, das jeden Bereichsleiter zwang, bis auf die unteren Ebenen offenzulegen, welche Performance seine Geschäftsgebiete aufwiesen.

Auf diese Weise schälte sich deutlich heraus, welche Aktivität man besser aus dem Portfolio des Unternehmens herauslöste, damit sie das Gesamtergebnis nicht weiter schmälerte. Insofern hatte das 1993 gestartete »top«-Programm erst die Voraussetzungen dafür geschaffen, dass wir uns im Laufe der 1990er Jahre nach und nach von vielen kleineren und mittleren Geschäften trennen konnten, die zuvor mehr oder weniger unbemerkt die Siemens-Bilanz belastet hatten.

Die Umsetzung der Portfolio-Maßnahmen erhielt zusätzlichen Schwung, als der erst 45-jährige Heinz-Joachim Neubürger als neuer Finanzchef an Bord kam und der bisherige Finanzvorstand Karl-Hermann Baumann den Aufsichtsratsvorsitzenden Hermann Franz ablöste.

Heinz-Joachim Neubürger hatte ich Mitte der 1980er Jahre im Rahmen unseres Kernkraftwerkprojekts für die Türkei kennengelernt, wo er als Abteilungsleiter bei Morgan Guaranty, heute J. P. Morgan, die Finanzierung mitentwickelt hat – und zwar ausgesprochen kreativ und obendrein hundertprozentig verlässlich. Einige Zeit später war er in die Siemens-Finanzabteilung gewechselt, hatte die Abteilung Investor Relations aufgebaut und sich intern wie extern große Reputation verschafft.

Als sich seine Beförderung zum Finanzchef und damit zu meinem wichtigsten Kollegen im Vorstand abzeichnete, schlug ich vor, dass er wenigstens für kurze Zeit außerhalb der Finanzabteilung tätig werden sollte. Er wurde dann als kaufmännischer Leiter nach Indien geschickt, wo wir damals auch in einigen Turbulenzen steckten, weil wir uns übernommen hatten. Neubürger kam als ausgesprochener Indien-Fan nach München zurück. Hier begann er nun, gründlich aufzuräumen. Er unterzog die verschiedenen Sparten einem einheitlichen Bewertungssystem, mit einem unangenehmen Resultat: Plötzlich drohten wir – erstmals in der langen Geschichte von Siemens – das Jahr mit Verlust abzuschließen, und zwar einem gewaltigen Verlust!

Die Negativzahlen hatten sich allein für die Mikroelektronik auf 2,8 Milliarden DM summiert. Ein erheblicher Teil kam aus der Werksschließung in North Tyneside, der andere aus laufenden Verlusten, denn wieder einmal hatte der dramatische Preiseinbruch bei den sogenannten Speicherchips, den DRAMs, zu hohen Verlusten geführt. Auch die Medizintechnik war in den roten Zahlen.

Nur wenige Bereiche wie die Sparten Öffentliche Kommunikationsnetze, Passive Bauelemente und Röhren und die Automatisierungs- und Antriebstechnik waren noch wirklich lukrativ, so dass wir nur mit äußerster Anstrengung die Bilanzen in Ordnung bringen konnten.

Aus dem Unternehmen wurden Gebiete, die ohnehin nicht wirklich zu Siemens passten, zum Beispiel das Gebiet Kabelfernsehen, herausgelöst. Dieses Gebiet hatten wir in Österreich und der Schweiz aufgebaut, um unseren Kunden im Bereich Telekommunikation nicht nur Telefonanlagen, sondern auch Multimedialösungen anbieten zu können. Für Siemens war das eine vernachlässigbare Randaktivität, zugleich boomte aber das Telekommunikationsgeschäft, so dass sich verschiedene gerade entstandene Unternehmen in diesem Bereich darum rissen, uns diese Sparte abzukaufen. Der Preis, den wir dafür erhielten, war phänomenal.

In dieser Zeit haben wir auch den Bereich Sicherheitstechnik verkauft. Er beinhaltete zum Beispiel die Elektronik für Panzerabwehrsysteme, ein Gebiet, das im Wesentlichen auf Kommunikationstechnik basierte und das Siemens gut beherrschte. Als das führende deutsche Unternehmen auf dem Gebiet der Kommunikationstechnik waren wir eben auch an einschlägigen Militärprogrammen beteiligt, weswegen wir in der Öffentlichkeit oft attackiert worden sind. Ich persönlich habe mich immer, wie auch meine Vorgänger, schützend vor diesen Bereich gestellt: »Wenn unsere Söhne zur Bundeswehr gehen, dann sollen sie dort selbstverständlich mit den besten Systemen arbeiten!« Jedenfalls konnten wir diesen Bereich an den Daimler-Konzern profitabel abgeben.

Viel schwerer fiel uns der Verkauf des Kabelgeschäfts und dabei besonders des Kabelwerks in Berlin, nicht weil es dafür keine Käufer gegeben hätte, sondern weil dieses Werk eine so lange Tradition hatte. Im Februar 1898 war mit dem Bau des Werks im Berliner Westend begonnen worden, und bereits 1899 wurde dort die Fertigung aufgenommen. Das Datum der Inbetriebnahme gilt zugleich als Gründungsdatum der Berliner »Siemensstadt«, wie der Stadtteil im nördlichen Charlottenburg heute noch heißt. Später wurde das Werk mit dem moderneren Kabelwerk Berlin-Gartenfeld zusammengelegt und zu einem Entwicklungs- und Fertigungszentrum von Starkstromkabeln und -leitungen ausgebaut.

Jetzt, hundert Jahre nach der Grundsteinlegung, verkauften wir das Werk an die Mailänder Firma Pirelli, die damit zum weltgrößten Hersteller von Starkstromkabeln wurde. Pirelli ist mit dem Werk leider auch nicht glücklich geworden. Wenige Jahre später wurde dieser Standort erst auf die Hälfte der Mitarbeiter reduziert und 2002 ganz geschlossen. 2005 wurde die Kabelproduktion vollständig an die neu gegründete Firma Prysmian verkauft.

Insgesamt haben wir – über die Jahre – an die fünfzig kleinere und mittlere, zum Teil technologisch sehr anspruchsvolle, aber für Siemens wenig profitable Geschäfte abgegeben. Für das Unternehmen bedeuteten diese Verkäufe eine gewaltige Veränderung der Unternehmenskultur. Als ich Vorstandsvorsitzender wurde, war mir noch mit auf den Weg gegeben worden, meine vornehmste Aufgabe sei, das Unternehmen in seiner breiten Aufstellung zusammenzuhalten.

Doch wir hatten nicht nur Geschäfte aus dem Unternehmen herausgelöst, sondern uns auch durch Zukäufe verstärkt. Zum Beispiel hatten wir, wie bereits geschildert, die fossile Kraftwerkstechnik von Westinghouse und – etwas später – das Geschäft mit Industrieturbinen von Alstom übernommen. Auf dem Gebiet der Gebäudetechnik hatten wir uns durch die Übernahme des Industrieteils der schweizerischen Elektrowatt verstärkt, unseren Bereich Gebäudetechnik erweitert und erstmals den Sitz eines Bereichs im Ausland angesiedelt.

In der Medizintechnik hatten wir im kleinen Kreis mit den visionären Bereichsvorständen Erich Reinhardt und Hermann Requardt die Strategie der nächsten fünf bis zehn Jahre besprochen. Wir erwarben dann für unser Ultraschallgeschäft die renommierte amerikanische Firma Acuson, und wir waren überzeugt, dass man in den Krankenhäusern die Kosten senken und die Betreuung der Patienten verbessern könnte, wenn man die Prozesse in den Krankenhäusern optimieren und sie dann in neuen ganzheitlichen Datenverarbeitungssysteme abbilden würde. Also kauften wir den Marktführer in diesem Bereich, die US-Firma Shared Medical Services.

In der Automobiltechnik hatten wir zwar technologisch wie vertrieblich unter dem einsatzfreudigen und kämpferischen Franz Wressnig große Fortschritte gemacht. Aber erst als wir das Industriegeschäft von Atecs Mannesmann mit dem bekannten Automobilzulieferer VDO kauften, waren wir fast auf Augenhöhe mit unserem großen und bewunderten Konkurrenten Bosch angelangt.

Die Straffung des Portfolios einerseits und die vorgenommenen Verstärkungen andererseits waren die Voraussetzung für den Aufstieg des Unternehmens in den folgenden Jahren. Wir wussten: Nur dort, wo wir eine führende Wettbewerbsposition – nicht nur in Deutschland, sondern auf dem Weltmarkt – erreichten, würden wir auf Dauer bestehen können.

Ähnliche Programme wie das von uns eingeführte »top«-Programm gab es auch in anderen Unternehmen. Bei ABB – unserem wichtigsten Konkurrenten in der Energiesparte – hieß es »Custumer-Focus-Programm«. Deren charismatischer CEO Percy Barnevik, den die Presse als »Mann, der niemals lacht« betitelte, hat dieses Programm wunderbar in der Öffentlichkeit verkauft und ist damit zum Managementidol avanciert. Die Medien feierten ihn als »Pionier der Globalisierung«, weil er 1987 eine der ersten länderübergreifenden Großfusionen der bisherigen Wettbewerber ASEA aus Schweden mit dem Schweizer Elektrokonzern Brown Boveri & Cie (BBC) zur ABB erfolgreich abgewickelt hatte. Die Verschmelzung der Konzerne in einem mehrjährigen Prozess galt als vorbildlich.

Damals wurde manches Mal der Vergleich mit Barnevik gezogen. Immerhin war durch den Zusammenschluss zu ABB mit ihren vier Sparten (Kraftwerke, Stromübertragung und -verteilung, Industrieausrüstungen) für Siemens ein harter Konkurrent im weltweiten Wettbewerb entstanden. ABB gehörte fortan zu den wichtigsten Konzernen der klassischen Elektrotechnik und war führend im Elektroanlagenbau. Mir wurde sogar einmal zugetragen, man hätte sich in den Vorstandssitzungen bei ABB über Siemens lustig gemacht, nach dem Motto: »Die haben wir längst in der Tasche.«

Später geriet ABB in eine existenzbedrohende Krise. Bei einer vielleicht allzu schnell vorangetriebenen Akquisition in den USA auf dem Gebiet von Dampfkesseln für den Kraftwerksbau hatte man übersehen, sich gegen Asbestschäden abzusichern. Asbestopfer klagten nun Schadensersatzforderungen bei ABB ein. Außerdem waren nicht ausreichend erprobte Gasturbinen in größerer Zahl in den Markt gebracht worden, was verheerende wirtschaftliche Folgen hatte, und auch an anderer Stelle knirschte es im Gebälk. Barnevik schied im November 2001 vorzeitig aus der Unternehmensleitung von ABB aus. Die Höhe seiner Abfindung erregte noch lange die Gemüter.

Das »top«-Programm bei Siemens verursachte keinen so großen Wirbel, verlief aber umso effektiver. In anderen Unternehmen wurde im Zuge solcher Reorganisationsprogramme mit hartem Besen gekehrt. Große Teile der Belegschaft wurden ausgewechselt oder gar entlassen. Das wollten wir im Vorstand nicht. Deswegen war es wichtig, die Mitarbeiter von Anfang an in die Veränderungsprozesse einzubinden und sie mit eigenen Vorschlägen aktiv werden zu lassen.

Der Wandel der Unternehmenskultur konnte nur im Schulterschluss mit der Belegschaft gelingen. Deshalb suchte der damalige Personalchef Gerhard Kühne frühzeitig den Kontakt zum Gesamtbetriebsrat und schloss zu »top« eine förmliche Betriebsvereinbarung ab. Das war weitsichtig: Denn der Betriebsrat war fast schneller vom Nutzen des »top«-Programms überzeugt als das Management, weil wir von Anfang an klarstellen konnten, dass es sich bei »top« nicht um ein Personalabbauprogramm handelte.

Produktivität kann man am einfachsten steigern, indem man die Mitarbeiterzahl reduziert und die Restbelegschaft dazu bringt, denselben Output zu liefern wie vorher. So funktionieren die Sanierungsrechnungen mancher Unternehmensberater: Man dividiere die angestrebte Kosteneinsparungen von x Millionen durch das Einkommen der Mitarbeiter, das ergibt die Zahl der Köpfe, die rollen müssen.

Doch ein solches Vorgehen erschien uns bei Siemens nicht

zielführend, weil derartige Sanierungsmodelle ökonomisch sehr kurz gedacht sind. Ein gesundes Unternehmen will wachsen und gedeihen. Maßnahmen zur Produktivitätssteigerung sollten deswegen immer auch mit solchen zur Beschleunigung von Innovationen und mit Investitionen zur Umsatz- und Ertragssteigerung verbunden werden. Außerdem haben wir in der Tradition von Werner von Siemens immer versucht, auch in schwierigen Zeiten möglichst schonend mit den Mitarbeitern umzugehen. Es hat mich immer gestört, wenn in Sonntagsreden von den Mitarbeitern als wichtigster Ressource der Unternehmen die Rede war und dann schon am Montag ganz anders gehandelt wurde. Diese grundsätzliche Einstellung war dem Betriebsrat gut zu vermitteln. Es war unvermeidlich, dass sich im Zuge des Veränderungsprozesses auch herausstellen würde, an welcher Stelle mehr Personal als nötig vorhanden war. Aber solche Problemfälle frühzeitig zu erkennen und ihnen durch langfristige Maßnahmen zu begegnen, ist immer besser, als auf einen Schlag Tausende von Mitarbeitern freisetzen zu müssen, weil man auf Veränderungen nicht rechtzeitig reagiert hat.

Im Mittelpunkt unserer Bemühungen stand immer das Ziel, die vielen Mitarbeiter in Lohn und Brot zu halten, indem wir sie motivierten, sich voll einzubringen und durch neue Produkte neue Märkte zu erschließen.

Schon dass der Betriebsrat das Programm von Anfang an unterstützte, war durchaus nicht selbstverständlich. Aber es ging sogar noch weiter. Als es an der einen oder anderen Stelle Kritik gab, begreiflicherweise auch von solchen, die trotz aller gegenteiligen Bemühungen ihren Arbeitsplatz bedroht sahen, stellte sich der stellvertretende Aufsichtsratsvorsitzende und Vorsitzende des Gesamtbetriebsrats Alfons Graf vor das Programm und prägte den markanten Ausspruch:»Ohne ›top‹ wären wir tot!« Das stand im eklatanten Gegensatz zu denen, die das»top«-Programm als bloßen Aktionismus abtaten, weil sie auf einer Siemens-Veranstaltung einmal zu viele Fahnen mit dem »top«-Symbol gesehen hatten.

Das »top«-Programm hat viel bewegt. Durch die konsequente Betrachtung der gesamten Wertschöpfungskette vom Kunden bis zum Lieferanten konnten Ablaufprozesse optimiert, die Qualität verbessert und die Kosten nachhaltig gesenkt werden. Für einige Zeit erreichten die Produktivitätsfortschritte zweistellige Zuwachsraten.

Als Siemens-Chef hatte ich die Devise ausgegeben, aus einem unbeweglichen Großtanker eine Flotte von Schnellbooten zu machen, also kleinere Einheiten zu schaffen, mit eigenen Ressourcen, größerem Entscheidungsspielraum und der Fähigkeit, schnell auf Veränderungen im Markt zu reagieren. Die Führungskräfte sollten sich wie Unternehmer verhalten, Verantwortung übernehmen und ihre Mitarbeiter stärker in die Meinungsbildung einbeziehen. Die angestrebten Veränderungen waren im Sinne aller Beteiligten.

Aber es wäre nicht ganz redlich zu behaupten, dass die »top«-Aktion ganz reibungslos ablief. Natürlich gab es Widerstände, die wir nicht immer schnell und konsequent genug beseitigen konnten, und so ging bisweilen wertvolle Zeit verloren.

Ein englisches Sprichwort besagt: »Die Einzigen, die Veränderungen mögen, sind Babys in nassen Windeln.« Veränderungen, selbst wenn ihre Notwendigkeit klar auf der Hand liegt, sind keine Selbstläufer. So war es auch bei Siemens. Es war nicht einfach, den Veränderungsprozess schnell genug auf Tempo zu bringen.

Das wurde auch außerhalb von Siemens wahrgenommen. Ich erinnere mich, wie Christian Strenger, damals Sprecher der Fondsgesellschaft DWS, sich auf der Hauptversammlung zu Wort meldete. Zunächst ging es mit ziemlich heftigen Worten darum, dass unsere Siemens-Anzeigenkampagne in Großbritannien und den USA nicht korrekt sei. Der Slogan lautete:

»We can do that.« Christian Strenger wies darauf hin, dass dieses Motto zu unverbindlich sei und es besser wäre zu sagen: »We will do that!«

Für diesen Beitrag gab es auf der Hauptversammlung Riesenbeifall. Mir war die Sache keinen großen Streit wert, darum habe ich nur halbherzig darauf verwiesen, dass die Kampagne von Amerikanern gemacht worden sei: »Die werden schon wissen, wie sie sich richtig ausdrücken.«

Aber dann trat Christian Strenger noch vehementer auf. Sinngemäß sagte er, ich solle nicht immer über die Flotte von vielen Schnellbooten statt des einen Großtankers reden, denn die Schnellboote seien gar nicht hochseefähig. »Die müssen Sie versenken!«, rief er. Wiederum Riesenbeifall.

Das war unangenehm, die Stimmung unter den zehntausend Teilnehmern war gereizt, aber das wollte ich nun doch nicht unwidersprochen lassen. Als er seinen Redebeitrag abgeschlossen hatte, antwortete ich sehr nachdrücklich: »Wissen Sie, Sie können leicht reden über die Schnellboote. Aber überall in den Schnellbooten sitzen Menschen, und zwar viele Menschen. Deshalb werden wir die Schnellboote auch nicht versenken, sondern schauen, dass sie hochseetüchtig werden!« Darauf habe ich dann mindestens so viel Beifall bekommen wie er kurz zuvor.

Nicht nur die Aktionäre zeigten sich ungeduldig, auch von anderer Seite wurden die kritischen Stimmen immer lauter. Eines Tages wies mich Herbert Henzler, der damalige Deutschland-Chef der amerikanischen Unternehmensberatung McKinsey, freundschaftlich, aber deutlich darauf hin, dass in Bankenkreisen über meine Ablösung spekuliert werde. Ob ich das denn wüsste. Das wusste ich natürlich nicht.

Jetzt war rasches Handeln angesagt. Also rief ich sogleich einen prominenten Banker an und fragte ihn, ob etwas an dem Gerücht stimme. Auch dieser Banker war ein guter und verlässlicher Freund. Er wollte sich sogleich der Sache annehmen.

Selbstverständlich hat mich das ungleich mehr aufgeregt als manche spöttische Bemerkung, die ich damals in den Zeitungen über mich las. Denn den Journalisten und der breiten Öffentlichkeit stehen nur begrenzte Informationen zur Verfügung, sie fällen ihre Urteile also immer ein wenig im Nebel. In Bankenkreisen hätte man jedoch durchaus wissen können, welche Maßnahmen wir in den letzten Jahren auf den Weg gebracht und erfolgreich durchgeführt hatten. Darum durfte eigentlich bekannt sein, dass wir inzwischen auf einem guten, ja, sehr guten Weg waren und dass die Ergebnisse jetzt Stück für Stück deutlich besser würden. So viel Zeit müsste man einem derart großen Unternehmen schon geben, sich völlig umzustrukturieren – nicht nur in der Organisation, sondern in der gesamten Unternehmenskultur!

Eine Woche später rief mein Freund aus der Bankenszene zurück und berichtete, dass die Gerüchte nicht aus der Luft gegriffen gewesen seien, dass sich die Lage aber wieder beruhigt habe. Offenbar hatte er dazu seinen Beitrag geleistet.

Trotz aller Fortschritte, die wir machten, war im Sommer 1998 klar, dass es so nicht weitergehen konnte. Allen »top«-Maßnahmen und allen Verbesserungen zum Trotz kamen wir einfach nicht entscheidend voran. Bei den vielen innerbetrieblichen Baustellen, auf denen wir arbeiteten, wurde man das Gefühl nicht los, dass alles Geld, das auf der einen Seite verdient wird, auf der anderen Seite wieder verlorengeht.

Der Druck von außen war gewaltig. Ich musste dem etwas entgegensetzen – weniger ein neues Maßnahmenpaket oder ein neues Programm, sondern eher ein starkes Symbol. Denn ich wusste, dass wir alles Notwendige bereits eingeleitet hatten – es fehlte aber an der überzeugenden Darstellung nach innen und nach außen. Mit unseren Ankündigungen und Prognosen hatten wir in den letzten Jahren zu oft danebengelegen. Um unsere Glaubwürdigkeit war es nicht zum Besten bestellt. Das betraf auch mich als Person.

Ich setzte mich also hin – es war Donnerstagnachmittag, der 9. Juli 1998 – und schrieb Punkt für Punkt auf, was derzeit zu tun sei. Es war eine Mischung aus Dingen, die ohnehin gemacht werden mussten oder schon längst auf den Weg gebracht waren, und ein paar neuen Ideen. Diese Liste gab ich am nächsten Morgen meinem Pressereferenten Eberhard Posner: »Machen Sie mir daraus bitte möglichst schnell zehn griffige Punkte! Zehn Gebote gibt es auch in der Bibel, zehn Punkte hat Bundeskanzler Kohl aufgelistet, zehn ist einfach eine gute Zahl. Die Sache muss übersichtlich und transparent bleiben.«
Am Sonntag hatte ich das Fax auf dem Tisch. Ich musste nur noch wenige Kleinigkeiten ändern, zwei, drei Worte vielleicht, ein paar Sätze, aber die Sache saß. Am Montagfrüh bin ich damit in die Sitzung des Zentralvorstands gegangen, am Dienstag in die des Gesamtvorstands, am Mittwoch tagte der Aufsichtsrat in Den Haag – und überall habe ich das Zehn-Punkte-Programm präsentiert.

Nicht ein Jota wurde an dem Text geändert. Alle waren davon angetan. Es war ein geglückter Befreiungsschlag. Besonders bestätigt fühlte ich mich, als der damalige Vorstandssprecher der Deutschen Bank, Rolf Breuer, bei der Aufsichtsratssitzung in Den Haag zu mir sagte: »Nun, wenn Sie das richtig durchziehen, könnte Ihr Aktienkurs 8 bis 10 Prozent hochgehen!«

Innerlich habe ich dabei den Kopf geschüttelt: 8 bis 10 Prozent, das kann doch gar nicht sein. Der Siemens-Kurs war in letzter Zeit immer unterhalb des DAX-Index herumgedümpelt; wegen eines Stücks Papier würde sich das doch nicht so erheblich verändern. Aber ich freute mich natürlich, dass ich mit meiner Vorgehensweise auch im Aufsichtsrat so viel Bestätigung bekam.

Am Donnerstag folgte die Sommerpressekonferenz des Konzerns, dieses Mal im Steigenberger Kurhaus Hotel im niederländischen Seebad Scheveningen. Wieder musste ich eine

Menge unbefriedigender Zahlen und eine nach unten revidierte Prognose abgeben, aber bevor ich die Fragerunde einläutete, ließ ich noch mein Thesenpapier mit dem Titel »Zehn-Punkte-Programm« verteilen und erläuterte es kurz. Die Journalisten waren begeistert.

»Ein Umbauplan, wie es ihn in der Siemens-Geschichte noch nicht gegeben hat«, schrieb die *FAZ* später beeindruckt. »Unprofitable Unternehmensbereiche müssen Gewinn machen. Oder sie werden verkauft. So radikal hat man bei Siemens noch nie gedacht.«

Das Zehn-Punkte-Programm wirkte wie ein Urknall, nicht zuletzt weil man so schöne Storys darüber schreiben konnte. Die Nachricht sprach sich herum wie ein Lauffeuer.

Als ich nachmittags im Computer einen Blick auf die Börsenkurse warf, konnte ich kaum glauben, was ich sah: Der Kurs der Siemens-Papiere stieg und stieg. Am Ende des Tages lag das Plus bei mehr als 17 Prozent. Absoluter Rekord! Die aus meiner Sicht wagemutige Prognose von Rolf Breuer war noch weit übertroffen worden.

Aber was stand denn nun so Aufregendes wirklich in dem Papier? Es ging um zahlreiche Einzelmaßnahmen, aber auch grundsätzliche Veränderungen. Sie betrafen drei Ebenen:

1. Aktive Portfoliopolitik. Die Portfoliopolitik von Siemens stand immer wieder in der Kritik – übrigens auch später noch. Finanzanalysten und Investoren bezeichneten Siemens als Gemischtwarenladen und verlangten eine stärkere Fokussierung auf das »Kerngeschäft«. Dabei forderten sie auch vehement den Verkauf von solchen Unternehmenssparten, die wir – im Nachhinein zum Glück – trotz aller Kritik nicht alle abgaben. Sehr klar hatte ich jedoch die Devise ausgegeben, dass auf Dauer nur solche Aktivitäten bei Siemens bleiben sollten, die eine Chance hätten, im globalen Wettbewerb eine führende Marktposition einzunehmen, am besten Nummer eins oder

zwei. Wenn das aus eigener Kraft oder auch durch Zukäufe nicht möglich war, dann galt die Devise »Cooperate, sell or close«.

2. Aus »top« wurde »top+«, mit dem Motto »Klare Ziele, konkrete Maßnahmen, eindeutige Konsequenzen«. Dadurch bekamen die im Unternehmen eingesetzten Managementwerkzeuge eine noch größere Verbindlichkeit. Im Berichts- und Kontrollprozess wurde nun das Prinzip des »Economic value added« (EVA, auf Deutsch »Geschäftswertbeitrag«) eingeführt, das bedeutet: Eine Aktivität ist nur dann erfolgreich, wenn dabei mindestens die Kosten für das im Geschäft eingesetzte Kapital erwirtschaftet werden.

3. Veränderung der Finanzpublizität. Es war zu diesem Zeitpunkt bereits klar, dass die Siemens AG für das Frühjahr 2001 den Börsengang an der New York Stock Exchange anstrebte. Von dem Börsengang erhofften wir uns größeren Spielraum für Akquisitionen im amerikanischen Raum, die oftmals in Form von Aktientausch abgewickelt wurden. Dafür musste das Rechnungswesen auf den amerikanischen Standard US-GAAP umgestellt werden. Das würde eine weltweite Vergleichbarkeit der Bilanz und noch mehr Transparenz bringen.

Dass das Zehn-Punkte-Programm von den Medien und den Kapitalmärkten derart euphorisch aufgenommen wurde, lag nicht unbedingt daran, dass darin wirklich grundlegende Neuerungen verankert wurden. Es waren die veränderte Kommunikation, das neue Auftreten des Unternehmens, die überzeugend demonstrierte Ernsthaftigkeit, die den Stimmungsumschwung auslösten. Von Eberhard Posner stammte die zündende Idee, bei jeder externen wie internen Darstellung den jeweils erreichten Erfüllungsgrad der Maßnahmen darzustellen. Deswegen gab es hinter jedem Punkt des Programms ein Kästchen, in dem vermerkt wurde, zu welchen Anteilen eine Aufgabe abgearbeitet war. »Seeing is believing«, so heißt es. Jetzt konnte man den Fortschritt sehen, und man glaubte uns.

In der Rückschau kommt es manchem so vor, als sei Siemens fast über Nacht »vom verschlafenen Hoflieferanten und verkrusteten Beamtenladen zum dynamischen Zukunftswert« mutiert, wie es die Zeitschrift *Cicero* einmal formulierte. Tatsächlich dauerte es etwas länger, bis die veröffentlichte Meinung nachvollzog, was sich intern schon länger andeutete: Siemens war ein Hightech-Unternehmen, das mit modernstem Portfoliomanagement geführt wurde.

Denn das Bündel von Maßnahmen, das mit dem Zehn-Punkte-Programm ein derartiges Echo ausgelöst hatte, musste nach wie vor erst greifen, um zu sichtbaren Erfolgen zu führen. Bei der darauffolgenden Hauptversammlung im Januar 1999 mussten wir immer noch unbefriedigende Zahlen präsentieren und die massive Schelte der Aktionärsvertreter aushalten.

Allerdings konnte ich den Aktionären sehr plausibel erklären, dass das vergangene Geschäftsjahr 1997/98 ein Jahr des Übergangs gewesen sei und wir im laufenden neuen Geschäftsjahr bereits auf gutem Weg waren. Umsatz und Ertrag wuchsen zweistellig, die Ergebnisse des ersten Quartals bewiesen das. Ich betonte, dass der Umbau des Konzerns zwar noch lange nicht abgeschlossen sei, wir aber den »Point of no return« überschritten hätten und dass am Ende des Weges »ein anderes Unternehmen« stehen werde.

Nicht jeder hat mir geglaubt, dass wir unser Vorhaben – überzeugendes Portfolio, konsequent an der Steigerung des Unternehmenswertes orientierte Entscheidungen und weltweit führende Marktstellung in allen Geschäftsbereichen – würden durchsetzen können. Doch die Trendwende war eingeläutet.

Im Geschäftsjahr 1999/2000 erzielte das Unternehmen erstmals einen insgesamt positiven Geschäftswertbeitrag – ein Jahr früher als geplant. Weil dies Anfang 2000 schon absehbar

war, trat Daniela Bergdolt wieder auf die Bühne der Hauptversammlung: »Ich möchte heute ausdrücklich auf meine Bemerkung vom letzten Jahr Bezug nehmen: ›Halten Sie das Ruder
fest in der Hand – und bleiben Sie auf der Brücke!‹« Und genau
wie ein Jahr zuvor, als sie meinen Verbleib auf der Brücke in
Frage gestellt hatte, gab es auch jetzt wieder von zehntausend
Menschen riesigen Beifall.

Im Nachhinein kann man fragen, ob wir immer entschlossen und konsequent genug vorgegangen sind. Ob wir wirklich
die Vorgabe der Globalisierung nach »Speed, speed, speed«
ausreichend beherzigt haben. Wir erlebten, dass den einen die
Veränderungen zu schnell und zu weit, anderen jedoch nicht
schnell und nicht weit genug gingen. Aber Widerstände werden geringer, wenn man klare Ziele kommuniziert und konkrete, transparente Maßnahmen ergreift. In der Summe glaube
ich, dass wir mit unserem Veränderungstempo bei Siemens
nicht vollkommen danebenlagen. Es war uns immer auch ein
Anliegen, die Menschen mitzunehmen und, soweit es ging,
schonend zu behandeln. So manches Unternehmen, das damals in Windeseile und getreu den Empfehlungen von Investmentbankern und Analysten umgebaut wurde, ist heute vom
Markt verschwunden. Siemens hingegen ist nach wie vor ein
solides und überaus erfolgreiches Industrieunternehmen, das
sich – manchem Sturm und mancher Flaute zum Trotz – auf
dem Ozean der Weltwirtschaft sehr gut behauptet, eben mit
einer Flotte von Schnellbooten.

Führungskultur und
Management-Werte

Wenn der Aktienkurs den inneren Wert eines Unternehmens nicht adäquat widerspiegelt, schlägt die Stunde einer speziellen Sorte Finanzinvestoren: der Raider. Sie werden wach, wenn die Summe der einzelnen Teile des Unternehmens mehr wert ist, als das Unternehmen insgesamt an der Börse auf die Waage bringt. In einer solchen Situation kann es attraktiv sein, das Unternehmen aufzukaufen und blitzschnell in seine Einzelteile zu zerlegen, um sie Stück für Stück mit – wenn man nur rücksichtslos genug vorgeht – großem Gewinn zu verkaufen.

Auch bei Siemens gab es angesichts des niedrigen Aktienkurses immer wieder Spekulationen, uns könne ein solches Schicksal treffen. Was wäre, wenn sich mehrere Private-Equity-Firmen zusammentun und sich später die Beute teilen? Oder könnte gar die amerikanische General Electric, zeitweise das wertvollste Unternehmen der Welt, trotz absehbarer Probleme mit dem Kartellamt zu einer solchen Aktion Lust verspüren?

Doch auch sonst wurde Siemens permanent mit General Electric verglichen – und logischerweise auch die beiden Vorstandsvorsitzenden. Fast schablonenhaft legte man dabei die Silhouetten von dem amerikanischen CEO Jack Welch und mir, dem deutschen Vorstandsvorsitzenden, übereinander – und oftmals zog ich dabei den Kürzeren.

Journalisten unterstellten mir deswegen, ich würde in Jack Welch einen »Erzrivalen« *(Focus)* sehen. Das war übertrieben.

Zum einen wurden dabei Äpfel mit Birnen verglichen. Zum anderen habe ich die Leistung von Jack Welch immer sehr bewundert.

Als Welch 1981 den Posten als Chairman übernahm, machte General Electric einen Umsatz von 27,2 Milliarden Dollar und einen Reingewinn von 1,6 Milliarden Dollar. Achtzehn Jahre später, 1999, hatte sich der Umsatz auf 111,6 Milliarden Dollar vervierfacht und der Reingewinn auf 10,7 Milliarden Dollar mehr als versechsfacht. 2001 erreichte GE als damals am höchsten bewertetes Unternehmen der Welt eine Börsenkapitalisierung in einer Größenordnung von 500 Milliarden Dollar. Auf diesem Höhepunkt seines Erfolgs zog sich Jack Welch zurück und gründete ein Beraterbüro.

Die Börse dankte dem GE-Chef für seine oft rigorosen Managementmethoden. Er galt als die Verkörperung des Prinzips »Shareholder Value« – der Ausrichtung auf die Interessen der Aktionäre.

Mischkonzerne wie General Electric oder eben auch Siemens wurden in der Regel von Investmentbankern und Analysten kritisch betrachtet, weil man fürchtete, dass Verluste in einer Division durch Gewinne in einer anderen ausgeglichen und damit verschleiert würden. Solche Quersubventionen würden dem Management den Druck nehmen, die entsprechenden Geschäfte zu sanieren oder das Portfolio zu bereinigen. Deshalb forderte die Finanzwelt immer dazu auf, die Aktivitäten auf das Kerngeschäft zu reduzieren und alles andere abzustoßen. Jack Welch tat das Gegenteil.

Zwar hatte er das Konglomerat – er selbst sprach lieber vom »Multi-Businesses« – in den 1980er Jahren auf die Kernkompetenz Elektrotechnik getrimmt, aber das war natürlich immer noch ein weites Feld. In den 1990er Jahren erweiterte er zudem das klassische Industriegeschäft durch Dienstleistungen, von Spezialfinanzierungen über ein breites Service- und Wartungsgeschäft bis hin zu IT-Dienstleistungen. Sogar ein

Internet-Nachrichtendienst und ein Fernsehsender (CNBC) gehörten zu GE. Gleichzeitig begann Welch wie alle Manager von Großkonzernen zu jener Zeit, das bislang vorrangig nationale Geschäft global auszubauen; er kaufte allein in Europa für fast 30 Milliarden Dollar mehr als hundert Geschäftseinheiten hinzu.

Parallel startete er 1995 mit geradezu obsessiver Energie unter dem Namen »Six Sigma« eine Qualitätsoffensive, deren Idee allerdings keineswegs neu war. Unter anderen Namen, etwa »Total Quality Management« oder »Null-Fehler-Produktion«, waren ähnliche Konzepte weit verbreitet. Toyota hatte in den 1980er Jahren die Methoden des »Lean Management« konzipiert, Motorola im selben Zeitraum »Six Sigma« erfunden.

Welch verfolgte das Programm jedoch mit eiserner Härte und sorgte für eine schnelle und konsequente Umsetzung – um jeden Preis. Ich fragte ihn einmal, inwiefern sich »Six Sigma« bei GE von dem ursprünglichen »Six Sigma«-Konzept des Erfinders Motorola unterscheide. Er antwortete, GE habe in das eher qualitative Vorgehen von Motorola die Verbindung zur »Bottom line«, also zur Ergebnislinie, geschafft. Das sei der Durchbruch gewesen. Das konnte ich gut verstehen, denn genauso haben wir – zugegeben erst in einem zweiten Anlauf unter Günter Wilhelm und dann Klaus Wucherer – unser »top«-Programm korrigiert.

GE galt zwar nunmehr als die »profitabelste Firma der Welt«, doch beim Umbau des Konzerns ließ Welch die Belegschaft kräftig schrumpfen. In seiner Amtszeit hatte sich die Mitarbeiterzahl von 410 000 auf 315 000 reduziert. Das trug ihm den wenig schmeichelhaften Spitznamen »Neutronen-Jack« ein, weil er wie eine Neutronenbombe durch die Fabriken ginge: Die Menschen verschwanden, nur die Mauern und Maschinen blieben stehen. Ehrlich gesagt, das war kein Titel, den ein deutscher Manager anstreben sollte.

Auch die klare Ansage, die er einmal auf eine entsprechende Frage hin zu seinem Verhältnis zur Regierung gemacht haben soll, könnte man auf deutsche Verhältnisse nicht übertragen: »Get out of my way«, soll er gesagt haben. Ob das wirklich wahr ist? Es ranken sich viele Legenden um den Mann, der nach seiner Pensionierung bei GE als der »Manager des Jahrhunderts« gefeiert wurde.

Im Herbst 2000 war ich einmal mit meinem Kommunikationschef Eberhard Posner und dem damaligen Chef der englischen Siemens-Landeszentrale Jürgen Gehrels zu einem Lunch mit dem Chefredakteur der *Financial Times*, Andrew Gowers, und einem guten Dutzend ausgewählter Redakteure in London eingeladen. Die *Financial Times* ist die Finanzzeitung schlechthin, die an den Börsen, in den Banken und den diversen Bewertungshäusern mit großem Eifer gelesen wird. Was darin steht, verändert in jedem Fall die Tischgespräche in den Börsenkantinen und eventuell sogar den Aktienkurs eines Unternehmens. Deswegen war eine solche Einladung nicht nur eine Ehre, sondern auch eine gewisse Herausforderung.

Zum Essen, das übrigens viel besser war, als viele sich die englische Küche vorstellen, bin ich allerdings kaum gekommen, weil ich Auskunft auf die vielen Fragen geben musste, die mir von den Redakteuren mit großem Sachverstand gestellt wurden. Einige Redakteure sagten nichts, sondern beobachteten mich nur die ganze Zeit, beispielsweise der Kolumnist der legendären »Lex Column«, jener täglichen Kolumne in der *Financial Times*, die schon seit Jahrzehnten Tag für Tag beeinflusst, welche Themen und Meinungen in den Wirtschafts- und Finanzkreisen rund um den Globus diskutiert werden. Kaum eine journalistische Textform genießt solche Anerkennung; viele »Lex Column«-Autoren machten später Karriere in Politik und Wirtschaft.

Nachdem ich alle Fragen sehr gründlich beantwortet und das Gespräch einen positiven Verlauf genommen hatte, wagte ich am Ende einen ungewöhnlichen Vorstoß:»Ich weiß, ich bin hier, um Ihre Fragen zu beantworten, aber darf auch ich Ihnen eine Frage stellen?« Natürlich durfte ich. Alle schauten mich sehr gespannt an.

»Ich bin ja ein großer England-Fan«, hob ich an und erklärte den Redakteuren, dass ich bereits das Wochenende mit meiner Frau in Combe, einem Ort westlich von London, verbracht hätte. Wir hätten ein Hotelzimmer gehabt, das als Suite deklariert worden war, mit einer Badewanne mitten im Zimmer und sehr gemütlich. Dann sei ich zu einem Dinner ins Hotel gegangen, in dem lauter junge Leute zu Gast waren. Beides hatte ich auch deshalb in Erinnerung, weil mir und meiner Frau der Preis extrem hoch vorgekommen sei, was aber für die jungen Leute offenbar kein Problem gewesen sei. Am Sonntag, so erzählte ich weiter, sei ich abends nach London zurückgekehrt und hätte in einem kleinen italienischen Lokal mein Lieblingsessen bestellt, Spaghetti Napoli. In Deutschland hätte man damals für dieses einfache Gericht in einem vergleichbaren Lokal vielleicht 7 DM bezahlt. In London hatte das 9 Pfund gekostet, etwa 27 DM.

Die Redakteure wunderten sich, warum ich ihnen derart detailliert meine persönliche Abrechnung auftischte, aber nun kam ich zum entscheidenden Punkt:»Zurück ins Hotel bin ich nicht mit dem Taxi gefahren, sondern zu Fuß gegangen. Und da musste ich über lauter Obdachlose steigen, die am Boden lagen und im Freien übernachteten.« Die Redakteure starrten mich an, worauf wollte ich hinaus? Jetzt stellte ich meine Frage:»What do you think about the social coherence in your country?«

Die Frage schlug ein wie eine Bombe. Volltreffer. Die erstaunten Gesichter sprachen für sich. Es wurde dazu nicht mehr viel gesagt, wenige Minuten später war das Gespräch zu Ende.

Die Antwort bekam ich einige Zeit später in schriftlicher Form. Am 27. November 2000 prangte eine mehrspaltige

Überschrift in der *Financial Times*, die sofort ins Auge sprang: »A Pragmatic Capitalist and Social Romantic«. Großartig. Aber aus englischer Sicht vielleicht ein wenig vergiftet. Für mich war es eine der schönsten Charakterisierungen, die ich je erhalten habe.

Die amerikanische Börse feierte Welch als Wirtschaftshelden; und die deutsche Finanzwelt rief nach vergleichbaren Ergebnissen und Methoden hierzulande. Immerhin wurde GE zu dieser Zeit an der Wall Street ungefähr mit dem Vierzigfachen ihres Jahresgewinns bewertet.

Der vielbewunderten GE gelang es immer wieder, das während des Jahres vorausgesagte Ergebnis noch ein klein wenig zu toppen und von der Finanzwelt dafür gepriesen zu werden. Auch davon waren wir meilenweit entfernt. Allerdings hatte die GE für ihre Bilanzen auch ganz andere Spielräume. Zum einen gab es einen wohl mehr als gut dotierten, um nicht zu sagen riesigen Pensionsfonds, aus dem bei Bedarf – ganz legal – auch Ausschüttungen ins Betriebsergebnis vorgenommen werden konnten. Zum andern ließen sich Schwankungen auch recht einfach dadurch ausgleichen, dass man stille Reserven aus dem großen Finanzgeschäft der GE ergebniswirksam mobilisierte. Später, als die Bilanzierungsregeln immer stringenter wurden, musste die GE dann doch an einigen Stellen die vorher schier unbegreiflich hoch ausgewiesenen Margen für einzelne Geschäfte nach unten korrigieren.

Derlei war aber unseren Kritikern, die uns gern die Erfolgszahlen der GE zum Vergleich präsentierten, nur schwer zu vermitteln. Leider musste man, unabhängig von den – legalen – Kunstgriffen der Finanzmanager, neidvoll anerkennen, dass GE einfach gute Arbeit leistete. Jack Welch hatte gezeigt, welche massiven Veränderungen in einem Unternehmen möglich waren, wenn man nur wollte und konsequent genug vorging. Die Teile des GE-Geschäftsberichts, in denen das Vorgehen der GE beschrieben wurde, galten unter Betriebswirten geradezu als Lehrbuch für gutes Management. Oft kopiert, aber selten erreicht. Den Spitznamen »Neutronen-Jack« empfand Welch lange Zeit deswegen als Kompliment. Nach seinem Ausscheiden bei GE sagte der große Mann sogar einmal: »Weißt du, wenn ich etwas anders machen würde, würde ich noch schneller und rigoroser handeln.«

Das mag nur ein starker Spruch gewesen sein, aber so manchen seiner Sprüche hat Welch in aller Rigidität in die Tat umgesetzt, etwa seine »Bottom-Ten«-Regel, auch »20–70–10-Regel« genannt. Demnach gehören 20 Prozent der Mitarbeiter eines Unternehmens zu den Leistungsträgern der A-Kategorie, die man mit hohen Gehältern und großer Anerkennung unbedingt ans Unternehmen binden sollte. 70 Prozent der Belegschaft gehören zur großen Gruppe der B-Kategorie, die man kontinuierlich hegen und pflegen, aber nicht über die Maßen verhätscheln sollte. Die übrigen 10 Prozent der Mitarbeiter sind die leistungsschwächsten C-Leute, auf die man besser verzichtet – selbst in guten Zeiten. Denn diese untersten 10 Prozent gibt es immer. Die Starken fördern und die Schwachen aussieben, das war Welchs Management-Maxime.

Im Prinzip ist es sicher richtig, dass man absolute Minderleistung in einem Unternehmen nicht dulden darf, weil sie dem Ganzen schadet. Aber so rigoros, wie es die »Bottom-Ten«-Regel vorgab, wollten wir doch nicht vorgehen.

Natürlich kann man Siemens und mir vorwerfen, dass wir manches Mal bestimmten Personen zu lange zu viele Chancen gegeben haben und dass manche Mitarbeiter länger im Unternehmen geblieben sind, als es eigentlich gerechtfertigt war. Das mag stimmen. Aber man darf eben auch nicht ungerecht sein. Wenn man die Frage stellt, warum ein Geschäft schlecht läuft, dann gibt es dafür viele Gründe – nicht immer liegt es wirklich nur an den Menschen, die in diesem Bereich tätig sind.

Andererseits kann man mit dem richtigen Personal auch

unter schwierigen Rahmenbedingungen vieles erfolgreich umsetzen. Im Kraftwerksgeschäft galt immer die Regel:»Man kann auch einen niedrigeren Preis akzeptieren; hat man einen guten Projektleiter, kriegt man das hin. – Hat man einen guten Preis, aber einen schlechten Projektleiter, dann geht es schief!« So manche Managementmethode haben wir im Lauf der Zeit allerdings von GE übernommen, zum Beispiel ein Personalförderungsprogramm, das bei GE»Session C«hieß und das wir mit dem vielleicht etwas anspruchsvollen Titel»Strategic Management Review«versehen haben.

Ein- bis zweimal im Jahr haben sich der Vorstandsvorsitzende, der Personalvorstand und der jeweils zuständige Zentralvorstand mit den jeweiligen Bereichsvorständen, beispielsweise der Medizintechnik oder des Bereichs Automotive, getroffen und die zwanzig oder fünfundzwanzig besten Führungskräfte in Bezug auf ihren Werdegang und ihre Beurteilungen durch Vorgesetzte, Kollegen und Mitarbeiter analysiert: Was kann er oder sie? Woher kommt die betreffende Person? Welche Aufgaben könnte sie noch übernehmen? Wie kann man ihre Weiterentwicklung fördern?

Das Verfahren haben wir über die Jahre sukzessive verfeinert und vor allem die guten Nachwuchsleute rechtzeitig in die Bewertung mit einbezogen. Auch ein Programm zur Förderung von»Diversity«, wie man das heute nennt, haben wir schon frühzeitig entwickelt. Besonders ging es dabei um die Förderung von Frauen für Spitzenpositionen in Unternehmen. »Quoten-Frauen«waren auch talentierten Frauen ein Greuel. Aber systematische Förderung bot viele Verbesserungsmöglichkeiten. Wir mussten nur verhindern, dass diejenigen, die im»Talentschuppen«ganz oben gehandelt wurden und davon erfuhren, die Bodenhaftung verloren.

Auf diese Weise haben wir im Vergleich zu früheren Verfahren eine sehr viel systematischere Personalförderung in das Unternehmen eingebracht und dadurch auch jüngeren Talenten die Chance geboten, sich früher für das Top-Management des Unternehmens zu qualifizieren. Exzellente Mitarbeiter mussten frühzeitig gefordert und gefördert werden. Denn Fordern und Fördern sind unabdingbare Prämissen für den Führungskräftenachwuchs.

Auch in unserem Unternehmen wurden wir freilich an das berühmte »Peter-Prinzip« erinnert: In jeder Hierarchie besteht die Gefahr, dass man Mitarbeiter überschätzt und sie über ihre Fähigkeiten hinaus befördert, bis zu einem Level der Inkompetenz. Das ist wohl leider unvermeidlich. Wenn im Vorstand bestimmte Maßnahmen beschlossen worden waren, dann musste dafür Sorge getragen werden, dass diese auch umgesetzt würden.

Das mag für einen Außenstehenden seltsam klingen, wenn ein Vorstandsvorsitzender solche Überlegungen anstellt. Doch rechtlich gesehen hat ein Vorstandsvorsitzender in Deutschland weniger Macht, als manche meinen. Direkt unterstellt sind ihm meist nur die Kommunikation, die strategische Planung, die Personalentwicklung für den obersten Führungskreis und die Revision. Die anderen Vorstandsmitglieder sind gleichgestellte Kollegen, der Vorsitzende hat die Rolle eines »primus inter pares«. Er hat nur beschränkte Möglichkeiten, direkten Einfluss zu nehmen. Er ist gegenüber den anderen Vorstandskollegen nicht weisungsberechtigt. Greift er mit einem Vorschlag zu sehr in die Interessen des jeweiligen Vorstands ein, heißt es: »Bitte respektieren Sie mein Ressort!« Auch ich habe das zu hören bekommen.

Der Vorstandsvorsitzende konnte – zumindest nach unserer Geschäftsordnung – auch überstimmt werden; nur der Finanzchef hatte – genau wie der Finanzminister im Bundeskabinett – ein Vetorecht. Kaum Durchgriff hat man auf die Mitarbeiter der anderen Vorstände. Mit Vorstandskollegen trifft man regelmäßig zusammen, aber die Führungskräfte in den Geschäftsbereichen bekommt man als Vorstandsvorsitzender nur sehr selten zu Gesicht. Es wäre illoyal oder zumindest unklug, wenn man ohne Absprache mit dem jeweiligen Vorstand auf eine Führungskraft aus seinem Ressort direkt zuginge, um sich etwa einen Vorgang detailliert berichten zu lassen. Der amerikanische CEO hat im Vergleich dazu viel mehr Macht. »Everybody has to report to him!« Er ist gegenüber jedem weisungsberechtigt. Die Amerikaner kennen auch nicht die Trennung von Vorstand und Aufsichtsrat in zwei Gremien, sondern verfügen über ein sogenanntes One-Tier-System mit »Executive Members«, die sich um das operative Geschäft kümmern, und »Outside Members« oder »Non-Executive Members«, die Beratungs- und Kontrollaufgaben wahrnehmen. In diesem System trägt der erste Mann den Titel »Chairman, President and CEO«. Auch das bringt seine gegenüber einem deutschen Vorstandsvorsitzenden gesteigerte Machtfülle zum Ausdruck.

Im deutschen Vorstand führt jeder sein Ressort nach dem Aktienrecht und nach der Satzung selbständig. Über die ordnungsgemäße Amtsführung wacht der Aufsichtsrat. Natürlich müssen die verschiedenen Vorstandsmitglieder zusammenspielen, sich vertragen und akzeptieren, dass es einen Vorstandsvorsitzenden gibt, der das Unternehmen repräsentiert. Darum müssen die Mitglieder des Vorstands zwar Teamspieler, aber vor allem Persönlichkeiten sein, die Dinge durchaus auch einmal unkonventionell in Frage stellen. Sie müssen Führungsqualitäten haben sowie absolut firm in der Sache sein, also sozial, kompetent und effizient.

Aber auch die Vorstände haben ihrerseits nur begrenzte Einflussmöglichkeiten auf das operative Geschehen in ihren jeweiligen Bereichen. Die Träger des Geschäftes sind die Bereichsleiter selbst und in den einzelnen Bereichen die Geschäftsgebietsleiter. Sie haben alle Ressourcen, um ihr Geschäft zu führen, und müssen sich nicht mit jedem Problem an die Konzernzentrale wenden. Ein Auftrag war (und ist) nur dann genehmigungspflichtig, wenn ungewöhnliche Bedingungen vereinbart werden sollten, zum Beispiel die Haftung für indirekte Schäden und entgangenen Gewinn des Kunden oder eine Kundenfinanzierung durch Siemens. Bei Investitionen mussten die Führungskräfte ab einer bestimmten Größenordnung die Zustimmung des Vorstands einholen. Aber ansonsten konnten sie den Ablauf ihres Geschäfts eigenverantwortlich bestimmen. Auch große Projekte wurden ohne Einschaltung des Vorstands abgeschlossen und ausgeführt. In einem Unternehmen, das rechnerisch jeden Arbeitstag Aufträge von rund 350 Millionen Euro gewinnen muss, geht es nicht anders.

Der Vorstand kann die Kalkulation eines Projekts auch nicht wirklich überprüfen, weil diese aus zu vielen Einzelpositionen besteht. Es war völlig ausgeschlossen, dass man sich als Vorstand einen einzelnen Kostenvoranschlag vorlegen ließ. Wichtiger als die Kalkulation war jedoch, ob der verantwortliche Manager bei seinem Projekt wirklich die Technik und die Kosten im Griff hatte. An diesem Punkt musste man darauf bauen, dass die verantwortlichen Führungskräfte mit Sorgfalt vorgingen und über genügend einschlägige Erfahrung verfügten. Man musste ihnen eben auch großes Vertrauen entgegenbringen.

In einem Mehrproduktunternehmen wie Siemens ist eine dezentrale Organisation absolut notwendig. Das spiegelt sich übrigens auch in der Gehaltsstruktur: Der Vorstandsvorsitzende bekommt als Gehalt vielleicht das 1,3- oder 1,4-Fache von dem, was die anderen Vorstände erhalten. Ein amerikanischer CEO bezieht ein Vielfaches. Zunehmend werden allerdings auch deutsche Vorstandsvorsitzende anders vergütet, auch weil fast alle großen Unternehmen international agieren und sich in ihrem Verhalten angelsächsischen Standards anpassen. Zu meiner Zeit war das noch deutlich anders.

Was General Electric angeht, so mussten und wollten wir

nicht nur anerkennen, dass wir in diesem Unternehmen einem außerordentlich erfolgreichen Wettbewerber gegenüberstanden, sondern wir stellten uns auch zunehmend die Frage, woran das eigentlich lag.

Wir fanden schnell heraus, dass deren Art des Benchmarkings, des Vergleichens und Voneinander-Lernens, gerade eines der Erfolgsgeheimnisse von GE war. »We steal the ideas from wherever we can«, hatte Jack Welch einmal zu mir gesagt. »Wenn es sein muss, auch von dir, Heinrich!« Damit bekannte er nicht etwa die Verletzung geistigen Eigentums oder gar illegale Betriebsspionage, sondern bezog sich schlicht auf die Tatsache, dass man allgemein zugängliche Managementpraktiken voneinander abgucken konnte und musste.

Vor diesem Hintergrund entstand bei uns nicht nur der eben beschriebene »Strategic Management Review«, sondern auch die Idee, Quartalsgespräche, wie bei GE üblich, gleichfalls bei Siemens einzuführen. Jedes Vierteljahr wurden also alle Vorstände, die Vorsitzenden der Bereiche und einige Mitarbeiter aus der Konzernzentrale ins Führungszentrum nach Feldafing an den Starnberger See eingeladen. Die Bereichsvorsitzenden hatten nach einem bestimmten Schema über ihr Geschäft zu berichten. Der mit dem schlechtesten Ergebnis berichtete zuerst. Dazu kamen auch abwechselnd Vertreter aus verschiedenen Ländern, wobei zum Beispiel die aus den USA, China und Indien ständige Teilnehmer waren.

Es gab drei oder vier Pflichtfolien, in denen Ergebnisse und Zahlen referiert werden mussten, dazu noch eine »Kürfolie«, bei der jeder vortragen konnte, was ihm besonders am Herzen lag.

Bei einer solchen Versammlung hochkarätiger Führungskräfte fällt sehr schnell auf, wenn jemand versucht, einem etwas vorzumachen, oder wenn er sein Geschäft nicht beherrscht oder es nicht darzustellen vermag. Nervosität wurde akzeptiert, Schönfärberei dagegen nicht. Auf diese Weise haben wir nicht nur für mehr Tempo im Unternehmen gesorgt, sondern auch für mehr Transparenz. Denn in Feldafing bekamen sowohl der Vorstand als auch der oberste Führungskreis einen tiefen Einblick in die gesamte Breite des Konzerns.

Auch bei der traditionellen Siemens-Führungstagung, die einmal im Jahr im großen Kreis mit 800 und mehr Teilnehmern stattfand, haben wir uns von GE inspirieren lassen. Üblicherweise hatte diese Tagung nämlich im Sommer in Berlin stattgefunden. Das war ein wunderbarer Termin, den alle gern wahrnahmen, um sich zum Gruppenporträt zu formieren und wechselseitig Erfolgsgeschichten zu erzählen. Das hat natürlich allen Beteiligten viel Freude bereitet; doch für das Geschäft hatte dieses Sommerfest nicht genug Relevanz.

GE hat eine solche Führungskräftetagung immer am Anfang eines Geschäftsjahres abgehalten. Zu diesem Zeitpunkt kann man das letzte Geschäftsjahr besprechen und gleichzeitig die Weichen für das nächste stellen. Zwar darf man vor der offiziellen Bekanntgabe die Ergebnisse des abgelaufenen Jahres auch nicht einem internen Kreis verkünden – das wäre ein Verstoß gegen die Insiderregeln –, aber es gab Wege, über die Geschäftsstrategie zu sprechen, auch ohne konkrete Abschlusszahlen zu nennen.

Bei alledem bestand die Rolle des Vorstandsvorsitzenden weniger im »Durchregieren«, so wie sich das manche Menschen vielleicht vorstellen, als im Zuhören. Alles zu verstehen, ist mir dabei aber wahrscheinlich auch nicht immer gelungen.

Manchmal habe ich am Tag zweimal meine Meinung ändern müssen, weil immer wieder neue Fakten zum Vorschein kamen. Denn es ging stets um hochkomplexe Sachverhalte, etwa um Mikroelektronik, um die Entwicklungen auf dem Computermarkt, die Kommunikationstechnik – Gebiete, die es heute bei Siemens nicht mehr gibt –, aber auch um Medizintechnik, Kraftwerkstechnik oder das ganze Industriegeschäft in vielen Verästelungen. Da musste man versuchen, in einem frühen Stadium der Entwicklung zu verstehen, was sich hinter einem Schlagwort versteckt und ob eine Technik, für die sich einzelne Ingenieure begeistern, auch wirklich als Geschäftsgrundlage taugt.

So kommt, um ein Beispiel zu nennen, die frühzeitige Erkenntnis, dass den organischen Leuchtdioden, sogenannten OLEDs, die Zukunft gehört, weil man sie in Bildschirmen, Displays oder für die Beleuchtung einsetzen kann, eben nicht im Vorstandszimmer zustande. Dafür müssen die richtigen Leute an der richtigen Stelle sein, die so etwas erkennen, beurteilen und vermitteln können.

Zum Glück haben wir bei Siemens die Bedeutung der OLEDs sehr früh erkannt und in Regensburg als Kooperationsprojekt der Sparten Siemens Corporate Technology und der Tochtergesellschaft Osram Opto Semiconductors ein Forschungsprojekt namens OLLA (Organic LEDs for Lighting Applications) gestartet, um frühzeitig die technologische Grundlage in einem großen europäischen Konsortium zu entwickeln. Dieser frühe Start, aber auch die gute Zusammenarbeit der verschiedenen beteiligten Stellen haben wesentlich dazu beigetragen, dass Osram heute auf diesem Gebiet technologisch führend ist. GE hat derlei erst später begonnen und muss viel Geld investieren, um diesen Innovationsrückstand aufzuholen. Der im Oktober 2010 angekündigte Aufbau einer Pilotproduktionslinie zeigt, wie wichtig ein langer Atem mit einer klaren Strategie ist.

Als Vorstandsvorsitzender kann man so etwas nicht im Detail begreifen, aber zumindest sollte man eine gewisse freudige Neugier auf die Technik entwickeln. Ich habe diese Innovationen natürlich nicht aktiv mitgestalten können, jedoch immer versucht, wenigstens die Grundzüge so weit zu verstehen, dass ich fähige Leute nicht aus Unwissenheit daran gehindert habe, ihre Ideen zu realisieren. Meine Aufgabe bestand darin, die herausragenden Mitarbeiter zu erkennen, zu motivieren und ihnen so viel Freiraum zu geben, dass sie ihre Fähigkeiten entfalten konnten.

Deswegen haben wir im Zug des gesamten »top«-Programms eine regelrechte Innovationsinitiative gestartet, die aus vielen Komponenten bestand. Dazu gehörte auch ein simples Prämiensystem, aber Geld allein reicht nicht. Man muss den innovativen Mitarbeitern auch Spielräume eröffnen und Hindernisse aus dem Weg räumen. Innovation braucht Rahmenbedingungen und Erfindergeist ein Zuhause. Siemens hat sich immer als Heimat für kluge Köpfe aus Forschung und Entwicklung gesehen.

Wenn man Entwicklungen anstößt und entsprechende Vorleistungen erbringt, dann sind die Zyklen nicht ein, zwei Wochen, sondern ein, zwei Jahre, und damit ist nur die reine Entwicklungszeit gemeint. Bis man einen echten »Return on Investment« hat, vergehen manchmal auch vier oder fünf Jahre – zumindest in einem Geschäft mit langfristigen Zyklen wie unserem. Für die Finanzmärkte, die kurzfristige Entwicklungen im Auge haben, ist das kein begeisterndes Ergebnis. Begreiflicherweise werden in guten Finanzanalysen nicht nur Umsatz- und Ergebniszahlen miteinander verglichen, sondern es geht mitunter auch in die Tiefe der Entwicklungskosten: »Wieso sind die Entwicklungskosten prozentual zum Umsatz bei Siemens immer höher als bei GE? Und zwar deutlich höher?«

Aber da wurden Äpfel mit Birnen verglichen. GE machte nämlich fast die Hälfte ihres Umsatzes mit Finanzgeschäften, Versicherungen und einem Fernsehsender. Dafür fielen so gut wie keine Kosten für Forschung und Entwicklung (F&E) an. Insofern durfte man bei einem Vergleich die F&E-Kosten nicht auf das Gesamtvolumen, sondern nur auf den Umsatz im Restbereich beziehen.

Der zweite Grund dafür, dass GE geringere F&E-Kosten hatte als Siemens, lag darin, dass GE, wie wir immer wieder hörten, in weitaus höherem Maße an Staatsaufträgen beteiligt war als Siemens. So hieß es, dass GE vor allem im militärischen Bereich Entwicklungsaufträge vom Staat erhielt, beispielsweise für Turbinen amerikanischer Kampfflugzeuge. Diese Entwicklung fließt auch in die Flugzeugturbinen für die zivile Luftfahrt ein. Damit hat GE allein von den Entwicklungskosten her eine sehr starke Wettbewerbsstellung. Denn auch die Entwicklung von stationären Gasturbinen für Kraftwerke profitiert von den geleisteten Forschungsarbeiten für Flugzeugturbinen, vor allem was die hitzebeständigen Materialien angeht. Auch bei Siemens haben wir solche Synergieeffekte gesucht und genutzt; doch in der Regel fehlte bei uns der Initialauftrag durch den Staat, was wir registriert, aber nicht beklagt haben.

Aber last but not least hatte GE geringere F&E-Kosten, weil sie eine viel geringe Wertschöpfung hatte; das heißt, GE stellte ihre Produkte nur bis zu einer gewissen Tiefe selbst her, einen Großteil kaufte sie von anderen Unternehmen dazu. Das kann zwar eine sehr kluge Strategie sein, kann aber auch große Risiken in sich bergen. Klug ist es, weil die Entwicklungskosten sinken, wenn man nur noch fertige Produkte einkauft und sich nicht der Gefahr fehlgeschlagener Entwicklungen aussetzt. Riskant ist es, weil man in die Abhängigkeit von Lieferanten gerät und eventuell die Qualität nicht halten kann.

Bei Siemens war es seit Werner von Siemens Tradition, selbst entwickelte Produkte herzustellen. Die über hundertfünfzig Jahre gereifte Firmenphilosophie lautete: Wir entwickeln selber! Und soweit ich es überblicken kann, hat auch niemand vor, das grundsätzlich zu ändern.

Allerdings stellt sich die Frage für das heutige Management viel deutlicher, als es noch zu meiner Zeit der Fall war, ob und wie lange die Finanzmärkte Vorleistungen zum Aufbau von Geschäftsfeldern und die damit zwangsläufig verbundenen Anlaufverluste tolerieren. Gemeint ist der langfristige Aufbau erfolgreicher Geschäfte, von denen oft auch die Arbeitsplätze der Zukunft abhängen.

Wäre es zum Beispiel heute noch möglich, ein Geschäft als Automobilzulieferer aufzubauen, wie wir das bei Siemens über fast zwei Jahrzehnte getan haben? Damals waren wir getragen von der Überzeugung, Siemens als »the electronic company« verfüge über das notwendige Hintergrundwissen, um Bosch auf Dauer Paroli bieten zu können. Schließlich würde die Elektronik die vielen wichtigen Systeme im Auto eines Tages entscheidend bestimmen. Aber bis es so weit war, haben wir Zeit gebraucht und viel Geld ausgegeben – und standen dabei ständig unter scharfer Beobachtung der Finanzmärkte, die uns immer wieder ermahnten, dieses Arbeitsgebiet abzugeben.

Als die Automobiltechnik dann im Sommer 2007 an Continental verkauft wurde, verzichtete Siemens zwar auf ein hochinnovatives, dem Unternehmen auf den Leib geschnittenes Arbeitsgebiet, aber das Timing für den Verkauf war perfekt, genauso wie der Preis und das Ergebnis. In der Öffentlichkeit sprach man über einen Preis von rund 11 Milliarden und einen Buchgewinn von rund 5,5 Milliarden Euro. Für diesen Abschluss wurde das neue Management gefeiert. Die tüchtigen früheren Bereichsleiter, die den technischen Erfolg herbeigeführt und damit die Grundlage für den wirtschaftlichen Aufstieg gelegt hatten, mussten sich selbst auf die Schulter klopfen.

In einem Unternehmen, dessen Geschäftsstrategie vor allem auch technisch innovativ ausgerichtet ist, gibt es allerdings immer mehr Fragen als Antworten. Wenn ich abends nach Hause gegangen bin, hatte ich oft mehr ungelöste Fragen im Kopf als morgens, weil ständig neue Themen auftauchten.

Es war nicht leicht, unter solchen Bedingungen Entscheidungen zu fällen, von denen viele über den nächsten Tag hinausreichten. Der Philosoph Immanuel Kant hat einmal den schönen Satz formuliert: »Die Notwendigkeit zu entscheiden reicht weiter als die Fähigkeit zu erkennen.« Man könnte sagen, dass dies auch ein Leitspruch sein könnte, der die Arbeit eines Vorstands begleitet.

Es blieb mir nichts anderes übrig, als mich auf gute, loyale Kollegen und Mitarbeiter zu verlassen, die auch den Mut hatten, die Wahrheit zu sagen, und nicht aus falsch verstandener Höflichkeit oder Pseudoloyalität ihr Wissen zurückhielten. Ein autoritärer, aufbrausender Führungsstil wäre kontraproduktiv gewesen. Wer emotional und unbeherrscht auf schlechte Nachrichten oder kritische Fragen reagiert, wird die Abläufe vielleicht beschleunigen, aber die Qualität der Entscheidungen sukzessive verschlechtern. Deswegen war die Tätigkeit als Vorstandsvorsitzender nicht nur eine intellektuelle, sondern auch eine emotionale Herausforderung.

Ex post ist alles leichter als ex ante. Ex post sind viele Leute schlau und sagen, was man hätte besser machen müssen. Aber ex ante steht der Vorstand da und muss entscheiden – zum Glück nicht allein; das hat auch Jack Welch sicher nie getan, auch wenn er über eine größere Machtfülle verfügte. Keiner darf sich der Illusion hingeben, unfehlbar zu sein. Der damalige ABB-Chef Percy Barnevik hat einmal gesagt, wenn 80 Prozent seiner Entscheidungen richtig waren, dann hätte er einen guten Tag gehabt. Unter den verbliebenen 20 Prozent Entscheidungen dürfen sich allerdings dann keine wesentlichen falschen und folgenschweren Beschlüsse befinden.

Zu jeder Vorstandssitzung wurden unendlich viele Mappen mit Papieren zu den einzelnen Tagesordnungspunkten vorbereitet. Ich musste häufig Hunderte von Seiten lesen. Bekanntlich ist es eine beliebte Methode, im Kleingedruckten unliebsame Details zu verstecken, in der Hoffnung, dem Vorstand würde das nicht auffallen. Darum war es wichtig, alles und insbesondere das Kleingedruckte zu lesen, um zu merken, was zwischen den Zeilen geschrieben stand.

Höchste Aufmerksamkeit war auch nach Fernreisen mit Jetlag aufgrund der Zeitverschiebung oder in stundenlangen

Sitzungen gefordert. Wichtig war es, immer jemanden dabei-zuhaben, der hellwach und fachkundig genug war, um aufmerksam und kritisch zuzuhören. Darum war es für mich ein Glück, so kompetente Leute im Vorstand an meiner Seite zu wissen, auf die ich mich verlassen konnte.

Bei Siemens ging es nicht nur um eine Vielzahl von Fachgebieten, sondern auch um Aktivitäten in vielen verschiedenen Ländern. Unterschiedlichste Kulturen trafen da aufeinander; die Landesgesellschaft in Taiwan stand beispielsweise vor anderen Schwierigkeiten als die in Indien. Hier brauchte es eine gewisse Erfahrung und ein bisschen Spaß im Umgang mit Menschen, um das Unternehmen zusammenhalten zu können.

Zweifellos habe ich mich auch in Menschen getäuscht, durchaus falsche Mitarbeiter an den falschen Stellen platziert. Im Nachhinein hieß es dann: Da gab es doch Zeichen, das hättest du doch eigentlich merken können, dass es falsch war. Desgleichen habe ich manche Geschäftsentwicklung zu optimistisch eingeschätzt oder mich auf die optimistischen Einschätzungen der jeweiligen Führungskräfte zu sehr eingelassen. Die meisten Führungskräfte sind lieber optimistisch als skeptisch: »Wir gehen gerade durch ein kleines Tal« heißt es dann, »aber schon bald geht es wieder aufwärts. Und dann wird alles gut.«

Es ist nicht immer leicht, solche Prognosen zu widerlegen. Die Manager legen einem entsprechende Pläne vor, in denen alles bis auf die letzte Kommastelle berechnet ist. Aber wenn dann danach gefragt wird, welche Annahmen diesen Zahlen zugrunde liegen, stellt sich schnell heraus, ob die Prognose eine vernünftige Basis hat oder reine Makulatur ist: Ist es realistisch, dass sich das Produkt durchsetzt, dass der Markt sich gemäß ihren Prognosen entwickeln oder dass die Konjunktur sich entsprechend aufhellen wird? Passt das Produkt überhaupt in das Portfolio? Ist es nicht vielleicht besser, es in einem anderen Geschäftsbereich unterzubringen?

Es gab eine Zeit in unserem, aber sicher auch in anderen

Unternehmen, da herrschte eine gewisse Planungsgläubigkeit. Mit akribischer Energie und einem großen Mitarbeiterstab wurden Fünfjahrespläne erarbeitet, in denen die einzelnen Geschäfte dargestellt wurden. Laut Plan verliefen die ersten zwei Jahre nicht so glorreich, das dritte Jahr wurde schon besser, und nach dem fünften Jahr waren wir gemäß Prognose unschlagbarer World-Champion. Das Dumme war nur, das Ziel blieb immer gleich weit entfernt. Da haben wir dann gegen manchen Widerstand die Fünfjahrespläne abgeschafft. Es wurden nur noch zwei Jahre »beplant«, und diese Planung wurde jedes halbe Jahr fortgeschrieben und die Zielerreichung mit Anreizen für die Manager, sogenannten Incentives, verbunden. Das hat ungeheuer diszplinierend gewirkt.

Die wichtigste Frage ist aber, ob die zuständigen Manager überhaupt die Fähigkeiten haben, ein Geschäft zum Erfolg zu führen – und ob sie das Geschäftsfeld auf die Dauer führen wollen. Ich habe durchaus Mitarbeiter erlebt, die mit großem Elan und gekonnter Rhetorik ein schwieriges Investitionsvorhaben durchgesetzt haben, aber als das Projekt bewilligt war, hatten sie das Unternehmen bereits verlassen. Die dann entstandenen Probleme mussten andere ausbaden. Die Antworten auf all diese Fragen fließen in den Entscheidungsprozess ein; am Ende ist jedoch immer nur eine mehr oder weniger grobe Einschätzung möglich. Denn jede Entscheidung zielt auf die Zukunft, und die kann bekanntlich niemand vorhersagen. Insofern war vieles eine Frage von Vertrauen und Zutrauen – man musste den Führungskräften vertrauen, dass sie einem eine ehrliche und aufrichtige Einschätzung der Lage gaben, und ihnen zutrauen, die Dinge in der angekündigten Weise umzusetzen. Hier galt es, nicht mit dem Kopf durch die Wand zu rennen, sondern mit den Augen die Tür zu finden.

Die Aufgabe des Vorstandsvorsitzenden bestand manchmal

auch darin, in einer Auftragsakquisition beim Kunden den letzten entscheidenden Kick zu liefern. Wirklich beliebt war die Einschaltung des Vorstandsvorsitzenden bei den Vertriebsleuten nicht. Denn zu Recht wurde immer vermutet, der allerhöchste Repräsentant des Unternehmens könne in der Schlussverhandlung im Prinzip nur noch Ja oder Nein sagen. Und weil er gewöhnlich nicht Nein sagt, sondern Zugeständnisse macht, wird das meistens teuer.

Es war in meinem ersten Jahr als Vorstandsvorsitzender. Ich war gerade das erste Mal seit langer Zeit eine Woche mit meiner Familie zu Ostern im Skiurlaub in Pontresina, als das Telefon klingelte. Norbert Schmitt, ein alter Kollege aus der KWU, rief mich Mitte April 1993 aus Kuala Lumpur an und berichtete, dass die Baufirma Yeoh Tiong Lay (YTL) in Malaysia die Lizenz habe, zwei Kraftwerke zu bauen und unabhängig vom Staat als Privatfirma zu betreiben. Nach einem langen Ausschreibungsverfahren seien als Lieferanten nur noch GE und Siemens in der Endausscheidung. Ob ich nicht zu einer Schlussverhandlung kommen könne?

Ich zögerte. Nun war ich endlich mal ein paar Tage im Urlaub, und Malaysia war ja nicht gerade um die Ecke. Also fragte ich nach: »Und? Wenn ich komme, bekommen wir dann den Auftrag?« Da antwortete er: »Das weiß ich nicht. Aber eins weiß ich, wenn Sie nicht kommen, dann kriegen wir den Auftrag sicher nicht!«

Da das Gasturbinengeschäft damals nicht gerade überragend lief und jeder Auftrag, noch dazu in Asien, wichtig war, fuhr ich nicht gerade unter den Beifallsstürmen meiner Familie nach Zürich, stieg ins Flugzeug und ging am darauffolgenden Samstag um 11 Uhr zu dem potentiellen neuen Kunden – und zwar allein. Später erzählte mir Francis Yeoh, der YTL-Chef, er habe mich aus dem Bürofenster allein über den Platz kommen gesehen. Das hätte ihn überrascht, weil er gewohnt war, dass GE-Vertreter immer mit großem Tross kämen. Deswegen habe er seine Leute weggeschickt und sei eben auch allein angetreten.

Wir kannten uns bislang nicht, also tauschten wir einige höfliche Sätze über dies und jenes aus, bevor wir zur Sache kamen. Nun wollte ich nichts Wesentliches zu den Projektdetails sagen, auch hatte ich keinen großen Verhandlungsspielraum. Denn Norbert Schmitt hatte mir noch mit auf den Weg gegeben, dass ich allenfalls einen ganz geringen Preisnachlass geben dürfte, sonst hätten wir ein Problem mit den Kosten. Also sagte ich bloß das, was ich üblicherweise sagte:»Wissen Sie, so ein Kraftwerksbau, das ist, als ob Sie in der katholischen Kirche eine Ehe schließen. Sie sind auf ewig zusammen. Und ein Kraftwerk ist wie ein gemeinsames Kind. Wie man sich für Kinder ewig verantwortlich fühlt, fühlt man sich auch für Kraftwerke ewig verantwortlich. Das ist nicht nur ein schneller Job.«

Ich wusste, dass Francis Yeoh zum christlichen Glauben konvertiert war – deswegen hatte ich dieses Bild gewählt:»Es ist wie in der katholischen Kirche, aber in der alten. Scheidung gibt es da nicht! Und ich sage Ihnen noch etwas: Wenn Sie mit uns ein Kraftwerk bauen, dann kann ich Ihnen nicht versprechen, dass da nichts schiefgeht. Nach meiner Erfahrung geht während der langen Bauzeit immer etwas schief!«

Francis Yeoh schaute mich ungläubig an. Es hatte ihm noch nie jemand etwas verkaufen wollen und gesagt: Wenn Sie mit mir ein Kraftwerk bauen, dann kann das schiefgehen! Ich lächelte und fuhr fort:»Aber ich sage Ihnen auch: Wenn etwas schiefgeht, dann haben Sie hier meine Telefonnummer. Sie können mich Tag und Nacht anrufen. Ich kümmere mich dann persönlich darum.«

Kein Preisnachlass, nichts. Nach anderthalb oder zwei Stunden bin ich wieder gegangen und am nächsten Tag zurückgeflogen. Als ich wieder zu Hause in Deutschland war, hatten wir den Auftrag.

Sehr viel später erfuhr ich aus den Zeitungen, dass einige

Tage danach Jack Welch auf seiner Weltreise, die er Jahr für Jahr mit seinem schicken Dienstflugzeug in alle möglichen Länder unternahm, mit seinem ganzen Tross auch bei Francis Yeoh aufgetaucht war – und zwar mit folgendem Statement: »Was immer der Heinrich dir angeboten hat, wir machen das 50 Millionen Dollar billiger!« Worauf Francis Yeoh antwortete, das sei zu spät, er sei im Wort und habe den Auftrag bereits vergeben. Jack Welch habe daraufhin zu Paolo Fresco, seinem Vizepräsidenten, der ihn immer begleitete und der später bei Fiat Präsident wurde, gesagt: »Why have I made you a vicepresident? You ass, you've lost the contract.« Vor der versammelten Mannschaft, vor den asiatischen Kunden – sicher ein Spaß, aber ein bemerkenswerter Vorgang!

Übrigens hat später das sprichwörtliche rote Telefon tatsächlich geklingelt, zweimal sogar. Einmal war ein Generator bei der Inbetriebsetzung des Kraftwerks abgebrannt. Das klingt schlimmer, als es ist, denn ein solches Kraftwerk hat natürlich mehrere Generatoren. In dem Werk in Malaysia standen zwei Anlagen, eine mit vier und eine mit zwei Gasturbinen; das Kraftwerk war also durch den Vorfall nicht stillgelegt, aber immerhin konnte ein wesentlicher Teil des Kraftwerks nicht betrieben werden. Da habe ich den zuständigen Bereichsleiter Hans Böhm angerufen, er möge sich bitte persönlich um die Ersatzlieferungen kümmern, ich sei da im Wort – und binnen drei Wochen transportierten wir einen neuen Generator von einer anderen Baustelle aus Russland mit einem Flugzeug nach Malaysia. Beim zweiten Anruf ging es um ein anderes technisches Problem, das wir ebenfalls schnell lösen konnten. Jedenfalls war das Kraftwerk vor dem vereinbarten Zeitpunkt fertig, weswegen wir einen schönen Bonus bekamen.

Aber am meisten hat Francis Yeoh selbst von seiner Entscheidung zu unseren Gunsten profitiert: Er hatte nämlich mit unserer und der Hilfe der Kreditanstalt für Wiederaufbau KfW – der spätere KfW-Chef Hans Reich hatte sich hierfür besonders eingesetzt – eine Finanzierung des Kraftwerks in Ringgit bekommen, dem sogenannten malaiischen Dollar, damals eine harte Währung, denn schließlich war Malaysia ein politisch und wirtschaftlich stabiles Land.

In der Asienkrise 1997 gerieten alle Unternehmen, die ihre Vorhaben in DM oder Dollar finanziert hatten, in schwere Turbulenzen und machten teilweise sogar Bankrott, nur nicht die in Ringgit finanzierten. Im Gegenteil: Weil der Ringgit massiv an Wert verlor, konnte Francis Yeoh seine Schulden schnell abtragen. Das Kraftwerk zeichnete sich durch eine hohe Verfügbarkeit aus. Unser Kunde, dessen Kraftwerk heute noch läuft, hat in kurzer Zeit so gut verdient, dass er sein Vermögen teilweise in eine Wasserversorgung in England, ein Kraftwerk in Indonesien, ein Kraftwerk in Singapur und diverse Aktivitäten in Australien investieren konnte. Immer, wenn er mir irgendwo begegnete, klopfte er mir auf die Schulter und strahlte:»Heinrich, you made me rich!«

Und das nur, weil ich ihm beim Verkauf mögliche Komplikationen angekündigt hatte.

China: Marktanteile im Tausch gegen Technologie

»Das nächste Jahrhundert wird ein pazifisches Jahrhundert.« Dieser Satz wurde nicht erst vor zehn oder zwanzig Jahren gesagt. Nein, es war 1896, als Richard Olney, der damalige Außenminister der Vereinigten Staaten, den Aufstieg Chinas an die Spitze der Weltwirtschaft für das 20. Jahrhundert prophezeite. Damals waren noch die europäischen Länder am Atlantik – Frankreich, England und das Deutsche Reich – die vorherrschenden Mächte der Weltwirtschaft, wenngleich die USA bereits auf dem besten Weg waren, ihre Stellung auszubauen.

Doch die asiatischen Staaten am Pazifik, Japan und die vier »Tigerstaaten« Südkorea, Taiwan, Hongkong und Singapur, aber inzwischen vor allem China, sind die Aufsteiger der letzten Jahrzehnte. Und so heißt es heute wieder wie vor hundert Jahren: Das 21. Jahrhundert, so jung es noch sein mag, wird ein pazifisch-asiatisches Jahrhundert sein. Die alten europäischen und angelsächsischen Mächte müssen sich anstrengen, um mit den jungen aufstrebenden Nationen mitzuhalten.

Der damalige Bundeskanzler Helmut Kohl hat glücklicherweise sehr früh erkannt, dass es für die deutsche Wirtschaft sehr sinnvoll wäre, zeitig die Nähe zu den asiatischen Nationen zu suchen – nicht nur politisch, sondern auch wirtschaftlich. Er selbst ist immer wieder mit hochkarätig besetzten Wirtschaftsdelegationen in den Fernen Osten gereist, um der deutschen Industrie die Türen zu öffnen. Das war für viele sehr hilfreich, wenngleich jeder Unternehmer selbst aktiv

werden musste, um durch die geöffnete Tür hindurchzu-
gehen.

US-Unternehmen erhalten in der Regel noch wesentlich
stärkere politische Unterstützung; die Beteiligten sprechen
unverhohlen von »political pressure«, der auf die Staaten in der
Welt ausgeübt werden müsse. Da wird dann den Politikern anderer Wirtschaftsnationen klargemacht, dass sie ihre Produkte
nur unter der Bedingung in das weltgrößte Importland USA
liefern dürfen, wenn sie ihrerseits bestimmte Produkte und
Leistungen in den USA einkaufen. Auch militärische Aspekte
spielen immer wieder eine nicht unwesentliche Rolle, und das
gilt nicht nur für die Politik der USA. Solcher »Druck« ist von
der deutschen Politik nie ausgeübt worden. Außenminister
Klaus Kinkel hat sich zwar stets um »politische Flankierung«
der Wirtschaftsaktivitäten deutscher Unternehmen bemüht,
aber das verlief ohne Druck und war damit der Rolle Deutschlands in der Weltpolitik auch sehr viel angemessener.

Siemens war schon kurz nach seiner Gründung in China
tätig: Die ersten Zeigertelegraphen wurden bereits 1872 geliefert, und 1899 baute das Unternehmen in der kaiserlichen
Hauptstadt die erste elektrische Straßenbahn des Landes.

Seither hat Siemens seine Verbindung mit China immer
aufrechterhalten und somit auch die bewegte Geschichte des
asiatischen Riesenreichs aus nächster Nähe erlebt. Dank der
breiten Produktpalette und hohen Qualität genoss Siemens bei
den chinesischen Machthabern einen sehr guten Ruf. Vor allem nach dem Tod des kommunistischen Diktators Mao Ze-
dong 1976 galt Siemens als attraktiver Partner im Zug des Mo-
dernisierungsprozesses. Der neue Machthaber Deng Xiaoping
öffnete sein Land langsam der (sozialistischen) Marktwirtschaft.

Siemens organisierte schon 1976 in Shanghai, was sehr mutig war, eine erste »Elektrotechnik- und Elektronikmesse«,
und kurze Zeit später vereinbarte das chinesische Maschinen-

bauministerium mit dem Unternehmen ein »Memorandum of Understanding«, in dem eine erste Lieferung von Stark- und Schwachstromtechnik vereinbart wurde. 1982 wurde ein Büro in Peking eröffnet.

Drei Jahre später luden die Chinesen Siemens als erstes ausländisches Unternehmen zu einer weitreichenden Kooperation ein: Das 1985 von der staatlichen Wirtschaftskommission und Siemens unterzeichnete Kooperations-Memorandum schuf die Grundlage für eine bis heute währende enge Zusammenarbeit. Im Grunde ging es um die gemeinsame Entwicklung von Geschäften und lokaler Wertschöpfung, mit Technologietransfer und Aufbau von Joint Ventures. Auf beiden Seiten gab es einen Co-Chairman. Ich war ein Jahr lang der deutsche Co-Chairman, auf der chinesischen Seite saß viele Jahre Zeng Peiyan, der spätere Vize-Premierminister, eine der stärksten Persönlichkeiten in der letzten Regierung.

Als ich 1991 in den Zentralvorstand aufstieg, wurde mir sogleich die volle Zuständigkeit für die Region Asien zugeteilt – eine große Verantwortung, aber auch eine große Chance. Denn durch unser aktives Engagement gelang es Siemens, in Asien, besonders in China, frühzeitig eine breite Marktpräsenz aufzubauen.

Ab Mitte der 1990er Jahre wurde das Auslandsgeschäft für den Erhalt deutscher Siemens-Standorte immer wichtiger. In China wurden zum Beispiel durchschnittlich knapp 70 Prozent der Wertschöpfung vor Ort erbracht. Die restlichen 30 Prozent wurden aus Deutschland zugeliefert. Je mehr Aufträge wir in China hatten, desto mehr hatten wir also auch in Deutschland zu tun. Drei, vielleicht vier Arbeitsplätze in China sicherten demnach einen Arbeitsplatz in Deutschland. Das war die Faustregel.

Siemens boomte in China: Hatte Siemens 1990 nur 200 Angestellte in China, so sind es heute über 40 000 Mitarbeiter, davon 12 000 Mitarbeiter allein im Großraum Shanghai.

Heute vereint die 1994 gegründete chinesische Landesgesellschaft Siemens Ltd. mehr als 90 Gesellschaften und rund 60 Zweigniederlassungen unter ihrem Dach.

Die Akzeptanz des Konzerns ist nicht nur wegen seiner technologischen Leistungskraft und seiner beachtlichen Rolle als Arbeitgeber groß, sondern auch, weil sich der Firmenname lautmalerisch als »Xi Men Zi« darstellen lässt, was auf Deutsch so viel wie »Tor zum Westen – Sohn« bedeutet. Vor kurzem nannte Premierminister Wen Jiabao Siemens ein »chinesisches Unternehmen« – so stark verankert ist Siemens heute im Land.

Weil die Wirtschaft in China weitestgehend staatlich gelenkt wurde, war die politische Flankierung seitens der deutschen Regierung besonders wichtig. Auch Siemens verdankte sein erstes Joint Venture in China unter anderem der Schützenhilfe durch Außenminister Hans-Dietrich Genscher, der auch deswegen Ende Oktober 1988 nach China reiste. Am 1. November eröffnete er dann das Goethe-Institut in Peking.

Sehr früh hatten deutsche Unternehmer und Manager erkannt, dass das selbstbewusste »Reich der Mitte« in großen Dimensionen dachte und dass die Wirtschaft des Landes auch auf der uralten Tradition der Politik der guten Freunde beruhte. Solche Freundschaften müssen gepflegt werden.

Der Vorzeigeunternehmer aus Baden-Württemberg, Berthold Leibinger, lange Jahre Chef der Werkzeugmaschinenfabrik Trumpf und gedanklich seiner Zeit oft voraus, regte deshalb schon im April 1992 auf einer Konferenz in Seoul die Gründung einer bundesweiten und branchenübergreifenden Asien-Initiative der deutschen Wirtschaft an. Doch die mit Asien befassten Verbände – vom Bundesverband der Deutschen Industrie (BDI) über den Deutschen Industrie- und Handelskammertag (DIHT) bis zum Ostasiatischen Verein (OAV) – konnten sich nicht auf einen gemeinsamen Weg einigen, so dass das Vorhaben zunächst scheiterte.

Im Sommer 1993 – wenige Monate nach seiner mehrwöchigen Reise durch fünf asiatische Staaten – lud Helmut Kohl etwa fünfzehn Mitglieder der deutschen Wirtschaftsdelegation zu sich in den Kanzlerbungalow nach Bonn.

Wir saßen auf der Terrasse und genossen die ersten warmen Temperaturen. Der Kanzler zog ein sachliches, aber sehr zufriedenes Resümee der Reise. Gerade als wir uns zu fragen begannen, ob er all diese Unternehmer nur für diesen Moment der Erinnerung erneut zusammengetrommelt hatte, trug er scheinbar spontan einen – offenbar lange vorbereiteten – Gedanken vor: »Ich halte es für richtig und sinnvoll, dass die deutsche Wirtschaft einen Asien-Pazifik-Ausschuss gründet.«

Schon die Asien-Reise von Bundeskanzler Kohl war als Startsignal für eine Asien-Offensive konzipiert gewesen. Denn noch im Herbst desselben Jahres präsentierte die Bundesregierung ein umfangreiches Asien-Konzept, wie die politischen, wirtschaftlichen, kulturellen und wissenschaftlichen Beziehungen mit der größten Wachstumsregion der Welt intensiviert werden könnten. Dabei ging es nicht um schlichte Geschäftsbeziehungen, sondern um die Lösung weltumspannender Fragen hinsichtlich der internationalen Finanz- und Wirtschaftspolitik, einer Reform der Vereinten Nationen, Fragen der Sicherheit und Abrüstung sowie einer globalen Umweltpolitik.

Die Gründung eines Asien-Pazifik-Ausschusses der deutschen Wirtschaft war dabei ein nicht unwesentlicher Baustein – und es bestand kein Zweifel, dass Helmut Kohl seinen Vorschlag nicht als Anregung, sondern als Auftrag verstanden wissen wollte. Immerhin ging es um eine dynamisch wachsende Region, in der über die Hälfte der Weltbevölkerung damals rund ein Viertel des Bruttosozialprodukts der Welt erzeugte.

Die anwesenden Unternehmer, die ohnehin überzeugt waren, dass wir in Asien viel stärker auftreten müssten, freuten sich über diese ungewohnte Initiative der Regierung. Schon bei der Asien-Reise war nämlich die Frage aufgetaucht – sie bewegte auch unsere asiatischen Partner –, ob wir nicht in Deutschland so sehr mit der Wiedervereinigung und dem Aufbau Ost beschäftigt waren, dass uns für die Aktivitäten im Fernen Osten nicht mehr genug Zeit und Geld blieben. So saßen wir also einvernehmlich zusammen, als es plötzlich hieß: »Jetzt brauchen wir einen Vorsitzenden.« Wir schauten alle in die Runde, und ich spürte, wie sich zunehmend die Blicke auf mich richteten. Schnell senkte ich den Kopf, schließlich hatte ich ohnehin schon so viel zu tun, dass ich nicht auch noch anstrengende Verbandsarbeit auf mich nehmen wollte. Aber es half nicht. Alle Augen waren auf mich konzentriert, und der Kanzler fällte schließlich trocken die Entscheidung: »Pierer, Sie müssen das machen!« Ich hatte den Eindruck, dass einige der Anwesenden schon vorher in die Sache eingeweiht waren. Dazu zählte ganz offensichtlich der damalige, sehr erfolgreiche Deutschland-Vorstand der ABB, Eberhard von Koerber. Er war zwar Konkurrent, aber auch so weitsichtig, dass er Siemens für das geeignete Flaggschiff hielt, deutsche Interessen – das waren auch die seinen – in Asien zu vertreten.

Also willigte ich ein und übte dieses Amt die nächsten dreizehn Jahre aus. Erst im Sommer 2006 übergab ich bei einem Festakt im Haus der Deutschen Wirtschaft in Berlin den APA-Vorsitz an den BASF-Vorstandschef Jürgen Hambrecht – übrigens in Anwesenheit sowohl von Bundeskanzlerin Angela Merkel als auch von Altbundeskanzler Helmut Kohl, was einmal mehr bewies, wie sehr ihm der Asien-Pazifik-Ausschuss immer noch am Herzen lag.

Offiziell wurde der Asien-Pazifik-Ausschuss im September 1993 beim BDI in Köln in Anwesenheit von Bundesaußenminister Klaus Kinkel und Bundeswirtschaftsminister Günter Rexrodt gegründet. Für den BDI übernahm der Abteilungsleiter für »Internationale Märkte«, F. Stefan Winter, die Aufgabe eines Generalsekretärs und schlug den Takt. Organisatorisch waren auch der Deutsche Industrie- und Handelskammertag

– heute DIHK – und der Ostasiatische Verein von Anfang an eingebunden. Später kamen noch der Bundesverband deutscher Banken (BdB) und der Bundesverband des deutschen Groß- und Außenhandels (BGA) dazu. Inzwischen sind rund 1500 Unternehmen im APA aktiv.

Von vornherein stand fest, dass der Asien-Pazifik-Ausschuss allein auf höchster Ebene agieren sollte; Mitglieder durften anfangs ausschließlich Vorstandsvorsitzende sein. Die inhaltliche Arbeit wurde auf sieben Lenkungskreise verteilt, die sämtliche Facetten des Ausschusses widerspiegelten und die fast jedem in einem der Ausschüsse eine Aufgabe zuteilten: Da gab es unter dem Vorsitz des Commerzbank-Vorstandssprechers Martin Kohlhaussen den Lenkungskreis »Transparenz schaffen«. Friedrich Hennemann von der Bremer Vulkanwerft kümmerte sich um den Lenkungskreis »Stärkung der Wettbewerbsfähigkeit deutscher Unternehmen«. Winfried Holetzek von der Kölner Felten & Guillaume AG und der Bremer Handelshaus-Chef Henning Melchers saßen dem Lenkungskreis »Verbesserung der Marktzugangsbedingungen« vor. Versandhandelsunternehmer Michael Otto und Lufthansa-Chef Jürgen Weber waren im Lenkungsausschuss »Intensivierung von Aus- und Weiterbildung« federführend. Berthold Leibinger übernahm den Vorsitz im Lenkungskreis »Weiterentwicklung des Außenwirtschaftsinstrumentariums«. Vorwerk-Chef Jörg Mittelsten Scheid hatte den Vorsitz im Lenkungskreis »Verstärkung des Medieninteresses für und in Asien«. Und ich selbst leitete den Lenkungskreis »Politische Flankierung sichern«.

Auf diese Weise fand eine ungeheure Mobilisierung statt, die es uns ermöglichte, Asien ganz oben auf die Agenda von Bundesregierung und deutschen Unternehmen zu setzen.

Die deutschen Exporte nach Asien stiegen von umgerechnet 33 Milliarden Euro im Jahr 1993 auf 73 Milliarden Euro im Jahr 2005. Die Direktinvestitionen deutscher Unternehmen in Asien vervierfachten sich und erreichten 2005 etwa

43 Milliarden Euro. Doch auch umgekehrt zeigte der Ausschuss Erfolg: Unter dem Motto »Zweibahnstraße« setzten wir uns dafür ein, dass immer mehr asiatische Unternehmen in Deutschland investierten. Und die wachsende Zahl der asiatischen Touristen, Studierenden und Künstler, die nach Deutschland kommen, zeigt, wie eng Asien und Deutschland mittlerweile verbunden sind.

Da die Universitäten viele langfristig angelegte wirtschaftliche Weichen stellen, haben wir uns im Rahmen des Asien-Pazifik-Ausschusses stets darum bemüht, Deutschland für ausländische Studenten attraktiver zu machen. Wir forderten beispielsweise englischsprachige Studiengänge und international anerkannte Studienabschlüsse, die heute an deutschen Hochschulen selbstverständlich sind. Dieses Engagement kommt nicht der jetzigen Generation zugute, aber es wirkt sich in fünfzehn oder zwanzig Jahren aus. In der Regel behalten die Menschen das Studium als die schönste Zeit ihres Lebens in Erinnerung. Mit zunehmendem Alter verklären sich sogar diese Erinnerungen, und viele ehemalige Studenten fühlen sich der Sprache und dem Land, in dem sie diese Zeit verbracht haben, immer noch verbunden. Solche Emotionen spielen unbewusst bei Entscheidungen eine subtile, aber nicht unwesentliche Rolle.

In Indonesien hatten wir Deutschen beispielsweise eine Zeitlang unter Staatspräsident Bacharuddin Jusuf Habibi eine sehr gute Stellung. Habibi hatte an der Technischen Hochschule in Aachen Luft- und Raumfahrttechnik studiert und dort promoviert. Er arbeitete fast zehn Jahre beim deutschen Luft- und Raumfahrtkonzern Messerschmitt-Bölkow-Blohm (MBB) und wurde wenige Jahre, nachdem er nach Indonesien zurückgekehrt war, dort erst Staatsminister für Forschung und Technologie und 1998 sogar Präsident. In seinem Kabinett gab es fünf Minister, die fließend Deutsch sprachen, weil sie ebenfalls in Deutschland studiert hatten. Habibi ließ in Indonesien freie Gewerkschaften und freie Wahlen zu. Ob er den Mut dazu gehabt hätte, ohne die positiven Erfahrungen aus Deutschland? Bei Wirtschaftsentscheidungen spielen auch politische Rücksichtnahmen eine große Rolle. Die Chinesen haben sich stets als Meister im Ausbalancieren zwischen den verschiedenen Parteien erwiesen. Aber gegenüber Japan, dem alten Widersacher und Kriegsgegner, brachen immer wieder Ressentiments auf, obwohl die Japaner nach wie vor große Investoren in China sind. Aus Kostengründen haben japanische Unternehmen nämlich etliche Teile ihrer Produktionen nach China verlagert, vergleichbar mit den Verlagerungen deutscher Fabriken nach Mittel- und Osteuropa.

Wir Deutschen haben unter solchen Vorbehalten in Asien nicht zu leiden. Der Asien-Pazifik-Ausschuss hat sich bei hochrangigen wirtschaftspolitischen Veranstaltungen, etwa bei Besuchen asiatischer Regierungsvertreter, bei Auslandsreisen der Bundesregierung und gemeinsamen Projekten mit dem Bundesministerium für Wirtschaft und Technologie (BMWi) immer engagiert. Es ging darum, Deutschlands Image als moderne, vertrauenswürdige und führende Technologie-Nation zu festigen. Vorsprung durch Innovation – diesen schönen Slogan hätten wir am liebsten immer vor uns hergetragen.

Jedes zweite Jahr wurde zudem an wechselnden Standorten in der Region eine Asien-Pazifik-Konferenz der Deutschen Wirtschaft organisiert. Dabei ging es vor allem darum, die Zusammenarbeit zu intensivieren und den Handel und Investitionen in beide Richtungen zu fördern. Nebenbei verfolgten wir durchaus auch das politische Ziel, den demokratischen Prozess in Asien zu fördern, wofür wir den einprägsamen Slogan »Wandel durch Handel« nutzten.

Die Aufmerksamkeit, die den deutschen Unternehmen dadurch zuteilwurde, weckte natürlich Nachahmer in anderen

Ländern. In Frankreich versuchte man, eine dem APA vergleichbare Organisation ins Leben zu rufen. Das ist jedoch bislang weder Frankreich noch irgendeinem anderen Land gelungen. Diese Art von intensiver Kooperation zwischen Staat und Wirtschaft ist auf dem Weltmarkt ein deutsches Unikat.

Der Asien-Pazifik-Ausschuss hatte sicherlich auch dazu beigetragen, dass die Türen in China auch auf höchster politischer Ebene weit aufgingen. Ich habe nie Schwierigkeiten gehabt, die chinesische Führung, den Ministerpräsidenten sowie den Staatspräsidenten, in ganz seltenen Fällen im Rahmen eines einzigen Besuchs sogar beide, zu treffen. Da gab es auch manch ungewöhnliche Begegnung. Die Terminkalender der Staatspräsidenten folgen einem strengen Zeitschema, und in der Regel dauerten solche Treffen nicht länger als eine Stunde. Bei Staatspräsident Jiang Zemin, der die deutsche Philosophie liebte und mit mir immer auch über Hegel sprach, passierte es einmal, dass ich – wie ich danach zu hören bekam – »ewig« nicht wieder aus dem Meeting herauskam. Als sich nach eineinhalb Stunden immer noch nicht die Tür öffnete, seien die Protokollbeamten hektisch herumgelaufen, besorgt, dass die nächsten Termine nicht eingehalten werden könnten.

Wir hatten unser eigentliches Gesprächsthema schon längst abgehandelt. Doch bevor ich mich verabschiedete, bat mich Jiang Zemin, ihm eine Frage zu beantworten. »Erklären Sie mir bitte«, sagte er, »wie die Bankenwelt funktioniert.« Das war für mich als Nichtexperten eine schwierige Frage, noch dazu weil sie sehr allgemein gehalten war. Ich konnte nur grob einige Prinzipien umreißen, während Jiang Zemin unentwegt neugierige Fragen stellte.

Anfangs, als wir noch mit den Wirtschaftsdelegationen im Gefolge von Kanzler Kohl anreisten, gab es immer großartig inszenierte Unterschriftszeremonien bei Staatsbesuchen, bei denen mit einiger Ausdauer Verträge unterschrieben wurden.

Dabei wurde fotografiert, und die Bilder kursierten dann mit sensationellen Zahlen in den Medien. Da wurde auch mancher Auftrag doppelt gezählt, damit die Zahlen noch beeindruckender klangen, und manche Absichtserklärung als fertiger Vertrag verkauft. Aber auf diese Weise hatten alle ihre Freude – die Politiker genauso wie die Manager und die Journalisten. Heute wird nicht mehr um jeden Auftrag ein solches Aufheben gemacht. Die Chinesen, aber wohl auch ihre internationalen Partner, waren es zunehmend leid, dass der Erfolg von Staatsbesuchen an der Zahl unterschriebener Verträge gemessen wurde.

Bei der Vergabe von Aufträgen waren die Chinesen wahre Meister im Ausspielen des Wettbewerbs. Bei großen Projekten erweckten sie so lange den Eindruck, jeder einzelne Anbieter könnte das Gesamtpaket bekommen, bis sie die Preise aller Offerten auf einen Tiefstand gedrückt hatten. Alle machten mit, weil niemand den Einstieg in das Riesenland verpassen wollte, selbst wenn es nur unter – vermeintlich nur anfänglichen – Opfern gelänge. Doch beim Anschlussauftrag, den erst recht keiner verpassen wollte, begann das Spiel von Neuem. Am Ende teilten die Chinesen den Auftrag, wie vermutlich von vornherein geplant, fast immer relativ gleichmäßig auf. Jeder bekam vom Auftragskuchen etwas ab, wohl auch deshalb, weil die Chinesen sich nie nur von einer ausländischen Technologie oder von nur einem Lieferanten abhängig machen wollten.

Dieses Prinzip verfolgten die Chinesen übrigens auch bei der Auftragsvergabe der Hochgeschwindigkeitszüge. Zunächst sah es so aus, als hätten nur die Franzosen mit dem TGV, die Japaner mit ihrem Shinkansen und das kanadische Unternehmen Bombardier zu einem kleineren Teil einen Auftrag bekommen, und der deutsche ICE wäre durchgefallen. Entsprechend wurde Siemens in den deutschen Medien als der Verlierer dargestellt.

Doch in Wahrheit waren die Chinesen ausgesprochen interessiert am ICE. Denn der deutsche Hochgeschwindigkeitszug ist nach wie vor der modernste seiner Art. Der bis heute von keinem Wettbewerber eingeholte Technologiesprung liegt darin, dass der ICE 3 nicht zwei Zugmaschinen hat, sondern alle Antriebskomponenten ohne Triebköpfe unter der Fußbodenebene auf mehreren Achsen verteilt sind. Damit vergrößert sich das Sitzplatzangebot, und der ICE fährt gleichmäßiger und umweltfreundlicher. Er ist zudem der erste Hochgeschwindigkeitszug weltweit, der über eine Art Knautschzone verfügt, also bei einer Kollision die Schubkräfte gezielt auf verformbare Elemente am Wagenübergang umleitet. Die ebenfalls für einen europäischen Serienzug einmalige Wirbelstrombremse sorgt schließlich für mehr Sicherheit.

Genau auf diese Technologien hatte es die Volksrepublik jedoch besonders abgesehen. Denn China wollte nicht einfach nur der größte Auftraggeber sein, an dem andere verdienen, sondern selbst Teil des Booms werden. Wer also etwas in China verkaufen wollte, musste immer auch etwas von seinem Wissen preisgeben. Das Wirtschaftsministerium sprach ganz offen von einem Tauschgeschäft: »Marktanteile gegen Technologie«.

Die staatlichen Planungsbehörden diktierten deshalb den ausländischen Unternehmen strenge Bedingungen, zu denen sie im Land Geschäfte machen durften. Auch in diesem Fall wollten die Chinesen nicht einfach nur Züge kaufen, sondern forderten – wie bei vielen ihrer Bestellungen – umfangreichen Technologietransfer. Dazu war Siemens jedoch nur eingeschränkt bereit. Schließlich erfordert die Sicherung unseres Technologievorsprungs hohe Aufwendungen für Forschung und Entwicklung, und wir wollen diesen Vorsprung nicht preisgeben. Bei den Verhandlungen sind wir den Chinesen nicht so entgegengekommen, wie sie sich das vorgestellt hatten. Also fielen wir aus dem Lieferantenpool heraus – scheinbar.

Doch letztlich handelte es sich um eine geschickte Verhandlungsschleife. Statt der eigentlich benötigten knapp 200 Züge orderten die Chinesen bei der Konkurrenz nur 130 oder 140 Züge. Die übrigen sollten so lange auf dem Wunschzettel stehen bleiben, bis Siemens einlenken würde. Wir haben uns aber nicht beirren lassen und bekamen am 10. November 2005 (im Beisein von Staatspräsident Hu Jintao und Bundespräsident Horst Köhler) dann doch noch den Auftrag für 60 Hochgeschwindigkeitszüge für die Strecke Beijing–Tianjin – zu besseren Bedingungen als die Konkurrenz. Unser Zugeständnis bestand darin, dass die Züge größtenteils in China gebaut werden sollten, was ohnehin schon aus Kosten- und Wettbewerbsgründen sehr sinnvoll war. Der chinesische Partnerbetrieb erwies sich als ausgesprochen zuverlässig. Die Züge waren pünktlich zur Eröffnung der Olympischen Spiele am 8. August 2008 fertig und hielten unseren hohen Qualitätsansprüchen stand.

Aber gerade die Technik der Hochgeschwindigkeitszüge könnte zu einem Beispielfall werden, wie sich der Aufbau einer eigenen Industrie unter Nutzung ausländischen Know-hows in China entwickelt. Schon bieten die Chinesen nämlich ihrerseits Hochgeschwindigkeitszüge im Ausland an. Es ist nur nicht ganz klar, mit welcher Technik. Der erzwungene Technologietransfer in China ist eines der Beschwernisse, über die ausländische Firmen in China klagen. Immer wieder stehen die Unternehmen vor dem gleichen Dilemma: Sollen sie auf einen Auftrag verzichten, ihn an die Konkurrenz verlieren, den großen, vielversprechenden Markt aufgeben – oder sollen sie doch auf die Forderung eingehen, den Technologietransfer an ein chinesisches Unternehmen einzuleiten, und sich über kurz oder lang die Konkurrenz heranzüchten, die natürlich auch danach strebt, auf dem Weltmarkt mitzumischen?

Das ist aber noch nicht alles. Auch die Klagen über Verletzung des »geistigen Eigentums«, über Verletzung von Patenten und geschütztem Know-how reißen nicht ab. China ist im Jahr 2001 der Welthandelsorganisation WTO beigetreten, hat internationale Staatsverträge abgeschlossen und ein Patentrecht nach deutschem Vorbild eingeführt. Aber um es mit einem russischen Sprichwort zu sagen: »Das Land ist groß, und der Zar ist weit.« Wie soll das neue Recht im ganzen Land durchgesetzt werden? Wie kann man Verwaltung und Gerichtsbarkeit so umfassend aufbauen, dass ein wirksamer Schutz gewährleistet ist? Das alles ist schwierig und langwierig. Aber es gibt inzwischen schon eine Reihe von Gerichtsverfahren und -urteilen, die den Schutz des geistigen Eigentums in China stärken, und die überwiegende Zahl der Streitfälle spielt sich heute zwischen chinesischen Unternehmen ab.

Denn je mehr chinesische Unternehmen in ihren Firmen und Forschungsstätten selbst technisches Know-how entwickeln, desto mehr werden sie aus Eigennutz Urheberrechte absichern wollen.

Im »Reich der Mitte« werden mittlerweile jedes Jahr 300 000 bis 400 000 Ingenieure ausgebildet, wenn auch nur ein kleiner Teil davon auf dem Niveau deutscher Technischer Hochschulen. Aber die Chinesen holen auf, hierzulande wird eben nur ein Zehntel davon auf diesen Beruf vorbereitet. Von den zahlreichen jungen chinesischen Ingenieuren sind auch sehr viele talentiert und motiviert, da stehen unsere Ingenieure in einem härter werdenden Wettbewerb. Auf die Dauer werden wir kaum mithalten können. Wenn man zudem bedenkt, dass derzeit sechs chinesische Ingenieure so viel kosten wie ein deutscher und jeder nicht nur 35 Stunden arbeitet, sondern so lange, wie es nötig ist – dann wird deutlich, welchen Herausforderungen wir uns stellen müssen.

Nebenbei bemerkt: Warum wir im sogenannten »Bologna-Prozess« in Deutschland ohne Not unseren Titel »Diplom-Ingenieur« aufgegeben haben, ist schwer zu verstehen. Dieser Titel ist in der ganzen Welt hoch angesehen. Solche bürokratischen Entscheidungen sind für Deutschland ohne Frage ein Wettbewerbsnachteil. Inzwischen entstehen auch in China viele eigene Entwicklungsabteilungen. Es gibt ein vom Staat forciertes Forschungs- und Entwicklungsprogramm, das auf allen wichtigen Gebieten nach Führerschaft im Weltmaßstab strebt. Es wurde unter der Regie des derzeitigen chinesischen Ministers für Wissenschaft und Technologie, Wan Gang, aufgestellt, der in Shanghai Fahrzeugtechnik studierte, in Deutschland an der Technischen Universität Clausthal promovierte und dann bei Audi in Ingolstadt zunächst in der Fahrzeugentwicklung, später im Planungsstab Karriere machte. Im Jahr 2000 kehrte er nach China zurück, um ein landesweites Forschungsprogramm zur Entwicklung von elektrischen Fahrzeugen und Wasserstofftechnologie zu koordinieren. 2004 wurde er Präsident der Tongji-Universität in Shanghai – deren Vorläuferin übrigens die 1907 von der deutschen Regierung gegründete und von der Industrie geförderte »Deutsche Medizinschule für Chinesen in Shanghai« war –, die eng mit der TU Berlin kooperiert. Von 2005 bis Januar 2008 saß er im Aufsichtsrat von Thyssen-Krupp. Seit April 2007 ist er Minister für Wissenschaft und Technologie in China.

Wan Gang formuliert die Ziele für sein Land so: »China strebt an, in den nächsten zehn bis fünfzehn Jahren einen innovationsorientierten Staat aufzubauen.« Der Staat wird dabei das unterstützen, was er für wichtig hält, und auch die Vorkosten tragen, solange die Technik noch nicht marktreif ist. Wenn ein auf diese Weise entwickeltes Produkt zur Marktreife kommt, wird sich der Staat zurückziehen. Der Forschungsminister hat dabei alle modernen Technologien im Blick: Energiegewinnung, Umweltschutz und Informationstechnologie genauso wie Gesundheitsforschung, Biotechnologie, neue Diagnoseverfahren und die Entwicklung von medizinischen Geräten. Und China vergisst auch nicht Zukunftstechnologien wie Nanotechnologie oder Raumfahrt, Gebiete, auf denen die Chinesen ebenfalls bereits intensive Grundlagenforschung betreiben.

Noch mögen die chinesischen Produkte technisch nicht so ausgereift sein wie die von westlichen Firmen. Aber wie lange wird es dauern, bis die Chinesen gleichziehen oder uns sogar übertreffen – und zwar auf ihrer niedrigen, immer noch unschlagbaren Kostenbasis? Beispiele dafür gibt es zuhauf, etwa in der Nachrichtentechnik, wo die chinesische Firma Huawei mit ihren rund 90 000 Mitarbeitern bei fast allen großen Netzbetreibern der Welt gern gesehener Lieferant ist, und zwar ungeachtet ihres vermuteten politischen Hintergrunds, weil sie einfach hervorragende Produkte zu niedrigen Preisen anbietet.

Außerdem stellt sich zunehmend die Frage, ob man wirklich auf der ganzen Welt technische Geräte mit den ausgefallensten technischen Eigenschaften braucht. Reicht es nicht vielerorts aus, eine Basisausstattung nur mit den wichtigsten Merkmalen zu liefern, die in großen Stückzahlen und deshalb kostengünstig produziert werden können?

Wir dürfen uns auf jeden Fall nicht in das Hightech-Segment abdrängen lassen. Technisch höchste Vollendung – oder wie wir manchmal spöttisch sagten: »die eierlegende Wollmilchsau« – ist unter kommerziellen Gesichtspunkten nicht immer erstrebenswert. Die Kunden sind nicht bereit, den hohen Preis für »over-engineerte« Produkte zu bezahlen, schon gar nicht die vergleichsweise arme Bevölkerung in China, Indien oder dem ebenfalls bevölkerungsreichen Indonesien. Das gilt ganz offensichtlich für Autos, zum Beispiel in Indien, es kann aber auch bei medizinischen Geräten eine Rolle spielen oder auch im Werkzeugmaschinenbau, alles deutsche Domänen.

Was können wir also tun? Wir sollten zunächst beim Technologietransfer aufpassen, den Selbstschutz nicht zu vergessen, das heißt, wesentliche Know-how-Elemente nicht preiszugeben und im Ernstfall lieber auf ein Geschäft zu verzichten. Der Asien-Pazifik-Ausschuss hat dazu einen kleinen Leitfaden entwickelt, der vor allem mittelständischen Unternehmen helfen soll, sich beizeiten richtig zu positionieren.

Dann sollten wir uns darauf besinnen, dass gerade wir Deutschen Stärken besitzen, die andere in diesem Maß nicht aufzuweisen haben – unsere Fähigkeit, nicht nur in Produkten, sondern in hochkomplexen Systemen zu denken. Anders gesagt: Je komplexer technische Fragestellungen werden, desto eher haben unsere Ingenieure einen Wettbewerbsvorteil.

In diesem Zusammenhang kann man auch die deutsche Facharbeiterschaft nicht wertvoll genug einschätzen: Unser duales Ausbildungssystem, das Schule und Betrieb vereint, ist zum Garanten für das immer noch gültige Qualitätssiegel »Made in Germany« geworden. Es steht für Qualität und Verlässlichkeit unserer Produkte.

Schließlich müssen wir uns immer ausreichend auf den Markt und die jeweiligen Kunden einstellen. Auch Siemens musste erst lernen, dass Weiß in China die Farbe der Trauer ist und man einem Brautpaar zur Hochzeit besser keine weiße Waschmaschine schenkt. Technische Geräte in China müssen anders aussehen als in Deutschland; wer würde hierzulande einen schrill bunten Geschirrspüler kaufen? Das unterschiedliche Farbempfinden stellt auch Ansprüche an die Tastaturkennzeichnung eines Handys. Während hierzulande Rot als Warnsignal an der Ampel tief im Bewusstsein jedes Kindes verankert ist, gilt Rot in China als die Farbe des Glücks, entsprechend oft leuchten dort Lampions und Ladenschilder in der Signalfarbe.

Aber entscheidend ist, dass wir Entwicklungen nicht aufhalten können und deshalb auf die eigenen Stärken setzen müssen. Der Erfolg unserer Unternehmen und der Wohlstand unseres Landes hängen davon ab, dass wir unsere technologische Führungsrolle – und die gibt es auf vielen Gebieten – bewahren und weiter ausbauen. Sie ist die entscheidende Basis für die Wirtschaftskraft unseres Landes.

Aus diesem Grund haben wir bei Siemens das Thema »Innovation« immer in den Mittelpunkt aller Anstrengungen gestellt. Das tun übrigens, soweit ich es beurteilen kann, auch meine Nachfolger mit großer Überzeugung. Deswegen habe ich mich auch immer auf politischer Ebene für Innovation stark gemacht – egal ob unter der Kanzlerschaft von Helmut Kohl, Gerhard Schröder oder Angela Merkel. Solange wir technologisch leistungsfähig und den anderen Ländern einen Schritt voraus sind, sind wir für die Chinesen attraktiv. In dem Moment, wo wir technologisch nicht mehr führend sind, wird sich die Lage wenden. Dann werden sich auch unsere politischen Einflussmöglichkeiten in China verringern. Sie hängen nämlich weniger davon ab, dass wir als Mittelmacht in irgendeiner Weise originelle politische Aktionen inszenieren, sondern davon, dass wir den Asiaten in Bezug auf Produkte und Technologien mehr zu bieten haben als andere.

Allein diese technologische und wirtschaftliche Stärke hat es mir erlaubt, gelegentlich andere Dinge anzusprechen als nur geschäftliche, auch wenn diese Themen für den Gesprächspartner nicht immer angenehm waren.

Manch einer hat behauptet, dass er mit dem früheren chinesischen Premierminister Li Peng über Menschenrechte gesprochen hat. Vermutlich bin ich aber einer der wenigen, die das wirklich intensiv getan haben. Es war bei seinem Deutschlandbesuch 1994. Als Vorsitzender des Asien-Pazifik-Ausschusses hatte ich in Bonn zum Mittagessen mit Vertretern der Wirtschaft eingeladen.

Draußen fand eine Demonstration statt, und aufgebrachte Journalisten forderten ein Statement von Li Peng, was dieser verweigerte. Ich wollte einen Eklat vermeiden und stellte mich den Fragen. Deswegen musste ich meinen Gast eine gute halbe Stunde allein beim Essen sitzen lassen, wobei BDI-Präsident Tyll Necker mich derweil gut vertreten hat, und erschien erst zum Dessert am Tisch. Tyll Necker überließ mir kollegial sofort seinen Stuhl, und so nahm ich zwischen Li Peng und seiner Frau Platz.

Zum Glück standen mir zwei Dolmetscher zur Seite, so dass ich mich nicht auf das freundliche Zuprosten »Gan! Bei!« beschränken musste. Ich entschuldigte mich höflich, aber wahrheitsgemäß:»Es tut mir leid, dass ich zu spät bin. Draußen sind Journalisten, denen ich erklären musste, was wir besprochen haben.« Li Peng fragte nach:»Worüber wollten sie mit Ihnen denn reden?« Da habe ich nicht lange gezögert, sondern beschlossen, ihm die Wahrheit zu sagen –»Im Wesentlichen wollten sie mit mir über Menschenrechte in China reden« –, und habe hinzugefügt, dass das in Deutschland ein großes Thema sei.

Damit kam der Stein ins Rollen. Li Peng erwiderte zunächst etwas gereizt, dass er sich bei diesen Vorwürfen ungerecht behandelt fühle und immer zu einem Dialog bereit gewesen sei. Allerdings müsste man wirklich einen Dialog führen wollen und nicht nur demonstrieren.

Nun hakte ich nach: Was er denn den Menschen antworten würde, wenn sie ihm zuhören würden. Li Peng forderte mich auf, mir zu überlegen, worum es den Menschen in China wirklich gehe. Er beantwortete die rhetorische Frage gleich selbst: »Den Menschen geht es vor allem darum, dass sie Frieden und etwas zu essen haben. Das sind die zwei wesentlichen Gesichtspunkte in China.« In der chinesischen Geschichte seien diese beiden Voraussetzungen in der Vergangenheit nicht immer erfüllt gewesen. Im Gegenteil.

In diesem Moment schaltete sich auch Frau Li Peng in das Gespräch ein und griff einen anderen Angriffspunkt der Demonstranten auf. In Tibet hätten keineswegs demokratische Verhältnisse geherrscht, sondern die Menschen hätten bis vor wenigen Jahren unter einer Feudalherrschaft gelitten, die nun endlich abgelöst worden sei. Man habe den Menschen dort die Freiheit gebracht.

Nun waren das in unseren Augen nicht alles überzeugende

Argumente, schon gar nicht Gründe, um derentwillen man sich mit den blutigen Ereignissen von 1989 auf dem Tian'anmen-Platz angefreundet hätte; aber es war zumindest interessant, etwas über die Grundhaltung dieses chinesischen Staatsmanns zu erfahren.

Ob man mit den lautstarken Protesten gegen die chinesische Menschenrechtspolitik, so verständlich sie erscheinen, viel erreichen kann, ist fraglich. Eher wird das behutsame Vorgehen der Bundesregierung Erfolg haben, die im internen Dialog auf eine Verbesserung drängt, und dafür gibt es gute Beispiele. Anlässlich seines offiziellen Besuchs in China Anfang November 1999 schlug Bundeskanzler Gerhard Schröder der chinesischen Regierung einen umfassenden Dialog über Fragen des Rechtsstaats vor. Dieser Vorschlag wurde von der chinesischen Seite aufgegriffen und Ende Juni 2000 eine dementsprechende Vereinbarung, der »Deutsch-Chinesische Rechtsstaatsdialog«, zwischen dem chinesischen Büro für legislative Angelegenheiten und dem Bundesministerium für Justiz unterzeichnet. In diesem Dialog wird immer wieder das uns bewegende Thema der Rechtsstaatlichkeit unter verschiedenen Aspekten zur Diskussion gestellt. Dazu kam der vom Auswärtigen Amt initiierte »Dialog der Zivilgesellschaften«, den ich auf deutscher Seite fünf Jahre geleitet habe. Mein chinesischer Partner war ausgerechnet Xu Kuangdi, mit dem ich so intensiv über den Transrapid verhandelt habe, worauf in diesem Kapitel noch eingegangen wird. In diesem Gremium, das wir auf beiden Seiten mit hochrangigen Vertretern aus Wissenschaft, Wirtschaft und Politik besetzt hatten, habe ich erfahren können, dass die Dialogbereitschaft der Chinesen – so wie ihr Selbstbewusstsein – über die Jahre deutlich gewachsen ist. Wir haben mit zunehmender Offenheit über die Grundregeln der Marktwirtschaft, über Menschenrechte, Pressefreiheit und über außen- und sicherheitspolitische Themen diskutiert.

Aber es wird zweifellos ein langer Prozess – auch mit Rückschlägen verbunden –, bis mit steigendem Wohlstand die Freiheitsrechte der Bürger den Stellenwert erhalten werden, den wir uns wünschen. Die Wirtschaft kann zur Beschleunigung dieser Entwicklung beitragen durch gute Ausbildung und ordentliche Bezahlung ihrer Arbeitskräfte, Einführung erster Mitbestimmungsforen in ihren Betrieben, durch Vorbild im Umweltschutz, durch Technologietransfer im vertretbaren Rahmen und eben auch durch Teilnahme an Dialogforen, in denen die Diskussionen immer offener werden.

China ist ein Beispiel dafür, dass der Wandel durch Handel sichtbare Fortschritte gebracht hat. Die wirtschaftliche Öffnung hat vielen Menschen zu einem besseren Leben verholfen. Hunderte von Millionen Chinesen haben die absolute Armut, wie immer das in China definiert ist, hinter sich gelassen. Ich will aber auch nichts schönreden, was die Regierung offen thematisiert: Die wachsenden Einkommensunterschiede sind eine große Herausforderung für das Land.

In meiner langjährigen Tätigkeit für den Asien-Pazifik-Ausschuss bin ich nach und nach mit vielen politischen Führern Chinas in Kontakt gekommen. Erst mit Premierminister Li Peng, dann mit Staatspräsident Jiang Zemin; besonders gut kam ich mit Premierminister Zhu Rongji zurecht. Er hat die Industrialisierung des Landes, die Öffnung für den Weltmarkt, den Beitritt zur WTO vorangetrieben sowie massiv den Technologietransfer eingefordert. Sein Nachfolger Wen Jiabao ließ sich eine besonders rührende Geste einfallen, als er mich richtiggehend an die Hand nahm, um sich mit mir in unserem Gasturbinenwerk in Berlin fotografieren zu lassen. Für den heutigen Staatspräsidenten Hu Jintao habe ich noch als APA-Vorsitzender ein Gespräch mit Vertretern der deutschen Wirtschaft in Berlin organisiert, bevor er an die Spitze Chinas aufstieg.

Über einen so langen Zeitraum ließ sich dann eben doch ein

langsamer positiver Wandel feststellen, der – so wie wir es uns erhofft haben – mit dem Handel in einer globalisierten Welt einhergeht.

Anfangs haben sich die chinesischen Staatsführer bei Veranstaltungen im großen Kreis auf keine Fragen eingelassen, sondern haben ihr vorbereitetes Statement abgegeben und dann den Journalisten den Rücken gekehrt. Dann konnte man sie ermuntern, ein oder zwei Fragen zuzulassen; es wäre doch absehbar, welche Fragen zu erwarten wären, so dass sie sich in Ruhe darauf vorbereiten könnten. Inzwischen gehen sie genauso professionell in jede Pressekonferenz wie alle Politiker der westlichen Welt.

Siemens war zusammen mit Volkswagen, der Lufthansa und BASF schon sehr früh eines der am stärksten engagierten deutschen Unternehmen in China. Siemens war deshalb ein bevorzugter Partner, weil wir auf allen Gbieten der Elektrotechnik und Elektronik besonders breit und technologisch führend aufgestellt waren und die Chinesen an diesem Beispiel zeigen wollten, wie offen das Land für ausländische Investoren ist. Denn wenn ein so großes, international agierendes Unternehmen mit hoher Reputation in China erfolgreich sein kann, dann gilt das auch für andere. Diesen Rückenwind haben wir genutzt. Wir bemühten uns nach Kräften um eine gut sichtbare Präsenz in China.

Als Teil des »top«-Programms begannen wir gleich 1993 eine breit angelegte Asien-Initiative. Zwar war Amerika für uns zumindest zu diesem Zeitpunkt noch der wichtigste Wachstumsmarkt, aber für einen Einsatz in den USA mussten wir die Mitarbeiter nicht im selben Maße mobilisieren wie für Asien. Hier konnten die meisten die Sprache, die Flugreise an die Ostküste Amerikas dauerte sieben bis acht Stunden. USA war also gewissermaßen schon in den Gedanken verankert. Asien nicht. Einerseits erscheint Asien fremder, andererseits kann es aber eine ganz andere Anziehungskraft entwickeln, wenn man es schafft, sich emotional darauf einzulassen. Ich bin auf viele Persönlichkeiten gestoßen, die sich für diesen Kontinent begeistern konnten.

1994 gründeten wir im Oktober die Landesgesellschaft Siemens Ltd. in Peking, eine Holdinggesellschaft mit einem Grundkapital von 225 Millionen Mark, die die vielen Aktivitäten der Siemens AG in China koordinierte.

Besonders wichtig war dabei die gute Zusammenarbeit zwischen Zeng Peiyan, der als chinesischer Co-Chairman lange unser Ansprechpartner blieb, und Günter Wilhelm, der 1992 meine Nachfolge als deutscher Co-Chairman in China angetreten hatte. Zeng Peiyan und Wilhelm haben unter Mitwirkung einer internen versierten Expertengruppe, die alle Projekte rechtlich, wirtschaftlich und finanziell begutachtet hat, Vereinbarungen für zahlreiche Joint Ventures getroffen. Als Günter Wilhelm im Jahr 2000 in den Ruhestand ging, hatten wir schon 55 Joint Ventures, darunter nur sieben ohne unsere Mehrheit. Diese Joint Ventures waren häufig mit den Provinzregierungen abgeschlossen, aber nie ohne Zustimmung der Zentralregierung.

Dank der Fachkompetenz unserer Manager im China-Geschäft unter der Leitung von Günter Wilhelm und der konstruktiven Haltung von Zeng Peiyan und seinen vielen Mitstreitern haben wir weniger Flops als andere in China gelandet. Viele Unternehmen haben später beklagt, sie hätten in China Geld verloren. Siemens hat dort nie Geld verloren; möglicherweise haben wir anfangs nicht besonders viel verdient, aber es reichte, um den Aufbau des Geschäftes zu finanzieren und später auch Gewinne zu verbuchen.

Einmal bin ich sehr kritisch von Journalisten gefragt worden, wie es denn sein könne, dass wir weiterhin auf den Asienmarkt setzten, obwohl sich alle anderen immer beschwerten. Da ich damals nicht zu lautstark unsere Geschäftserfolge herausposaunen wollte, habe ich mich in betontem Understatement sehr zurückhaltend geäußert, etwa in dem Sinne: »An manchen Stellen ist es schwierig, aber insgesamt läuft es ganz zufriedenstellend.« Zu meiner Überraschung haben sich die Chinesen bei mir über diese Aussage beschwert. Ich hatte geglaubt, wenn man sagt, das Geschäft sei profitabel, werden die Kunden beim nächsten Mal stärker über den Preis verhandeln. Aber meine Antwort war den Chinesen nicht recht. Ich müsse doch die Wahrheit sagen, hieß es, unser Geschäft sei gewinnbringend. »Denn in China kann man Geld verdienen!« Das würde auch niemand kritisieren, ich solle mich doch bitte entsprechend äußern. Erstaunlich. Erst später habe ich gelernt, dass es dazu sogar einen chinesischen Neujahrsgruß gibt, der lautet: »Lasst uns gemeinsam reich werden!«

Auf der Hauptversammlung 2002 habe ich darum aus den Erfolgen, die Siemens in China feiern konnte, auch keinen Hehl mehr gemacht und meine besondere Zufriedenheit über die Geschäfte im Asien-Pazifik-Raum in der Olympiahalle bekundet. Schließlich war eine Vision, die wir vor einiger Zeit formuliert hatten, bereits jetzt Wirklichkeit geworden. Wir hatten gesagt, dass sich das China-Geschäft bald zum drittgrößten Regionalgeschäft des Siemens-Konzerns entwickeln würde. Tatsächlich: Im Jahr 2001 lag China, gemessen am Umsatz von Siemens pro Land, hinter Deutschland und den USA mit einem Umsatz von 3,9 Milliarden Euro erstmalig auf Position drei.

Mit 25 000 Mitarbeitern – das war die damalige Zahl, heute sind es über 40 000 – war Siemens in China erneut überdurchschnittlich gewachsen. »Und – was die Sache wirklich zu einer Erfolgsstory macht«, fügte ich insgeheim mit einem Gruß an die Freunde in China hinzu, »das Ergebnis ist positiv und kann sich durchaus sehen lassen!«

Unsere Ziele in China waren ehrgeizig. Wir wollten immer doppelt so schnell wachsen wie die chinesische Wirtschaft. In den letzten Jahren ist das Geschäftswachstum von Siemens in

China zwar etwas abgeflaut, aber in den Anfangsjahren ist uns das in überzeugender Weise gelungen. Natürlich mit entsprechendem Aufwand: Der zuständige Vorstand, erst Günter Wilhelm und dann sein Nachfolger Klaus Wucherer, die ihre Büros in Erlangen hatten, waren jeden Monat einmal, manchmal auch zweimal in Asien. Ich persönlich habe sie als Vorstandsvorsitzender mit vielen Reisen nach Kräften unterstützt. Es gibt bestimmte Gelegenheiten, bei denen der Vorstand oder gar der Vorstandsvorsitzende persönlich auftreten müssen. Das ist in China wichtiger als in anderen Ländern. Hier gilt eben: »Guanxi«, zu Deutsch »Beziehungen«. Das gegenseitige persönliche Vertrauen ist entscheidend, Verlässlichkeit ist fast alles.

Bei Chinesen können sich Kundenbeziehungen auch zu Freundschaften entwickeln. Wenn man sich ein paarmal getroffen und dabei auch persönliche Worte gewechselt hat, wird man zum »Lao-Pan Yo«, zum »alten Freund«, und wird entsprechend begrüßt. Wären immer wieder neue Gesprächspartner, womöglich auch noch mit dem falschen Dienstgrad, bei den hierarchiebewussten Chinesen aufgetaucht, so wäre das für die Geschäftsbeziehungen nicht sehr förderlich gewesen.

Einmal habe ich die chinesischen Gastgeber regelrecht geschockt, als ich während des zehngängigen Menüs im vornehmen State Guest House das Essen gelobt und in meiner Begeisterung gesagt habe: »Ich würde sehr gern eine Küche von innen sehen!« Das hatte ich allerdings in dem Sinne gemeint, dass ich wissen wollte, wie die Köche in dieser Geschwindigkeit zehn Gänge und eine solche Qualität von Essen für eine derart große Delegation zubereiten. Nun, mein Wunsch wurde von den Chinesen erfüllt. Gastgeber Zeng Peiyan forderte mich nach dem Essen auf, ihn zu begleiten, und dann marschierte die gesamte Delegation durch die Küche. Die Küche war mittlerweile blitzblank geputzt, die chinesischen Köche standen mit sauberen Schürzen aufgereiht nebeneinander und lächelten das berühmte chinesische Lächeln: Amüsierten sie sich über den seltsamen Deutschen, waren sie verlegen wegen des unerwarteten Besuchs oder freuten sie sich wirklich über die seltene Aufmerksamkeit, die ihnen gerade zuteilwurde? Das Lächeln der Sphinx wäre leichter zu interpretieren gewesen.

Der Aufbau des Siemens-Geschäfts kam schnell voran, die Reputation des Unternehmens in China war erstklassig. Es gab große Erfolge zu vermelden. 1995 kam Premierminister Li Peng auf seiner Deutschland-Reise auch nach München. In seinem Beisein wurden Verträge und eine Absichtserklärung im Gesamtwert von 6 Milliarden DM unterzeichnet. Im November desselben Jahres war der gesamte Siemens-Vorstand zeitgleich mit Bundeskanzler Helmut Kohl in China und hielt in Peking eine Vorstandssitzung ab.

1996 startete Siemens in China die gewerbliche Ausbildung nach dem Vorbild des deutschen dualen Bildungssystems, um die Technologiekompetenz vor Ort auszubauen. Ein Jahr später gründeten wir in Peking und Shanghai das Siemens Management Institute (SMI), um die chinesischen Mitarbeiter qualifiziert aus- und weiterbilden zu können. Parallel vereinbarten wir eine Kooperation mit der China National School of Administration. CNSA war eine Elite-Akademie zur staatlichen Aus- und Weiterbildung für Regierungsbeamte. Im Rahmen dieser Kooperation konnten wir hochrangige Verwaltungs- und Regierungsbeamte im Siemens-Führungszentrum in Feldafing zur Weiterbildung empfangen.

Zusätzlich bot das Siemens Technical and Management Training (STMT) in Peking technische und IT-bezogene Ausbildungsgänge für alle Chinesen an und begründete diverse Partnerschaften mit renommierten Universitäten für den Know-how- und Technologietransfer nach China.

1998 erhielt Siemens den Zuschlag für ein Projekt der Hochspannungs-Gleichstrom-Übertragung vom Wasserkraftwerk in Tiansheng zum tausend Kilometer entfernten

Guangzhou. Außerdem konnten wir 40 Drehstrom-Lokomotiven im Wert von 120 Millionen DM nach China liefern, die zum Teil vor Ort unter Zulieferung aus Deutschland und Österreich gefertigt wurden.

Im darauffolgenden Jahr fand Siemens bei einem Projekt im Rahmen des Drei-Schluchten-Staudamms, des größten Staudamms der Welt, erstmals Berücksichtigung, wenn auch nur in sehr reduzierter Form. Wir hatten nämlich abgelehnt, in China eine Halbleiterfabrik zu errichten – die »Fabrik 903«, wie sie im Verhandlungsjargon hieß, sollte nämlich ausgerechnet in dem Jahr entstehen, in dem wir auf dem Halbleitergebiet 2,8 Milliarden DM Verlust gemacht und die gerade erst eröffnete Halbleiterfabrik in North Tyneside wieder geschlossen hatten. Wie hätten wir da rechtfertigen sollen, dass wir jetzt in China eine Halbleiterfabrik bauten?

Für Li Peng war das kein Argument. Beim nächsten Treffen sagte er ziemlich direkt: »Das war eine große Enttäuschung für uns, und Sie haben deshalb für das Drei-Schluchten-Projekt auch nur die Hälfte der Generatoren bekommen, die wir eigentlich für Sie bestimmt hatten. Seien Sie froh, dass Sie überhaupt welche bekommen haben! Eigentlich hätten Sie überhaupt keine bekommen dürfen, so wie Sie sich da verhalten haben.«

Bei der Auftragsvergabe in China ging es eben nicht nur um Preise und Konditionen, wie man aus westlicher Sicht vielleicht erwarten würde, sondern auch darum, sich dem massiven Anpassungsdruck zu stellen. Da musste man auch schon mal eine Kröte schlucken – im buchstäblichen Sinne.

An lokale Gegebenheiten musste man sich auch in anderen Ländern Asiens gewöhnen, in denen Siemens früher aktiv geworden ist. Dazu zählten Länder wie Kasachstan, Turkmenistan, Usbekistan oder Aserbaidschan, die über einen immensen Reichtum an Bodenschätzen verfügen: Gold, Silber, Kupfer, Mangan, Öl, Steinkohle und Gas. Unter dem sowjetischen

Regime waren diese Länder lange Zeit nicht in der Lage, ihre Schätze effizient zu fördern und zu exportieren. Mit Hilfe ausländischer Gesellschaften konnten die Fördermengen erheblich gesteigert werden, und Zentralasien ist mittlerweile einer der wichtigsten Rohstofflieferanten Europas. Doch in den letzten fünfzehn Jahren haben die zentralasiatischen Länder auch sehr enge Beziehungen zu China aufgebaut, das dort neben dem traditionellen Handelspartner Russland ebenfalls zum Konkurrenten der europäischen Länder wird. Wir müssen uns also anstrengen, damit die Handelsbeziehungen zu diesen aufstrebenden Ländern dauerhaft stabilisiert werden.

Der turkmenische Staatsführer Saparmurat Nijasow, der bis zu seinem Tod 2006 in dem Land ein totalitäres Regime etabliert hatte, war 1997 zu Besuch in der Siemens-Zentrale in München. Während der Verhandlung klagte er plötzlich über massive Übelkeit und Engegefühl im Brustkorb. Mein Vorstandskollege Volker Jung, der die Verhandlungen führte, hatte bei diesen typischen Symptomen sofort Verdacht auf Herzprobleme. Nijasow wurde ins Münchner Herzzentrum eingeliefert und bekam einen Bypass gelegt. Nach wenigen Wochen Rekonvaleszenz reiste er heim. Doch diese Rettungsaktion hat er natürlich nicht vergessen. Angeblich gewöhnte er sich anschließend nicht nur selbst das Rauchen ab, sondern verbot es gleich im ganzen Land. Er ließ regelmäßig ein deutsches Ärzteteam zum Check-up nach Aschgabat kommen und später – wohl nicht ganz zufällig – ausgerechnet meinen damaligen Zahnarzt für die Zahnbehandlung einfliegen.

Auch hier galt es, eine gewisse freundschaftliche Beziehung zu Staatsmännern aufzubauen, die in den westlichen Demokratien einen eher zweifelhaften Ruf genossen.»Darf man einem solchen Mann die Hand geben?«, fragte Außenminister Frank-Walter Steinmeier, bevor er Turkmenistans Präsident Nijasow traf. Er tat es, lernte das Land kennen und stellte dann fest, dass der Weg zur Demokratie dort noch weit sei.

Als Politiker wie als Unternehmer musste man immer abwägen, ob man jegliche Handelsbeziehungen zu diesen Ländern ablehnt – und damit nicht nur die eigene heimische Wirtschaft gefährdet, sondern auch für die dortige Bevölkerung die Chance verringert, sich aus der Armut und irgendwann auch aus der politischen Abhängigkeit zu befreien. Oder ob man sich für eine Übergangszeit mit dem undemokratischen Regime arrangiert, um dadurch – wie in unserem Fall – zur Verbesserung der medizinischen Versorgung der Bevölkerung beizutragen und damit vielleicht langfristig den demokratischen Prozess zu beschleunigen.

Als Siemens-Vorstandsvorsitzender wurde ich auch in Zentralasien von hochrangigen Vertretern der Politik eingeladen. Das gemeinschaftliche Essen genießt dort eine ähnliche Wertschätzung wie bei uns. Abends geht man mit derselben Begeisterung in die Jurte, das traditionelle Nomadenzelt, wie hierzulande in den Bierkeller. Dort gibt es alles Mögliche zu essen und zu trinken, im Halbdunkel ist dabei nicht immer zu erkennen, was genau serviert wird. Leber, Nieren oder Zunge von frisch geschlachteten Schafen werden als Delikatessen angeboten. Da darf man nicht lange zucken – auch nicht wenn einem als »Guest of Honour« plötzlich das Auge eines Hammels serviert wird. Einige Überwindung kostete es aber schon, in solchen Situationen die Contenance zu wahren und einfach zu schlucken. Das sind so Momente, wo man etwas mehr Wodka als gewöhnlich trinkt.

Und so ging es Schritt für Schritt in Asien weiter – gemäß dem chinesischen Sprichwort: »Lu shi ren ta chu lai de! – Ein Weg entsteht, indem man ihn geht.«

Ein besonderer Höhepunkt in meinen Siemens-Jahren waren die Verhandlungen über eine Transrapidstrecke in China. Die Magnetschwebetechnik ist eine fortschrittliche Technik und bietet selbst gegenüber dem ICE einige technische und wirtschaftliche Vorzüge. Doch um das zu beweisen, müssen erst einmal entsprechende Strecken gebaut werden.

In Deutschland wird verständlicherweise niemand so viel Geld für ein neues Infrastrukturnetz ausgeben, da sich mit wesentlich weniger Aufwand die vorhandenen ICE-Strecken erweitern lassen. Wäre Deutschland in punkto Verkehrsnetz noch im Aufbau begriffen, hätte der Transrapid ganz sicher eine Chance. China war das einzige Land, in dem die Errichtung eines Magnetschwebenetzes realistisch schien. Insofern war es ein wichtiger Meilenstein, als im Jahr 2000 bei einem Besuch von Bundeskanzler Gerhard Schröder Vertreter von Thyssen und des chinesischen Wissenschaftsministeriums eine gemeinsame Absichtserklärung unterzeichneten: In Peking oder im Ballungsraum Shanghai sollte eine 50 bis 100 Kilometer lange Erprobungsstrecke für den Transrapid angelegt werden.

Das Projekt war eine Herzensangelegenheit des chinesischen Premierministers Zhu Rongji, der als junger Mann an der Pekinger Qinghua University Elektrotechnik studiert hatte. Der Ingenieur, der gewagt hatte, Mao Zedongs Politik zu kritisieren, und deswegen zweimal in die Provinz strafversetzt worden war, wurde in der Zeit der ersten Reformen in den 1980er Jahren rehabilitiert und erwies sich als mutiger Pionier ökonomischer Reformen.

Als Bürgermeister von Shanghai 1989 bis 1991 setzte er einen Modernisierungsprozess in Gang, von dem die Region bis heute profitiert. 1991 wurde er unter Chinas Premierminister Li Peng Vizepremier, 1998 trat er dessen Nachfolge an.

Besonders angesehen war Zhu Rongji aufgrund seiner hohen moralischen Integrität, seiner Entschlossenheit und seiner Arbeitsdisziplin. Er kämpfte mit großem Nachdruck gegen die Korruption. Zhu Rongji ging es stets um die Sache, sein ganzes Leben engagierte sich der heute 82-Jährige für Wirtschaftsreformen und die Öffnung seines Landes zur Welt.

Während seiner Amtszeit wurden viele Staatsbetriebe modernisiert und zahlreiche große Infrastrukturaufgaben in Angriff genommen, bei denen Siemens auch deshalb beteiligt war, weil die Leitgedanken des Unternehmens – Innovation, Internationalität, Verantwortungsgefühl und finanzielle Solidität – in hohem Maße denen des Premierministers entsprachen.

Zhu Rongji ist viel gerühmt für seinen technischen Sachverstand. Bei einem Staatsbankett in Australien 1997 soll er – so erzählt man sich – von einem Toilettengang so lange nicht zurückgekehrt sein, dass die besorgten Sicherheitsdienste ihn zu suchen begannen. Sie fanden ihn im Waschraum der Toilette, wo er die Wasserspartaste eines Spülkastens abmontiert hatte. Er hatte erkannt, welche Ersparnisse eine solche Technik in einem bevölkerungsreichen Land wie China bringen würde, und wollte auf unkonventionelle Weise keine Zeit verschwenden, ihre Funktionsweise zu ergründen.

Im Transrapid hatte er sogleich eine Chance gewittert, das strukturschwache China frühzeitig auf eine zukunftsweisende Spur zu bringen. Insofern verliefen die Verhandlungen hier vollkommen anders als üblich. Es war nicht nur klar, dass China den Transrapid haben wollte, sondern auch, wer ihn liefern würde – schließlich bietet das deutsche Transrapid-Konsortium Thyssen-Krupp und Siemens die Magnetschwebetechnik bis heute ohne Konkurrenz an.

Anfang Juni 2000 war Zhu Rongji persönlich im Transrapid auf der Teststrecke im Emsland gefahren. Ende Juni wurde in Peking eine Absichtserklärung unterzeichnet. Doch dann zogen sich die Verhandlungen in die Länge. Es war fast alles entschieden. Die Strecke, der Lieferumfang und -zeitpunkt, die Höchstgeschwindigkeit, die der Transrapid erreichen musste – nur der Preis war strittig.

Der chinesische Botschafter in Deutschland, Ma Canrong, hat mich bei jeder Gelegenheit mit dem Satz begrüßt: »Guten

Tag. Ihre Preise sind zu hoch.« Und er hat mich mit den Worten verabschiedet: »Auf Wiedersehen. Vergessen Sie nicht, Ihre Preise sind zu hoch.« Und das, obwohl ich eigentlich immer vermieden habe, über Preise sprechen zu müssen, weil ich fürchtete, man würde mich wegen Preiszugeständnissen unter Druck setzen – eine Rolle, die der Vorstandsvorsitzende vermeiden sollte.

Die Verhandlungen zogen sich bis in den Winter. Nun war allgemein bekannt, dass ich in jenen Jahren traditionell unmittelbar nach Weihnachten zu einer Geschäftsreise nach Asien aufbrach. Offenbar erhofften sich die Chinesen einen Verhandlungsdurchbruch, wenn sie mit mir persönlich vor Ort darüber reden konnten.

Etwas ungewöhnlich bei den ansonsten prestigebewussten Chinesen war, dass ich es bei den nunmehr unvermeidbaren Preisverhandlungen als Erstes mit dem Bauleiter Wu Xiangming zu tun bekam, der von allen respektvoll »Commander Wu« genannt wurde und einige Hierarchieebenen unter mir stand. Er war später verantwortlich für die konkrete Umsetzung des Projekts, befehligte die etwa 10 000 Bauarbeiter auf der Großbaustelle mit strengem Regiment und schaute einen stets mit durchdringendem Blick durch seine riesige goldumrandete Brille an.

Wu Xiangming drang etwa eine Stunde lang in heftigem Chinesisch auf mich ein, das mir eigentlich gar nicht ins Englische hätte übersetzt werden müssen. Es war auch so verständlich, dass er wenig erquickliche Nachrichten für mich hatte. Ich wusste aber genau, dass ich über den Preis nicht reden sollte, schon allein deswegen nicht, weil – egal, wie viel Nachlass ich gäbe – in der nächsten Hierarchieebene die Verhandlung von vorne beginnen würde.

Ein paar Stunden später traf ich auf Shanghais Bürgermeister Xu Kuangdi, Anhänger von Premierminister Zhu Rongji und von manchen schon als Vizepremier gehandelt, ein selbstbewusster, aber auch sehr kompetenter Mann, der gut Englisch sprach. »Commander Wu« war ebenfalls anwesend. Beide redeten erneut nach allen Regeln der Kunst auf mich ein.

Wieder habe ich die Preisforderungen im Wesentlichen abgewehrt, habe hier und da ein kleines Entgegenkommen gezeigt, aber ich ging davon aus, dass die Geschichte weitergehen würde, selbst wenn wir die Verhandlungen in Shanghai abbrächen und meine Gesprächspartner immer damit drohten, dass der Transrapid ohne Zugeständnisse meinerseits eben nicht gebaut werden würde.

Und tatsächlich: Als ich ein paar Tage später im winterlichen Peking mit Temperaturen unter null Grad ankam, wurde ich von Zhu Rongji eingeladen. Der Premierminister wählte eine andere Tonart. Ohne mich so offensiv anzugehen wie die beiden anderen, gab er mir aber doch zu verstehen, dass ich einen deutlichen Preisnachlass zu geben hätte und außerdem nach Deutschland zurückkehren und von Kanzler Schröder 200 Millionen DM als Zuschuss der Bundesregierung besorgen sollte. Sonst werde man sich nicht einig.

Ich machte noch ein paar Konzessionen, schlug vor, den Lieferumfang etwas zu reduzieren, und dergleichen mehr. Aber die Botschaft blieb dieselbe. Ohne deutsche Staatshilfe gäbe es keinen Auftrag für den Transrapid.

Zwei Wochen später gelang es mir in der Tat, mit einer Zusage von Bundeskanzler Gerhard Schröder in Peking einzutreffen – allerdings bloß für 100 Millionen DM. Obendrein hatten wir aber unseren Konsortialpartner Thyssen-Krupp dazu bewegen können, genau wie Siemens einen weiteren Preisnachlass zu gewähren, und zu guter Letzt hatten wir noch überlegt, welche Aufgaben die Chinesen in Eigenleistung erbringen könnten, um die Kosten und damit den Preis auch optisch zu reduzieren. Aber während der erneuten Verhandlung wurde klar: Der Abstand zu den chinesischen Forderungen bezüglich eines Preisnachlasses war noch groß.

Zhu Rongji zeigte sich enttäuscht. 100 Millionen DM Staatshilfe seien viel zu wenig. Und unser Nachlass zeige doch, da sei noch Luft drin und so weiter und so fort. Unsere kleine Delegation, vielleicht vier oder fünf Personen, saß da in dicken, schweren Sesseln mit breiten Armlehnen, von den Sitznachbarn durch kleine Teetische getrennt, in der Raummitte nichts als ein großer dicker Teppich. Wir redeten lange. Mal schlug man das rechte über das linke Bein, mal das linke über das rechte. Ab und zu trat eine freundliche Chinesin herein und schenkte Tee nach. Ansonsten bewegte sich nichts. Die Anspannung wurde immer größer. Denn alle Beteiligten wollten das Projekt unbedingt realisieren: die Chinesen, weil sie diese moderne Technologie ins Land zu holen wünschten, wir, weil wir bestrebt waren, die Technologie endlich zum Einsatz zu bringen. Alle waren darum die ganze Zeit freundlich und nett, aber dennoch kamen wir nicht zu einem Ende, die Lücke war einfach zu groß. Wenn wir auf die chinesischen Wünsche eingegangen wären, hätte uns ein Riesenverlust ins Haus gestanden.

Da hatte ich eine Idee, wie ich das Gespräch vielleicht aus der Sackgasse führen könnte. Unauffällig leerte ich meine Hosentasche, in der ich immer ein Taschentuch und einen Kamm hatte. Ich zog alles heraus und steckte es wie nebenbei in meine Jackettasche. Zhu Rongji ließ von seiner Forderung auf weiteren Preisnachlass nicht ab. Es gab keine neuen Argumente, keine neuen Ideen.

Mitten in seine Worte hinein stand ich auf, stellte mich unmittelbar vor ihn hin, stülpte die leeren Hosentaschen aus, schaute zu ihm hinunter und sagte kein Wort. Der Premierminister hörte mit einem Schlag auf zu reden. Mit gesenktem Blick wartete ich gespannt, was jetzt passierte. Würde er mich empört hinauswerfen? Oder mich als albernen Clown beschimpfen und mich auffordern, mich wieder hinzusetzen? Es war Xu Kuangdi, Shanghais Bürgermeister, der zuerst reagierte:»Where is the photographer?«, rief er. Dann lachten alle herzlich. Offenbar hatte jeder in der Runde darauf gehofft, dass irgendetwas passierte, und war froh, dass er jetzt lachen konnte.

Zhu Rongji streckte mir die Hand hin:»In Ordnung«, sagte er. Und damit waren die Preisverhandlungen zu Ende und das Projekt endlich unter Dach und Fach. Die Aufregung ging aber weiter. Schließlich handelte es sich um das weltweit erste kommerzielle Magnetbahnprojekt. Die ganze Welt würde gespannt darauf blicken. Hier durfte einfach nichts schiefgehen.

Kaum war ich mit der frohen Kunde am nächsten Tag nach Deutschland zurückgekehrt, rief ich Thomas Ganswindt an: »Herr Ganswindt, ich weiß, die Lieferzeiten sind extrem kurz, die allerkürzesten, die man sich vorstellen kann. Und die Signaltechnik ist ein kompliziertes Feld. Sie können das besser beurteilen als ich. Aber ich erwarte von Ihnen …«

Ganswindt machte im Braunschweiger Werk für Siemens-Signaltechnik, dem weltweit größten Standort für»Bahnautomatisierung«und die Denkfabrik für den Schienenverkehr von heute und morgen, einen exzellenten Job. Hier wurde die gesamte Betriebsleittechnik für den Transrapid in Shanghai entwickelt und hergestellt. Ganswindt polte kurzerhand die Ressourcen um und gab der Ausführung der Transrapid-Signaltechnik die notwendige Priorität.

Am Ende haben Thyssen-Krupp und Siemens gemeinsam alle Termine eingehalten und die Vorgabe der chinesischen Regierung, die Magnetschwebebahn bis zum Jahresende 2002 in Betrieb zu setzen, erfüllt.

In 23 Monaten wurde eine 30 Kilometer lange Magnetschwebestrecke aus dem Nichts gestampft, und zwar obwohl für die Herstellung der riesigen Stahlträger in China erst noch ein neues Werk errichtet werden musste. Es war beeindruckend, in welchem Tempo die Entscheidungsprozesse in

Shanghai abliefen, als ob die hohe Geschwindigkeit des Transrapids sich bereits auf seinen Bau auswirkte. Mancher Deutsche hat hinter vorgehaltener Hand sarkastisch bemerkt, dass man hierzulande im selben Zeitraum höchstens den Umsiedlungsplan für die im Streckenverlauf nistenden Feldhamster aufgestellt hätte.

Es war wirklich imposant. Die Züge wurden in Deutschland hergestellt. Sämtliche Hochbauarbeiten erfolgten durch chinesische Firmen. Rund hundert deutsche Ingenieure und etwa zehntausend chinesische Bauarbeiter schufteten im Drei-Schicht-Betrieb rund um die Uhr auf der Baustelle. »Commander Wu«, der Bauleiter Wu Xiangming, erwies sich als Treiber allererster Güte.

Bei meiner traditionellen Asien-Reise über den Jahreswechsel 2002/2003, diesmal nach China, Thailand, Malaysia und Singapur, traf ich in China auf begeisterte Siemens-Mitarbeiter. Mehr als 30 000 Chinesen waren mittlerweile beim Konzern beschäftigt. Viele fieberten genau wie ihre deutschen Kollegen mit, als der Transrapid – in China wird die englische Bezeichnung »Maglev« benutzt – seine erste Bewährungsprobe bestehen sollte.

Für die offizielle Jungfernfahrt war nämlich ein Termin mit 400 ausgewählten Gästen genau am Silvestertag 2002 angesetzt. Die 30 Kilometer lange Strecke zwischen dem Shanghaier Finanzzentrum Lujiazui und dem Flughafen Pudong dauerte bei Tempo 430 nur acht Minuten – aber es waren die längsten acht Minuten meines Lebens.

Eigentlich befand sich der Zug noch in der auf zwölf Monate angesetzten Erprobungsphase. Natürlich hatte es schon zahlreiche Probefahrten gegeben. Von daher wussten wir, dass der Zug etwa bei jeder fünften Fahrt stehen blieb, weil der sogenannte Sternschalter, also der zentrale Schalter, über den die verschiedenen Systeme gesteuert wurden, oder auch mal eine andere Komponente ausfiel. Wir wussten nur noch nicht genau warum. Um solche Fehler auszumerzen, gab es ja die lange Zeit der Inbetriebsetzung. Doch die Jungfernfahrt mit den prominenten Gästen musste stattfinden.

Thyssen-Krupp-Chef Ekkehard Schulz und ich saßen also mit leicht flatternden Nerven auf gelben Ledersitzen im Zug mit den petrol- und orangefarbenen Streifen. Neben uns im Abteil A3 der deutsche Bundeskanzler Gerhard Schröder, der damalige Verkehrsminister Manfred Stolpe, der chinesische Ministerpräsident Zhu Rongji und eine Riege weiterer wichtiger chinesischer Minister. Im Cockpit saßen zwei Techniker in blauen Pullovern mit dem Logo von Thyssen-Krupp und hofften, dass diese Fahrt problemlos verlaufen würde.

Als der Zug auf 430 Stundenkilometer beschleunigte, ohne dass man im Innenraum etwas von dieser Geschwindigkeit wahrnahm, gab es Riesenbeifall. Leider konnte ich den Erfolg nicht richtig genießen, sondern dachte nur: »Jetzt kommen wir gleich an die Stelle, wo der Zug schon häufiger stehen geblieben ist.«

Aber der Zug blieb nicht stehen, jedenfalls nicht auf der Hinfahrt. Doch nun mussten wir die Strecke auch wieder zurückfahren. Also noch einmal acht Minuten Nervenkitzel der besonderen Art. Wieder ging alles gut.

Bis die vielen Gäste alle einmal die Strecke gefahren waren, musste der Transrapid ein paarmal hin- und herfahren. Und kaum zu glauben: Bei einer der weiteren Fahrten blieb das Fahrzeug dann tatsächlich stehen. In der Sache war das völlig ungefährlich. Denn wenn aufgrund von Strommangel der Magnet ausfällt, senkt sich das Fahrzeug, das sonst etwa 9 Millimeter über dem Boden schwebt, einfach langsam ab und bleibt stehen. Völlig undramatisch also. Aber diese kurze technische Panne spielte an diesem Tag keine Rolle mehr.

Alle waren guter Dinge, und noch während der offiziellen Einweihungszeremonie im internationalen Medienzentrum in Shanghai konnten wir verkünden, dass bereits über ein zweites Transrapid-Projekt zwischen Shanghai und der Stadt Hangzhou nachgedacht würde. Auf der Entfernung von etwa 200 Kilometern wollten die Chinesen mit Hilfe der deutschen Magnetschwebetechnik den Ingenieurtraum von der »Flughöhe null« wahr werden lassen.

Den regelmäßigen Passagierbetrieb nahm die Bahn in Shanghai im Dezember 2003 auf, seither fährt sie im Regelbetrieb mit mittlerweile drei Zügen und ist eine Attraktion für begeisterte Touristen, für die sich die 45-minütige Autofahrt zum Flughafen auf acht Minuten Schweben verkürzt hat. Eine zweite Strecke ist in China bis heute nicht gebaut worden. Vielleicht weil der Transrapid-Fan Zhu Rongji inzwischen im Ruhestand ist. Vielleicht weil die Chinesen inzwischen eine eigene Magnetschwebetechnik entwickeln, die noch nicht baureif ist. Vielleicht weil Dinge auch in China aus irgendwelchen Gründen verschoben oder verzögert werden oder auch einfach scheitern.

Insgesamt habe ich vielleicht fünfzig Reisen nach China unternommen. Dennoch war es nicht leicht, unseren chinesischen Mitarbeitern zu vermitteln, dass das Unternehmen von einem deutschen Vorstandsvorsitzenden aus München geführt wurde. Auf die freundliche Mail, die ich weltweit zu Weihnachten und Neujahr an die Mitarbeiter versandte, habe ich einmal die knappe Antwort erhalten: »Thanks for your Christmas wishes. But who are you?« Ich habe ähnlich knapp geantwortet: »Thanks for your friendly answer. I am your CEO!«

Finanzwelt rund um
den Börsengang in New York

»Das Geschäft in den USA soll ein Juwel werden.« Mit diesen Worten war ich am Montag, dem 12. März 2001, in New York in die Woche gestartet. Pünktlich um 9.30 Uhr hatte ich die ehrenvolle Aufgabe, die Glocke zu läuten, mit der jeden Morgen der Handel an der New Yorker Börse (NYSE) offiziell eröffnet wird. Unternehmenschefs, deren Aktie das erste Mal an der Wall Street gelistet wird, freuen sich auf dieses Ritual. Einige Deutsche hatten schon vor mir das Glocken-Privileg, beispielsweise SAP-Chef Hasso Plattner, Daimler-Chrysler-Chef Jürgen Schrempp und Jürgen Strube von der BASF. Als im Jahr 2000 Infineon mit großem Brimborium an die amerikanische Börse ging, schwang auch der alte Siemensianer Ulrich Schumacher dieselbe Glocke.

Das Ritual stammt noch aus dem Aktien-»Mittelalter«, als tatsächlich noch leibhaftiges Gedrängel auf dem Parkett herrschte. Heutzutage ist der Börsenhandel weitestgehend virtualisiert, findet per Datenübertragung statt, insofern wird auch der Glockenton nicht durch ein Messinghämmerchen, sondern auf Knopfdruck hervorgerufen. Fünf Sekunden musste ich auf dem Balkon den kleinen schwarzen Knopf an dem Mahagoni-Pult gedrückt halten, damit unter dem Applaus der anwesenden Gäste das scheppernde Geräusch durch den großen Börsensaal schallte.

Bereits eine Stunde vor der Eröffnung der New Yorker Börse hatte ich bei einer Pressekonferenz wie schon so oft in den Wochen zuvor erläutert, was Siemens sich von einem Listing an der amerikanischen Börse versprach: Seit langem waren die USA – noch vor Deutschland und, trotz des Booms, auch immer noch vor Asien – der wichtigste Markt für uns. Schon vor dem Börsengang war jede achte Siemens-Aktie in Besitz amerikanischer Investoren; durch die Notierung an der Wall Street erhofften wir uns, diese Aktionäre stärker an uns zu binden und neue dazuzugewinnen.

Aber es ging auch um die Expansion auf dem amerikanischen Markt, etwa im Bereich Medizintechnik oder im Kraftwerksbereich mit unseren Gasturbinen; in der Kommunikationstechnik hofften wir endlich auf höhere Marktanteile: in der Fabrikautomation, in der Bahntechnik – überall wollten wir weiterkommen.

»Wir haben schon jetzt mehr amerikanische Mitarbeiter als so bekannte Konzerne wie Intel, Cisco oder Microsoft«, erklärte Gerhard Schulmeyer, der nach seinem Einsatz für Siemens Nixdorf inzwischen zum Präsidenten der amerikanischen Siemens-Gesellschaft ernannt worden war. Zu diesem Zeitpunkt waren es 80 000 Beschäftigte, aber wir strebten an, schnell auf 90 000 Mitarbeiter zu wachsen. Um die zu erreichen, hatten wir zahlreiche Akquisitionen vor, auch größere Übernahmen waren geplant. Doch diese erfolgten auf dem amerikanischen Markt eben häufig durch Aktientausch, also durch den Einsatz eigener in den USA an der Börse zugelassener Aktien. Das war die unabdingbare Voraussetzung.

Fast alle großen Konkurrenten (Alcatel, Nokia, Philips, GE, Motorola, Nortel) waren an der US-Börse gelistet. Auch viele große deutsche Konzerne wurden inzwischen an der NYSE gehandelt. Den Anfang hatte die Daimler Benz AG gemacht, die sich bereits 1993 über die Wall Street den Zugang zum größten Kapitalmarkt der Welt eröffnet hatte. Nach und nach waren andere Konzerne diesem Beispiel gefolgt. Allianz, BASF, Telekom und SAP sowie Deutsche Bank, Eon und Schering hatten sich auf den mühsamen Weg nach Übersee gemacht. Damals gehörte es eben zum Standing eines großen deutschen internationalen Unternehmens dazu, in New York gelistet zu sein.

Alle erhofften sich, durch den Einsatz ihrer Aktien als Akquisitionswährung zukünftige Unternehmenskäufe schneller, billiger und reibungsloser umsetzen zu können. Nebenbei steigerte die Börsennotierung an der Wall Street den Bekanntheitsgrad nicht nur in den USA, sondern brachte auch eine »World Media Präsenz«. Im Zeitalter der Globalisierung galt das Bestehen der strengen Zulassungsbedingungen der NYSE als eine Art Gütesiegel in der Weltwirtschaft.

Vor allem die erforderliche Umstellung der Bilanzierungstechnik erforderte umfangreiche Vorarbeiten. Die amerikanische Börsenaufsicht SEC akzeptierte nämlich nicht die Bilanzen, die nach dem in Europa üblichen und von Brüssel vorgeschriebenen Regelwerk »International Accounting Standards« (IAS) erstellt worden waren, sondern verlangte Bilanzen nach den amerikanischen »Generally Accepted Accounting Principles« (US-GAAP). Hier brauchten wir hochkarätige Finanzexperten, die sich mit beiden Systemen gut auskannten.

Allein dadurch war der Börsengang ein Riesenaufwand, der sich allerdings – wider Erwarten – für die allerwenigsten deutschen Unternehmen gelohnt hat. Unser Finanzvorstand, Heinz-Joachim Neubürger, stellte schon kurze Zeit nach dem Börsengang fest, dass Aufwand und Nutzen beim US-Börsen-Listing in keinem guten Verhältnis standen. Er hätte die Börse deshalb am liebsten wieder verlassen. Aber die Amerikaner hatten sehr strenge Vorschriften, die einen Rückzug von der Börse praktisch unmöglich machten. 2008 wurden diese Vorschriften geändert, was zur Folge hatte, dass sich zahlreiche große deutsche Unternehmen wieder von der amerikanischen Börse zurückzogen: Allianz, Bayer, BASF, Infineon, Eon,

Telekom und im Mai 2010 sogar Daimler, einst deutscher Pionier an der NYSE. Heute sind noch die Deutsche Bank, Fresenius Medical Care, SAP und Siemens in New York gelistet.

Der große bürokratische Aufwand, den die Bilanzierungsregeln der NYSE erforderten, führte nämlich leider nicht zu zusätzlichem Handel mit unseren Aktien. Im Geschäft mit Aktien geht es in erster Linie um die Großaktionäre – auch wenn der Einzelaktionär ebenfalls wichtig ist und auf der Hauptversammlung 10 000 Einzelaktionäre erscheinen. Aktionäre wie zum Beispiel Pensionsfonds und Hedge-Fonds oder andere große Fonds bringen die hohen Umsätze. So liegt der Fokus der Investor-Relations-Arbeit folgerichtig auf diesen Aktionären. Bloß handeln diese Aktionäre im Wesentlichen nicht in New York. Selbst die amerikanischen Großaktionäre tätigen ihre Geschäfte mit ausländischen Aktien bevorzugt in London oder in Frankfurt. Insofern ist das Listing in New York eher von Nutzen für das Image – und für den Erhalt einer Akquisitionswährung.

Siemens hat die hart erarbeitete Akquisitionswährung, die an der New-York-Börse gelistete Aktie, nicht ein einziges Mal genutzt. Das war eine Utopie, eine Erwartung, die nicht erfüllt wurde. Doch als ich die Wall-Street-Glocke läutete, träumten alle noch den großen amerikanischen Traum.

Die Entscheidung, in New York an die Börse zu gehen, hatte Siemens schon vor mehreren Jahren getroffen; sie war Teil des Zehn-Punkte-Programms, das ich im Jahr der Krise 1998 aufgestellt hatte. Damals befand sich die Börsenwelt in einem steilen Aufschwung. Doch inzwischen waren drei Jahre vergangen, in denen einiges passiert war.

Das aktuelle Abflauen der US-Konjunktur im Frühjahr 2001 war dabei noch das geringste Problem. Viel schwerer wog die Tatsache, dass es ausgerechnet in den – vom starken Wettbewerb gebeutelten – Geschäftsbereichen Mobiltelefonie und Netztechnik zu dramatischen Markteinbrüchen gekommen war. Die seit Mitte der 1990er Jahre gefeierte New Economy, die eine radikale Veränderung der Wirtschaftswelt weg von der Industriegesellschaft hin zu einer digitalen neuen Welt ersehnt hatte, entpuppte sich als »Dotcom-Blase«.

Hunderte von Internet-Start-ups waren von finanzstarken Kapitalgesellschaften mit irrsinnigen Summen ausgestattet worden, um ihre neuartigen Geschäftsideen in der digitalen Welt in kürzester Zeit so weit zu realisieren, dass man sie gewinnbringend an der Börse verkaufen konnte. Es wurden technische Ideen präsentiert, die im Grunde kaum jemand wirklich verstanden hatte. In der Kommunikationstechnik wurden ständig neue Kunstworte geschaffen, artifizielle englische Begriffe, die relativ willkürlich entstanden und deren Zusammenhang mit dem technischen Gegenstand, den sie bezeichneten, sich nicht so recht erschloss.

Die Börsenwelt wusste oft nicht einmal im Ansatz, was sich hinter einer Technologie verbarg, verstanden doch sogar nur die wenigsten Ingenieure, worum es ging. Insofern hatte auch kaum jemand eine Vorstellung davon, wie tragfähig eine Idee wirklich war. Das hinderte viele Menschen aber nicht, begeisterte Anhänger jeder Form von neuer Technologie zu werden.

Siemens hat sich – wie viele andere Technologieunternehmen – externe Berater ins Haus geholt, um von ihnen zu erfahren, wie sie die Kommunikationstechnik des Unternehmens beurteilten. Die Erkenntnisse waren meistens ziemlich niederschmetternd. Immer wieder bekamen wir zu hören, Siemens könne gar nicht mehr mithalten, es sei denn, es würden durch große Akquisitionen die technischen Lücken geschlossen. Im Nachhinein muss man sich fragen, ob diese Berater überhaupt in der Lage waren, das wirklich zu beurteilen. Auf einer Liste von möglichen Akqusititionen stand damals sogar die schwedische Firma Ericsson, die an der Börse mehr als 100 Milliarden Dollar kostete. Ziemlich abenteuerlich!

Jedenfalls hat sich durch diese irrationale Technikbegeisterung (die sich übrigens nur auf eine bestimmte Form von Technik bezog, nämlich die Kommunikationstechnik) die ganze Branche an der Börse zu einer Riesenblase entwickelt.

Da wurde für ein Unternehmen der optischen Übertragungstechnik als Kaufpreis der dreißigfache Umsatz bezahlt – Gewinn war noch nicht gemacht –, und Finanzanalysten und Investmentbanker drängten:»Das muss jetzt sein, das ist die neue Technik, da muss man investieren!« So wurden dann ein paar Milliarden Dollar ausgegeben, aber letztlich hatte der Käufer buchstäblich nichts in der Hand. Eine Idee. Eine Technik, von der niemand wusste, ob sie sich durchsetzen würde. Das war kein Problem, solange solche Unternehmen nicht mit Bargeld, sondern mit Aktien bezahlt wurden. Alle waren begeistert, ob der brillanten Akquisition stieg auch der eigene Aktienkurs, und so wurde der Börsenwert inflationiert. Als die Blase wenige Jahre später platzte, stürzten alle Aktien in den Keller. Richtig geholfen hat es dabei denjenigen, die wirklich Geld – und nicht nur Aktien – zum Kauf eingebracht hatten.

Nach dem Ende der Dotcom-Euphorie wurde deutlich, dass viele Unternehmen, die den Empfehlungen der Finanzwelt gefolgt waren und sich auf das Segment Kommunikationstechnik konzentriert hatten, nun in existentiellen Schwierigkeiten steckten. Paradebeispiel war der britische Elektrokonzern Marconi, damals noch General Electric Company (GEC) – nicht zu verwechseln mit der amerikanischen General Electric.

Lord Arnold Weinstock, ein hoch angesehener britischer Industrieller, hatte das Unternehmen dreißig Jahre lang geleitet und zu einem der größten britischen Unternehmen gemacht, dessen Hauptaktionär er bis an sein Lebensende blieb. Er galt als erzkonservativer Kapitalist, dem es gelang, die zuvor zersplitterte und international kaum maßgebliche britische Elektronik- und Elektrobranche in einem starken Konzern zu bündeln. Durch Firmenaufkäufe schuf er in den

1960er Jahren den damals größten britischen Konzern. Binnen drei Jahrzehnten steigerte er den GEC-Jahresumsatz von 100 Millionen auf 11 Milliarden Pfund.

Zum Produktportfolio gehörten Generatoren, Kraftfahrzeugausrüstung, Medizintechnik, Verteidigungselektronik, Haushaltsgeräte, Mess- und Regelsysteme, Nachrichtenwesen, Halbleiter und Fernmeldetechnik. Das führte in den 1990er Jahren trotz der vielen profitablen Engagements zu starker Kritik, weil GEC zwar in vielen Teilmärkten aktiv war, aber in keinem eine weltweite Spitzenposition einnahm. Die Finanzmärkte forderten immer lauter eine stärkere Fokussierung – und zwar auf die wachsende Kommunikationsbranche.

Da Siemens 1989 mit GEC ein Joint Venture gegründet hatte und beide Unternehmen seither kooperierten, habe ich Lord Weinstock häufig in seinem Büro in London besucht. Er galt als großer Pferdeliebhaber, und so hatte ich ihn bei unserer ersten Begegnung nach seiner Pferdezucht in Irland gefragt. Obgleich ich nicht viel mitreden konnte, hat ihn allein die Frage so sehr gefreut, dass wir uns ein wenig angefreundet haben. Später haben wir mehr über Wimbledon als über Vollblutpferde geplaudert, weil er wusste, dass ich von Tennis mehr verstand als vom Reiten.

Einmal gab er mir den väterlichen Rat, nie durch eine Fabrik zu gehen. »Warum?«, fragte ich erstaunt. Seine Antwort: »Wenn du durch eine Fabrik gehst, wirst du viel zu emotional: Du kannst nie mehr eine Fabrik schließen, wenn du die Leute an der Werkbank gesehen hast.« Diesen Rat habe ich dann doch nicht befolgt.

Kurz bevor Lord Weinstock in den Ruhestand ging, verstarb überraschend sein Sohn Simon, zuletzt Vertriebschef der GEC, nach kurzer schwerer Krebserkrankung. Vier Wochen später hatten wir wieder einen Termin. Ich sprach ihm mein herzliches Beileid aus; es muss schrecklich sein, den einzigen Sohn zu verlieren. Da drückte er meine Hand und sagte:»Pass auf, du würdest mir einen großen Gefallen tun, wenn du jetzt die Karten von Simon (dieser hatte Dauerkarten in Wimbledon) übernehmen würdest. Ich gebe dir die Karten fürs Endspiel, zwei Karten. Geh mit deinem Sohn dahin!« Was sagt man da? Umso erschütternder war es für mich, in den nächsten Jahren mitzuverfolgen, was mit dem Lebenswerk dieses großen Mannes geschah.

Im September 1996 trat Lord Weinstock in den Ruhestand, wurde Ehrenpräsident und blieb mit 40 Millionen Aktien GEC-Großaktionär. Statt des Sohnes übernahm nun ein Externer die GEC-Führung, nämlich Lord George Simpson, zuvor erfolgreicher Chief Executive von Lucas Industries. Er war ein ausgewiesener Sanierer und befolgte die Regeln der New Economy und die Empfehlungen der Finanzanalysten in aller Konsequenz. Binnen weniger Jahre richtete er GEC allein auf den Kommunikationsmarkt aus, veräußerte alle anderen Bereiche und firmierte den Konzern 1999 in Marconi um. Diese Strategie scheiterte mit Pauken und Trompeten. Für kurze Zeit stieg der Aktienkurs von Marconi in astronomische Höhen. Dann kam es zum Zusammenbruch der New Economy. Der Marconi-Börsenwert schmolz auf den Bruchteil von einer Milliarde Pfund zusammen. Alles innerhalb kurzer Frist. Zack zack.

Mitte 2001 nahm Lord Weinstock als Aktionär noch ein letztes Mal Einfluss auf Marconi und setzte im September eine neue Konzernführung durch, die den nunmehr mit umgerechnet 6 Milliarden Dollar verschuldeten Konzern wieder sanieren sollte. Im Mai 2002, zwei Monate bevor Lord Weinstock starb, bilanzierte Marconi für das abgelaufene Geschäftsjahr einen Verlust von 9,1 Milliarden Euro, den bis dahin größten Verlust in der britischen Geschichte. Nur dank einer durch das englische Recht ermöglichten Restrukturierungsmaßnahme, die faktisch die Aktionäre enteignete, wurde der Bankrott verhindert. Das Unternehmen konnte sich trotz harter Sanierungsmaßnahmen und immensem Personalabbau von dem Crash nie wirklich erholen und wurde 2005 vom Konkurrenten Ericsson für 1,8 Milliarden Euro übernommen.

Auch auf Siemens war in dieser Zeit der Druck seitens der Finanzwelt enorm gestiegen. Wie GEC galt der deutsche Konzern manchen als »Gemischtwarenladen«. Es wurde bezweifelt, dass Siemens über ein zukunftstaugliches »Profil« verfüge. Immer wieder stand Ende der 1990er Jahre die Portfoliopolitik von Siemens im Mittelpunkt der Diskussionen mit Finanzanalysten und Investoren. Siemens müsse sich stärker »fokussieren«, hieß es, und solle sich deshalb von einer Reihe von Aktivitäten trennen.

Nun hatten wir tatsächlich eine ganze Fülle von Maßnahmen zur Portfoliobereinigung ergriffen, ob das nun die spektakuläre Trennung vom Halbleitergeschäft und den anderen Bereichen des Segments Bauelemente oder weniger spektakuläre Veräußerungen von kleineren Segmenten waren. Das hat die Börsenwelt durchaus beeindruckt. Aber es war nie genug.

Unter anderem wurde die Forderung gestellt, dass sich das Unternehmen vor allem auf die IC-Bereiche, also die Kommunikations- und Informationstechnik, sowie auf die Automatisierungstechnik konzentrieren solle. Die Medizintechnik und die Bahntechnik dagegen, die vorübergehend in wirtschaftliche Schwierigkeiten geraten waren, sollten wir abstoßen und Osram an die Börse bringen.

Was die Medizintechnik anbelangte, hatte Professor Erich Reinhardt im Frühsommer 1996 als neuer Chef die Bereichsplanung für das nächste Jahr abgegeben, aber nur wenige Monate später schon korrigieren müssen: Die Planung sei nicht einzuhalten! Die Medizintechnik war in die Verlustzone geraten. Als wir 1997 das 150-jährige Jubiläum von Siemens vorbereiteten, kamen die Investmentbanker zu mir und sagten: »Die Medizintechnik ist nicht mehr zu retten.« Wir erhielten Kaufangebote, aber wir ließen uns nicht beeindrucken.

Ein Teil der Probleme hing nämlich mit dem amerikanischen Markt zusammen, dem weltweit größten für Medizintechnik. Um unsere Produkte auf den US-Markt exportieren zu können, mussten wir gemäß den Regularien der amerikanischen Food and Drug Agency (FDA) bestimmte Zulassungsbedingungen erfüllen. Dazu gehörte auch die lückenlose Dokumentation der Schritte, die der Entwicklung eines Produkts zugrunde lagen. Das war nicht gerade die Stärke unserer deutschen Ingenieure, die hervorragende Produkte entwickeln, mit den notwendigen Formalismen aber wenig zu tun haben wollten und eben nicht den FDA-Erfordernissen entsprechend dokumentiert hatten, wie sie zu diesem Produkt gekommen waren. Hauptsache, es funktionierte und war betriebssicher.

Die FDA verlangte aber eine genaue Dokumentation sowohl sämtlicher Entwicklungsschritte als auch der Fertigungsprozesse, andernfalls dürften wir unsere Produkte nicht mehr in die USA liefern. Das Schlimmste daran war, dass der amerikanische Markt für unsere medizintechnischen Produkte etwa 50 Prozent des Weltmarkts ausmachte. Von diesem Markt ausgeschlossen zu sein kam einer Katastrophe gleich. Es versteht sich, dass unser amerikanischer Hauptkonkurrent auf diesem Gebiet die bis dahin nicht bekannte Konsequenz in dieser Frage nicht ohne ein gewisses Wohlwollen verfolgte.

Allerdings mussten wir auch eingestehen, dass wir massive Qualitätsprobleme hatten, die dazu führten, dass vier Fertigungsstandorte – davon drei in den USA (Concord, Danvers und Issaquah) und einer in Schweden (Solna) – zum Teil für mehr als ein Jahr geschlossen werden mussten. Daraufhin stellte Erich Reinhardt die gesamte Entwicklung um: Statt neue Produkte zu entwickeln, wurden die alten »nachentwickelt«, das heißt, man musste praktisch alle Entwicklungsschritte noch einmal nachvollziehen. In diese Arbeit waren ungefähr »1500-Mann-Jahre« geflossen, ohne dass dabei zunächst neue Produkte entstanden wären. Das war ein ungeheurer Aufwand.

Tröstlich daran war bloß, dass man auf diese Weise eine richtige Bestandsaufnahme und eine fundierte Systematisierung der Innovationsprozesse vornehmen konnte. Sehr schnell hat das auch dazu beigetragen, dass die Innovationsfähigkeit der Siemens-Medizintechnik gestärkt wurde, zumal beim »Nachentwickeln« auch die eine oder andere Verbesserung umgesetzt werden konnte. Plötzlich hatten wir Produkte in der Pipeline, die wesentlich besser waren als alles Vorherige.

Gleichwohl blieben uns massive Restrukturierungen, vor allem auch in Erlangen und Forchheim, nicht erspart. Auf den beabsichtigten Personalabbau wurde in Erlangen mit heftigen Demonstrationen reagiert – es ging um 1000 Stellen. Die Aufwendungen für die Maßnahmen auf der Personalseite schlugen sich in der Planung nieder, die Erich Reinhardt dann für das Jahr 1997 abgab. Auf einer Sondersitzung des Aufsichtsrats, die zu Beginn des Jahres in Berlin stattfand, trug Reinhardt sein Konzept, das im Schwerpunkt ein Innovationskonzept war, überzeugend vor. Auf der Beschäftigungsseite wurde erst im Oktober 1997 in den Verhandlungen zwischen Geschäftsführung, Betriebsrat und IG Metall mit einer Rahmenvereinbarung über flexible Arbeitszeiten der Durchbruch erzielt.

In dieser Phase fragten uns Investmentbanker immer wieder, wann wir die Medizintechnik endlich abstoßen würden. »An sich ist das ja kein schlechtes Gebiet. Verkaufen Sie das doch!«, schlugen die Banker vor. Ich weiß noch, wie ich gesagt habe: »Siemens ohne Medizintechnik, das kann ich mir gar nicht vorstellen.« – Da kam der Vorschlag: »Na ja, wenn ein anderer (!) den Bereich saniert hat, können Sie ihn ja vielleicht wieder kaufen.«

So tickten die Leute an den Finanzmärkten. Aber ich vertraute auf das Medizintechnik-Team, auf Erich Reinhardt und den zuständigen Zentralvorstand Horst Langer, die davon überzeugt waren, dass wir die Medizintechnik aus eigener Kraft sanieren könnten. Tatsächlich ist der Bereich später wie Phoenix aus der Asche aufgestiegen, hat schon 1999 eine Umsatzrendite von 8 Prozent erreicht und ist danach zum Star im Portfolio von Siemens avanciert. Der Aufstieg hält bis heute an.

Inzwischen hat sich rund um den Siemens-Medizinstandort Erlangen ein »Medical Valley« etabliert, an dem neue Fabriken etwa für Computertomographen und Magnetresonanzgeräte gebaut wurden. Zur Einweihung kam der bayerische Ministerpräsident Edmund Stoiber, denn heutzutage hat die Eröffnung so bedeutender neuer Fabriken in Deutschland eher Seltenheitswert.

Erich Reinhardt wurde gefeiert und 2007 wegen seiner Verdienste um die Entwicklung des Unternehmensbereichs Medical Solutions der Siemens AG von einem Branchenblatt zum Manager des Jahres gekürt. Die Mitarbeiter in Erlangen haben nie vergessen, dass ihr Job zeitweilig auf der Abschussliste stand. Wir haben ihnen die Chance gegeben, sich zu beweisen, und sie haben diese Chance genutzt.

Aber in den Finanzmärkten wollte später natürlich keiner mehr etwas davon wissen, was er damals gepredigt hatte. Jahre später gab es einmal eine gut besuchte Konferenz mit Finanzanalysten. Das Treffen war gut gelaufen, unser Finanzchef Heinz-Joachim Neubürger hatte viele Pluspunkte gesammelt, die Stimmung war gelöst. Da habe ich kurz vor dem Ende gesagt, ich würde gern ein paar grundsätzliche Bemerkungen zu unserem Portfolio machen.

Ich erinnerte daran, dass man uns geraten hatte, die Medizintechnik zu verkaufen, heute eine Perle, außerdem Osram an die Börse zu bringen, jetzt ein stabiler Ergebnisbringer und Cash-Lieferant, ferner nicht länger in die Old-Economy-Energietechnik zu investieren, nun ein boomendes Geschäft.

Und schließlich, dass wir in der New Economy und mit Investitionen in die Kommunikationstechnik unser Heil suchen sollten. »Wenn wir das so getan hätten«, fuhr ich fort, »würden wir heute hier nicht sitzen, weil es Siemens dann in dieser Form nicht mehr gäbe.«

Betretenes Schweigen. Anschließend beim Kaffee sagte eine der jungen Analystinnen, die mir durchaus freundlich gesonnen war: »Nun, einmal durften Sie das sagen, aber sagen Sie das bitte nicht noch einmal, nie wieder! Das könnte Ihnen sonst großen Ärger eintragen.«

Aber so ticken die Kapitalmärkte. Dass manche Dinge Zeit brauchen, um sich zu entwickeln, wird kritisch gesehen. Der langfristige Aufbau eines Geschäftsgebiets ist darum ungleich schwieriger geworden, weil der Druck auf die börsennotierten Unternehmen heute noch sehr viel größer ist als damals. Wenn man heute ein Geschäft über längere Zeit aufbauen will, vielleicht mit einer Vorlaufzeit von mehreren Jahren, ist es fraglich, ob man nicht die Ungeduld der Finanzmärkte zu spüren bekommt.

Fünf Jahre und jedes Jahr Millionenverluste, vielleicht vorübergehend dreistellige? Danach wäre der Break-even-Point erreicht, und man hätte eine gute Marktposition? Bei einem solchen Szenario bekäme man heute von den Beratern zu hören: »Schöne Idee, dann warten Sie doch die fünf Jahre ab und kaufen die Innovation von einem anderen, wenn sie erfolgreich am Markt etabliert ist!«

Um dem Druck der Kapitalmärkte standhalten zu können, sind sehr gute Argumente und schnell erste Erfolge erforderlich. Dabei haben wir nicht einfach stur an der Medizintechnik festgehalten, sondern sehr genau differenziert, was uns natürlich auch Kritik eingebracht hat.

Altbundeskanzler Helmut Schmidt zum Beispiel war lange Zeit gegenüber Siemens durchaus kritisch eingestellt, weil er der Meinung war, Siemens würde wichtige technologische

Entwicklungen nicht ausreichend fördern. Dies hat er bei verschiedenen Gelegenheiten auch öffentlich kundgetan.

Ihm wurde abgenommen, dass er sich um die Innovationskraft des Standorts Deutschland sorgte, und eigentlich war es doch auch positiv, dass er von Siemens mehr erwartete, als das Unternehmen in seinen Augen leistete. Ich hatte vor Helmut Schmidt, seiner Lebensleistung, seiner klaren und eindeutigen Sprache, seiner Weitsicht immer großen Respekt. Andererseits hatten wir bei unserem »top«-Programm das Thema Innovation in den Mittelpunkt gestellt und zwischenzeitlich auch schon Erfolge aufzuweisen.

Obgleich Helmut Schmidt nicht mehr im Amt war, hatte seine Meinung in der Öffentlichkeit immer noch großes Gewicht. Also meldete ich mich bei ihm an, um mich vorzustellen. Ich kam sehr schnell auf unser »top«-Programm zu sprechen: »Herr Schmidt«, sagte ich zu ihm – er wollte nicht mit »Herr Bundeskanzler« angesprochen werden –, »wir haben aus Überzeugung Innovation in den Mittelpunkt all unserer unternehmerischen Anstrengungen gestellt. Nur technische Spitzenleistungen rechtfertigen unsere hohen Preise. Wir müssen um so viel besser sein, wie wir teurer sind.«

Ganz überzeugt hat das Helmut Schmidt zunächst noch nicht. Er hatte zum Beispiel mit Siemens-Großrechnern keine guten Erfahrungen gemacht und kam dann schnell auf das zu sprechen, was er persönlich im Bereich Medizintechnik erlebt hatte: »Und? Sie haben ja nicht mal die modernsten Herzschrittmacher!«

Da musste ich ihm recht geben. »Das stimmt, bei den Herzschrittmachern habe ich selbst zum Verkauf des Gebiets beigetragen.« Dann habe ich erläutert, was uns dazu bewogen hatte: Der weltweit erste Herzschrittmacher war Ende der 1950er Jahre von Dr. Rune Elmqvist, einem Siemens-Ingenieur, der zuvor auch als Kardiologe tätig war, entwickelt worden. Inzwischen hatte sich die Technik erheblich weiterentwickelt, und es

gab mittlerweile zwei verschiedene Arten von Herzschrittmachern, einen für die Brachykardie, der den Herzschlag beschleunigt, und einen für die Tachykardie, der ihn verlang-
samt. Nun war es so, dass Siemens in der Herstellung des einen
Schrittmachers sehr stark, im anderen Segment jedoch der
Konkurrenz nicht gewachsen war. Zugleich stand die Medizintechnik wirtschaftlich unter Druck, so dass Veränderungen
notwendig waren. Weil eine Aufholjagd zu viel gekostet hätte,
beschlossen wir, uns von den Herzschrittmachern zu trennen
und die Sparte an ein Unternehmen zu übergeben, das sich auf
kardiologische Geräte spezialisiert hatte. Die amerikanische
Firma St. Jude Medical, die die Herzschrittmachersparte von
Siemens übernommen hat, war 1976 als Pionier im Bereich mechanischer Herzklappen gestartet und ist heute eines der führenden Unternehmen in der Medizingerätetechnologie, übrigens weiterhin mit einem Standort in Deutschland.

Eine zweite Veränderung hatte die Dentaltechnik betroffen. Auch die stellte Siemens nämlich lange Zeit her – und genoss den Ruf, den Rolls-Royce unter den Zahnarztstühlen zu
produzieren. Deswegen freue ich mich – auch wenn ich mich
beim Zahnarzt selten über irgendetwas freue –, wenn ich dort
wenigstens auf einem Siemensstuhl sitzen darf. Aber 1998
mussten wir erkennen, dass die Geräte für Zahnarztpraxen
nicht unbedingt ins Siemensportfolio passten. Also haben wir
den Bereich ausgegliedert und verkauft. Heute ist die daraus
hervorgegangene Sirona Dental Systems GmbH in diesem Bereich einer der weltweit führenden Hersteller.

In anderen Bereichen, etwa bei den Ultraschallgeräten, hingegen verstärkten wir uns durch Zukäufe und feilten zudem an
den Prozessen. Auch die Hörgeräte gaben wir nicht auf. Das
Hörgerätegeschäft war bereits in negativen Zahlen, als ich
1991/92 die ersten Vorstandsbesprechungen zu diesem Thema
miterlebte. Damals wurden Beschlüsse gefasst, die Geschäfts-
konzepte zu überarbeiten und in eine andere Richtung zu len-

ken. In der Krise Ende der 1990er Jahre habe ich mich dann persönlich für die Hörgeräte eingesetzt, weil ich dafür auch angesichts der demographischen Entwicklung über Deutschland hinaus gute Absatzmöglichkeiten gesehen habe. Siemens war zwischenzeitlich Weltmarktführer geworden und lieferte die besten Geräte der Welt.

Ich schloss meinen kleinen Ausflug in die Siemens-Medizintechnik mit dem Satz ab: »Ja, Herr Schmidt, Sie haben recht: Wir haben unser Geschäft mit Herzschrittmachern verkauft, aber wir haben die besten Hörgeräte der Welt!« Es war allgemein bekannt, dass Helmut Schmidt gelegentlich über altersbedingte Hörschwierigkeiten klagte. Ich bot ihm an, in unserem Labor dem Problem auf den Grund zu gehen und eine Lösung zu suchen.

In der Tat erschien der Altbundeskanzler eines Tages in Erlangen, weil er in der Nähe einen Vortrag halten musste. Wir verbrachten zu viert oder fünf – der Chef der Medizintechnik war auch dabei – einen sehr vergnüglichen Abend in einem netten Restaurant und bestimmten bei dieser Gelegenheit spaßeshalber die ideale Regierung. Am nächsten Tag suchten wir Geräte für Helmut Schmidts Hörschäden heraus und passten sie auf seinen Bedarf an, was nicht ganz einfach war – aber wir wollten, dass er seinem liebsten Hobby, dem Klavierspiel, wieder einigermaßen problemlos nachgehen konnte. Seither hatte ich viele für mich lehrreiche Gespräche mit Helmut Schmidt, die sich immer wieder auch um Innovationsanstrengungen auf unseren Tätigkeitsgebieten drehten.

Die Finanzwelt hat sich für solche Detailfragen nur selten interessiert. Sie unterteilte die Welt sehr grob in alte und neue Technologien – Kraftwerkstechnik war »alt«, weswegen wir uns daraus verabschieden sollten. Kommunikationstechnik war »neu«, weswegen wir dort investieren sollten. Alles, was auf Telefon und Internet – auf Hightech – setzte, war New Economy; Siemens war in weiten Teilen Old Economy.

Ich war immer bestrebt zu erklären, dass auch Siemens New Economy betrieb – aber eben »New Economy mit Substanz«, wie wir das nannten. Wir haben versucht, klarzumachen, dass eine Gasturbine auch Hightech ist. Schließlich beinhaltet bei Eintrittstemperaturen des Gases von 1400 Grad die Entwicklung von Werkstoffen und Kühltechniken ein Höchstmaß an Technologie-Know-how. Maschinensteuerungen sind ebenfalls Hightech; ein Computertomograph genauso, denn er verknüpft beeindruckende Softwarepakete mit ausgefeilter Mechanik. Sich Gehör zu verschaffen war kaum möglich. Man schlug uns für Osram einen Börsengang vor, um den Aktienerlös dann in die Kommunikationstechnik zu investieren. Was uns da nicht alles für Unternehmen zum Kauf angeboten – und von anderen Unternehmen gekauft – wurden! Es gab viele groteske Beispiele von Firmen mit einem Umsatz von 2 Milliarden, für die dann 20 Milliarden hingeblättert wurden. Die Analysten prophezeiten uns, der Siemens-Börsenkurs würde abheben, wenn wir ähnliche Käufe tätigen würden. Aber wir haben uns – zum Glück – nicht beirren lassen.

Uns wurde beispielsweise eine Grafik vorgehalten, auf der dargestellt wurde, in welchem Ausmaß unsere Konkurrenten gerade in neue Felder der Kommunikationstechnik investierten. An der Spitze standen Unternehmen, die 20 und mehr Milliarden Dollar ausgegeben hatten, ganz hinten stand Siemens mit ein paar Millionen Investment. Das mussten wir damals rechtfertigen – übrigens auch intern.

Bei einer der vielen Diskussionen mit den Vertretern der Finanzmärkte, bei denen Finanzvorstand Heinz-Joachim Neubürger und ich immer darauf hinwiesen, dass die Probleme in den einzelnen Bereichen lösbar seien und Siemens auf lange Sicht von seinem breiten Portfolio profitieren werde, haben wir uns dann deutlicher gewehrt: Die Empfehlungen der Finanzanalysten seien interessant und erwägenswert, aber letztlich müsse das Management entscheiden, getreu dem Motto »You analyze, we decide!« Denn wir trugen schließlich auch die Verantwortung!

Wir mussten nicht nur dafür geradestehen, dass wir langfristig an »alten« Geschäftsbereichen festhielten und nicht in bestimmte sogenannte Hightech-Branchen investierten, obwohl das gerade »alle« machten, sondern wir mussten uns auch immer wieder für unsere Beschäftigtenzahlen rechtfertigen. Bei jedem Analystentreffen in London wurde uns die Frage gestellt: »Wie viele Arbeitsplätze hat Siemens in fünf Jahren noch in Deutschland?« Was sollte ich antworten? »Ich hoffe, doppelt so viele.« Dann wäre vermutlich der Aktienkurs eingebrochen. Oder: »Wir haben vor, in den nächsten Monaten die Hälfte der Mitarbeiter zu entlassen.« Dann wäre der Kurs gestiegen. Allein dieser Zusammenhang muss einen doch schmerzen! Wenn diese Frage aufkam, habe ich Charts und Kurvendiagramme gezeigt, auf denen die Zahlen der Vergangenheit dargestellt waren. Dann habe ich gesagt: »Ich weiß nicht, was in fünf Jahren ist, aber wenn Sie diese Grafik hier extrapolieren, haben Sie vielleicht eine richtige Vorstellung.« Damit kam ich immer ganz gut über die Runden. Das hat zu nichts verpflichtet, aber die Gesprächspartner einigermaßen zufriedengestellt.

Anfangs hatte ich die Kommunikation gegenüber den Analysten und Aktionären lieber den Experten überlassen, Heinz-Joachim Neubürger beispielsweise, der eine exzellente Art hatte, der Finanzwelt die Siemens-Strategien und -Ergebnisse zu vermitteln. Aber als ich erfuhr, dass ich in London den Spitznamen »Pierer, the silent face of Siemens« trug, konnte ich das nicht auf mir sitzen lassen und habe mich schrittweise an das Thema »Investor Relations« herangetastet.

Nach dem Börsengang in New York musste ich fünfundzwanzig Termine an verschiedenen Orten in den USA wahrnehmen. Mein erster Termin fand in Boston statt, das war alles gut von professionellen Beratern aus dem Investmentbanking organisiert. Wie üblich habe ich den Gesprächspartnern auf der anderen Seite unsere Strategie erklärt, nach meinem Empfinden ruhig und sachlich, die Vor- und Nachteile, Risiken und Chancen bestimmter Handlungsmöglichkeiten abwägend und eben mit der sorgfältigen Bedächtigkeit, die auch die Unwägbarkeiten des Geschäfts berücksichtigt.

Auf der Treppe sagte ich zu unserer Beraterin Swantje Conrad, Analystin bei J. P. Morgan:»Na ja, das lief doch ganz gut. Die waren doch sehr positiv.«Da starrte sie mich mit aufgerissenen Augen an und sagte:»Was? Das lief gut? Wenn Sie so weitermachen, können wir die ganze Roadshow abblasen!« Und dann hat sie mir auf der Autofahrt zum nächsten Treffen erklärt und zum Teil vorgeführt, wie ich auftreten sollte. Nämlich nicht zurückgelehnt am Tisch sitzend, sondern vorgebeugt, die Arme auf dem Tisch, den Oberkörper immer in leichter Spannung, die Gesprächspartner offen fixieren, dynamisch und offensiv.

Ich solle nicht mehr Formulierungen benutzen wie »I'm optimistic« oder »Wir haben diese und jene Alternative geprüft und uns aus folgenden Gründen für dies oder das entschieden«, sondern ich müsse Sätze sagen wie:»These are my targets and I'm confident that we will achieve them! Next question, please!«Das natürlich im entsprechenden Tonfall. Aber vor allem müsse ich die Nachdenklichkeit ablegen, die man als Unternehmer eigentlich immer mit sich herumträgt, weil die Geschäftsentwicklung von allen möglichen äußeren oder selbstverursachten Ereignissen abhängt, die sich so schwer kalkulieren lassen. Andererseits dürfe ich aber auch keine Prognosen abgeben, weil man erhebliche Schwierigkeiten bekommen kann, wenn man sich zu vorschnell auf irgendwelche Versprechungen einlässt. Dann heißt es hinterher: Der hat sein Wort nicht gehalten.

Also erklärte mir Swantje Conrad, ich müsse forsch und überzeugt auftreten – aber bitte ohne konkrete »forward looking statements« zu geben. Wenn ich schon mal Ziele nenne, dann keinesfalls einen konkreten Termin damit verbinden und möglichst keine konkrete Zahl, sonst riskiere man eine Aktionärsklage, in der es heißen würde: »Ich habe deshalb Aktien gekauft, weil Pierer erzählt hat, er würde bis dann und dann dies und das erreichen. Hätte er das getan, wäre der Aktienkurs von 50 auf 70 gestiegen. Ich habe für so und so viel Millionen Aktien gekauft. Bitte schön!«

Nach diesem fünfminütigen etwas konfrontativen Crashkurs, bei dem kurzzeitig im Raum stand, die ganze Roadshow hier vielleicht abzubrechen, habe ich mich an meine Zeit beim Schülertheater erinnert und gedacht: »Diese Rolle bekomme ich auch noch hin.« Dann bin ich in den nächsten Konferenzraum gegangen, habe mich anders hingesetzt und schlichtweg gemacht, was ich gerade gelernt hatte.

Obwohl dieses Auftreten mir im Grunde etwas gegen den Strich ging, hat es offenbar doch ganz gut geklappt. Dieses Mal sagte Swantje Conrad anschließend auf der Treppe: »Ich hätte nicht gedacht, dass Sie so schnell dazulernen!«

In dieser Branche gibt es gewisse Spielregeln, die man einhalten muss, ob sie einem gefallen oder nicht. An die Finanzwelt musste ich mich eben erst noch gewöhnen.

Natürlich sind die Finanzmärkte sehr renditegetrieben und in der Regel extrem kurzfristig motiviert, wenngleich es natürlich auch Aktionäre gibt, die längerfristig bei einem Unternehmen engagiert sind. Wenn etwa ein großer Pensionsfonds 20 Millionen Siemens-Aktien besitzt, dann hat er eine Anlagenentscheidung getroffen, die er nicht von heute auf morgen ändert. Trotzdem wollen alle Aktionäre möglichst schnelle Ergebnisse und den Kurs steigen sehen. Denn daran hängt oftmals der eigene Bonus.

Vor allem die im Börsengeschäft übliche Quartalsberichterstattung hat etwas Tückisches: Jeder Quartalsbericht wird zweimal verglichen: mit dem Vorquartal desselben Jahres und mit dem entsprechenden Quartal des Vorjahres. Wenn man bei einem der beiden Vergleiche einen Anlass gibt zu sagen »Hoppla, die haben da einen Rückgang!«, dann hat man sofort ein Problem. Nun gibt es Produktgeschäfte, bei denen man – etwas vereinfacht gesagt – am Monatsergebnis den Konjunkturverlauf ablesen kann. Aber in einem langfristigen Anlagengeschäft wie zum Beispiel beim Kraftwerksbau spielt es keine Rolle, ob man in diesem oder im nächsten Vierteljahr mehr oder weniger Umsatz hat. Projekte werden verschoben oder verzögern sich, ganz unabhängig von der Quartalsberichterstattung. Es wird ganz schnell mal in einem Monat weniger Umsatz erzielt und natürlich auch weniger Ergebnis, dafür im anderen mehr. Aber was sagt das aus? Gar nichts!

Es braucht gelegentlich ein gewisses Durchhaltevermögen und den Mut zu sagen: »Ich verstehe Ihre Interessen, und natürlich müssen wir auch kurzfristig das Ergebnis sichern. Aber wir sind nicht angetreten, um Quartalsergebnisse zu liefern, sondern um unseren Aktionären einen mittel- und langfristigen Erfolg zu sichern.« Auf die Nachhaltigkeit kommt es an.

Ähnlich verhält es sich mit exorbitanten Wachstumszahlen. Die Start-ups der New Economy diktierten den Medien für die Zukunft ständig ungeheure Wachstumsraten in die Feder. Viel zu selten wurde gefragt, ob sich hier nicht eventuell eine Riesenblase auftue. Als Siemens-Repräsentant stand ich in der Defensive – darum habe ich in meinen Vorträgen gern erzählt, wie ich die viel zitierten 20 Prozent Wachstum jährlich einschätzte: »Ich erlebe gerade, dass meine Enkelkinder in der schnellsten Wachstumsphase sind und jedes Jahr zehn Zentimeter wachsen. Aber es ist doch sonnenklar, dass das irgendwann ein Ende haben wird. Sonst wäre meine Enkeltochter in zehn Jahren über zwei Meter fünfzig groß.«

Bäume wachsen nicht in den Himmel. Aber wenn derlei gesagt wurde, haben viele bloß gelächelt und sind zur Tagesordnung übergegangen. Es war eine seltsame Welt. In den Büros, an Stammtischen, selbst im Fußballstadion gab es kaum ein anderes Thema als die Börsengänge von diesem oder jenem New-Economy-Unternehmen. Als die Telekom die T-Aktie auf den Markt brachte, glaubten alle, man habe quasi ein Bürgerrecht auf Reichtum durch Aktiengewinne, und saß dem fatalen Irrtum auf, Aktienkurse kennten nur eine Richtung: die nach oben.

Wie von Geisterhand hatten sich die Menschen dem Börsen-Spuk angeschlossen und bauten teilweise ihre gesamte Altersvorsorge auf Aktien auf, die sich auf Produkte bezogen, die sie nicht im Ansatz verstanden und teilweise nicht einmal kannten. Unter vielen Managern entwickelte sich der »Shareholder Value« zur allein seligmachenden Theorie, nach der, wenn dem Aktionär gedient sei, allen gedient sei. Was gab es später für ein böses Erwachen!

Eberhard Posner hatte mir einmal die Formulierung in einen Redetext geschrieben: »Wir mussten den Spagat zwischen den Mitarbeiter- und den Kapitalinteressen bewältigen.« Das ist mir nach allen Regeln der Kunst um die Ohren geschlagen worden, ob ich denn nicht wisse, wer die Eigentümer des Unternehmens seien und so weiter. Solche Formulierungen sollte ich mir versagen.

Posner hat dann die Formulierung gefunden, Kapitalinteressen und Mitarbeiterinteressen seien zwei Seiten derselben Medaille. Das ging besser. Also habe ich in der Folge immer gesagt: »Nur wenn man viel Geld verdient, werden die Kapitalinteressen gestärkt. Dann kann man sich auch Wachstum, aber vor allen Dingen Forschung und Entwicklung leisten. Wachstum sowie Forschung und Entwicklung sind die Grundlage für die Sicherheit der Arbeitsplätze. Insofern sind Kapitalinteressen und Mitarbeiterinteressen zwei Seiten derselben Medaille.«

291

Nach wie vor bin ich fest davon überzeugt, dass es nicht nur darum geht, Aktionäre glücklich zu machen. Aber dass man Aktionäre glücklich machen muss, das glaube ich allerdings auch. Werner von Siemens wollte nicht an die Börse. Erst seine Nachfolger sind 1897 an die Börse gegangen; allerdings waren die Aktien anfangs fast ausschließlich im Besitz der Familie Siemens. Doch ohne den Börsengang wäre der ganze expansive Kurs von Siemens Anfang des 20. Jahrhunderts bis heute nie möglich gewesen. Ein Wettbewerber nach dem anderen wurde vom Platzen der »Dotcom-Blase« erfasst. Lucent, Nortel und Alcatel mussten mehrere zehntausend Arbeitsplätze abbauen. Prodacta, Ejay, Lipro – Unternehmen, die eine Zeitlang als ultimative Geheimtipps am damals extra für die vielen IT-Start-ups eingerichteten »Neuen Markt« gehandelt worden waren und die heute keiner mehr kennt – schrumpften auf Miniformate zusammen. Manche verwandelten sich in sogenannte »Penny Stocks«, deren Aktienwert weniger als einen Euro betrug. Früher oder später verschwanden viele Unternehmen der New Economy von der Bildfläche der Wirtschaftswelt.

In den Strudel gerieten allerdings auch die Siemens-Bereiche IC Networks, IC Mobile und Siemens Business Services. Die Folge war auch hier erheblicher Arbeitsplatzabbau, aber wenigstens ist Siemens selbst – anders als GEC-Marconi – nicht unter die Räder geraten, sondern hat das Platzen der »Dotcom-Blase« dank seiner breiten Aufstellung gut gemeistert. Mit einigen der Finanzanalysten aus der damaligen Zeit bin ich heute noch in gutem Kontakt. Denn auch in dieser Branche gab es Vertreter, die unseren auf langfristigen Erfolg ausgerichteten Kurs respektierten und unterstützten.

Wertsteigerung durch Akquisitionen

Wenn ein Unternehmen wie Siemens über ein breites Portfolio mit vielfältigen Produkten und Dienstleistungen verfügt, steht es an den Finanzmärkten in der Kritik, weil der Verdacht aufkommt, schlechte – also wertvernichtende – Gebiete könnten durch die ertragreichen quersubventioniert werden. Schnell geht das böse Wort vom Gemischtwarenladen um, und an der Börse gibt es bei der Bewertung einen Abschlag, den sogenannten Conglomerate Discount. Ziel einer aktiven Portfoliopolitik muss es sein, einen solchen Abschlag zu vermeiden oder ihn zumindest so gering zu halten, dass kein anderer auf die Idee kommt, das Unternehmen als Ganzes aufzukaufen und gewinnbringend in seine wertvollen Einzelteile zu zerlegen. Deshalb sollte das Portfolio so zusammengestellt sein, dass jede Sparte für sich wettbewerbsfähig ist und sich die einzelnen Teile ergänzen und befruchten, dass sich also größtmögliche Synergieeffekte ergeben, zum Beispiel bei den technologischen Grundlagen oder im Vertrieb. Dann wird das Ganze – im Idealfall – wertvoller als die Summe seiner Einzelteile.

Für den über Jahrzehnte gewachsenen Elektro- und Elektronikkonzern Siemens hat die Portfoliopolitik spätestens seit den 1980er Jahren eine zentrale Rolle gespielt. Zunächst ging es aber mehr um punktuelle Maßnahmen. Sowohl durch Zukäufe und Kooperationen als auch durch Abspaltungen oder Verkäufe wurden im großen Spektrum des Siemens-Konzerns einzelne Stellen verstärkt oder, wo das nicht möglich war, abgegeben.

Mit dem Zehn-Punkte-Programm haben wir uns zu einer systematischen Portfoliopolitik entschlossen, die seither das ganze Unternehmen umfasst. Auf Dauer sollten nur jene Aktivitäten bei Siemens bleiben, die eine Chance hätten, im globalen Wettbewerb erste oder zweite Marktpositionen einzunehmen. Wenn das aus eigener Kraft nicht möglich war, dann galt die Devise »Buy, cooperate, sell or close« – also zukaufen, kooperieren, verkaufen oder schließen. Inspiriert war dieses konsequente Vorgehen ganz sicher vom Vorbild der amerikanischen General Electric und ihres Chefs Jack Welch. Führende Marktpositionen sind nämlich eine notwendige, wenn auch noch keine hinreichende Voraussetzung, um im globalen Geschäft nachhaltig gute Ergebnisse zu erzielen.

Es ist aber leichter gesagt als getan. Mein Vorgänger, Karlheinz Kaske, hatte einmal humorvoll und etwas zugespitzt gesagt, Siemens habe keine Probleme, Schiffe zu kapern, die vorbeikämen. Die sich entwickelnde systematische Portfoliopolitik ging aber weiter. Sie bedeutete, dass wir nicht warten konnten, ob und wann Schiffe vorbeikämen, die sich zu kapern lohnten. Solche Gelegenheiten wollten wir zwar auch nutzen. Darüber hinaus waren aber für jedes Geschäftsgebiet tiefgreifende Analysen des Marktes und der Konkurrenten sowie langfristig angelegte Umsetzungsstrategien erforderlich. Man muss Chancen nicht nur nutzen, sondern sie oft erst herbeiführen.

»Zum Sterben zu groß und zum Leben zu klein.« So lautete zum Beispiel das Ergebnis unserer Analysen Mitte der 1990er Jahre für das Gebiet Gebäudetechnik. Bei Licht besehen war nicht zu leugnen, dass wir im Produktgeschäft bestenfalls mit Schwerpunkt in Deutschland von lokaler Bedeutung waren. International hatten wir keine starke Position. Dazu kamen wirtschaftliche Probleme bei Großprojekten – zum Beispiel beim Bau der Bankzentrale der Commerzbank in Frankfurt. Hier mussten wir erheblich zuzahlen, weil Termine nicht eingehalten wurden und die Koordination der Projektabläufe mit dem Bauherrn und den zahlreichen Unterlieferanten alles andere als optimal ablief. Als ich den Vorstandsvorsitzenden und späteren Aufsichtsratsvorsitzenden der Commerzbank Martin Kohlhaussen einmal in seinem eleganten Büro besuchte, rechnete ich ihm fröhlich lächelnd vor, dass seine Bank uns eigentlich noch den Gegenwert einer Büroetage schuldig sei, eine Bemerkung, die er aufgrund der bestehenden Vertragslage nicht ernst nehmen musste.

»Sell or close« – das waren im Grunde, so schien es, die beiden einzigen sinnvollen Optionen, um mit diesem Thema fertigzuwerden. Aber würde man dabei die Arbeitsplätze in den deutschen Niederlassungen retten können? Jedenfalls würde das sehr schwierig sein. Deshalb war der Fall noch nicht entschieden. Da wollte es der Zufall, dass uns ein »Schiff zum Kapern« angeboten wurde: die schweizerische Elektrowatt AG. Sie existierte schon seit Ende des 19. Jahrhunderts und war ursprünglich auf Dienstleistungen im Bereich Stromerzeugung und -verteilung spezialisiert. Doch im Lauf des 20. Jahrhunderts hatte sich das Unternehmen gewandelt.

Ende der 1990er Jahre bestand Elektrowatt grob gesehen aus zwei Teilen: aus dem Versorgungsgeschäft als Stromanbieter und aus einem Industriegeschäft, einem Konglomerat von Unternehmen der Gebäudetechnik. Der Industriezweig machte den größten Teil des Gesamtumsatzes aus, doch ertragsmäßig war die Energiesparte bedeutsamer. Deswegen entschloss sich der Haupteigentümer, die schweizerische Bank Credit Suisse, die Elektrowatt AG in eine schweizerisch-deutsche Energieholding (Watt AG), an der ein von den Bayernwerken geführtes Konsortium Interesse hatte, und in eine Industrieholding aufzuteilen, für die sich erst noch ein Käufer finden musste. Die Industrieholding hing gewissermaßen in der Luft.

Wir kamen im Laufe des Novembers 1996 als möglicher Interessent für den Gebäudetechnikteil ins Gespräch. Von unserer Seite gab es eigentlich keinen Grund zur Eile, aber plötzlich hieß es bei der Credit Suisse, der Deal müsse noch vor dem 31. Dezember 1996 über die Bühne gehen, weil Elektrowatt zum Jahresende nicht mehr in den Büchern des Verkäufers erscheinen solle. Vielleicht sollte auch der Buchgewinn aus der Veräußerung rechtzeitig vor Ultimo realisiert werden. Wir hatten also etwas mehr als einen Monat Zeit – inklusive der Weihnachtsfeiertage.

Bis dahin mussten wir mit ausreichender Sicherheit prüfen, ob ein solcher Kauf für uns eine nachhaltige Chance bieten würde. Außerdem mussten wir uns im selben Zeitraum mit dem potentiellen Käufer des Stromteils, den Bayernwerken und seinen Partnern, über den Wert der beiden Teile einigen und dies dann gemeinsam mit dem Verkäufer, der Credit Suisse, verhandeln. Nicht zuletzt mussten wir auch intern im Siemens-Vorstand und mit den entscheidenden Gremien des Aufsichtsrats Einvernehmen darüber erzielen, dass wir ein solch bedeutendes Investment vornehmen wollten. Jeder Schritt für sich würde üblicherweise mehrere Wochen in Anspruch nehmen. Wie sollte das alles zusammen in so kurzer Zeit gelingen?

Aber der Industrieteil von Elektrowatt erschien uns dann doch als ein lohnendes Objekt, das wir auch nicht unbedingt in der Hand eines anderen Konkurrenten sehen wollten. Er basierte auf der Gründung der Gesellschaft Cerberus Brandschutz im Jahr 1940, einer auch unternehmerisch erfolgreichen Einheit. Dazu kam 1962 eine eigenständige Gesellschaft unter dem Namen Staeffa Gebäudeautomatisierung, die eine europäische Spitzenposition einnahm. 1996 wurde schließlich das Unternehmen Landis & Gyr erworben und mit den anderen beiden Unternehmen zu Landis & Staeffa mit Sitz in Zug verschmolzen. Das lag gerade erst wenige Monate zurück, und es erhob sich durchaus die Frage, ob sich dieses komplexe Gebilde mit der schwächelnden Siemens-Gebäudetechnik zu einer schlagkräftigen Einheit zusammenführen ließ. Hatten wir im eigenen Konzern nicht schon genügend Probleme, die unsere volle Aufmerksamkeit auf höchster Ebene erforderten? Aber dieses Vorhaben hatte eben auch seine Reize. Wahrscheinlich bot sich hier die einmalige Chance, die Siemens-Gebäudetechnik doch noch mit einem Schlag in ein positives Umfeld zu bringen, und das Risiko war überschaubar. Denn Landis & Staeffa war gut aufgestellt und gewohnt, sich im harten Produktgeschäft zu bewähren. Darüber hinaus konnten wir hier erstmals einen Siemens-Bereich gründen, dessen Sitz nicht in Deutschland, sondern in der Schweiz lag, was unserem Image als internationalem Unternehmen guttat.

Wir hielten die Gebäudetechnik auch aus grundsätzlichen Erwägungen für einen Zukunftsmarkt: Die fortschreitende Urbanisierung führt in vielen Regionen, vor allem in Asien, zu steigender Nachfrage nach Wohn- und Bürogebäuden in den Städten. Sie würde noch verschärft werden durch den demographischen Wandel: Mit zunehmender Lebenserwartung erhöht sich der Bedarf auf dem Wohnungsmarkt. Außerdem würde auch der Umweltschutz erhebliche Investitionen in die Errichtung und Sanierung von Gebäuden erfordern. Energieeinsparungen gibt es nicht nur durch dickere Wände und gute Isolierung, sondern vor allem durch intelligentes Steuern der vorhandenen Systeme wie Heizung und Klimaanlagen. Und schließlich stellt die Sicherheitstechnik im Haus einen schnell wachsenden Markt dar.

Diese positive Perspektive – und ein gut vertretbarer Kaufpreis – haben uns bewogen, das Vorhaben trotz der noch offenen Fragen innerhalb kurzer Zeit in die Tat umzusetzen. Ein Team unter Führung von Karl-Hermann Baumann, damals Finanzchef, und dem später zuständigen Betreuer im Zentralvorstand, Edward Krubasik, gemeinsam mit unserem Chefstrategen Michael Mirow wurde beauftragt, die Verhandlungen mit der Credit Suisse als Eigentümer und den Bayernwerken als Partner für den Stromteil aufzunehmen und möglichst rasch zu Ende zu führen.

Die entscheidende Sitzung über die Freigabe der Investitionsmittel fand zwei Tage vor Weihnachten in meinem Büro statt. Zwischen Weihnachten und Neujahr wurden dann die Einzelheiten verhandelt. Soweit ich weiß, hatten wir nicht den höchsten Preis geboten. Aber der verbliebene Konkurrent kam aus dem angelsächsischen Raum und hatte ein komplexeres, auf angelsächsischen Gewohnheiten beruhendes Vertragswerk vorgelegt, wir dagegen einen einfachen, auf schweizerischen und deutschen Rechtsvorstellungen basierenden Entwurf. Der »angelsächsische« Vorschlag konnte noch vor Jahresende 1996 durchverhandelt werden. Das war auch ein Grund, weswegen Siemens den Zuschlag erhielt.

Die Integration der erworbenen Teile mit der Siemens Gebäudetechnik verlief dank des bewährten schweizerischen Managements unter Oskar Ronner weitgehend nach Plan. Zum 1. Oktober 1997, also mit Beginn des auf den Kauf folgenden Geschäftsjahrs, wurde unter dem Namen Siemens Building Technologies (SBT) ein neuer Bereich gegründet. Er hatte zunächst die Aufgabe, sich gemeinsam mit der Siemens Gebäudetechnik – unabhängig von den übrigen Siemens-Bereichen – eine neue Struktur zu geben und ein eigenes Profil am Markt zu schaffen.

In den Folgejahren verstärkte SBT Schritt für Schritt die Zusammenarbeit mit den Siemens-Regionalgesellschaften in den wesentlichen Zielländern, fügte sich also voll in die Siemens-Welt ein. Gleichzeitig profitierte Siemens Building Technologies von der Reorganisation der vier Industriebereiche des Hauses, die zu einer gemeinsamen technischen Architektur führte und damit die Voraussetzung schuf, um bereichsübergreifend zusammenzuarbeiten und Synergien zu heben.

Im Oktober 2003 übernahm Heinrich Hiesinger die Leitung, bevor er nach erfolgreicher Arbeit 2008 als Vorstand der neugeschaffenen Industriesparte tätig und im Mai 2010 zum Vorstandsvorsitzenden von Thyssen-Krupp berufen wurde.

Heute hat Siemens Building Technologies ein Geschäftsvolumen von rund 7 Milliarden Euro, beschäftigt weltweit etwa 40 000 Mitarbeiter und erwirtschaftet positive Renditen. Die Aktivitäten in diesem Bereich umfassen ein Produktsortiment von Regel- und Steuerungstechniken für Heizungs-, Lüftungs- und Klimaanlagen über Einbruch- und Brandmeldesysteme sowie Videoüberwachungstechniken bis hin zu elektrischer Installationstechnik.

Diese Erfolgsstory ist ein guter Beweis dafür, dass Großunternehmen keineswegs schwerfällige Schlachtschiffe sind, die sich dank überbordender Bürokratie und »komplizierter« Entscheidungsstrukturen nur träge im Markt bewegen. Die schnellen Abläufe bei der Akquisition von Elektrowatt haben gezeigt, dass Siemens komplexe Vorgänge innerhalb weniger Tage zu bewältigen imstande war. Aktive Portfoliopolitik erfordert eben auch einmal einen schnellen Strategiewechsel, wenn die Rahmenbedingungen sich entsprechend verändern.

Auch bei dem noch relativ jungen Siemens-Kind Automobiltechnik (AT) bestand Ende der 1990er Jahre Handlungsbedarf. Es war erst Mitte der 1980er Jahre als eigenes Geschäftsgebiet innerhalb des Unternehmensbereichs Installationstechnik entstanden und barg ungewisses Potential. Könnte man die in Regensburg angesiedelten kleineren Aktivitäten auf dem Feld der Automobiltechnik zu einem neuen Kerngebiet des Hauses ausbauen?

Zunächst scheiterten die Versuche, den Aufbau dieser Geschäfte durch externes Wachstum zu beschleunigen. Über die Akquisition des Familienunternehmens Pierburg, eines wichtigen deutschen Vergaserherstellers, entbrannte ein Streit zwischen Siemens und Bosch, der auch in den Medien hohe Wellen schlug. Bosch besaß nämlich 20 Prozent der Firmenanteile von

Pierburg und bestand auf einem vertraglich festgelegten Erst-
kaufsrecht, obwohl das Bundeskartellamt eine Übernahme
durch Bosch nicht zuließ. Dabei wäre ein Zusammengehen von
Pierburg und Siemens für beide Seiten von Vorteil gewesen,
zumal sich beide Unternehmen durch innovative Eigenent-
wicklungen etwa bei den Einspritzsystemen auszeichneten.
Doch am Ende übernahm – infolge des Einspruchs von Bosch –
die Rheinmetall Berlin AG die Familienanteile, die sie später
mit einem zweiten Automobilzulieferer zur Kolbenschmidt
Pierburg AG verschmolz.

Für uns stellte sich bei solchen Übernahme-Überlegungen
die Frage, wie die großen Automobilhersteller unseren Eintritt
in den Markt der Autoelektronik beurteilen würden. Zwar waren sie zum Beispiel auf den Gebieten Automatisierungs- und
Kommunikationstechnik bereits gute Siemens-Kunden, sie
waren aber in der Automobilelektronik eng mit dem Marktführer Bosch verbunden. Sollten wir wirklich Bosch, dem gut
geführten und in der Autobranche glänzend positionierten
»Platzhirsch«, in seinem Stammgeschäft Konkurrenz machen, obwohl sich das schwäbische Unternehmen als Siemens-
Partner bei den Hausgeräten so bewährt hatte? Wie würde die
Bosch-Führung auf einen solchen Vorstoß reagieren?

Andererseits gab es aber auch Anzeichen dafür, dass Bosch
seinerseits Interesse hatte, sich in unserem Stammgeschäft der
Kommunikationstechnik zu betätigen, ein eigentlich logi-
scher Vorgang, denn damals war schon der Einzug der Kommunikationstechnik in das Auto abzusehen.

Ausschlaggebend für uns war schließlich die Erkenntnis,
dass sich – unabhängig von der Entwicklung des Fahrzeug-
marktes – die Automobilelektronik zu einem rasanten Wachs-
tumsgebiet entwickeln würde. Elektronische Produkte und
Systeme würden einen immer größeren Anteil an der Wertschöpfung der Autos einnehmen. Die Automobilhersteller
ermunterten uns deshalb, hier unsere innovative Kraft ein-

zubringen, sicherlich auch, um mehr Wettbewerb bei Innovationen und Zulieferpreisen zu schaffen.

Der Erwerb der amerikanischen Bendix Automotive Group mit Sitz in Detroit 1988 war auf diesem Weg in das neue Wachstumssegment ein wesentlicher Schritt. Dadurch wurde nicht nur das Produktspektrum in diesem Geschäftsgebiet erweitert, sondern auf einen Schlag der amerikanische sowie der französische Automobilmarkt erschlossen. Aufgrund der Geschichte von Bendix war die Siemens Automobiltechnik nun auch wesentlich in Kanada, Brasilien, Frankreich und Österreich verankert. Hauptsitz des Bereichs war Regensburg, von wo aus Walter Kunerth den neuen Bereich leitete, unterstützt von Jürgen Mache und dem amerikanischen Partner Tim Leuliette mit Sitz in Detroit.

Der Integrationsprozess dieses einmaligen Zusammenschlusses unter Siemens-Führung wurde später zum internen Lehrstück für viele ähnliche Vorhaben. Es war für beide Seiten – für den jungen Siemens-Bereich mit deutscher Kultur und wenig »Benzin im Blut« sowie für die übernommene US-Mannschaft mit amerikanischer Kultur, aber langjähriger Autoerfahrung – Neuland, sich nun gemeinsam in dem harten Wettbewerb auf diesem Gebiet zu bewähren.

Das Experiment wurde letztlich ein großer Erfolg. Dieser Bereich erreichte pünktlich im Jahr 1994 die angepeilte Gewinnzone und konnte sich dann Schritt für Schritt nach vorne arbeiten. Walter Kunerth stieg 1994 in den Zentralvorstand auf und leitete dort das »top«-Projekt; seine Arbeit als Bereichschef wurde von Franz Wressnig fortgesetzt. Ihm gelang es mit enormem persönlichem Einsatz, AT bei fast allen großen Automobilherstellern der Welt zu etablieren. Nur Japan blieb noch ein schwieriges Terrain.

Wressnig fand als »Mann aus der zweiten Reihe« Zugang zu den in der Regel prestigebewussten Vorstandsvorsitzenden der großen Automobilunternehmen, unter anderem auch zu

Volkswagen-Chef Ferdinand Piëch. Natürlich musste ich Wressnig manchmal begleiten, auch wenn es um die Besprechung technischer Zukunftskonzepte ging, was mich – den studierten Juristen und Volkswirt – erhebliche Vorbereitungszeit kostete. Bei solchen technisch anspruchsvollen Diskussionen etwas beitragen zu können oder von einem Vollblutingenieur wie Ferdinand Piëch zumindest ernst genommen zu werden war für mich wie ein Ritterschlag.

Als Ferdinand Piëch im Jahr 2002 vom *Manager Magazin* in die »Hall of Fame« aufgenommen wurde, wünschte er sich, dass ich die Laudatio auf ihn halten sollte. Ein Wunsch, den mir Klaus Liesen, der damalige Vorsitzende und spätere Ehrenvorsitzende des Aufsichtsrats von Volkswagen, als sein Abgesandter überbrachte und den ich gern erfüllte, wenngleich mich die Vorbereitung dieser Rede auf doch fremdem Terrain etwas länger als üblich in Anspruch nahm.

Trotz aller Erfolge: Zu einer vorderen Marktposition im globalen Markt der Automobilelektronik war es ein weiter Weg. Auf der Suche nach weiterer Verstärkung war bereits 1991 die Idee aufgekommen, die früher auf Tachometerherstellung spezialisierte Firma VDO zu übernehmen. Aber Liselotte Linsenhoff, die Alleinerbin des Firmenpatriarchen Adolf Schindling, verkaufte den gesamten Besitz an die Mannesmann AG, die die Position ihrer Tochtergesellschaft Mannesmann Kienzle ausbauen wollte. Daraus entstand dann die Mannesmann VDO AG, die 1998 auch noch den Philips-Geschäftszweig Car Communications übernahm.

Ende der 1990er Jahre bekamen wir jedoch die Gelegenheit, die Jahre zuvor gescheiterte Übernahme von VDO nachzuholen. Hintergrund dafür war ein entscheidender strategischer Schwenk des ursprünglichen Stahlunternehmens Mannesmann, das vor allem durch seine hervorragenden Röhren Weltruf erlangt hatte. Der Konzern erwarb in Deutschland die Lizenz zum Ausbau und Betrieb des ersten privaten Mobilfunknetzes D2. Dieses Geschäft dehnte sich nach kurzer Zeit auf ganz Europa aus und verzeichnete ungewöhnlich hohe Gewinnspannen.

Der Mannesmann-Vorstand beschloss daher 1999, den Konzern auf den Geschäftsbereich Telekommunikation zu konzentrieren, und fasste die industriellen Aktivitäten – mit Ausnahme der Röhrenwerke – in der Atecs Mannesmann AG zusammen, die an der Börse verselbständigt werden sollte. Bevor dieser Plan jedoch umgesetzt werden konnte, erwarb das britische Telekommunikationsunternehmen Vodafone im Rahmen einer spektakulären Übernahmeschlacht Anfang 2000 die Aktienmehrheit der Mannesmann AG. Der Mannesmann-Bereich Telekommunikation wurde in die Vodafone Group eingegliedert.

Atecs Mannesmann plante weiterhin einen Börsengang. Die neuen Eigentümer waren aber auch offen für einen Verkauf von Atecs an einen industriellen Erwerber. Wir haben daraufhin unter Führung von Heinz-Joachim Neubürger, dem solche komplexen Deals wie auf den Leib geschneidert waren, ein Team aufgestellt, um eine Struktur für den Erwerb von Atecs zu entwickeln. Das war notwendig, weil wir vorrangig an VDO, dem Automotive-Teil von Atecs, interessiert waren, zum Beispiel an den dort entwickelten Navigationssystemen, weniger aber an anderen Teilen, die uns überfordert hätten und zum Teil auch aus kartellrechtlichen Gründen nicht für uns in Frage kamen.

Jetzt halfen uns die langjährig gewachsenen guten Kontakte zu Bosch. Wir besaßen zum einen ein hervorragend funktionierendes Gemeinschaftsunternehmen – Bosch Siemens Hausgeräte –, waren jedoch gleichzeitig harte Konkurrenten in der Automobilelektronik. Diese delikate Situation hat uns aber nie abgehalten, mit Fairness und Respekt miteinander umzugehen.

Bosch signalisierte uns, dass an bestimmten Teilen der industriellen Automatisierungstechnik, nämlich der Atecs-Tochter Rexroth, Interesse bestand. Diese hätten wir aus kartellrechtlichen Gründen genauso wenig erwerben können, wie Bosch kaum Chancen zum Erwerb von VDO gehabt hätte. Da lag es nahe, sich zu verbünden und gemeinsam für Atecs Mannesmann zu bieten, und zwar auf der Grundlage eines klar kommunizierten Konzepts, wer die Eigentümer der einzelnen Atecs-Gesellschaften sein würden und welche Vorteile sich für diese in der neuen Konstellation ergeben könnten. Wir waren aber nicht die einzigen Interessenten. Auch Thyssen-Krupp war zum Ausbau seiner Automobiltechniksparte an VDO interessiert. Das Konzept von Thyssen-Krupp klang gut: Man wollte zu der im Unternehmen vorhandenen »Mechanik« die »Elektronik« von VDO hinzufügen und hatte sich für dieses Vorhaben bereits die Unterstützung der IG Metall gesichert. Auch ein Besuch des Managements in England bei dem auch in Deutschland bekannt gewordenen Vodafone-Chef Chris Gent solle seitens des Thyssen-Krupp-Managements schon stattgefunden haben. Daraus ergab sich also ein durchaus spannender »Wettkampf«, da auch der mögliche Börsengang von Atecs Mannesmann noch nicht entschieden war.

Während wir uns im Wettbewerb um die Entscheidungsgunst von Atecs Mannesmann befanden, saßen Gerhard Cromme, der Aufsichtsratsvorsitzende von Thyssen-Krupp, und ich gemeinsam im Aufsichtsrat von Volkswagen. Einmal musste ich ein ganz wichtiges Gespräch, wie wir uns gegenüber Thyssen-Krupp bei Chris Gent besser positionieren könnten, am Rande einer Aufsichtsratssitzung von Volkswagen führen. Als ich aus der Telefonzelle in den Sitzungsraum zurückkehrte, nahm ich wieder neben Gerhard Cromme Platz – ein merkwürdiges Gefühl.

Letztlich erhielt das Konsortium Bosch/Siemens den Zuschlag. Manche gingen davon aus, dass dies der vielbeschworenen »industriellen Logik« in Kombination mit der bekannten Solidität unserer beiden Unternehmen zuzuschreiben war. Sowohl Bosch als auch Siemens waren und sind bekannt für ihre Innovations- und Finanzkraft sowie für ihre globale Stärke. Das soll die Eigentümer sowie die Mannesmann-Betriebsräte bewogen haben, sich für dieses neue Umfeld auszusprechen. Aber ich glaube eher, dass Bosch und Siemens tiefer in die Tasche greifen konnten und wir Thyssen-Krupp in der Schlussrunde ganz einfach finanziell überboten haben. Denn auch das auf die zukünftige Entwicklung ausgerichtete Angebot von Thyssen-Krupp mit der Verbindung von »Mechanik« und »Elektronik« war durchaus verlockend gewesen.

Die wichtigsten Atecs-Gesellschaften wurden 2001 wie angekündigt in die entsprechenden Bereiche von Bosch und Siemens integriert. Andere Gesellschaften wurden verkauft. Bei Siemens verblieb neben VDO die Dematic AG, die dann Kern eines neuen Bereichs wurde, der sich mit Produktions- und Logistiksystemen beschäftigte, was auf Dauer leider nicht besonders erfolgreich war. Ein anderer Teil, die Kompressoren, landete im Kraftwerksbereich.

Nachdem Franz Wressnig in den Aufsichtsrat von Siemens VDO gewechselt war, entwickelte sich Siemens VDO Automotive mit seinem neuen Chef Wolfgang Dehen, der vom Automobilzulieferer Valeo kam, und unter der Obhut des zuständigen Betreuers im Zentralvorstand, Edward Krubasik, in höchst positiver Weise. Wir hatten inzwischen gelernt, dass nach Übernahmen sorgfältig geplante Integrationsprojekte durchgeführt werden müssen, um Produktivitätsfortschritte zu erzielen und die neu hinzugekommenen Teile mit den alten zu einer schlagkräftigen Einheit zu formen. Dabei müssen beide Teile bereit sein, ihre jeweiligen Stärken zu bündeln, ihre Schwächen zu beseitigen und eine gemeinsame Kultur zu entwickeln.

Bei Siemens VDO ist das gelungen, obwohl der Markt für Automobilelektronik sich nach dem Zusammenschluss nicht gerade als Selbstläufer erwies. Der harte Konkurrenzdruck mit dem Versuch beziehungsweise der Notwendigkeit der Automobilhersteller, ihre Produktivitätszwänge zu einem beträchtlichen Teil an die Zulieferer weiterzureichen, stellte eine besondere Herausforderung dar. Dennoch gelang es, die von Siemens VDO gesetzten Ziele im Wesentlichen zu erreichen. Im Jahr 2007 wurde jedoch entschieden, diese Gesellschaft aus dem Konzern wieder herauszulösen. Automobilelektronik bedarf ständig großer Investitionen und bindet viel Kapital. Außerdem werden für die Entwicklung von Produkten und Systemen für neue Autogenerationen außerordentlich lange Vorlaufzeiten benötigt. Die Kosten für Forschung und Entwicklung erreichen mit rund 10 Prozent vom Umsatz Rekordwerte.

Auch in einem finanziell robusten Konzern wie Siemens müssen für den Einsatz von Finanzmitteln immer wieder Prioritäten bestimmt werden. Deshalb kam auch die erfolgreiche Sparte Automobilelektronik auf den Prüfstand. Schließlich wurde, nachdem längere Zeit auch ein Börsengang in der Diskussion war, entschieden, das Geschäft zu verkaufen. Der außerordentlich gute Preis, der für die langjährige Aufbauarbeit erzielt wurde – immerhin ein Buchgewinn von rund 5,5 Milliarden Euro –, konnte durchaus den Schmerz lindern, den die Aufgabe dieses hochinnovativen Gebiets mit sich brachte, das mit so viel Begeisterung und Herzblut zum Erfolg geführt worden war. Seit Dezember 2007 ist Siemens VDO vollständig im Besitz der Continental AG.

Man mag sich im Rückblick wundern, wie scheinbar schnell Portfolioveränderungen bei Siemens vorgenommen wurden – erst Verstärkung mit Zukäufen, dann wieder Verkauf. Doch bei einem »lebenden Organismus«, wie das ein Unternehmen wie Siemens ist, muss jeder Einzelfall immer wieder speziell geprüft und entschieden werden. Das kann von außen widersprüchlich erscheinen, ist aber aus der Innenperspektive unausweichlich, wenn eine langfristig stringente Unternehmenspolitik verfolgt wird.

Elektrowatt und Atecs Mannesmann gehörten sicherlich zu den Akquisitionsvorgängen mit besonders hoher Komplexität. Sie gelangen in Zusammenarbeit mit Partnern – Elektrowatt mit den Bayernwerken, Atecs Mannesmann mit Bosch – auf der Basis verlässlicher Zusammenarbeit und klarer Konzepte mit dem festen Willen zur systematischen Integration. Beide Akquisitionen wurden aber auch dadurch erleichtert, dass sie trotz aller Bedeutung für die betroffenen Industriestandorte nicht übermäßig von politischen Einflussnahmen befrachtet wurden. Im Fall Elektrowatt war es den schweizerischen Instanzen zwar auch nicht gleichgültig, was aus den heimischen Standorten der Elektrowatt werden würde. Aber mögliche Besorgnisse kamen gar nicht auf, weil wir von Anfang an klargestellt hatten, den Sitz des neuen Unternehmens in der Schweiz zu belassen. Auch bei Atecs Mannesmann hat es Versuche gegeben, Nordrhein-Westfalen gegen die Südschiene Baden-Württemberg/Bayern auszuspielen. Aber letztlich hat sich die Erkenntnis durchgesetzt, dass sowohl Bosch als auch Siemens hohe Präsenz in der Ruhrregion besitzen und dort genauso zu Hause sind wie im Süden.

Etwas komplizierter und streckenweise dramatischer war dagegen das »Projekt VA Tech« – ein Übernahme-Krimi, der sich von Sommer 2004 bis ins Frühjahr 2006 erstreckte und stets überraschende Wendungen nahm. Es ging dabei natürlich auch um Geld, aber nicht ausschließlich.

Denn in diesem Fall spielten politische Interessen eine größere Rolle – und zwar schon allein deshalb, weil es sich um einen wichtigen Vorgang der Privatisierung österreichischen Staatseigentums handelte. Der Mischkonzern VA Tech war nämlich zu mehr als 50 Prozent im Besitz der Österreichischen Industrieholding AG (ÖIAG), einer eigens zum Zweck der Privatisierung 1967 gegründeten und 1970 ausgebauten staatlichen Agentur, die dafür sorgen sollte, dass Unternehmen im Staatsbesitz Schritt für Schritt in private Hände kämen. Etwa ein Fünftel der österreichischen Wertschöpfung lag nämlich in Staatshand, darunter die drei größten Banken des Landes, der gesamte Kohle- und Metallbergbau, die gesamte Mineralölförderung und -verarbeitung sowie wichtige Betriebe der Schwerindustrie. Doch ab Anfang der 1980er Jahre musste die ÖIAG steigende Verluste hinnehmen. Binnen zwölf Jahren wurden 55 000 Arbeitsplätze abgebaut.

1993 kam es zu einer Neufassung des Gesetzes, das die ÖIAG verpflichtete, ihre Beteiligungen an Industrieunternehmen in angemessener Frist mehrheitlich abzugeben. »Dabei ist darauf Bedacht zu nehmen, dass österreichische Industriebetriebe und industrielle Wertschöpfung, soweit wirtschaftlich vertretbar, erhalten bleiben«, hieß es. Nach und nach waren die Österreichische Postsparkasse (PSK), der Flughafen Wien, die Telekom Austria, die VA Stahl AG, die Austria Tabak AG und viele andere Unternehmen ganz oder zumindest überwiegend an private Investoren veräußert worden.

Am 1. April 2003 wurde die endgültige Privatisierung der VA Technologie AG, kurz VA Tech, gestartet. Zuvor waren 1997 die verstaatlichten Unternehmen Elin-Union AG und Elektro Bau AG übernommen und zur VA Tech Elin EBG zusammengeführt worden, die im Wesentlichen auf dem Infrastrukturgebiet tätig war.

Für Siemens war VA Tech interessant, weil VA Tech auf den wichtigen Sparten der Energieerzeugung, der Energieübertragung und des Anlagenbaus ein kompetentes Unternehmen mit anerkannter Ingenieurskraft war. Darüber hinaus hatte es traditionell hervorragende Kundenbeziehungen in Ost- und Südosteuropa, wo wir schwächer vertreten waren. Da lag es für uns nahe zu prüfen, ob wir das Unternehmen erwerben könnten.

Umso überraschter waren wir, als uns nach Bekanntwerden

unseres Interesses an der Übernahme von VA Tech plötzlich öffentlicher Gegenwind entgegenschlug. »In Österreich geht die Angst vor Siemens um«, war in den Zeitungen zu lesen, man fürchte eine feindliche Übernahme und die Zerschlagung des österreichischen Industriemultis. An den Bereichen Metallverarbeitung und Gebäudeinfrastruktur könne Siemens kein Interesse haben, wurde gemunkelt, sondern Siemens sei nur an den Segmenten Energieerzeugung und -übertragung interessiert.

Wie sich dann herausstellte, beruhte die Skepsis weniger auf Vorbehalten gegenüber Siemens, sondern darauf, dass die Rolle, die der Großinvestor Mirko Kovats spielte, nicht unumstritten war. Er hatte ab Ende der 1990er Jahre begonnen, seinen Konzern A-TEC Industries aufzubauen. Als es Anfang 2003 bei Teilen der VA Tech zu Verlusten kam, hatte Mirko Kovats gemeinsam mit einem Partner mehr als 15 Prozent der Aktien erworben und hielt – vor der ÖIAG mit 14,7 Prozent und den US-Investoren Goldman Sachs und Fidelity Investments mit etwas mehr als 10 Prozent – das größte Aktienpaket. Doch um die betreffenden Sparten zu sanieren und ihr notwendiges Wachstum zu finanzieren, sollte 2004 eine Kapitalerhöhung um knapp 200 Millionen Euro durchgeführt werden. Jetzt kam Siemens ins Spiel.

Unser erstes Angebot für den Kauf der Aktienmehrheit wurde als zu niedrig zurückgewiesen. Es war nicht leicht zu entscheiden, wie wir weiter vorgehen sollten. Zudem gab es auch in den eigenen Reihen Vorbehalte. Zwar waren unsere Spartenchefs auf dem Gebiet der Energieübertragung, später auch der Industrie, stark an der Übernahme interessiert. In der Zentrale wurden jedoch Stimmen laut, die daran zweifelten, »ob wir uns das antun sollten«.

In dieser Situation war es wieder einmal Heinz-Joachim Neubürger, der mit seinem professionellen Team den richtigen Weg fand. Er selbst hatte zunächst noch zu den Skeptikern in dieser Angelegenheit gezählt, sich dann aber von mir und den betreffenden Betreuern im Zentralvorstand – in erster Linie Uriel Sharef und Klaus Wucherer – überzeugen lassen, welche Vorteile auf Dauer von der Übernahme von VA Tech, der Anreicherung der betreffenden Siemens-Bereiche durch die dazu passenden VA-Tech-Teile und ihrer konsequenten Integration für Siemens erwachsen würden. Daneben arbeitete Albert Hochleitner, der Chef der österreichischen Landesgesellschaft von Siemens, unermüdlich daran, das Stammhaus in Deutschland davon zu überzeugen, dass die Akquisition von VA Tech für Siemens langfristig eine gute Sache sei.

Doch in Österreich läuteten die Alarmglocken. Man fürchtete die Filetierung des Konzerns, mit seinen 17 000 Arbeitsplätzen einer der ganz großen Arbeitgeber der Alpenrepublik. Die Belegschaft schaltete im September 2004 Anzeigen in der Tagespresse, in denen sie sich gegen einen Verkauf ihres Unternehmens aussprach. Auch Gewerkschafter und Politiker protestierten energisch gegen die Übernahme durch Siemens. Für uns war absehbar, dass die Akquisition sich ähnlich kompliziert gestalten würde wie bei Atecs Mannesmann. Denn auch VA Tech hatte Gesellschaften, zum Beispiel die Wasserkraftsparte, die uns aus kartellrechtlichen Gründen nicht zugesprochen werden konnten.

Andererseits genoss Siemens in Österreich als einer der größten industriellen Arbeitgeber einen guten Ruf. Als Aufsichtsratsvorsitzender der Siemens AG Österreich hatte ich mich immer wieder überzeugen können, dass wir dort genauso zu Hause waren wie in Deutschland. Unsere dortigen Siemens-Chefs – genau wie Hochleitner auch schon sein Vorgänger Walter Wolfsberger – waren in der österreichischen Öffentlichkeit anerkannte Persönlichkeiten. Sie handelten in voller Loyalität zum Siemens-Konzern, fühlten sich aber auch stark ihrem Heimatland verpflichtet. Aufgrund ihres beachtlichen Geschäftserfolgs wurde ihnen traditionell großer Handlungsspielraum gewährt nach der alten Regel: Ein gutes Ergebnis macht frei!

Es dauerte eine Weile, bis wir erkannten, dass die Vorbehalte der österreichischen Öffentlichkeit durch das nicht eindeutig kommunizierte Verhalten unseres Partners geschürt wurden. Es war wohl der Eindruck entstanden, er habe sich noch nicht entschieden, wem er sein Aktienpaket verkaufen wollte. Aber als er sich dann praktisch ohne Vorwarnung auf Siemens festlegte, wurde das als »Verrat« interpretiert. Hingegen war es ihm offenbar um die Rettung der Arbeitsplätze gegangen. Am Ende setzte er sich sehr für Siemens ein und versuchte, anderen die Sorgen zu nehmen: »Siemens würde, davon bin ich überzeugt, sicher keine Betriebe schließen.«

Doch zwischenzeitlich waren wir in die unvorhersehbare Situation geraten, dass sogar die österreichische Regierung sich gegen ein Engagement von Siemens bei VA Tech aussprach und die Siemens-Übernahme als »unerwünscht« bezeichnete. Wir erwogen bereits den vollständigen Rückzug und signalisierten auch der Öffentlichkeit, dass wir kein Interesse an einer »feindlichen« Übernahme hatten, sondern auf eine erfolgreiche Zukunft des Unternehmens setzten.

Da gelang es Albert Hochleitner, in seinem Heimatland die Wogen zu glätten und Missverständnisse aufzuklären. Im November 2004 kauften wir zunächst nur die Victory Industriebeteiligung AG, über die Mirko Kovats und sein Partner direkt und indirekt rund 16 Prozent von VA Tech kontrollierten. Zugleich machten wir ein Angebot für eine freiwillige Übernahme.

Auf der Hauptversammlung der VA Tech im Januar 2005 hatten die Aktionäre ihre Skepsis eigentlich längst aufgegeben. Doch das Management, das sich am vehementesten gegen die Übernahme wehrte, verfügte über eine starke Machtposition, da das Stimmrecht der Aktionäre laut Unternehmenssatzung ungeachtet der tatsächlichen Besitzverhältnisse auf lediglich

25 Prozent der Stimmen begrenzt war. Diese Klausel wollten wir in einer Abstimmung kippen, benötigten dafür aber eine Dreiviertel-Mehrheit, die wir leider knapp verfehlten.

Inzwischen hatte ich den Stab im Siemens-Konzern an Klaus Kleinfeld übergeben und verfolgte die Verhandlungen in Österreich nunmehr als Vorsitzender des Aufsichtsrats. Um unsere Chancen zu wahren, mussten wir unser Angebot deutlich aufstocken; also erhöhten wir unsere Kaufofferte um gut 18 Prozent. Und tatsächlich: Im Februar 2005 kamen wir endlich zum Zug. Wir konnten 90 Prozent der Aktien erwerben und waren damit unbestrittener Hauptaktionär. Eine der größten Übernahmen in der österreichischen Industriegeschichte war so gut wie besiegelt.

Doch dann trat unvermittelt unser französischer Wettbewerber Alstom auf den Plan und kündigte an, bei der EU-Wettbewerbskommission gegen die Übernahme Beschwerde einzulegen. Es dauerte bis in den Juli 2005, bis die EU-Kommission wie erwartet entschieden hatte: Für die VA-Tech-Wasserkraftsparte mit rund 3000 Mitarbeitern und knapp 900 Millionen Umsatz mussten wir binnen einem Jahr einen Käufer finden. Der Grund dafür lag darin, dass wir auf diesem Gebiet in einem Gemeinschaftsunternehmen mit Voith, der Voith Siemens Hydro Power Generation, tätig waren, an dem wir mit 35 Prozent beteiligt waren. Beides ging kartellrechtlich nicht.

Ähnlich war die Situation auf dem Stahl-Sektor. Wir mussten entsprechend einer weiteren Kartellauflage die Siemens-Vertreter in den Gesellschaftergremien von SMS Demag durch Treuhänder ersetzen. An der SMS Demag, einer familiengeführten Gruppe international tätiger Unternehmen des Anlagen- und Maschinenbaus und einem VA-Tech-Konkurrenten, waren wir mit 28 Prozent beteiligt. Später verkauften wir unsere Anteile an der SMS Demag an die Familie des Vorsitzenden der Geschäftsführung, Heinrich Weiß.

Im selben Monat war Albert Hochleitner in den Ruhestand getreten und hatte seinen Posten an Brigitte Ederer übergeben. Sie hatte dem Vorstand schon seit Januar 2001 angehört und die gesamte Übernahme der VA Tech von Anfang an verfolgt. Bevor wir sie zu Siemens holten, hatte sie sich in den 1990er Jahren als Staatssekretärin im österreichischen Bundeskanzleramt und als Verhandlungsführerin für den EU-Beitritt Österreichs einen hervorragenden Namen gemacht. Nun brachte sie auch das VA-Tech-Übernahme-Verfahren erfolgreich zum Abschluss, indem sie im Februar 2007 – nach monatelangen Verhandlungen mit sieben Interessenten – die VA-Tech-Wasserkraftsparte zu einem sehr anständigen Preis an den Grazer Anlagenbauer Andritz verkaufte.

Projekte wie Elektrowatt, Atecs Mannesmann und VA Tech waren wichtige Schritte zur Sicherung der langfristigen Wettbewerbsfähigkeit des Unternehmens, im Wesentlichen auf dem Industriegebiet, aber teilweise auch für den Sektor Energie. In anderen Fällen haben wir gezögert, uns durch große Akquisitionen zu verstärken, weil wir befürchteten, uns zu viele Risiken aufzubürden. Organisches Wachstum, das auf der innovativen Kraft des Unternehmens beruht, ist der weniger riskante Weg, aber auch der langsamere. Ob wir dadurch Chancen zum schnelleren Ausbau des Geschäfts verpasst haben?

In einem Fall bedauere ich sehr, dass wir nicht mehr Mut hatten, nämlich als uns die französische Firma Legrand angeboten wurde, ein erfolgreicher Hersteller von Produkten und Systemen für die Elektroinstallation in Wohnungsbau, Gewerbe und Industrie. Aber das war auf dem Höhepunkt des New Economy Hype, als an den Finanzmärkten die Akquisition von Unternehmen der Kommunikations- und Datentechnik hoch gehandelt wurde. Damals wäre es zu kühn gewesen, einen Betrag von vielleicht 6 Milliarden DM oder noch mehr für ein Unternehmen der Old Economy auszugeben, wozu unser vielleicht weitsichtigerer Kollege Klaus Wucherer geraten hatte. Was wäre wohl passiert, wenn wir ihm gefolgt wären? Wandel mag schwierig sein. Aber Stillstand kann schnell zum Rückschritt führen. Das muss dann auch den Betriebsräten vermittelt werden, die mit Recht darauf achten, dass keine Abenteuer zu Lasten der Belegschaft eingegangen werden. Sie haben sich – oft schweren Herzens – von der Notwendigkeit von Portfolioveränderungen überzeugen lassen und dann mit Akribie und Sachverstand Vorschläge unterbreitet und durchgesetzt, um diese Maßnahmen abzufedern.

Alle waren erleichtert, als ein anderes Projekt auf dem Industriegebiet, das einen tiefen Einschnitt bedeutet hätte, scheiterte. Im Jahr 1998 war die kanadische Firma Bombardier mit ihrem CEO Pierre Beaudoin an uns herangetreten, um unsere Bahnsparte zu kaufen, die zu dieser Zeit heftige Verluste gemacht hatte, u. a. weil wir uns mit der ersten Generation des ICE übernommen hatten. Die Verhandlungen, die meist geheim in Berlin, London, aber auch in den USA und Kanada stattfanden, wurden auf unserer Seite von Edward Krubasik geführt, der im Zentralvorstand zuständig für das Bahngeschäft war. Wir schlugen ein Joint Venture vor, das uns Zugang zum amerikanischen Markt und in wesentlichen Teilen des Geschäfts die Führung gebracht hätte. Bombardier hatte geglaubt, wir seien, auch von den Finanzmärkten her gesehen, so unter Druck, dass sie ein Schnäppchen machen und unser Bahngeschäft zu einem günstigen Preis übernehmen könnten. Die Verhandlungen scheiterten auch deshalb, weil wir uns zutrauten, den Bereich selbst zu sanieren – mit dem bekannten Erfolg. Bombardier kaufte dann 1998 die Deutsche Waggonbau und 2001 das Bahngeschäft der ABB Daimler Benz Transportation (Adtranz) mit den großen Standorten in Ostdeutschland. Diesen Kauf hatten wir auch geprüft, dann aber wegen der anstehenden Restrukturierungen wieder verworfen. Von der entscheidenden Sitzung mit den wegen der Standorte in den neuen

Bundesländern betroffenen Ministerpräsidenten, für die Siemens der Wunschkandidat war, bin ich nur durch eine Hintertür den wartenden Fernsehteams entkommen, denn ich hätte ihnen die gewünschte Nachricht nicht überbringen können.

Politisches Engagement und soziale Verantwortung

Für Werner von Siemens war immer klar, dass er als Unternehmer auch politische Verantwortung trug. Er wollte ein Unternehmen führen, »das der doppelten Verantwortung des Unternehmers gerecht wird, derjenigen gegenüber sich selbst und seinen Angestellten, und keiner geringeren gegenüber der Welt, die ihn umgibt«.

Die Welt, die Siemens umgab, ist in den letzten hundertsechzig Jahren sehr viel größer geworden. Zwar hatte auch Werner von Siemens schon von Anfang an Märkte in anderen Ländern im Blick. Immerhin eröffneten ihm seine Brüder mächtige Niederlassungen in London und St. Petersburg, die zeitweise mehr Umsatz generierten als das Stammhaus in Berlin. Doch die systematische Internationalisierung des Unternehmens hat in den letzten zwei Jahrzehnten deutlich an Fahrt aufgenommen.

In meinem ersten Geschäftsjahr als Vorstandsvorsitzender erwirtschafteten die Siemens-Sparten im In- und Ausland jeweils etwa die Hälfte des Siemens-Umsatzes von rund 40 Milliarden Euro. Die Zahl der Mitarbeiter betrug 391 000; davon waren 60 Prozent im Inland beschäftigt und 40 Prozent im Ausland. Durch den Auf- und Ausbau des Geschäfts in Asien und Amerika hat sich das Bild in den folgenden zwölf Jahren jedoch ziemlich genau umgekehrt.

In meinem letzten Geschäftsjahr als Vorstandsvorsitzender 2004 hatte Siemens weltweit 430 000 Mitarbeiter, davon nur noch 40 Prozent in Deutschland und 60 Prozent in anderen

Ländern. Noch deutlicher wurde die Veränderung bei den Finanzdaten: Von unserem Geschäftsvolumen von fast 80 Milliarden Euro erwirtschafteten wir inzwischen nur noch 20 Prozent in Deutschland und satte 80 Prozent im Ausland. Aus 50:50 war 20:80 geworden.

Die Welt ist aber auch zusammengerückt. Das spürt jeder, nicht nur Manager und Unternehmer. Dank moderner Medien verfolgen wir das Geschehen in Kuala Lumpur genauso wie in Bielefeld, erfahren die Ergebnisse einer Fußballweltmeisterschaft in Japan oder Südafrika nicht erst am folgenden Tag aus der Zeitung, sondern sind via Fernsehkamera »live« dabei. Schicksale von Menschen in fernen Ländern sind uns heute genauso nah oder manchmal sogar näher als das Leben der Nachbarn in unserer Siedlung.

Als Vorstandsvorsitzender hatte ich mir angewöhnt, den Dienst in der Weihnachtszeit zu übernehmen. Ich wollte verhindern, dass in einer Zeit, wo verständlicherweise alle deutschen Manager gern bei ihren Familien oder im Urlaub sind, plötzlich gar kein Vorstand mehr erreichbar ist. Also übernahm ich die »Stallwache«, blieb über die Weihnachtsfeiertage in Erlangen und fuhr im Anschluss daran nach Asien.

Zweimal hintereinander gab es ausgerechnet in dieser Zeit schlimme Ereignisse in anderen Ländern, die uns auch in Europa tief bewegt haben.

Am zweiten Weihnachtstag 2003 erschütterte am Morgen um 5.28 Uhr Ortszeit ein Erdbeben den Iran. Das Epizentrum des Bebens lag direkt unter der Stadt Bam, in der etwa 100 000 Menschen lebten. 20 000 Menschen seien tot, hieß es in den ersten Meldungen. Später lautete die traurige Bilanz, dass die Katastrophe über 40 000 Menschen das Leben gekostet hat. Die Gebäude, darunter viele Lehmhütten, waren wie Kartenhäuser über ihnen zusammengefallen. Die Not der Menschen machte für kurze Zeit die schwierigen politischen Verhältnisse vergessen. Die Amerikaner hatten seit Jahren keine diplomatischen Kontakte mehr mit der islamischen Regierung in Teheran, in der inzwischen Ayatollah Ali Khamenei als geistlicher Führer und Präsident Mohammad Chatami das Sagen hatten. Trotzdem schickten auch sie ohne zu zögern Hilfe in die Region. Aus aller Welt kamen Zelte, Kleidung und Decken, Lebensmittel und Medikamente. So konnten Epidemien abgewehrt werden, die man angesichts der erbärmlichen Situation in den Notlagern für die vielen zehntausend Obdachlosen befürchten musste.

Auch viele deutsche Unternehmen spendeten große Geldbeträge an die Hilfsorganisationen, um die Not zu lindern und Hilfestellung für den mühseligen Wiederaufbau zu leisten. Für uns war aber in dieser und auch in vergleichbaren Situationen immer klar, dass Siemens mehr tun kann und tun muss, als einen Scheck zu überreichen: Schließlich gibt es fast in jedem Land der Erde ein Werk, eine Niederlassung oder zumindest eine Geschäftsstelle des Unternehmens.

Also fragten wir unsere Mitarbeiter vor Ort: Was können wir tun? Wo genau können wir aktive Hilfe leisten? In einigen sehr wesentlichen Bereichen verfügt Siemens über starke Kompetenzen: Das war zum einen die Stromversorgung, die bei einem solchen Erdbeben Schaden genommen hatte. Hier konnten wir helfen, die Leitungen und Netze wieder instandzusetzen. Sobald die Elektrizität wieder funktionierte, waren sämtliche Arbeiten – ob medizinische Versorgung oder Sanierungsarbeiten auf den Baustellen – wieder sehr viel leichter zu erledigen. Zum andern beherrschten wir sämtliche Facetten der Krankenhaustechnik, konnten also bei der medizinischen Betreuung helfen. Wir waren Experten bei der Wasseraufbereitung. Sauberes Trinkwasser ist in einer Krisenzeit das A und O der Epidemie-Vorbeugung. Und schließlich verfügten wir damals noch über das volle Know-how zur Wiederinstandsetzung der Kommunikationseinrichtungen.

Tatsächlich gelang es uns noch am selben Tag, über die Landeszentrale in Teheran für die Region im Südosten des Landes Hilfe zu organisieren und unsere Mitarbeiter und Kollegen vor Ort zu mobilisieren. Wir konnten durch den konkreten Einsatz vor Ort die schreckliche Not wenigstens etwas lindern.

Genau ein Jahr später, wieder am zweiten Weihnachtstag, kam es in Südostasien zu einer Naturkatastrophe unglaublichen Ausmaßes: Ein Seebeben der Stärke 9,1 auf der Richter-Skala im Meeresboden vor der indonesischen Insel Sumatra löste eine gewaltige Flutwelle aus, die ganze Küsten und Landstriche überflutete. Acht Länder – Thailand, Sri Lanka, Indien, Malaysia, Myanmar, Bangladesch, Indonesien und Sumatra – waren betroffen. Über 230 000 Menschen fielen dem Tsunami zum Opfer. Millionen verloren ihr gesamtes Hab und Gut.

Wir richteten unverzüglich betriebsintern einen Topf ein, der so ausgestattet war, dass bei jedem Euro aus privaten Spenden von Siemens-Mitarbeitern 1 Euro Firmengeld draufgelegt wurde. Wir organisierten auch über den Asien-Pazifik-Ausschuss der Deutschen Wirtschaft eine Sammelaktion, an der sich die Mitgliedsfirmen beteiligten. Am effektivsten und schnellsten erschien es uns aber auch in diesem Fall, unsere Mitarbeiter vor Ort zu mobilisieren, um konkrete Hilfsarbeiten zu ermöglichen. Sie reisten mit tragbaren und bedienungsfreundlichen Ultraschallgeräten, die wir in der Sparte Medizintechnik herstellen, in die provisorisch errichteten Zeltstädte, um den Ärzten professionelle Diagnosen zu ermöglichen. Andere konzentrierten sich auf die Wasser- und Stromversorgung, die schnell wieder in Gang gesetzt werden musste.

Die Siemens-Landesgesellschaften in den betroffenen Regionen haben sich weit über den akuten Krisenfall hinaus in den Krankenhäusern, Schulen und Fischerdörfern engagiert, vereinzelt gibt es heute noch Kontakte in die immer noch bedürftigen Krisengebiete.

Der asiatische Kontinent wurde aber nicht nur von Natur-katastrophen, sondern auch von schweren Virusinfektionen heimgesucht. Im Herbst 2002 war in der südchinesischen Pro-vinz Guangdong das erste Mal eine Infektionskrankheit mit einem bis dahin unbekannten Erreger aufgetreten. Wenige Monate später kannte alle Welt das Coronavirus, das ein Schweres Akutes Respiratorisches Syndrom (SARS) auslöste. SARS forderte dort fast tausend Todesopfer. Rund um den Globus herrschte große Sorge, wie schnell das Virus durch infizierte Touristen und Geschäftsreisende weiter verbreitet würde.

Im April 2003 sprach die amerikanische Regierung eine Reisewarnung für den gesamten südostasiatischen Bereich aus und zog zahlreiche Mitarbeiter aus den dortigen Botschaften zurück. Die Weltgesundheitsorganisation (WHO) rief im sel-ben Monat einen weltweiten Gesundheitsalarm aus. Anfang Mai kamen die EU-Gesundheitsminister zu einer eilig anbe-raumten Konferenz zusammen und beschlossen, ein gemein-sames Zentrum zur Seuchenbekämpfung zu gründen – das übrigens heute als »European Centre for Disease Prevention and Control« in Stockholm tatsächlich existiert.

Genau für diesen Zeitpunkt – also auf dem Höhepunkt der SARS-Krise im Mai 2003 – war seit langem eine Asienreise des damaligen Bundeskanzlers Gerhard Schröder geplant, an der ich als Vorsitzender des Asien-Pazifik-Ausschusses teilnehmen sollte. Wir waren im Asien-Pazifik-Ausschuss sehr froh, dass sich der Kanzler zu einer Reise in die kleineren asiatischen Länder, nämlich Malaysia, Singapur, Indonesien und Viet-nam, entschlossen hatte. Denn diese fühlten sich von der deut-schen Außenpolitik manchmal gegenüber China zurückge-setzt. Alle vier Länder waren heftig von SARS betroffen.

Es stellte sich die Frage, ob man die Reise wirklich antreten oder aufschieben sollte. Als Vorsitzender des APA wurde ich von Kanzler Schröder um meine Meinung gefragt. Ich gab ihm eine ehrliche und offene Antwort:»Herr Bundeskanzler, das wäre schlecht, wenn wir jetzt nicht fahren!« Wir Deutschen haben uns den Asiaten gegenüber immer als zuverlässige Geschäftspartner gezeigt.»We are here to stay«: Diesen Slogan hatten wir im Asien-Pazifik-Ausschuss entwickelt, um zu signalisieren, dass wir an Kontinuität und Langfristigkeit der Geschäftsbeziehungen interessiert sind. An diesem Prinzip hatten wir auch während der großen Finanzkrise Ende der 1990er Jahre in Asien festgehalten und den asiatischen Partnern versprochen, die Probleme gemeinsam zu bewältigen. Das müsse auch in dieser aktuellen Gesundheitskrise gelten.

Ich schloss meine Empfehlung an den Kanzler mit dem Fazit:»Die Amerikaner mögen sich jetzt zurückziehen, aber wir Deutschen gelten doch als unerschrocken. We are here to stay, das haben wir versprochen. Das sollten wir halten!«

Allerdings riet ich auch dazu, ohne größere Delegation zu fahren, vor allem ohne Journalisten. Denn Journalisten würden sich schon aus verständlicher beruflicher Neugier mit der SARS-Krise befassen und eventuell sogar in die Krankenhäuser gehen, zumindest aber das Gespräch mit der Bevölkerung suchen, und dann wäre es denkbar gewesen, dass alle Mitreisenden in Quarantäne müssten – das war schon ein Albtraum für den Kanzler – oder, noch schlimmer, sich sogar infizieren könnten.

Am nächsten Tag kam der Rückruf:»Wir fahren! Ohne Delegation.« Lediglich Wirtschaftsminister Wolfgang Clement (SPD), einige Fachbeamte und ich selbst begleiteten den Kanzler. Unsere Ehefrauen waren natürlich ungeheuer besorgt. Wir hatten die Taschen voll mit Sagrotan-Tüchern, weil man uns angeraten hatte, sich als ersten Schutz immer wieder die Hände zu desinfizieren.

In Asien hat es uns riesige Sympathien eingetragen, dass wir auf dem Höhepunkt der Bedrohung durch SARS dort erschienen sind und gefragt haben:»Wie können wir euch helfen?« Letztlich war alles nicht so schlimm, und wir sind wieder heil und gesund heimgekommen.

Aber nicht nur bei Katastrophen hat sich Siemens in der Welt engagiert, sondern auch im gewöhnlichen Alltag. Ganz gleich an welchem Ort, Siemens hat sich immer als Teil der Gesellschaft verstanden. So haben wir in Indonesien bereits 1977 ein Siemens-Berufsbildungszentrum gegründet, in dem im Lauf der Zeit viele Hundert Techniker Lehrgänge auf den Gebieten Industrieelektrik, Industriemechanik und Mechatronik absolvieren konnten. Dass Lehrlingsausbildung bei Siemens einen hohen Stellenwert hat, war nicht nur in Deutschland bekannt. Wir haben unsere bewährten Modelle auch in anderen Ländern eingeführt und sind dafür einmal auch vom amerikanischen Präsidenten Bill Clinton öffentlich gelobt worden.

In Malaysia haben wir hörgeschädigten Kindern Hörgeräte gestiftet, in Südafrika fünf Heime für Straßenkinder finanziert oder im brasilianischen Regenwald einen 113 000 Quadratmeter großen Naturpark eingerichtet, in dem Schulkindern der Zusammenhang von Klima- und Umweltschutz erklärt wird, und in Melbourne belebt Siemens die australische Kunstszene durch Stipendien an Kunststudenten.

Für mich war es immer eine Selbstverständlichkeit, dass sich jeder im Rahmen seiner Möglichkeiten für die Gemeinschaft engagiert. Deswegen haben wir, sobald ich in den Vorstand berufen wurde, im Unternehmen unter dem Leitspruch »Mitarbeiter in die Politik« eine Art Kampagne gestartet. Mitarbeitern sollte es erleichtert werden, ein politisches Amt anzunehmen. Wobei es um jede Art von Engagement ging.»Politik beginnt im Vorpolitischen«, hieß es, und die Siemens-Mitarbeiter wurden aufgefordert, nicht zu bequem zu werden, sondern beispielsweise in Elternbeiräten mitzuarbeiten oder sich in ihrem Sportverein zu engagieren.

Es war nicht entscheidend, welche politische Meinung jemand vertrat. Bei Siemens wurde Engagement in allen demokratischen Parteien gefördert – und zwar vor allem durch flexible Arbeitszeitregelungen, indem wir die Mitarbeiter für die Zeit, die das politische Amt in Anspruch nahm, freistellten. Es kann einer Gesellschaft nur zugutekommen, wenn mehr wirtschaftliches Grundwissen in die Politik einfließt und unternehmerisches Denken in den Parlamenten zum Zug kommt. Dabei haben unsere Mitarbeiter keinen politischen Einfluss zugunsten des Unternehmens ausgeübt, das hat auch nie jemand erwartet.

Der FDP-Politiker Otto Graf Lambsdorff hat einmal gekalauert:»Das Parlament ist manchmal voller, manchmal leerer, aber immer voller Lehrer.« Das war sicher übertrieben, aber er hat damit auf den Punkt gebracht, dass die Zusammensetzung des Parlaments nicht unbedingt die Struktur der Bevölkerung widerspiegelt. Genau dazu wollten wir aber beitragen. Nämlich dass auch Ingenieure, Kaufleute, Sekretärinnen und Hausmeister sich politisch engagieren und in politischen Gremien mitwirken können, auch wenn sie Arbeitszeiten von 8 bis 17 Uhr haben.

Es ging allein um die Verknüpfung von Sachverstand und Politik. Es gab durchaus auch Mitarbeiter, die sich bei den Grünen engagierten, was auf dem Höhepunkt der Kernkraftdiskussion sicher nicht immer ganz konfliktfrei war. Aber aus meiner Sicht war es begrüßenswert, wenn Menschen, die etwas von Wirtschaft und Technik verstanden, sich bei den Grünen einbrachten. Schwer zu verstehen ist, dass heute ausgerechnet Joschka Fischer, der als grüner Umweltminister in Hessen die Schließung der Siemens-Brennelementefabrik in Hanau herbeigeführt hat, ein sehr gut bezahlter Berater desselben Unternehmens ist, das er damals in der Öffentlichkeit heftig attackiert hat und das sich auch unter der neuen Führung weiter mit der Kerntechnik befasst.

Die Zahl der politisch engagierten Mitarbeiter war beachtlich. Mehr als 400 übten ein politisches Mandat aus, die meisten in Stadt- oder Gemeinderäten. Es gab auch einige Bundestagsabgeordnete, vier Landtagsabgeordnete und sieben Bürgermeister. Bei diesen ruhte der Arbeitsvertrag bei Siemens für die Zeit der Mandatsausübung, so dass sie in dieser Zeit auch kein Gehalt von Siemens bezogen.

Ich selbst war achtzehn Jahre lang, von 1972 bis 1990, im Rat der Stadt Erlangen politisch aktiv – allerdings immer in der Opposition. Das war ein hartes Brot. Dabei konnte man lernen, dass man in der Politik Dinge nicht einfach festlegen kann, sondern immer wieder darauf angewiesen ist, andere Menschen mitzunehmen. Natürlich wird in einem Unternehmen auch diskutiert. Aber dann wird entschieden, und man geht gemeinsam in eine Richtung.

In Parlamenten ist es viel schwerer, Entscheidungen herbeizuführen, sich immer wieder Mehrheiten zu suchen, mit den Schwierigkeiten umzugehen, die aus der öffentlichen Wahrnehmung resultieren, und die ständige Beobachtung durch die Presse zu ertragen – all das macht das Leben von Spitzenpolitikern manchmal mühevoller als das von Spitzenmanagern.

In dieser Zeit habe ich mich allerdings nur in der Kommunalpolitik bewegt. Ich hatte mich 1971 mit ein paar Freunden in der Jungen Union engagiert; liberal, konservativ und sozial, so beschreibt sich die CSU. Und das fand ich ansprechend.

In Erlangen hatten wir damals einen etwa sechzigjährigen CSU-Oberbürgermeister, Heinrich Lades, der schon zweimal wiedergewählt worden war. Als nach der Gemeindereform 1972 Neuwahlen nötig waren, trat als Gegenkandidat der SPD ein jugendlicher, strahlender Mann an, der nicht nur gut aussah, sondern sich auch gut darstellen konnte und neue Themen aufgriff. Tatsächlich gewann Dietmar Hahlweg die Wahl und wurde Oberbürgermeister in Erlangen, was er bis 1996 blieb. Ich kannte ihn persönlich, weil er beim Landratsamt, dem ich als Referendar ein paar Monate zugeteilt worden war, mein Ausbilder gewesen war.

Im Zuge dieses Wahlkampfs hatten sich auch auf der konservativen Seite ein paar junge Leute zusammengetan, darunter auch ich. Damals galt zumindest im Erlanger Stadtrat ein Einunddreißigjähriger noch als ziemlich jung, insofern war das auch eine innerparteiliche Auseinandersetzung der Jüngeren gegen die Älteren. Nun kannte ich durch meine zahlreichen Aktivitäten – Sportverein, Journalismus, Schule und Universität – in Erlangen so viele Leute, dass ich mit einer gewissen Leichtigkeit in den Stadtrat gewählt wurde. Da jedoch die SPD mit dem Spitzenkandidaten Dietmar Hahlweg die absolute Mehrheit errang, saß ich die erste Wahlperiode, sechs Jahre lang, in der Opposition. Man konnte aber auch in der Opposition ernsthaft allerhand zur Kommunalpolitik beitragen. Ich habe in diversen Ausschüssen mitgewirkt, anfangs in vielen verschiedenen, zum Schluss nur noch im Haupt- und Finanzausschuss und bei den Erlanger Stadtwerken.

Hahlweg wurde auch 1978 wiedergewählt, ebenso 1984. Erst 1990, also gerade in dem Jahr, als ich nicht mehr antrat, hat die SPD in ganz Bayern, aber eben erstmals auch in Erlangen, einen steilen Absturz erlebt. Seither hat die CSU – zusammen mit ihrem Koalitionspartner – eine Mehrheit im Erlanger Stadtrat.

Besonders erfreulich war es, wenn über die Sportförderung abgestimmt werden musste. Das waren die einzigen Projekte, bei denen die Stadtverwaltung und der Oberbürgermeister sagen konnten, was sie wollten – die Abstimmung verlief quer durch alle Fraktionen. Wenn im Sportbereich Entscheidungen anstanden, wurde nicht viel diskutiert. Es gab eine Art »stillschweigendes Einverständnis« unter den Sportlern: »Lass die anderen doch reden, wir stimmen nachher ab, wir haben ohnehin die Mehrheit.«

Ansonsten herrschte selbst in der Kommunalpolitik eine

strenge Fraktionsdisziplin. Anders kann Demokratie selbst im Kleinen nicht funktionieren. Es ist eine Illusion zu meinen, jeder könne nach eigenem Ermessen abstimmen. Theoretisch schon, aber praktisch kann man das nur in Ausnahmefällen zulassen, sonst ist ein Land oder eine Stadt nicht mehr regierbar. Viel zu sagen hatte man als Mitglied der Opposition natürlich in der Regel nicht. Trotzdem haben wir uns die Köpfe immer über Alternativen heiß geredet und wie man etwas anders machen könne und müsse. Jedenfalls bin ich einmal sehr engagiert aufgetreten und habe meine Argumente – erstens, zweitens, drittens – vorgetragen, so wie ich es im Unternehmen gelernt hatte. Da hat sich der Busfahrer Hans Polster – ein richtiger Erlanger – gemeldet und gesagt:»Heiner, des hast jetzt fei alles ganz schee g'sacht, aber Heiner, des mach' mer ganz anners!« Es trug zur Erheiterung in der Fraktion bei, wie Polster nach meiner schönen, wohlgesetzten Rede in seinem deftigen Fränkisch meine Argumente mit einer einfachen, nicht gerade fundierten Bemerkung vom Tisch gewischt hat. Da wird man binnen Sekunden mit einem Ruck wieder auf den Boden der Realität zurückgeholt.

Einmal ist es mir jedoch trotz aller Parteidisziplin gelungen, eine Abstimmung zu kippen. Es ging darum, dass ein Stadtrat der Grünen vor der Zeit sein Mandat aufgeben sollte. Die Grünen hatten nach den Kommunalwahlen 1978 ein sogenanntes Rotationsprinzip eingeführt, nach dem alle Parteiämter in bestimmten Abständen neu besetzt werden mussten. Auf diese Weise sollten Ämterhäufung und Machtmissbrauch verhindert werden.

Nun finden hierzulande aber ohnehin alle paar Jahre Wahlen statt, so dass es per se einen Turnus gibt, bei dem die Ämter neu zur Wahl stehen – aber die Grünen haben diesen Turnus einfach verkürzt. Nach zwei Jahren musste ein gewählter Stadtrat sein Mandat niederlegen und einem Parteikollegen den Platz überlassen. Rechtlich war das sehr umstritten, denn das Gesetz erlaubte eine Verkürzung der Amtszeit nur bei zwingenden Gründen. Parteiideologie ist beileibe kein zwingender Grund.

Ich störte mich zudem daran, dass durch dieses Verfahren jegliche politische Erfahrung und erworbene Sachkompetenz vom Tisch gewischt und von dem neuen Amtsinhaber erst wieder mühevoll aufgebaut werden mussten. Das trug auch zu den manchmal endlosen Debatten im Stadtrat bei. Später haben die Grünen dieses Prinzip glücklicherweise still und heimlich teilweise aufgegeben, teilweise zumindest gelockert. Die Räte im Erlanger Stadtparlament mussten dem Rücktritt des rotierenden Grünen zustimmen. Da es sich um eine rot-grüne Koalition handelte, spielte die SPD jedes Mal mit, wenn die Grünen ihr Rotationsprinzip umsetzten. Doch dieses Mal, fand ich, traf es wirklich den Falschen. Paul-Dieter Pömsl war ein patenter Kerl, der sich sehr im Stadtrat engagierte und viele gute Beiträge leistete. Zudem wusste ich, dass er die 800 oder 900 DM, die man als Stadtrat bekam, sehr gut gebrauchen konnte.

Jedenfalls hielt ich eine flammende Rede gegen das Rotationsprinzip und für diesen Kollegen: Es könne doch nicht wahr sein, dass ein vom Volk gewählter Stadtrat um sein Amt gebracht würde, weil eine Partei ein rechtlich problematisches Prinzip durchsetzen wolle! Und siehe da, dieses Mal zeigte eine Rede Wirkung. Tatsächlich stimmte die Mehrheit gegen die Mandatsniederlegung. Paul-Dieter Pömsl blieb im Stadtrat. Beim Hinausgehen aus der Sitzung lief er wie zufällig an mir vorbei und murmelte: »Heiner, des hast fei gut g'macht.« Kopf wieder runter und weg.

Selbstverständlich gab es auch eine Vielzahl von heftigen Auseinandersetzungen; auch ich selbst habe mich in dieser Hinsicht nicht sehr zurückgehalten. Man entwickelt mit der Zeit einen gewissen Spaß an der Rhetorik und trägt die Argumente gelegentlich etwas überspitzt vor. Das bringt vordergründig großen Beifall, aber in Wirklichkeit erleben die Menschen solche verbalen Attacken als überzogen. Damals bin ich manches Mal auf den Oberbürgermeister losgegangen und habe geglaubt, das wäre ein guter Auftritt. Aber wenn ich dann abends mit den anderen bei einem Bier zusammensaß, fiel da eine gewisse Reserviertheit auf. Dann war klar: »Das war wohl doch nicht so gut, das musst du das nächste Mal besser machen!«

Auf diese Weise konnte ich im Lauf der Jahre eine Menge lernen und erfahren, was die Menschen denken, was sie bewegt und was ihnen wichtig ist. Vor allem lernte ich, dass man auf die Menschen zugehen muss. Unsere Fraktionssitzungen haben wir immer wieder nicht im Rathaus, sondern in Vereinsheimen abgehalten. Bei der Gelegenheit konnte die Fraktionsführung mit den Leuten reden: Wie läuft der Laden? Wo drückt der Schuh? Was braucht ihr?

Dieses Prinzip haben wir später – in abgewandelter Form – bei Siemens übernommen und immer wieder Vorstandssitzungen auch in den Werken abgehalten. Dadurch konnten wir die Werkleitung und den örtlichen Betriebsrat einbeziehen und die konkrete Situation vor Ort erfahren – was dazu führte, dass sich die Mitarbeiter ernst genommen fühlten.

Zwischenzeitlich hatte ich sogar größere Ambitionen in der Politik. 1976, da war ich fünfunddreißig Jahre alt, wurde das Bundestagsmandat in Erlangen frei. Es gab eine kurze Diskussion, ich wurde gefragt, ob ich mir das zutrauen würde, worauf ich gesagt habe: »Ja, mache ich.«

Es ging um den Wahlkreis 228 Erlangen, zu ihm gehörten außer der Stadt Erlangen auch die Landkreise Nürnberger Land und Erlangen-Höchstadt. Es war der drittgrößte Wahlkreis im Bundesgebiet. Um auf den CSU-Platz dieses Wahlbezirks zu gelangen, musste man von der Mehrheit der 60 Delegierten gewählt werden, 16 stellte die Stadt Erlangen, 16 der Landkreis Erlangen und 28 das Nürnberger Land.

Für den parteiinternen Wahlkampf musste ich alle Delegierten zu Hause besuchen, mich vorstellen und um ihre Stimme werben – und zwar Samstag um Samstag. Unter der Woche mussten alle arbeiten, und der Sonntag war heilig, also blieben nur ein paar Stunden am Samstag vormittags und nachmittags. Wie ein Staubsaugervertreter bin ich wochenlang durchs Land getingelt und habe meine Story erzählt. Die Reaktion hieß immer auf Bayerisch-Fränkisch:»Eine sehr interessante Kandidatur. Schau mer mal!«

Es gab natürlich mehrere Gegenkandidaten, der stärkste war Klaus Hartmann aus dem Nürnberger Land, ein Jurist, der seit 1964 Regierungsrat beim Landratsamt in Hersbruck war und später gewählter Landrat. Er hatte bei der Gebietsreform, bei der in Bayern kleine Landkreise zusammengelegt worden waren, seine Landratsstelle verloren und wollte deswegen jetzt in den Bundestag.

Der innerparteiliche»Showdown«fand im Wirtshaus Rotes Ross in Heroldsberg in der Nähe von Nürnberg statt. Nun war das Nürnberger Land bei den Delegierten schon allein fast in der Überzahl, und das Erlanger Land hatte auch einen eigenen Kandidaten. Die Ausgangssituation war also eher ungünstig. Aber ich hatte einen starken Unterstützer in Erlangen, Georg Frank, der als mittelständischer Unternehmer und gestandener CSU-Mann im Nürnberger Land bestens vernetzt war. Bei der entscheidenden Abstimmung wollte er ein gutes Wort für mich einlegen und hätte wohl noch ein oder zwei Stimmen für mich gewinnen können. Doch leider bekam er unmittelbar vorher eine Herzattacke und musste ins Krankenhaus. Am Tag der Wahl fehlte er. Vielleicht habe ich auch aus diesem Grund die Wahl verloren – mit einer einzigen Stimme.

Als ich heimkam, sagte mir mein Vater, er habe den ganzen Tag gebetet, dass ich bei der Wahl durchfalle. Als ich von meiner Niederlage berichtete, war er sichtlich erleichtert. Man hat mir später noch einen »sicheren« Listenplatz angeboten, aber ich fand das Bundestagsmandat nur als direkt gewählter Kandidat attraktiv und habe abgelehnt.

Inzwischen war ich bei Siemens mit den Projekten in Bushehr und Atucha international aktiv. Der Posten im Stadtrat ließ sich damit zeitlich einigermaßen vereinbaren. Das Erlanger Rathaus war von der Siemens-Verwaltung nur zwei Straßen entfernt, so dass ich zur Ausschusssitzung eben mal kurz hinübergehen konnte. Einmal im Monat gab es eine Stadtratssitzung, an der ich trotz meiner vielen Auslandsreisen fast immer teilgenommen habe – wobei meine Familie es nicht immer unbedingt mit Wohlgefallen aufnahm, wenn ich, gerade zurück von einer Reise durch Südamerika, direkt vom Flughafen zum Stadtrat fuhr, statt nach Hause zu gehen.

Aber als ich dann in den Siemens-Vorstand kam, war die Stadtratsarbeit zeitlich nicht mehr zu bewältigen. Außerdem konnte ich als Vorstand nicht mehr ganz so frei und munter auftreten wie noch als leitender Angestellter. Wenn ich mal im Tonfall ein wenig schärfer geworden wäre, hätte man am nächsten Tag in der Zeitung lesen können: »Siemens-Vorstand greift Oberbürgermeister an.« Aber auch bei Siemens hätte man vermutlich nur wenig Verständnis aufgebracht, wenn ich eine Vorstandssitzung früher verlassen hätte, mit den Worten: »Tut mir leid, ich muss jetzt in den Erlanger Stadtrat.«

Als Vorstandsvorsitzender habe ich oft von der jahrelangen politischen Basisarbeit profitiert. Schließlich hatte ich auch schon morgens um sieben Uhr am Werkstor gestanden und Flugblätter verteilt. Ich wusste, wie es sich anfühlt, wenn man von Passanten wegen eines Vorgangs attackiert wird, mit dem man eigentlich nichts zu tun hatte, oder wie oberflächlich manchmal über komplizierte Sachverhalte geurteilt wird.

Im Stadtrat konnte man auch lernen, wie politische Entscheidungsprozesse ablaufen und wie groß die Vorbehalte in der Bevölkerung sind, wenn es um Großprojekte wie Brückenbauten, Kraftwerke oder Bahntrassen geht. Jahrelange Diskussionen, vielfache Anhörungen – und am Ende immer noch kein stimmiges Bild.

In einem mühsamen Prozess haben wir in Erlangen die nach der Wende von den Amerikanern verlassene Kaserne nach und nach in einen Technologiepark umgewandelt, aus dem jenes erfolgreiche »Medical Valley« erwachsen ist, das heute einige tausend Arbeitsplätze in der Region sichert.

Damals wurde bei Siemens intern diskutiert, ob wir die Fabrik für Magnetresonanz – also für eines der hochkarätigsten Produkte in der Siemens-Medizintechnik – in Erlangen oder in Oxford ansiedeln sollten. Es gab gute Argumente für Oxford, weil in England die Magnete, die wichtigste Komponente für das Gerät, hergestellt werden und es dort entsprechende Förderungen gegeben hätte. Jedenfalls haben wir uns nach schwierigen Verhandlungen und mit großen Zugeständnissen durch den hiesigen Betriebsrat für Erlangen entschieden.

Die Stadtverwaltung Erlangen hat den sehr imposanten Neubau unter Oberbürgermeister Siegfried Balleis in der Rekordzeit von sechs Wochen mit einer Baugenehmigung ausgestattet. Diese Entscheidung zugunsten von Erlangen hat auch mich persönlich sehr gefreut, denn andernfalls wäre vermutlich über kurz oder lang die Leitung des Bereichs Medizintechnik von Deutschland in die USA abgewandert, weil dort der mit Abstand größte Markt ist.

Kaum war die Fabrik gebaut, tauchten ein paar eifrige Demonstranten auf, die lautstark eine Zufahrtsbeschränkung für Lastwagen forderten. Eine Magnetresonanzfabrik ist aber nicht zu vergleichen mit einer Abbauhalde im Kohlebergwerk oder einem Güterbahnhof. Die Geräte, die hier transportiert werden, sind weder besonders schmutzig, noch verkehren die Lastwagen im Fünf-Minuten-Takt. Trotzdem kam es zum Bürgerbegehren, was erfahrungsgemäß eine heikle Sache ist.

Denn wenn gegen etwas abgestimmt werden soll, gehen in der Regel vor allem die zur Wahl, die dagegen sind. Den allermeisten ist der Sachverhalt gleichgültig, also stimmen sie nicht ab. Plötzlich wird man mit Beschlüssen konfrontiert, über die die Mehrheit der Bevölkerung dann verwundert den Kopf schüttelt.

Deswegen habe ich wenige Tage vor der Abstimmung eine E-Mail an alle Erlanger Siemens-Beschäftigten geschickt und sie aufgefordert, sich an der Wahl zu beteiligen. Ich wollte verhindern, dass eine Minderheit über eine für den Wirtschaftsstandort derart wichtige Frage entscheidet. Natürlich rechnete ich damit, dass die Siemens-Angestellten schon aus Solidarität mit ihren Kollegen eher im Sinne der neuen Fabrik abstimmen würden. Es wäre fatal gewesen, wenn man den Lastwagenverkehr zur Fabrik einschränken würde.

Am Ende gab es eine stattliche Bürgerbeteiligung, und das Bürgerbegehren fiel mit Pauken und Trompeten durch. Anschließend hieß es, ich hätte mein Amt als Vorstandsvorsitzender missbraucht, weil klar gewesen sei, wo meine Sympathien lägen und was mit der E-Mail bezweckt war. Aber Wählermobilisierung ist in unserer Demokratie zum Glück nicht verboten, und ich hatte niemandem vorgeschrieben, wofür oder wogegen er stimmen sollte.

Von der lokalen Politik durfte ich mich dann einmal in der Weltpolitik bewegen. Im April 2004 wurde mir die außergewöhnliche Ehre zuteil, vor dem UN-Sicherheitsrat in New York zu sprechen. Dem wichtigsten Gremium der Vereinten Nationen gehören neben den fünf ständigen Mitgliedern – USA, Russland, China, Großbritannien und Frankreich – zehn nicht ständige Mitglieder an, die jeweils für zwei Jahre gewählt werden. Deutschland, seit 2011 erneut Mitglied dieses exklusiven Zirkels, war zuvor in den Jahren 2003 und 2004 im UN-Sicherheitsrat vertreten.

Auf Vorschlag des deutschen Botschafters bei den Vereinten Nationen, Gunter Pleuger, sollte ich erläutern, welche Bedeutung global aufgestellte Unternehmen wie Siemens bei der Konfliktvermeidung und Stabilisierung in Krisenregionen spielen könnten. »Friedensstiftung und Friedenserhaltung«, so war die von Pleuger vorgeschlagene Wortwahl. Das war besonders vor dem Hintergrund der Ereignisse in Afghanistan und im Irak ein wichtiges und anspruchsvolles Anliegen. Das Thema war im Sicherheitsrat aber nicht unumstritten, da einige Mitglieder, vor allem die USA, stets Wert darauf legten, die ökonomischen Aspekte nicht zu stark in den Vordergrund zu stellen. Deutschland führte im April 2004 den Vorsitz im UN-Sicherheitsrat, und so konnte sich Pleuger gegen solche Vorbehalte durchsetzen.

Auch wenn mir ein wenig mulmig zumute war, zögerte ich keinen Moment, der ehrenvollen Einladung zu folgen, und nahm mir für die Vorbereitung viel Zeit. Ich wollte zunächst über die Erfahrungen von Siemens in Afghanistan sprechen, die immerhin bis in die 1920er Jahre zurückreichen, als das afghanische Königspaar in Berlin auch Siemensstadt besuchte und eine vollautomatische Telefonanlage für den Palast in Kabul erwarb. 1936 war die erste Siemens-Niederlassung im Land gegründet worden, die unter anderem das Wasserkraftwerk Sarobi, eines der Herzstücke der afghanischen Energiegewinnung, baute, und in den 1970er Jahren hatten wir die Grundlagen für das Telekommunikationsnetz von Kabul gelegt. Dann hatte Siemens seine Aktivitäten in Afghanistan wegen der Kriege einstellen müssen.

Nach dem »Petersberg-Abkommen« vom Dezember 2001, in dem die stufenweise Demokratisierung des Landes beschlossen wurde, begann Siemens die Regierung bei dringenden Infrastrukturprojekten zu unterstützen. Wie überall in Asien verfolgten wir auch hier nicht allein geschäftliche Interessen, sondern hofften, durch den Aufbau langfristiger Beziehungen zur Verbesserung der Lebensbedingungen beizutragen. Wir wollten am Wiederaufbau Afghanistans mitwirken, indem wir unsere Technik und unser Know-how an einheimische Ingenieure und Techniker weitergaben und zugleich eine starke Stellung im afghanischen Markt aufbauten.

Zahlreiche Anregungen bekamen wir dabei von einem langjährigen Siemens-Mitarbeiter, Gholam Hassanzadah, der in Kabul und Mannheim Maschinenbau studiert und danach lange Jahre in der Kraftwerkssparte von Siemens gearbeitet hatte. Aus dieser Zeit kannten wir uns. Eines Tages stand er in meinem Büro und sagte, er würde gern Leiter unseres Büros in Afghanistan werden. Ob er das wirklich wolle, fragte ich. »Ja«, sagte er entschlossen, obgleich er wusste, dass es sich um keinen ungefährlichen Job handelte. Für uns war es ein Glücksfall. Als langjähriger Siemens-Mann wusste Gholam Hassanzadah, worauf es fachlich ankam. Da er gebürtiger Afghane war, hatte er in Kabul Heimvorteil, als wir im Februar 2003 dort unser Büro eröffneten.

Das von Siemens entwickelte und vom Asien-Pazifik-Ausschuss der Deutschen Wirtschaft übernommene Prinzip »We are here to stay«, die Kombination von Lehre und Berufsschule in der Ausbildung, die Schaffung einer stabilen Infrastruktur auf den Gebieten Gesundheit, Energie, Kommunikation, Wasser und Verkehr sowie der Aufbau einer möglichst vollständigen Wertschöpfungskette mit entsprechenden Arbeitsplätzen in den Ländern der Dritten Welt – das waren die Botschaften, die ich im UN-Sicherheitsrat platzieren wollte, mit all ihren positiven Auswirkungen auf Friedensstiftung und Friedenserhaltung. Ein spezieller Programmpunkt war auch die Unterstützung des Unicef-Projekts »Back to school«, das auf Wiedereingliederung von Mädchen in den Schulbetrieb zielte.

Ich hatte meinen Vortrag gründlich vorbereitet, der Text war einige Male zwischen mir und meinen Redenschreibern hin- und hergegangen, und noch auf dem Flug nach New York nahm ich die letzten Änderungen vor. Als ich den berühmten Sitzungssaal des Sicherheitsrats mit dem hufeisenförmigen Tisch betrat, hatten auf der Besuchertribüne auch einige amerikanische und deutsche Siemens-Kollegen Platz genommen, darunter Hans-Wilhelm Decker, der mich bei Siemens eingestellt hatte und nun als Professor an der Columbia University in New York lehrte. Als ich geendet hatte, beugte sich der amerikanische Botschafter, der mir anfangs sehr skeptisch begegnet war, zu mir und flüsterte mir zu: »This was a very good speech.« Es kam zu diversen Wortmeldungen. Erfahrungen wurden bestätigt, Ideen aufgegriffen, eigene Vorschläge unterbreitet.

Es war für mich ein überwältigendes Erlebnis. Als ich nach der Veranstaltung unten im Foyer des UN-Gebäudes stand, drückte mir einer unserer Begleiter ein braunes Schild in die Hand. »President and Chief Executive Officer of Siemens« stand in Versalien darauf. Das hatte er tatsächlich vom Tisch des UN-Sicherheitsrats mitgehen lassen. Ich vermute, dass niemand sonst jemals sein Namensschild von dort mitgenommen hat; aber ich halte das ungewöhnliche »Diebesgut« in Ehren: Es steht noch heute in meinem Arbeitszimmer. Die Rede fand allerhand Aufmerksamkeit, mehr als erwartet. Vor allem in Deutschland wurde sie sehr positiv aufgenommen.

Ein Jahr später war Bundeswahlkampf in Deutschland. Die CDU-Spitzenkandidatin Angela Merkel wollte mich für den Wahlkampf 2005 überreden, als potentieller Wirtschaftsminister in ihr Kompetenzteam einzusteigen. Ich hatte fast schon zugesagt. Doch dann musste ich meine Frau von dieser Idee überzeugen, und sie war alles andere als begeistert. Nun war ich schon nicht mehr der Allerjüngste. Mit Anfang sechzig hätte ich meinen Lebensmittelpunkt nach Berlin verlagern müssen und wäre – gerade dem rastlosen Leben bei Siemens entronnen – wieder Tag und Nacht unterwegs gewesen. Wollte ich wirklich mein Leben noch einmal von Grund auf verändern?

Mit ausschlaggebend war aber, dass ich nicht bereit war, einen solchen Posten ohne jede politische Absicherung zu übernehmen, so wie das der Unternehmer Jost Stollmann oder später der Heidelberger Professor Paul Kirchhof versucht haben. Als Quereinsteiger ohne eine sichere Position auf der Landesliste einer Partei und als gewählter Angehöriger einer Fraktion hat man keine Basis im Parlament. Ich habe also Angela Merkel abgesagt.

Nach der Wahl wurde ich Vorsitzender des Innovationsrats der Bundesregierung und habe zumindest in dieser Funktion einige Ideen in den politischen Betrieb einbringen können. So manches Mal konnte ich zwischen politischen Gegnern vermitteln und sie wieder miteinander ins Gespräch bringen. Nach der Bundestagswahl 2002, als sich der SPD-Kandidat Gerhard Schröder mit einer hauchdünnen Mehrheit gegen den CSU-Kandidaten Edmund Stoiber durchsetzte, gab es zwischenzeitlich absolute Sendepause zwischen Schröder und dem Bundesverband der Deutschen Industrie (BDI). Dessen Präsident Michael Rogowski hatte sich nämlich im Wahlkampf deutlich auf die Seite der FDP gestellt und unverhohlen zum Ausdruck gebracht, dass die Wirtschaft für einen Machtwechsel in Berlin plädiere.

Nach der Wahl war diese Funkstille zwischen dem Kanzler und dem Industrieverband natürlich nicht haltbar. Die Frage war nur, wie die beiden wieder ohne Gesichtsverlust ins Gespräch kommen konnten. Da habe ich dem Kanzler vorgeschlagen, ich würde zu einem gemeinsamen Abendessen mit Rogowski einladen, bei dem man sich aussprechen könne. Beide waren sehr angetan von der Idee, also wurde im Capital Club in Berlin ein Abendessen arrangiert.

Der Kanzler kam in Begleitung von Staatssekretär Bernd Pfaffenbach, einem Parteilosen, den Gerhard Schröder von seinem Vorgänger Helmut Kohl übernommen hatte und sehr clever als Bindeglied in die Wirtschaft nutzte. Die Begegnung war anfangs derart frostig, dass selbst kleine Scherze keine Auflockerung brachten. Aber das Essen war gut, der Rotwein auch, und im Lauf des Abends hellte sich die Stimmung auf. »Zufällig« kam ein Fotograf vorbei, der das Versöhnungsabendessen fotografierte – so läuft das eben in der Politik. Zeitweilig sprach die Presse zwar skeptisch von einem vordergründigen »Burgfrieden«, aber im Dezember 2004 machte der BDI-Präsident Schlagzeilen, als er den Kanzler explizit lobte: Schröder sei kein Mann der Distanz, er sei einfach im Umgang, ungemein hilfsbereit und greife sofort nach dem Telefon.

Nicht ganz so drastisch hatte sich ein Jahr zuvor das Verhältnis zwischen Edmund Stoiber und Gerhard Schröder nach einem gemeinsamen Abendessen bei mir zu Hause verändert. Der Kanzler wollte sich gern möglichst unauffällig mit dem damaligen bayerischen Ministerpräsidenten Edmund Stoiber treffen. Deswegen hatte er im Spätsommer 2003 den Wunsch an mich herangetragen, eine solche Begegnung durch eine private Einladung zu ermöglichen.

Das Treffen unterlag absoluter Geheimhaltung, was insofern nicht ganz leicht war, als der einzig mögliche Termin für ein solches Abendessen ausgerechnet auf den 10. Oktober, also auf den Geburtstag meiner Frau, fiel. Um meine Gäste nicht unnötig in Verlegenheit zu bringen, weihte ich sie nicht ein. Aber aufgrund der Geheimhaltung mussten wir uns gegenüber unseren Kindern irgendwelche Ausreden einfallen lassen, warum es dieses Jahr nicht wie in allen anderen Jahren zu einer fröhlichen Familienfeier kam.

Meine Frau hat für uns Männer gekocht und stand mehr oder weniger den ganzen Abend in der Küche. Die Sicherheitsleute waren in einem Wirtshaus in Erlangen untergebracht, so dass wir tatsächlich vollkommen ungestört zu dritt um den Tisch saßen. Entgegen allen Gerüchten trank Edmund Stoiber keineswegs alkoholfreies Bier, sondern genoss den französischen Rotwein, den, wie Gerhard Schröder in seiner Autobiographie formulierte, »Pierer ungeachtet fränkischer Sparsamkeit kredenzte«.

Dass diese Begegnung später publik wurde, lag daran, dass Gerhard Schröder sie in seinen Memoiren erwähnt hat. Dort hat er auch verraten, dass er dem Kontrahenten an diesem Abend anbot, die Präsidentschaft der Europäischen Kommission in Brüssel zu übernehmen. Er hatte das vorher schon mit dem französischen Präsidenten Jacques Chirac besprochen, und Edmund Stoiber hätte aufgrund der zugesicherten französischen Unterstützung wohl beste Aussichten auf einen Wahlerfolg gehabt. Aber bekanntlich schlug Edmund Stoiber das Angebot später aus.

Ansonsten waren sich die beiden sehr einig, vor allem als sie sich wechselseitig ihren Werdegang und von den schweren Zeiten in ihrer Kindheit erzählten. Ich hätte auch gern erwähnt, dass ich mir mein Studium als Journalist erarbeiten musste, aber das haben die beiden gar nicht hören wollen. Am Ende des Abends schlugen sie vor, man solle ein solches Dreiertreffen wiederholen, das nächste Mal vielleicht bei Schröders oder Stoibers zu Hause; aber dazu ist es nie gekommen.

Die Politik beschäftigte mich als Vorstandsvorsitzenden aber meist auf ganz andere Weise, denn die Großtechnologie, die Siemens herstellte, erforderte an den Standorten, wohin wir sie lieferten, in der Regel komplizierte politische Entscheidungsprozesse. Aufgrund der politischen Verwicklungen in der Welt ergaben sich dabei bisweilen auch brisante Konflikte, ohne dass ich mir dessen immer bewusst war.

An einem Samstagnachmittag im Mai 2004 war ich zusammen mit Heinz-Joachim Neubürger bei Nicolas Sarkozy in Paris eingeladen. Er war gerade erst von Staatspräsident Jacques Chirac in der neu zusammengestellten Kabinettsliste vom Innenminister zum »Superminister« für Wirtschaft, Finanzen und Industrie ernannt worden und wohnte mit seiner damaligen Ehefrau und den Kindern im Obergeschoss des

Ministeriums. Wir saßen nett zusammen und hatten, wie ich dachte, ein konstruktives Gespräch.

In der Sache ging es um den französischen Energie- und Transportkonzern Alstom, der im Jahr 2000 den Kraftwerksbereich der ABB übernommen und sich hoch verschuldet hatte. Als die von ABB entwickelten Gasturbinen technische Probleme bereiteten, war der Konzern 2003 derart ins Schlingern geraten, dass eine Insolvenz nicht mehr auszuschließen war. Im Sommer 2003 hatte Siemens bereits das Industrieturbinengeschäft von Alstom übernommen und dafür einen stattlichen Kaufpreis entrichtet. Trotzdem war Alstom noch längst nicht wieder stabilisiert.

Nunmehr ging es darum zu prüfen, ob Siemens nicht auch in anderen Bereichen mit Alstom kooperieren könnte, zum Beispiel in der Bahnsparte oder im Kraftwerksgeschäft; weniger allerdings bei den Werften, die auch zum Alstom-Portfolio gehörten. Wir sahen verschiedene gute Möglichkeiten für eine französisch-deutsche Allianz. Genau darüber sprachen wir mit dem Minister in aller Offenheit, denn im Detail gab es eine Menge Probleme zu lösen, etwa die Behandlung der nicht fehlerfreien Gasturbinen oder kartellrechtliche Schwierigkeiten, wenn man die starken Bahnsparten von Alstom (TGV) und von Siemens (ICE) vereinigte. Wir erwogen, die verschiedenen Aktivitäten teils unter französischer, teils unter deutscher Führung fortzusetzen. Das schien problematisch, aber nicht unlösbar. Man musste eben – natürlich auch für die Werften – praktikable Lösungen finden.

Das Gespräch verlief sehr freundschaftlich, Sarkozy schien angetan von unserem Vorschlag und unseren Erklärungen und führte uns sogar in den hinteren privaten Bereich der Etage, um uns seine Wohnräume zu zeigen und uns seiner Frau vorzustellen. Darum fuhr ich gut gelaunt wieder nach Erlangen, weil ich davon ausging, dass eine französisch-deutsche Kooperation möglich war. Diese hätte für die Zukunft wichtig sein können. Wir wollten echte Global Player mit international führenden Marktpositionen schaffen.

Nur zwei oder drei Wochen später entnahm ich den deutschen Medien, dass sich das Blatt gewendet hatte und dass Minister Sarkozy mit großer Verve in der Kantine der Alstom-Zentrale in Levallois-Perret bei Paris, zufällig sein Wahlbezirk, eine feurige Rede gehalten hatte, in der er – als wären wir ein Ungeheuer – versprach: »Ich werde euch vor Siemens retten!« Im Sarkozy-Rettungspaket enthalten waren staatliche Beihilfen, die so hoch waren, dass sich sofort EU-Wettbewerbskommissar Mario Monti zu Wort meldete und aus wettbewerbsrechtlichen Gründen verlangte, dass sich Alstom binnen vier Jahren für »eine oder mehrere industrielle Partnerschaften« öffnen müsse – ansonsten könnten die französischen Beihilfen für Alstom nicht genehmigt werden.

Entsprechend kritisch betrachteten die Siemens-Juristen die Angelegenheit und erwogen, in Brüssel gegen den »nationalen Rettungsplan« Sarkozys zu klagen. Schließlich war offensichtlich, dass Alstom zur Sanierung ganze Sparten verkaufen musste. Die Situation verschärfte sich noch dadurch, dass juristisch auch von unserer Seite mit sehr harten Bandagen gefochten wurde, was nicht gerade besonders weise war.

Anfang Juni griff auch Bundeskanzler Gerhard Schröder in dieses politische Scharmützel ein und äußerte sich kritisch über die Intervention des französischen Wirtschaftsministers. Das gehe zu Lasten der deutsch-französischen Beziehungen. Sarkozys Position sei »extrem nationalistisch«, soll Schröder laut *Financial Times Deutschland* zu Vertrauten gesagt haben.

Dabei war Schröder laut Medienberichten erst kurz zuvor mit dem französischen Präsidenten Jacques Chirac übereingekommen, künftig »europäische Champions« aufzubauen, nicht rein nationale. Dieser Pakt der beiden europäischen Großnationen war durch die Alstom-Story unmittelbar in Frage gestellt.

Auch der Chef des Deutschen Gewerkschaftsbunds (DGB) Michael Sommer meldete sich zu Wort. Gegenüber dem *Handelsblatt* erklärte er:»Frankreich versucht ganz offensichtlich, die Entscheidung der EU-Kommission zu unterlaufen.« Es sei inakzeptabel, dass Paris zwar auf den Zusammenschluss von Unternehmen beider Länder zu europäischen Champions dränge, sich aber querstelle, wenn ein deutsches Unternehmen die Führung übernehmen wolle, sagte der Gewerkschaftsboss.

Doch das hat alles nichts mehr genutzt. Sarkozy hatte aus klugem Machtinstinkt heraus die politische Karte gespielt und anscheinend latent vorhandene Vorbehalte gegen Siemens in Frankreich für seine eigenen Interessen genutzt. Wir hatten ihm dieses Vorgehen mit überzogenen juristischen Aktionen erleichtert. Alstom wurde vom Staat gerettet. Siemens war somit aus dem Spiel. Inzwischen hatte ich mich aus dem Vorstand zurückgezogen und den Vorsitz an meinen Nachfolger Klaus Kleinfeld übergeben, der nunmehr neue Schwerpunkte setzte.

Aber dieser Vorfall zeigte, wie schnell sich die wirtschaftlichen Überlegungen in unserem Geschäft zu politischen verwandeln konnten, oder deutlicher gesagt: wie viel Rücksicht wir in unserem Geschäft auf die Politik nehmen mussten.

In sehr viel stärkerem Ausmaß hatte ich das im Lauf der 1990er Jahre schon im Iran erlebt. Dort hatten wir 1979 den Bau des Kernkraftwerks Bushehr vorzeitig aufgegeben und uns allerdings vor dem Schiedsgericht vage »under reasonable conditions« zum Weiterbau verpflichtet.

Bis zum Jahr 1984 galt auch noch die Exportgenehmigung der deutschen Regierung. Hätte sich der Iran also binnen dieser Frist für den Weiterbau der Kraftwerke entschieden, hätte sich die deutsche Regierung sehr schwergetan, den Export der technischen Ausrüstung zu untersagen. Nach dem Auslaufen der Genehmigung war die Lage anders.

Aber die damalige Bundesregierung musste in diesem Zusammenhang eine diplomatische Meisterleistung vollbringen. Angesichts der politischen Lage im Iran hatte sie offiziell wenig Interesse an der Erteilung einer neuen Genehmigung. Andererseits hatte Außenminister Hans-Dietrich Genscher durchaus ein gutes Verhältnis zum iranischen Außenminister Rafsanjani, der Mitglied des Revolutionsrats und am Sturz des Schahs wesentlich beteiligt war. Ab 1980 war er Präsident des iranischen Parlaments. Durch seinen Besuch in Teheran 1984 gab Genscher als führender europäischer Politiker den Iranern ein erstes Zeichen der Anerkennung. Rafsanjani forderte von Genscher eine unbefristete Exportgenehmigung; immerhin hatten die Iraner bereits Milliarden in das Projekt gesteckt und wollten die Chance wahren, den Bau irgendwann fortzusetzen. Genscher konnte jedoch aufgrund des internationalen Drucks auf gar keinen Fall eine solche Zusage machen. Von 1980 bis 1988 befand sich der Iran im Krieg mit dem Irak, dem auf beiden Seiten Hunderttausende Menschen zum Opfer fielen. In dieser Zeit hatte man weder Geld noch einen Sinn für Energiefragen.

Doch der iranische Ayatollah Khomeini, der Kernkraftwerke als Teufelszeug verdammt hatte, war inzwischen gestorben. Jedenfalls kamen die Iraner plötzlich auf die Idee, dass ein Kernkraftwerk vielleicht doch ganz nützlich sein könnte. Ich bekam also immer wieder eine Einladung in die iranische Botschaft, wo ich aufgefordert wurde, den Vertrag von damals zu erfüllen. Jedes Mal verwies ich auf die Rahmenbedingungen beziehungsweise die fehlende Exportgenehmigung und wies das Anliegen freundlich zurück.

Nun hatten sich die politischen Verhältnisse zwischenzeitlich eher verschlechtert als verbessert. Es gab starke Kräfte, die den Bau eines Kernkraftwerks im Iran verhindern wollten. Zu ihnen zählte auch der damalige amerikanische Botschafter Richard Holbrooke, ein knallharter Politiker, der viele Jahre später durch seine offensive Verhandlungsführung im Jugoslawien-Konflikt das sogenannte Dayton-Abkommen herbeiführte, das 1995 nach dreieinhalb Jahren den Krieg in Bosnien und Herzegowina beendete. Holbrooke war von 2009 bis zu seinem Tod am 13. Dezember 2010 Sonderbeauftragter der Obama-Regierung für Pakistan und Afghanistan. Damals war er amerikanischer Botschafter in Deutschland.

In seiner Funktion als amerikanischer Botschafter saß Richard Holbrooke eines Tages in München in meinem Büro und ging regelrecht auf mich los. Wir würden illegal Bushehr zu Ende bauen. Wir hätten einen tschechischen Unterlieferanten engagiert, nämlich Skoda, und würden Bushehr heimlich fertigstellen. Das waren aus meiner Sicht vollkommen absurde Vorwürfe, schließlich konnte man nicht unbemerkt ein Kernkraftwerk bauen. Da gab es Tausende, wenn nicht Zehntausende von Untereinheiten, die man koordinieren müsste, und man bräuchte Hunderte von deutschen Experten, die man nicht still und heimlich in ein anderes Land schleusen könnte. »It is not a sausage factory!«

Doch Richard Holbrooke ließ sich nicht von seiner fixen Idee abbringen. Als er darauf beharrte, legte ich ihm eine Liste vor, aus der zu ersehen war, wie viele namhafte amerikanische Firmen im Iran tätig waren: »Schauen Sie sich doch mal diese Unternehmen an, wenn Sie behaupten, Amerikaner würden im Iran keine Geschäfte machen!« – »Give me the list«, sagte er. Doch ich schüttelte den Kopf: »No. You have your secret service, I have my secret service.«

Dann war das Gespräch zu Ende. Sechs Wochen später kam er wieder zu mir und entschuldigte sich, er sei von der CIA falsch informiert worden. »Alles, was Sie mir gesagt haben, stimmt. Erstens, die amerikanischen Firmen stimmen; zweitens, dass Siemens Bushehr nicht weiterbaut, stimmt auch. Sorry, mein Fehler!« Dieses Verhalten nötigte mir Respekt ab.

Als ich Jahre später als Vorstandsvorsitzender in den USA einen Award für Leistungen unseres Unternehmens entgegennahm, war auch Richard Holbrooke unter den Gästen. Er stand spontan auf und entschuldigte sich in einer kurzen Rede noch einmal dafür, dass er mir seinerzeit unrecht getan habe: »My friend Heinrich«, so nannte er mich bei diesem bemerkenswerten Auftritt.

Dann tauchte plötzlich der iranische Botschafter Seyed Hossein Mousavian bei mir auf und erklärte, man werde Siemens auf die Zahlung von 15 Milliarden DM verklagen, weil wir Bushehr nicht weiterbauten. Tatsächlich landete der Fall erneut vor dem Schiedsgericht und vor denselben Schiedsrichtern, die Jahre zuvor das erste Schiedsverfahren zwischen Siemens und dem Iran abgewickelt hatten.

Das Verfahren zog sich über Jahre hinweg. Unsere Rechtsabteilung hatte damit unendlich viel Aufwand. Es gab unzählige Papiere und Gutachten, mit denen sich Paul Hobeck, unser Justiziar, und seine Kollegen beschäftigen mussten.

In diesem Zusammenhang wurde irgendwann die Bundesregierung gezwungen, sich explizit zum Thema Exportgenehmigung zu äußern, was sie bis dahin immer diplomatisch geschickt vermieden hatte. Als die politische Wahrheit endlich ausgesprochen war, forderten die Iraner, dass wir sofort die Bundesregierung auf Erteilung der Exportgenehmigung verklagten, was wir aber wegen völliger Aussichtslosigkeit nicht taten.

Am Ende – mittlerweile schrieb man das Jahr 2003 – gestand das Gericht den Iranern einige wenige Millionen Euro zu. Das war natürlich im Vergleich zu den geforderten 7,5 Milliarden sehr wenig. Unsere Rechtsauffassung, die auf den geschlossenen Verträgen und Vereinbarungen basierte, hatte sich fast zu 100 Prozent durchgesetzt.

Auf dem Wiener Opernball begegnete ich 2004 zufällig Mohammed el-Baradei. Dieser bemerkenswerte Mann war bis November 2009 Generaldirektor der Atombehörde IAEO in Wien und bekam 2005 zusammen mit der Organisation für den Einsatz gegen den Missbrauch der Kernenergie für militärische Zwecke und Sicherung der friedlichen Nutzung der Atomenergie den Friedensnobelpreis. Ich stellte mich vor und sprach ihn auch auf Bushehr an.

Da sagte er zu meinem Erstaunen spontan, dass es damals ein großer Fehler gewesen sei, die Iraner das Kernkraftwerk Bushehr nicht bauen zu lassen. Wenn Bushehr von dem deutschen Unternehmen gebaut worden wäre, hätten wir heute andere Kontrollmöglichkeiten und wüssten, dass deutsche Ingenieure maximale Sicherheitsstandards gewährleisten.

Man kann sich leicht vorstellen, wie es wirkte, als 1995 die Nachricht durch die Medien ging, der Iran wolle das Kernkraftwerk Bushehr weiterbauen – jetzt aber mit russischer Hilfe. Die iranische Regierung hatte mit dem Moskauer Unternehmen Atomstroyexport, das heute zur staatlichen Holdinggesellschaft Atomenergoprom gehört, vereinbart, das Werk bis 1999 zu beenden. 2600 Ingenieure und Arbeiter des russischen Maschinenbauers OMZ rückten auf die Baustelle in Bushehr und stellten auf das von Hochtief und Dyckerhoff & Widmann gebaute Fundament einen russischen Leichtwasserreaktor vom Typ VVER-1000.

Doch das Fertigstellungsdatum konnte nicht gehalten werden. Als 2003 das Schiedsverfahren zwischen dem Iran und Siemens zu Ende ging, war das russische Kernkraftwerk immer noch im Bau. Irgendwann hieß es, der Leichtwasserreaktor solle 2004 in Betrieb genommen werden, aber Energieminister Parvis Fattah musste immer wieder technische und finanzielle Schwierigkeiten verkünden, die das Projekt weiter verzögerten.

Im Spätsommer 2010 ging durch die Presse, dass die Inbetriebnahme nun im Herbst unmittelbar bevorstehe, nachdem Ende August die erste Beladung mit Brennelementen stattgefunden haben soll. Aber kurz darauf gab es schon wieder Meldungen über erneute Verzögerungen.

Natürlich mussten wir wissen, was in Bushehr los war – und

zwar möglichst genau, weil immer die Gefahr bestand, es könne auf Siemens zurückfallen, wenn dort etwas schiefging. Nun wird zwar in Bushehr keineswegs das von Siemens ursprünglich begonnene Kraftwerk zu Ende gebaut. Das ist technisch unmöglich. Die Russen errichten ein komplett neues eigenes Kraftwerk. Aber sie nutzen zum Beispiel die mehrere Meter dicke Betonplatte, die als starkes Fundament das Kraftwerk gegen Erdbeben schützen soll.

Außerdem konnte es auch in dem Schiedsverfahren, das mit den Iranern ausgetragen wurde, von Bedeutung sein, zu wissen, wie die Arbeiten auf der alten Siemens- und Hochtief-Baustelle vorankamen. Schließlich klagten die Iraner in der Spitze etwa 15 Milliarden DM Schadensersatz ein.

Darum haben wir vor Ort Berater eingeschaltet, um die Entwicklung der Situation im Iran besser nachvollziehen zu können. Das hat Siemens etwa 60 000 Euro im Jahr gekostet, was angesichts der Summen, um die es ging, sicherlich kein unangemessener Betrag war. Aber es sollte nicht lange dauern, bis ausgerechnet dieser Umstand das Thema Bushehr erneut auf meinen Schreibtisch bringen würde.

Generationswechsel an
der Siemens-Spitze

»Pierer verlässt die Brücke«, lautete in Anspielung auf das Krisenjahr 1998 die Nachricht, die am 27. Januar 2005 über den Ticker lief, als ich am Ende der Siemens-Hauptversammlung in München den Vorstandsvorsitz an meinen Nachfolger Klaus Kleinfeld übergab.

Ein besenreines Haus könne ich ihm leider nicht hinterlassen, so hatte ich es in meiner Rede vor den mehr als zehntausend Aktionären in der Münchner Olympiahalle formuliert. Aber die Bilanz war insgesamt durchaus positiv. Im vorausgegangenen Geschäftsjahr hatten wir mit einem Gewinn nach Steuern von 3,4 Milliarden Euro das zweitbeste Ergebnis in der Siemens-Geschichte vorgelegt. Der Umsatz war in meiner Amtszeit von umgerechnet 35 Milliarden Anfang der 1990er Jahre auf 75 Milliarden Euro im Geschäftsjahr 2004 gestiegen. Die Zahl der Mitarbeiter hatte sich im selben Zeitraum von knapp 400 000 auf mehr als 460 000 erhöht.

Selbst Aktionärsschützerin Daniela Bergdolt, die sich bei anderen Unternehmen vehement gegen eine solche Regelung wehrte, war dafür, dass ich als ehemaliger Vorstandschef nahtlos Vorsitzender des Aufsichtsrats werden dürfe:»Es wäre ein bisschen eine absurde Situation, wenn Pierer als einfaches Aufsichtsratsmitglied dasäße.«Tatsächlich wurde ich dann von der ordentlichen Hauptversammlung in den Aufsichtsrat gewählt und in der direkt anschließenden Sitzung des Aufsichtsrats zu dessen Vorsitzendem als Nachfolger von Karl-Hermann Baumann bestimmt, der das Amt seit 1998 innegehabt hatte.

Mein Nachfolger Klaus Kleinfeld baute auf den Weichenstellungen auf, die der Vorstand in den letzten Jahren vorgenommen hatte. Das im Rahmen des Programms »top+« für den Konzern pauschal gesetzte Ziel, nämlich einen positiven Geschäftswertbeitrag zu erwirtschaften, war im Geschäftsjahr 2000, ein Jahr früher als ursprünglich geplant, umgesetzt worden. Wir führten das Programm fort und legten im Dezember 2000 individuelle Zielrenditen für jeden Bereich fest, die mittelfristig erreicht werden sollten. Sie beruhten auf Wettbewerbs- und Marktanalysen, auf der Überprüfung der eigenen Potentiale sowie auf dem in den einzelnen Bereichen investierten Kapital.

Die meisten Bereiche waren auf gutem Weg, ihre Zielmargen zu realisieren beziehungsweise zu halten, sofern sie bereits auf dem gewünschten Ergebnisniveau arbeiteten. Mit der Krise auf den Weltmärkten für Informations- und Kommunikationstechnik, die sich im Laufe des Jahres 2001 immer mehr verschärfte, war uns aber klargeworden, dass die davon betroffenen Bereiche ihre Ziele kurzfristig nicht schaffen konnten. Wir gaben ihnen deshalb etwas mehr Zeit und stellten ein Bündel von Aktivitäten zusammen, das wir »Operation 2003« nannten.

Die wichtigste und dringlichste Aufgabe im Rahmen dieser »Operation« war, das angeschlagene Arbeitsgebiet Information and Communications (I&C) genauso wie andere Bereiche, die in den I&C-Strudel geraten waren, zu sanieren und wieder auf die richtige Spur zu bringen. Ergänzend kamen vier zusätzliche, übergreifende Maßnahmen hinzu: Integration der gerade erworbenen Gesellschaften von Atecs Mannesmann; eine spezielle Initiative für unser US-Geschäft, das endlich zu nachhaltigem Erfolg geführt werden sollte; verstärkte Anstrengungen auf dem Gebiet des Asset Managements, um den Cashflow zu erhöhen; Einsparungen bei den zentralen Abteilungen des Konzerns, seiner operativen Bereiche und Regionalgesellschaften um insgesamt eine Milliarde Euro.

Trotz – oder gerade wegen – ihres enormen Leistungsdrucks war die »Operation 2003« ein voller Erfolg. Die Führungskräfte der verschiedenen Ebenen des Konzerns hatten verstanden, dass Ausreden für unterlassene Maßnahmen nicht mehr galten. »Handle, oder du wirst gehandelt werden« – diese Devise, mit der oftmals der globale Wettbewerb beschrieben wurde, galt logischerweise auch innerhalb des Unternehmens.

Um all diese Aktivitäten in ein umfassendes Gerüst einzupassen, führten wir dann 2004 – praktisch als letzte grundlegende Neuerung meiner Zeit als Vorstandsvorsitzender – das sogenannte Siemens Management System (SMS) ein. Es diente dem Zweck, die Ziele und Vorgehensweisen in allen Teilen des Unternehmens aufeinander abzustimmen und nachhaltig Werte zu schaffen. Treiber dieses Konzepts war Johannes Feldmayer, damals Leiter der Strategieabteilung. Das SMS basierte auf den Postulaten des Siemens-Leitbilds. Kernstücke waren die drei Säulen des »top+«-Programms »Innovation«, »Kundenfokus« und »Globale Wettbewerbsfähigkeit« mit ihren zahlreichen Einzelinitiativen. Dazu gehörten auf diese Programme zugeschnittene Trainingseinheiten und Personalmaßnahmen. Schließlich wurde für den Gesamtkonzern und seine operativen Bereiche ein neuer »Unternehmenskalender« verabschiedet, in dem die Abfolge der während eines Geschäftsjahrs durchzuführenden Management-Konferenzen neu festgelegt wurde.

Klaus Kleinfeld war damals schon seit vielen Jahren an wichtigen Entwicklungen des Unternehmens beteiligt. Seine Fähigkeiten waren Mitte der 1990er Jahre sichtbar geworden, als er unsere hausinterne, zentrale Unternehmensberatung Siemens Management Consulting (SMC) aufgebaut hatte, die wir ganz bewusst den renommierten externen Gruppen wie McKinsey, Boston Consulting Group oder Roland Berger gegenüberstellten. Es gab verschiedene Gründe, so etwas zu tun.

Erstens ging es um die inhaltlichen Möglichkeiten, die eine solche Beratung mit sich bringt. Schließlich muss man auch in Gebieten, die gut oder sehr gut laufen, permanent den Ist-Zustand und das Umfeld analysieren, die Strategie überprüfen und gegebenenfalls rechtzeitig Verbesserungsmaßnahmen treffen. Da standen immer wieder dieselben drei Themen des »top«-Programms im Vordergrund: Sind die Kosten im Griff? Stimmen die Innovationen? Welche Wachstumsstrategien werden verfolgt? Es empfiehlt sich, solche Fragen nicht ausschließlich aus der betreffenden Abteilung stellen und beantworten zu lassen, sonst gibt es die berühmten »blinden Flecken« mit der Folge, dass Probleme vielleicht gar nicht auffallen. Auch hausinterne, aber nicht der zu untersuchenden Abteilung angehörige Spezialisten können hier zu einem objektiveren Blick verhelfen.

Zweitens war das auch eine Kostenfrage, denn die externen Beratungsfirmen hatten höhere Stundensätze, obwohl auch Siemens Management Consulting, deren Leistungen intern verrechnet wurden, gutes Geld verdiente. Zugleich bekamen wir durch SMC eine Kontrolle und einen Vergleichswert für die Kalkulationen und Abrechnungen der externen Berater.

Drittens war ein solcher interner Beratungsdienst eine Talentschmiede. Junge Mitarbeiter konnten hier in wechselnden Projekten Erfahrungen sammeln, neue Ideen entwickeln und umsetzen und sich später in den operativen Sparten des Unternehmens an geeigneter Stelle beweisen.

Der vierte Grund lag in der oft doch etwas einfachen Vorgehensweise so mancher Unternehmensberatungen, die als erste Maßnahme zur Kostenreduzierung allzu gern vorschlagen, Stellen abzubauen. Betriebsräte reagierten deshalb bisweilen geradezu allergisch auf externe Berater und verschlossen sich Veränderungsvorschlägen. Gegenüber den internen SMC-Beratern zeigten sie sich aber in der Regel aufgeschlossener. Veränderungen waren leichter möglich.

Es gab auch noch einen fünften Grund, den man plakativ mit dem Begriff »Betriebsgeheimnis« etikettieren konnte. Wenn man externe Berater ins Haus lässt, muss man bei aller Korrektheit der Berater doch davon ausgehen, dass wesentliche Daten des zu untersuchenden Geschäfts jedenfalls zeitweise auf deren Datenbanken landen und dadurch in das Know-how der Berater eingehen. Dabei handelt es sich weder um böse Absicht noch gar um Betriebsspionage, aber es lässt sich nicht bestreiten, dass im Verlauf eines Beratungsprozesses Knowhow in beide Richtungen fließt. Die externen Berater geben Wissen weiter, lernen aber bei jedem Auftrag auch dazu und profitieren vom Wissen des Auftraggebers. Aus diesem Grund hat Siemens externe und interne Berater oftmals gemeinsam an Projekten beteiligt. Denn in gemischten Teams lernen alle Beteiligten voneinander, und es entsteht ein ausgewogenes Geben und Nehmen.

Klaus Kleinfeld hat sich mit den bei SMC gesammelten Erfahrungen auch sehr erfolgreich in die Weiterführung des »top«-Programms zu »top+« eingebracht, wobei es – vereinfacht gesagt – darum ging, dem an sich erfolgreichen Programm neuen Schwung und größere Durchschlagskraft zu verschaffen. Deswegen bot es sich an, ihm auch noch komplexere Aufgaben zuzuordnen, am besten ein konkretes Geschäftsgebiet. Das schien mir und meinem Sparringspartner für solche Fragen, dem Personalvorstand Peter Pribilla, ein geeigneter, aber auch ein notwendiger Schritt für jemanden zu sein, bei dem wir noch große Entwicklungsmöglichkeiten sahen.

Darum wechselte Kleinfeld 1998 – gefördert von dem für den Bereich Medizintechnik im Zentralvorstand zuständigen Betreuer Jürgen Radomski – in den medizintechnischen Bereich nach Erlangen und übernahm dort die Leitung des Geschäftsgebiets AX, das aus der schon gut profitablen Angiographie und den mit großen wirtschaftlichen Problemen kämpfenden Röntgenanlagen bestand. Auch hier stellte Kleinfeld wieder seine vielfältigen Talente unter Beweis. Als er im April 2000 zum Mitglied des Bereichsvorstands ernannt worden war, wurde es für einen wachsenden Kreis offensichtlich, dass er über ein großes Potential verfügte. Da wir frühzeitig angefangen hatten, uns Gedanken über Nachfolger im Vorstand zu machen, zählte er neben einigen anderen Führungskräften für mich schon bald zu denen, die für einen Sitz im Konzernvorstand oder gar für meine Nachfolge in Frage kamen. Das war keineswegs eine sichere Laufbahn, sondern ein vorsichtiges Herantasten, denn natürlich kann man sich in der Einschätzung auch irren.

Klar war jedenfalls, dass Kleinfeld unbedingt Auslandserfahrung sammeln musste, ganz gleich, welche Richtung er bei seiner weiteren Entwicklung einschlagen würde. Damals war gerade eine geeignete Position in den USA frei, und so wurde er 2001 zum Chief Operating Officer (COO) der Siemens Corporation in New York berufen, also zur Nummer zwei hinter dem CEO Gerhard Schulmeyer. Schulmeyer setzte sich mit großem Erfolg für eine engere Zusammenarbeit unserer verschiedenen US-Gesellschaften ein, die sich in der Vergangenheit schwergetan hatten, aus ihrer Zugehörigkeit zum Siemens-Konzern Nutzen zu ziehen.

Kleinfelds Freude über diese Beförderung schien zunächst etwas getrübt zu sein, weil er sich wohl schon damals eine Nummer-eins-Position zugetraut hatte. Aber bereits ein Jahr später schied Schulmeyer wie geplant bei Siemens aus und übernahm eine Professur an der MIT Sloan School of Management. Kleinfeld bekam den Chefposten und wurde mit 45 Jahren CEO der für unseren größten Markt zuständigen Regionaleinheit, die mehr als 20 Siemens-Gesellschaften mit 65 000 Mitarbeitern und ein Geschäftsvolumen von 17 Milliarden US-Dollar zu kontrollieren hatte.

Genau in dieser Zeit starteten wir im Rahmen der »Operation 2003« unter Leitung von Peter Pribilla, der auch unser

Amerikageschäft betreute, eine US-Business-Initiative, um unsere Geschäftsergebnisse in den USA deutlich zu verbessern. Alle US-Gesellschaften wurden kritisch auf ihre Wettbewerbstauglichkeit überprüft. Wir sortierten die schwachen Geschäfte aus und förderten die profitablen. Diese Initiative war Kleinfeld gewissermaßen auf den Leib geschrieben. Mit Beratungserfahrung im Hintergrund und großem Elan hat er unser US-Geschäft systematisiert, Maßnahmen zur kontinuierlichen Verbesserung der Ergebnisse entwickelt und mit dazu beigetragen, dass die vereinbarten Schritte zeitgerecht realisiert wurden. Außerdem sorgte er in Fortsetzung der Vorarbeiten von Gerhard Schulmeyer dafür, dass unsere US-Gesellschaften bei wichtigen Kunden unter dem Label »Siemens one« gemeinsam auftraten, dadurch erheblich mehr Gewicht bekamen und zusätzliche Aufträge hereinholen konnten.

In diese Phase fiel auch der bereits erwähnte Gasturbinen-Boom im Kraftwerksgeschäft, kurz nachdem wir den Vertrag zur Übernahme des Westinghouse-Turbinengeschäfts unterschrieben hatten. Das brachte uns auf diesem Gebiet zusätzlich sehr hohe »Windfall-Profits«, wie man solche durch eine günstige Marktlage bedingten Erträge in der Wirtschaft nennt. Jedenfalls hatten sich unsere US-Aktivitäten innerhalb kurzer Zeit von einem leicht defizitären zu einem Geschäft mit guten Renditen aufgeschwungen.

Im Januar 2004 holten wir Kleinfeld zurück nach München. Er wurde in den Zentralvorstand berufen und übernahm dort die Betreuung des Gebiets, bei dem wir den größten Handlungsbedarf sahen, nämlich der Kommunikationstechnik. Daneben sollte er sich um die Regionalgesellschaften in Russland, den übrigen Ländern der ehemaligen UdSSR, in Afrika sowie im Nahen und Mittleren Osten kümmern. Mit demselben Elan, den er bisher überall entwickelt hatte, stürzte er sich auch auf diese neuen Herausforderungen.

Da war es dann für die internen und externen Beobachter

nicht besonders überraschend, als wir im Sommer 2004 ankündigen konnten, wir würden dem Aufsichtsrat vorschlagen, Kleinfeld zunächst zum Stellvertretenden Vorsitzenden des Vorstands und ab Ende der Hauptversammlung im Januar 2005 zu meinem Nachfolger zu ernennen.

Wir alle wussten, dass die Zukunftssicherung unserer I&C-Sparte zu den größten Herausforderungen gehörte, die in der Phase des Wechsels an der Siemens-Spitze zu bewältigen waren. Denn die anderen Sparten des Unternehmens waren bereits auf Erfolgskurs oder hatten nur überschaubaren Handlungsbedarf, um ihre Margenziele zu erreichen.

Wir hatten die I&C-Sparte unter den Fittichen des Zentralvorstands Volker Jung in den Jahren zuvor mit erfahrenen, engagierten und ehrgeizigen Managern besetzt, nämlich Thomas Ganswindt (Festnetze), Rudi Lamprecht (Mobilnetze und Handys) und Paul Stodden (IT-Dienstleistungen). Wir trauten ihnen zu, ihre Aufgaben auch unter schwierigen Bedingungen zu lösen – Aufgaben, mit denen unsere traditionellen Wettbewerber wie Lucent (USA), Nortel (Kanada), Alcatel (Frankreich) oder Ericsson (Schweden) massive Schwierigkeiten hatten oder nur mit größten Opfern von Kapitalgebern und Arbeitnehmern überleben konnten. Zehntausende von Arbeitsplätzen waren bei diesen Firmen gestrichen worden, und auch bei uns hatte es schmerzhafte Anpassungsprobleme gegeben.

Im Juli 2004 – Klaus Kleinfeld hatte bereits im Januar Volker Jung im Zentralvorstand turnusgemäß als I&C-Betreuer abgelöst – saßen wir in einer Art Krisenstab zusammen. Es wurde vereinbart, die beiden Bereiche IC Networks und IC Mobile in einem neuen Bereich Communications (Com) zu bündeln, weil Festnetze und mobile Netze bei unseren Kunden und auch aus technologischen Gründen zusammenwachsen würden. Dagegen sollten unsere IT-Dienstleistungen (Siemens Business Services, SBS) weiterhin als eigenständige

Siemens-Gesellschaft geführt werden, sich aber stärker als bisher auf die hausinternen Kunden konzentrieren.

Außerdem hieß es:»Wir müssen das Endgerätegeschäft stärken, denn darin liegt die Zukunft!«Bislang hatte man immer geglaubt, die Endgeräte – also Telefone oder Handys – müssten lediglich die Daten von einem zentralen Server abrufen, wo die eigentliche Intelligenz lag. Nun aber machten uns die Fachleute klar, dass es inzwischen umgekehrt sei und die Endgeräte aufgrund der gewaltigen Leistungssteigerung der Mikroelektronik immer mehr Aufgaben übernehmen würden, die vorher in den Kommunikationsnetzen angesiedelt waren. Das hat sich übrigens später bestätigt, wenn man bedenkt, welche Anwendungen Blackberry, iPhone und all die anderen Smartphones heute relativ autark ausführen können, wenngleich immer abhängig von einem funktionierenden Internet. Mir leuchteten diese Vorschläge ein.

Wir gründeten also zum 1. Oktober 2004 den neuen Com-Bereich unter Leitung von Lothar Pauly, der sich im Geschäft mit Mobilfunknetzen ausgezeichnet hatte. Zuvor hatte Kleinfeld in seiner Funktion als Betreuer dieses Gebiets dem Aufsichtsrat in einer optimistischen Präsentation die Vorteile der neuen Aufstellung erläutert. Das war zwar ein richtiger Schritt. Damit waren aber unsere grundsätzlichen Schwächen noch nicht behoben: Auf der »klassischen« Netzseite, wo wir traditionell zu den Marktführern gehörten, hatten die großen Ausbauprogramme bei unseren Kunden bereits ihren Zenit überschritten, der Markt schrumpfte. Mit Produkten und Systemen im boomenden Geschäft mit Internettechnologien konnten wir aber nur bedingt mithalten. Dasselbe traf für unsere bis dahin so erfolgreichen Bürokommunikationsanlagen zu, wo immer stärker »Voice-over-IP«-Systeme gefragt waren. Auf der Seite der Endgeräte waren wir zwar bei schnurlosen Telefonen für den Hausbedarf zumindest in Mitteleuropa in führenden Marktpositionen, aber auch hier ging es im Wesentlichen nur noch um Ersatzbedarf. Bei Mobiltelefonen, wo unser Erfolg gefährdet war, traf uns in dieser Zeit ein großes Missgeschick.

Mobiltelefone zeichnen sich durch eine sehr schnelle Abfolge von Produktgenerationen aus. Alle sechs Monate gibt es neue Modelle. Im Sommer 2004 sollten unsere Handys der 65er-Reihe auf den Markt kommen – Modelle mit Eigenschaften, die vorwiegend für den Geschäftsbedarf konzipiert waren und von denen sich unsere Marktforscher viel erwarteten. Aber da hieß es plötzlich, in einem bestimmten Modell dieser Serie gäbe es einen Softwarefehler. Immer wenn sich ein Akku entleerte, erfolge statt eines leisen Piepsens, das den schwachen Ladezustand signalisieren sollte, ein schrilles Kreischen, das angeblich zu Hörstörungen führen könnte, falls man das Handy ganz nah an das Ohr gepresst halte.

Ich war zu jener Zeit – es war der 26. August 2004 – gerade auf einer Sitzung des Stiftungsrats des World Economic Forums an einem abgelegenen Platz in den USA, wo es noch nicht einmal eine Funkverbindung gab. In einer hektischen Telefonkonferenz mit den einschlägigen Siemens-Verantwortlichen, an der ich nicht teilnehmen konnte, wurde eine Rückrufaktion für alle Handys der 65er-Reihe beschlossen. Außerdem wurde eine flächendeckende Anzeigenkampagne für den US-Markt vorgesehen, auch weil hier aus Erfahrung die Schadensersatzklagen im Fall von Gesundheitsschädigungen besonders drastisch ausfallen konnten. Zum Glück wurde durch sorgfältige juristische Prüfung die Schaltung der Anzeigen in den USA verzögert. Gerade noch rechtzeitig stellte sich nämlich heraus, dass die beanstandeten Mobiltelefone bisher nur in Europa verkauft worden waren, der Start in Asien erst für den nächsten Monat geplant und der Vertrieb in Amerika noch gar nicht terminiert war. Die Aktion betraf also lediglich wenige mitteleuropäische Regionen.

Als ich ein paar Tage später wieder in Deutschland eintraf,

waren unsere Mobiltelefone der 65er-Serie aus den Regalen der Händler und der Telekom-Shops verschwunden. Aber auch der Verkauf aller anderen Siemens-Handys litt unter dem erheblichen Imageschaden, den wir uns durch die Rückrufaktion zugefügt hatten. Fünf Tage nach dieser drastischen Aktion war zwar der Softwarefehler behoben; das Problem hatte sich als recht harmlos herausgestellt. Aber aufgrund der negativen Berichte war unser Geschäft mit Mobiltelefonen ganz erheblich eingebrochen, obwohl am Ende bekannt wurde, dass sich nur zwei Personen gemeldet hatten, die angeblich ein Problem mit unseren Handys hatten. Der eine besaß gar kein Siemens-Handy, der andere hatte zwar ein Problem, aber kein gravierendes.

Wie dem auch sei, von diesem Schlag hat sich das Siemens-Geschäft mit Mobiltelefonen eigentlich nicht mehr erholt, obwohl es in unserer 65er-Serie gute und ansprechende Modelle gab. Ich selbst nutze noch heute ein Produkt aus dieser Serie. Mit einem Weltmarktanteil von nur noch etwas über 7 Prozent waren wir auf diesem Gebiet hinter Nokia, Samsung und Motorola abgeschlagen auf dem vierten Platz. Anstatt – wie ursprünglich von der neuen Führungscrew des Bereichs geplant – weiter nach oben aufzuschließen, verloren wir an Boden. Die Verluste in diesem Sektor häuften sich. Rund 6000 Mitarbeiter waren in unserer Handysparte beschäftigt, vorwiegend in Deutschland. Wir mussten eine Lösung finden.

Theoretisch kamen vier Optionen in Frage:

»Schließen« – das wäre zu teuer, denn wir hatten in den letzten Jahren viel Geld in dieses Geschäft investiert. Außerdem waren wir bei Mobiltelefonen immer noch eine etablierte Institution, und wie sollten wir im Fall einer Schließung mit den 6000 Mitarbeitern verfahren?

»Sanieren« – das war uns aus eigener Kraft in mehreren Anläufen nicht gelungen. Offenbar fehlte bei uns für dieses schnelllebige und modischen Trends unterworfene »Consumer«-Geschäft die Kompetenz. Zudem würde ein erneuter Versuch mit erheblichen finanziellen Risiken verbunden sein und am Kapitalmarkt äußerst kritisch beobachtet werden.

»Verkaufen« – das würde bedeuten, dass wir unseren Markennamen, zumindest auf Zeit, aus der Hand geben müssten, mit dem man für Qualität bürgen und die höheren Gerätepreise rechtfertigen konnte. Auch emotional waren viele von uns mit den liebgewordenen Handys verbunden. Da taten wir uns natürlich schwer.

»Kooperieren« – das schien eine vernünftige Lösung, wenn sich ein in technischer Hinsicht und auf diesem Markt erfahrener Partner finden ließe, dem wir die unternehmerische Führung übergeben könnten, um dann in einem zweiten Schritt ganz aus dem Handygeschäft auszusteigen, vor allem auch weil wir dadurch die Arbeitsplätze in Deutschland weitgehend sichern könnten.

Als Vorbedingung für eine Lösung galt, dass unser Partner Garantien für die betroffenen Arbeitsplätze in Bocholt und Kamp-Lintfort übernahm. Denn dort hatten wir kurz zuvor mit den Mitarbeitern die Verlängerung der Arbeitszeit von 35 auf 40 Wochenstunden ohne Lohnausgleich vereinbart. Das Management unserer Handysparte hatte uns vorgerechnet, dass aus Kostengründen eine Produktionsverlagerung nötig sei, zum Beispiel nach Ungarn, wo ein Grundstück mit geeigneter Infrastruktur bereitgestellt war. Um das zu vermeiden, müssten Wege gefunden werden, um an den beiden deutschen Standorten entsprechende Kostensenkungen zu erreichen. Da eine Kürzung der Löhne nicht zur Debatte stand, hielten wir es unter diesen Umständen für zumutbar, die Arbeitszeiten zu verlängern. Joe Kaeser, der heutige Finanzchef von Siemens, hatte, unterstützt von der Personalabteilung um Günther Goth, vor Ort die Verhandlungen im Sinne des Vorstands geführt und die Belegschaften überzeugt, dass sie mit einem solchen Zugeständnis ihre Arbeitsplätze zumindest für einige

Jahre sichern könnten. Nach schwierigen Diskussionen stimmten die Mitarbeiter und die zuständigen Gewerkschaftsgremien zu. Nach diesem Vorgehen wäre es absolut undenkbar gewesen, einige Monate später mit der Botschaft zu kommen, dass die getroffenen Vereinbarungen jetzt nicht mehr gelten würden, weil wir einen neuen Partner für das Handy-Geschäft gefunden hätten.

Für eine Kooperation kamen im Grunde nur der US-Konkurrent Motorola und der taiwanesische Wettbewerber Acer in Frage. Beide waren in ihren Heimatregionen stark, hatten aber in Europa unzureichend Fuß gefasst. Die Sondierungen und Gespräche mit diesen möglichen Partnern waren noch im Gange, als ich im Januar 2005 den Vorstandsvorsitz an Klaus Kleinfeld übergab. Ich habe diesen Vorgang aus der Warte des Aufsichtsratsvorsitzenden weiter verfolgt. Denn zu welcher Lösung es auch immer kommen würde, sie müsste vom Aufsichtsrat genehmigt werden.

Besonders intensiv verliefen die Gespräche mit Motorola. Das Unternehmen hatte uns Exklusivität bei den Verhandlungen abverlangt; wir konnten also nicht auch parallel mit Acer weiterverhandeln. Dennoch sagten uns die Amerikaner im April 2005 ab, als es bereits einen unterschriftsreifen Vertragsentwurf gab. Motorola fühlte sich offenbar nicht in der Lage, die von uns geforderten Arbeitsplatzgarantien zu übernehmen.

Bis zum Mai 2005 hatten wir weitere Marktanteile eingebüßt und lagen nun am Weltmarkt für Mobiltelefone nur noch auf dem sechsten Platz. Die Zeit drängte. Glücklicherweise hatte ein Mitarbeiter des Com-Bereichs den Kontakt zu BenQ, einer Tochter des taiwanesischen Unternehmens Acer, aufrechterhalten, so dass wir doch noch ein Eisen im Feuer hatten. Im Juni 2005 konnte Klaus Kleinfeld dann erleichtert melden, dass BenQ die Mehrheit an unserer Handysparte übernehmen würde. Siemens werde sich mit 2,45 Prozent an

BenQ beteiligen und habe zugestimmt, dass auch in der neuen Konstellation für fünf Jahre unsere Marken- und Namensrechte genutzt werden konnten. Dafür bekamen wir nicht etwa Geld, sondern mussten noch Geld mitbringen. Im Zuge der Transaktion zeichnete Siemens BenQ-Aktien im Wert von 50 Millionen Euro. Dazu kamen andere Zugeständnisse und eine Mitgift in Höhe von 250 Millionen Euro, um die Beschäftigungsgarantie für unsere 3000 Mitarbeiter in Bocholt und Kamp-Lintfort durchzusetzen. Insgesamt hat diese Aktion das Siemens-Ergebnis mit rund 350 Millionen Euro belastet. Das war es uns aber wert, weil wir auf diese Weise die besten Chancen sahen, das Mobiltelefon-Geschäft wieder in Schwung zu bringen und unseren Mitarbeitern verlässliche Perspektiven zu verschaffen.

Leider hat sich diese Erwartung nicht erfüllt. BenQ schaffte es nicht, sich auf Dauer im harten Wettbewerb dieser Branche durchzusetzen. Im September 2006 teilte die taiwanesische Mutter mit, dass sie mit sofortiger Wirkung ihre Zahlungen an BenQ Mobile in Deutschland einstellen werde. Die Umsatz- und Margenentwicklung für das so wichtige Weihnachtsgeschäft sei unter den Erwartungen geblieben. BenQ Mobile Deutschland musste daraufhin einen Insolvenzantrag stellen. Die verbliebenen Mitarbeiter liefen Gefahr, ihren Arbeitsplatz zu verlieren. Begreiflicherweise gab es nun große Unruhe in der Belegschaft und der IG Metall, die ihren Widerhall in den Medien und der Politik fand. Plötzlich stand die These im Raum, der Untergang der Firma sei von Siemens zumindest billigend in Kauf genommen worden. Siemens hätte die Insolvenz vorhergesehen und sich auf diese Weise unauffällig von den Mitarbeitern trennen wollen. Dass alle Anstrengungen unternommen worden waren, um genau das zu verhindern, blieb dabei auf der Strecke.

Klaus Kleinfeld hatte gerade erst gut anderthalb Jahre das Amt des Vorstandsvorsitzenden inne und stand mit dem gesamten Vorstand gewaltig unter Druck. Bei den Verhandlungen mit BenQ im Frühjahr 2005 hatte es nämlich schon Unruhe gegeben, weil in der engen Terminlage die Arbeitnehmervertreter ihrer Meinung nach nicht ausreichend in den Vorgang einbezogen worden seien. Darüber beschwerte sich der sonst sehr besonnene Chef des Gesamtbetriebsrats, Ralf Heckmann, auch öffentlich: »Ich bin seit siebzehn Jahren im Siemens-Kontrollgremium und habe so etwas noch nicht erlebt«, klagte er gegenüber dem *Manager Magazin*. Doch die Vereinbarungen zur Bestandssicherung hatten über diese wirkliche oder vermeintliche Unterlassung hinweggetröstet. Jetzt aber – ein gutes Jahr später – sah die Welt wieder anders aus. Die IG Metall witterte eine große Verschwörung und verlangte die Offenlegung der Vereinbarungen zwischen Siemens und BenQ. Man meinte, darin eine »Abwrackprämie« zu finden, die Siemens an die Taiwanesen gezahlt habe, um die Mitarbeiter loszuwerden. Davon war natürlich nie die Rede. Eine Diskussion über vertragliche Details würde die Sache aber weiter in die Länge ziehen und die verständliche Unruhe unter den Mitarbeitern womöglich verstärken. Also bat ich als Aufsichtsratsvorsitzender den damaligen Personalvorstand Jürgen Radomski, der sich durch seine soziale Einstellung hohes Ansehen bei den Arbeitnehmern erworben hatte, ein Treffen mit Berthold Huber zu arrangieren, damals noch zweiter Vorsitzender der IG Metall.

Bei einem Abendessen am 25. Oktober 2006 in einem Berliner Hotel haben wir dann ein offenes und konstruktives Gespräch geführt und auch noch einmal Inhalte des BenQ-Vertrags erläutert. Wir waren uns einig, dass Siemens als langjähriger Arbeitgeber aus sozialer Verantwortung noch einmal erhebliche Beträge zur Absicherung der betroffenen Mitarbeiter in einer Beschäftigungsgesellschaft zur Verfügung stellen würde. Zudem wurde festgelegt, bis 2009 alle Mitarbeiter von BenQ Mobile Deutschland bei der Stellensuche im Siemens-

Konzern gegenüber externen Kandidaten bevorzugt zu behandeln. Diese Regelungen haben dann vielen freigesetzten Mitarbeitern sehr geholfen. Damit war die schwere Krise abgewendet, die das Ansehen von Siemens als verantwortungsbewusstem Arbeitgeber nachhaltig zu beschädigen drohte. Das Handy-Geschäft war aber leider endgültig vorbei.

Besser als auf der Handyseite gelang es im Kerngeschäft des Com-Bereichs, nämlich bei Produkten und Systemen für mobile und Festnetze, die Zukunft zu sichern. Zum 1. April 2007 gründete Siemens mit Nokia ein Gemeinschaftsunternehmen – Nokia Siemens Networks (NSN) –, an dem beide Partner zur Hälfte beteiligt sind. Der addierte Umsatz beider eingebrachten Teile machte 2008 etwa 50 Milliarden Euro aus, fiel danach aber deutlich zurück. Weltweit wurden in das neue Gemeinschaftsunternehmen von beiden Seiten rund 60 000 Mitarbeiter versetzt. Restrukturierungen waren leider nicht zu vermeiden. Sie betrafen weltweit rund 9000 Arbeitsplätze, davon rund 2300 in Deutschland. NSN war – gemessen an den Umsätzen – Nummer zwei in der Welt bei Ausrüstungen für Mobilfunknetze und Nummer drei bei Festnetzen.

Die restlichen Teile des ehemaligen Com-Bereichs – schnurlose Endgeräte für den privaten Gebrauch und Kommunikationsanlagen für Unternehmenskunden – wurden in eigenständige Gesellschaften ausgegliedert und haben heute neue Eigentümer. Damit ist das Kapitel »Telekommunikation« bei Siemens mit Ausnahme der Beteiligung an Nokia Siemens Networks abgeschlossen.

Klaus Kleinfeld hatte bei seiner ersten Pressekonferenz im April 2005 in Lissabon mit großem Elan und Optimismus seine persönliche Zielsetzung als neuer Vorstandschef des Hauses verkündet. Er wollte den beschrittenen Weg, den er in der letzten Phase meiner Amtszeit auf wesentlichen Gebieten bereits mit definiert hatte, fortsetzen und dafür sorgen, dass die Ende 2000 festgelegten Zielrenditen innerhalb der nächsten 18 Monate von allen Bereichen erzielt werden, also auch von denjenigen, denen wir wegen der I&C-Krise mehr Zeit gegeben hatten. Er betonte ausdrücklich, dass er seine persönliche berufliche Zukunft vom Gelingen dieses ehrgeizigen Ziels abhängig machen würde. Ich hatte ihn davor gewarnt, sich so konkret festzulegen. Es sind nie nur die eigenen Maßnahmen, die für ein Erreichen der Unternehmensziele sorgen. Da können immer wieder – auch über Nacht – von außen Einflüsse virulent werden, die zu Rückschritten oder zumindest zu Verzögerungen auf dem eingeschlagenen Weg führen. Das kann keiner vollständig ausschließen. Ich hatte die Sorge, dass ein Glaubwürdigkeitsproblem entstehen und wir Kleinfeld am Ende sogar verlieren könnten.

Ein Jahr später war tatsächlich sichtbar, dass die Kurve deutlich nach oben ging. Im Juli 2006 konnte Kleinfeld vermelden, dass Auftragseingang und Umsatz des Unternehmens im dritten Quartal des laufenden Geschäftsjahrs gegenüber dem Vorjahr um 14 Prozent gestiegen waren. Der Gewinn hatte sich verdoppelt, obwohl die Sorgensparte Com zu diesem Zeitpunkt die Bilanz noch belastete und auch die IT-Tochter SBS noch in den roten Zahlen stand. Doch es war gelungen, vor allem in den Bereichen Automatisierungstechnik und Medizintechnik sowie in der Kraftwerkssparte hervorragende Ergebnisse einzufahren. Auch die übrigen Bereiche liefen nach Plan. Die Börse reagierte zwar gelassen, die Analysten rechneten aber für die Siemens-Aktie mit einer überdurchschnittlichen Kursentwicklung in der nächsten Zeit.

In dieser Lage hatten sich die Mitglieder des Vorstands auch mit ihrer eigenen Bezahlung beschäftigt. Es stimmte in der Tat, dass Siemens-Vorstände im Vergleich zu vielen anderen, teilweise auch kleineren Unternehmen weniger verdienten. Im internationalen Vergleich liegen die Bezüge der Vorstände deutscher Konzerne ohnehin tiefer als die ihrer Wettbewerber. Aber in diesem Fall stand Siemens auch im Ranking der DAX-

Unternehmen nicht gerade auf vorderen Plätzen. Aus Tradition heraus war Siemens bei den Vorstandsbezügen stets etwas bescheidener als andere Unternehmen, obwohl diese nicht die Komplexität und Größe von Siemens aufwiesen. Als Vorsitzender des Aufsichtsrats hatte ich mich um die Gehaltspflege des Vorstands zu kümmern. Darum habe ich mir die Vergütung von Vorständen anderer DAX-Unternehmen genauer angesehen, mit zahlreichen Fachleuten gesprochen und sogar ein Gutachten von der internationalen Personalberatungsfirma Towers Perrin eingeholt. Das Ergebnis war eindeutig: Rechnete man die verschiedenen Vergütungskomponenten – Festgehalt, Shortterm Bonus, Longterm Bonus und aktienbasierte Bestandteile – zusammen, dann schnitt unser Vorstand in der Tat nicht besonders gut ab. Das mussten wir in Ordnung bringen.

Wir wählten bewusst eine Lösung, bei der sich vor allem das variable, erfolgsabhängige Einkommen bei guten Ergebnissen erhöhen würde. Dadurch ergab sich mehr Spielraum nach oben, aber auch nach unten. Das Vorgehen wurde im Präsidium des Aufsichtsrats diskutiert, im Sommer 2006 entschieden und sollte dann ab 1. Oktober 2006 mit Beginn des Geschäftsjahrs 2006/2007 greifen. Auch der Vorsitzende des Gesamtbetriebsrats, der zugleich stellvertretender Vorsitzender des Aufsichtsrats war, trug den Präsidiumsbeschluss mit, dass es durchaus gerechtfertigt wäre, die Gehälter unserer Vorstände auf ein zu anderen Unternehmen vergleichbares, aber keineswegs herausragendes Niveau anzupassen.

Doch einige Zeit später, mitten in die Negativschlagzeilen rund um die Insolvenz von BenQ Mobile, erschien im Nachrichtenmagazin *Der Spiegel* plötzlich die Nachricht: »Siemens erhöht Vorstandsgehälter um 30 Prozent.« Dazu wurde geschildert, dass das Unternehmen im Besitz von Immobilien sei, die es auch an Mitarbeiter verpachtet oder vermietet, wie das übrigens auch andere Unternehmen tun. Nun aber gab es

Aufregung, weil »auch Siemens-Chef Klaus Kleinfeld gegen Zahlung einer marktüblichen Erbpacht ein 3500 Quadratmeter großes Grundstück aus dem Bestand der Siemens-Immobilientochter im Münchner Vorort Grünwald« nutzte, wohlgemerkt gegen Zahlung einer marktüblichen Erbpacht. Klaus Kleinfeld stand nun am Pranger der Medien. Vor allem im Zusammenspiel mit dem unseligen BenQ-Desaster ergab sich so eine für die Boulevardpresse wunderbar verwertbare Story, die am 1. Oktober 2006 in einer Schlagzeile der *Bild am Sonntag* ihre Krönung fand: »Der Ruinator«.

In dieser Phase nutzte es wenig, dass sich der Vorstand entschloss, auf die Gehaltserhöhung für ein Jahr zu verzichten, und den entsprechenden Betrag – insgesamt rund 5 Millionen Euro – stattdessen an einen Hilfsfonds überwies, aus dem die Qualifizierung, Umschulung oder Weiterbildung für BenQ-Mitarbeiter bezahlt werden sollte.

Im Dezember 2006 hätte im Aufsichtsrat eigentlich eine Entscheidung über eine Vertragsverlängerung Kleinfelds angestanden. Sein Vorstandsvertrag würde Ende September 2007 auslaufen. Normalerweise wird schon ein Jahr – allerdings auch nicht früher – vor Ende der Laufzeit über eine Verlängerung befunden, um diese aus jeder öffentlichen Diskussion oder Spekulation herauszuhalten. Vor dem medialen Hintergrundlärm sollte aber – so war die überwiegende Meinung im Aufsichtsrat – im Dezember 2006 ein Beschluss über seine Vertragsverlängerung nicht herbeigeführt werden. Jedenfalls erschien es nicht sehr klug, dieses Thema zu diesem Zeitpunkt anzuschneiden, weil die Arbeitnehmervertreter im Aufsichtsrat unter erheblichen Druck geraten wären, wenn sie sich für Kleinfeld ausgesprochen hätten. In Rücksprache mit ihm wurde deshalb der Termin der Vertragsverlängerung auf die Aufsichtsratssitzung im April 2007 verschoben. Bis dahin, so waren wir uns sicher, hätten sich die Wogen wieder geglättet.

Klaus Kleinfeld stand tief getroffen im erbarmungslosen

Medienwirbel, der ihm unerwartet scharf ins Gesicht blies. Statt für seinen Tatendrang und die schnellen Erfolge gelobt zu werden, wurde er mit Häme für Banalitäten kritisiert, etwa dass er auf einem Foto seine Rolex-Uhr hatte wegretouchieren lassen, oder dass er seinen »zweiten Vornamen Christian wegrationalisiert« habe *(Bild)*. Selbst die nun wirklich positiven Geschäftszahlen wurden gegen ihn ausgelegt, weil er »nicht als souveräner Konzernchef, sondern als Getriebener der Kapitalmärkte« *(Capital)* agiere. Wohl unter dem Eindruck solcher Berichterstattung engagierte Kleinfeld einen externen Berater, einen sogenannten Spin-Doktor, der ihm helfen sollte, sich gegenüber den Medien besser zu positionieren. Doch leider lieferte er damit – um die *FAZ* zu zitieren – später ein »abschreckendes Beispiel dafür, was passiert, wenn die Spin-Doktorei aus dem Ruder läuft«.

In der Sitzung des Aufsichtsrats nach Ende der Hauptversammlung am 27. Januar 2005, als ich mein neues Amt als Vorsitzender des Aufsichtsrats antrat, wurde auch die Zusammensetzung des Prüfungsausschusses neu festgelegt. Karl-Hermann Baumann musste ersetzt werden. Auch für Josef Ackermann, Vorstandssprecher der Deutschen Bank, brauchten wir einen Nachfolger. Er blieb zwar im Aufsichtsrat bei Siemens, durfte aber nach den neuen Corporate-Governance-Regeln der USA, die im Juli 2005 in Kraft treten würden, als »investmentbanktypischer Dienstleister« nicht länger im Prüfungsausschuss bleiben. Statt der beiden bisherigen Mitglieder wurden der Aufsichtsratsvorsitzende von Thyssen-Krupp, Gerhard Cromme, und ich in den Prüfungsausschuss gewählt. Weitere Mitglieder des fünfköpfigen Gremiums blieben der Vorsitzende des Gesamtbetriebsrats, Ralf Heckmann, der IG-Metall-Gewerkschaftssekretär Heinz Hawreliuk und der Aufsichtsratsvorsitzende der Allianz, Henning Schulte-Noelle. Gerhard Cromme wurde dann zum Vorsitzenden des Prüfungsausschusses gewählt.

Gerhard Cromme war Vorsitzender der Regierungskommission »Deutscher Corporate Governance Kodex« sowie seit 2003 Mitglied im Siemens-Aufsichtsrat und somit besonders geeignet, als neuer Vorsitzender des Siemens-Prüfungsausschusses für Qualität und Sicherheit zu sorgen. Mein Vorgänger Karl-Hermann Baumann hatte ihn deshalb vor seinem Ausscheiden noch gebeten, dieses Amt zu übernehmen. Neben Cromme erfüllten auch die anderen Mitglieder des Prüfungsausschusses größtmögliche Ansprüche an ein solches Komitee. So konnte Henning Schulte-Noelle einschlägige Erfahrungen aus seinem angestammten Unternehmen, der Allianz, einbringen. Ralf Heckmann als altgedienter Siemens-Betriebsrat und Heinz Hawreliuk als Gewerkschafter mit langjähriger Präsenz in verschiedenen Siemens-Gremien und nicht zuletzt im Siemens-Aufsichtsrat, stets kritisch, aber auch konstruktiv, hatten beste Kenntnisse des komplexen Siemens-Gebildes.

Im Aufsichtsrat einer Aktiengesellschaft hat der Prüfungsausschuss die Aufgabe, die Rechnungslegung und Finanzberichterstattung des Konzerns zu überwachen sowie die Einhaltung der Corporate-Governance-Regeln sicherzustellen. Er fungiert als Schnittstelle zwischen interner und externer Revision. Wie üblich hatte auch Siemens eine innerbetriebliche Revisionsabteilung, die Rechnungsbelege und Buchungen auf Ungereimtheiten oder Unregelmäßigkeiten zu prüfen und dem Ausschuss Bericht zu erstatten hatte. Mit der international renommierten KPMG gab es ein »Heer« von Wirtschaftsprüfern, die praktisch permanent im Hause waren und untersuchten, ob Quartals- und Jahresabschlüsse nach geltenden Regeln erstellt wurden. Sie beschäftigten sich mit den Zahlungsvorgängen nicht nur in der Zentrale, sondern auch in den operativen Einheiten und Regionalgesellschaften weltweit. Auch KPMG berichtete regelmäßig dem Prüfungsausschuss.

Der Prüfungsausschuss – in der angelsächsischen Welt »Audit Committee« genannt – bekam also vom Vorstand, verschiedenen spezialisierten Mitarbeitern und von den Wirtschaftsprüfern regelmäßige Berichte und musste im Zweifelsfall entsprechende Maßnahmen ergreifen, um sicherzustellen, dass die für ein Unternehmen wie Siemens gültigen nationalen und internationalen Rechtsvorschriften eingehalten werden.

Bei einem Unternehmen mit weltweit mehr als 400 000 Mitarbeitern lässt es sich kaum vermeiden, dass es bei dieser Breite zu Verstößen oder Konflikten kommt. Zudem ist es bei Großprojekten im Ausland häufig geboten, über externe Berater Informationen über die Gegebenheiten vor Ort oder vor allem auch über die Bedingungen von Ausschreibungen – zum Beispiel hinsichtlich der anzuwendenden Technik – einzuholen. Um hier möglichen Unregelmäßigkeiten oder gar Gesetzesverstößen zu begegnen, wurden im Laufe der Jahre die Vorschriften über den Umgang mit externen Beratern mehrmals neu präzisiert. Wenn dennoch Unregelmäßigkeiten ans Licht kamen, wurden Maßnahmen ergriffen, um sie zu unterbinden.

Die Verhaltensregeln zur Bekämpfung von Korruption wurden wiederholt verschärft. Alle Mitarbeiter, die Befugnis hatten, Verträge abzuschließen, mussten in regelmäßigen Abständen schriftlich bestätigen, dass sie sich an bestehende Gesetze halten. Das bedeutete eben auch, gegebenenfalls einen Auftrag nicht zu bekommen.

Diese Erklärung hat übrigens nicht jedem gefallen. Bei manchen Kolleginnen oder Kollegen musste ich mich persönlich um die Unterschrift unter die Verpflichtungserklärung kümmern, zum Beispiel bei einem hochgestellten Betriebsratsmitglied. Er argumentierte, er sei ständig in Gefahr, gegen das Arbeitsrecht zu verstoßen, und könne deshalb nicht unterschreiben, dass er sich immer an Recht und Gesetz halte. »Inwiefern verstoßen Sie gegen das Arbeitsrecht?«, habe ich gefragt. »Na ja, es ist zum Beispiel ein Verstoß gegen das Arbeitsrecht, wenn ich die zehn Stunden tägliche Arbeitszeit überschreite. Oder wenn ich nichts dagegen unternehme, wenn andere das tun. Wie soll ich dann ein solches Papier unterschreiben?« So gesehen hatte er natürlich recht. Aber ich habe ihn an seine Vorbildfunktion erinnert und daran, dass es bei dieser Unterschrift um ganz andere Themen gehe. Am Ende hat er dann doch unterschrieben.

Leider sind die Spielregeln in der Welt keinesfalls einheitlich. Siemens hat zum Beispiel aufgrund des Börsengangs in New York 2001 das komplette Compliance-Programm überarbeitet und an die amerikanischen Regeln angepasst. In einem Gutachten der anerkannten US-amerikanischen Anwaltskanzlei Sullivan & Cromwell wurde das Programm geprüft und bestätigt, dass es dem »state of the art« genüge. Mit den eingeleiteten Maßnahmen spielte Siemens eine Vorreiterrolle in der deutschen Wirtschaft. Uns war jedenfalls kein weitergehendes und stringenteres Compliance-Programm eines deutschen DAX-Unternehmens bekannt.

Die im September 2001 eingerichtete Regierungskommission »Deutscher Corporate Governance Kodex« hatte die Aufgabe, die in unserem Land geltenden Regeln auch für ausländische Investoren transparent zu machen beziehungsweise die deutschen Regeln den internationalen Gepflogenheiten anzugleichen. Dabei wurde die deutsche Unternehmensverfassung auf den Prüfstand gestellt. Viele Regelungen wurden neu gefasst, zum Beispiel um die Unternehmen stärker auf die Wahrung der Aktionärsinteressen auszurichten oder um für eine größere Unabhängigkeit der Aufsichtsräte zu sorgen.

Die Zusammensetzung des Prüfungsausschusses bei Siemens war übrigens Anfang 2005, als ich mein neues Amt übernahm, noch nicht paritätisch, vielmehr stellten die Arbeitnehmervertreter nur zwei, die Vertreter der Anteilseigner aber drei Mitglieder in diesem Gremium. Das war darauf zurückzuführen, dass Siemens – weit vor meiner Zeit im Vorstand –

erbitterte Prozesse mit der IG Metall geführt hatte, in denen schließlich durchgesetzt wurde, dass die volle Parität zwar im Aufsichtsrat, aber nicht in allen Ausschüssen des Aufsichtsrats galt. Den Sinn dieser Regelung zu verstehen ist mir wie meinen jüngeren Vorstandskollegen schwergefallen. Die Aufweichung der Aufsichtsratsparität ist dann nach meinem Ausscheiden beseitigt worden.

Ergänzend zum Prüfungsausschuss wurde mit Albrecht Schäfer ein Chief Compliance Officer eingesetzt, der sich der Bekämpfung der Korruption widmen sollte. Zu seinen regelmäßigen Berichten an den Prüfungsausschuss gehörten sämtliche Verdachtsfälle in Bezug auf Bestechungen oder Kartellrechtsverstöße und auch kleinere oder größere Treuhandfälle, wenn zum Beispiel Mitarbeiter eine Unterschlagung oder einen Betrug begangen hatten. Jede große, international tätige Aktiengesellschaft erstellt jährlich für den Aufsichtsrat solche Compliance-Berichte. Als Reaktion darauf wurden Kontrollen verschärft oder andere geeignete Maßnahmen ergriffen, um neue Verstöße zu verhindern. Zusätzlich gab es Berichte des Leiters der Rechtsabteilung, Paul Hobeck, über Schiedsgerichtsverfahren oder andere gerichtliche Vorgänge, die auch vorgerichtliche Auseinandersetzungen umfassten.

Der Jurist Albrecht Schäfer kannte das Unternehmen aus verschiedenen Abteilungen und war ein auch international erfahrener Mann, der unter anderem für Siemens in Brasilien tätig und vor Paul Hobeck Leiter der Rechtsabteilung gewesen war. Es gab kaum jemanden im Unternehmen, der besser als er mit den vielfältigen Facetten der Compliance-Materie vertraut war. Selbst im Nachhinein fällt es schwer zu behaupten, wir hätten zu diesem Zeitpunkt nicht alles in bestmöglicher Weise und mit größter Sorgfalt geregelt.

Auf meiner letzten Hauptversammlung als Vorstandsvorsitzender im Januar 2005, auf der ich eine Bilanz der Entwicklungen des Unternehmens während meiner Amtszeit gezogen hatte, bekannte ich aufgrund einzelner Vorgänge bei Siemens offen, dass ich bezüglich der strikten Einhaltung unserer Corporate Conduct Guidelines mit den letzten Jahren nicht restlos zufrieden sei. Ich wies darauf hin, dass es Vorgänge bei Siemens gegeben habe, »Gott sei Dank nur einige wenige, bei denen Mitarbeiter ganz eindeutig gegen unsere Vorschriften gehandelt haben«. Offenbar sei es in einem so großen Unternehmen, so führte ich aus, eben doch sehr schwer, dafür zu sorgen, dass jeder Einzelne sich bewusst sei, welchen Schaden er durch Fehlverhalten für sich selbst sowie für seine Firma anrichte.

In meiner Rede verwies ich auch auf die Verdienste von Gerhard Cromme, weil er die Corporate-Governance-Diskussion in Deutschland in den Jahren zuvor deutlich vorangetrieben hatte. Ich wollte unseren Aktionären vermitteln, warum es alle Kosten und Mühen wert war, Systeme für eine verantwortungsvolle und transparente Unternehmensführung zu entwickeln und umzusetzen. Ich schloss dieses Thema mit den deutlichen Worten: »Ich bin mir mit dem obersten Führungskreis einig, dass wir nicht lockerlassen werden, um diese Probleme mit Stumpf und Stiel auszumerzen.«

Trotz aller Bedenken und der bekannten Einzelfälle von Fehlverhalten glaubten wir uns beim Thema Compliance auf einem guten Weg. Ich schloss meinen Vortrag mit einem Hinweis auf unser Siemens-Leitbild, dessen fünfter und letzter Punkt lautet: »Siemens ist einem anspruchsvollen Wertekodex verpflichtet, geprägt von Humanität, frei von jeder Diskriminierung und unter Einhaltung strikter ethischer Standards im Geschäftsverkehr.«

Vor diesem Hintergrund traf es uns dann besonders hart, als es Ende 2006 zu einem Paukenschlag kam, mit dem keiner von uns gerechnet hatte. Die Staatsanwaltschaft München hatte am 16. November 2006 aufgrund des Verdachts erheblicher Verstöße von Siemens-Mitarbeitern gegen einschlägige Rechtsvorschriften einen Durchsuchungsbeschluss vorgelegt und Siemens-Büros durchsucht. Nach dem ersten Schock war mir und den Kolleginnen und Kollegen im Aufsichtsrat und im Vorstand, aber sicher auch den meisten Siemens-Mitarbeitern klar, dass wir ganz schwere Wochen und Monate vor uns hatten.

Jagdsaison

Zu den Aufgaben eines Vorstandsvorsitzenden gehört es auch, die Entwicklung des Unternehmens den Medien zu erläutern. Ich hatte deshalb oft mit Journalisten zu tun und habe dabei positive Erfahrungen gemacht. Viele waren beeindruckend gut vorbereitet, stellten präzise Fragen und wussten auch komplexe Sachverhalte hinterher klug und elegant auf den Punkt zu bringen. Ich habe auch in hektischen Zeiten versucht, mir Zeit für Journalisten zu nehmen und dem einen oder anderen kurz vor Redaktionsschluss noch nowendige Informationen zukommen zu lassen oder dafür zu sorgen, dass sie solche bekamen. Vor und nach unseren Pressekonferenzen habe ich mich gern zu den Reportern gesellt, um etwas aus ihrer Welt zu erfahren. Ein wichtiges Thema war zum Beispiel, inwiefern die neuen Kommunikationstechniken ihre Arbeitsbedingungen veränderten.

Ich habe erzählt, dass ich in den fünfziger Jahren als freier Mitarbeiter bei den *Erlanger Nachrichten* mein Taschengeld aufbesserte und später mein Studium finanzierte. Meine Haupteinnahmequelle war die Sportberichterstattung, nur gelegentlich boten sich Chancen in anderen Ressorts. Ein erster Höhepunkt meiner journalistischen Laufbahn war ein Bericht über die bekannte Schauspielerin Elke Sommer, die auf dieselbe Schule in Erlangen gegangen war wie ich – nur eine Klasse über mir. Sie war bereits sehr erfolgreich und lebte mit ihrem Freund, einem meiner früheren Schulkameraden, in ihrem eigenen großen Haus. Eines Tages traf ich meinen

Freund auf ein Bier und erfuhr, dass es bei ihnen im Schlafzimmer eine Lampe mit Dimmer gab. Das war eine Sensation. Ein Dimmer! Es gab damals sicher nur wenige Menschen, die wussten, was das war, geschweige denn, die so etwas besaßen! Diese sensationelle Nachricht wollte ich gehörig vermarkten. Ich habe sie zu einer schönen, prägnanten Kurzmeldung umgearbeitet und dem *Stern* geschickt. Sie wurde ohne redaktionelle Änderung veröffentlicht, und ich bekam 50 DM dafür – bei dem sonst üblichen Zeilenhonorar von 20 Pfennig eine fürstliche Entlohnung für acht oder neun Zeilen. Ich glaube, Elke Sommer weiß bis heute nicht, wer diese harmlose kleine Geschichte verfasst hat.

Eine andere Geschichte hätte mir beinahe eine Tracht Prügel eingetragen. Bei einem Fußballspiel, über das ich berichten sollte, hatte ein Erlanger Verteidiger den Schiedsrichter nach einer umstrittenen Entscheidung mit einem Kinnhaken niedergestreckt. Ich hatte das natürlich in der Berichterstattung nicht ausgelassen und beschrieben, wie der Spieler »über den halben Platz« gelaufen war, um den Schiedsrichter zu erwischen. Das wurde mir übel genommen – vor allem die Formulierung »über den halben Platz«. Denn tatsächlich war der Spieler nur ein paar Meter gelaufen, was einen Unterschied machte. Schließlich war es von Belang, ob er im Affekt zugeschlagen oder beim Anlauf Zeit zum Nachdenken gehabt hatte.

Am Ende musste ich zugeben: Es war pure journalistische Übertreibung gewesen. Daraufhin haben die Fußballer mir Prügel angedroht, wenn ich jemals wieder den Platz beträte. Das kam einer Art Berufsverbot gleich, Fußball gehört nun mal zu den Kernthemen in der Sportberichterstattung. Ohne Fußball konnte ich als Sportjournalist kein Geld mehr verdienen. Nach einigen Monaten bin ich dann auf die Idee gekommen, meine damalige Freundin, meine spätere Frau, zu überreden, mich auf den Sportplatz zu begleiten. »Wenn du dabei bist, dann wirkt das sicher besänftigend.«

Auch dank dieser Erfahrung habe ich gelernt, dass man auf das, was man sagt und schreibt, achten und dass man präzise sein muss. Vor allem, wenn man anderen Leuten Vorwürfe macht, sollte man auch die Details geprüft haben. In meinem Beispiel wäre es nicht nur eleganter, sondern auch richtig gewesen, wenn ich geschrieben hätte:»Der Spieler machte einige Schritte auf den Schiedsrichter zu und verpasste ihm einen Kinnhaken.« Was, nebenbei gesagt, immer noch schlimm genug war.

Nun gibt es allerdings auch Journalisten, die im persönlichen Gespräch äußerst liebenswürdig und interessiert erscheinen, dieses und jenes fragen, was scheinbar nichts mit dem Thema zu tun hat, und drei Tage später einen Artikel abliefern, der das Gegenteil von dem wiedergibt, was man gesagt und gemeint hat.

Ein besonderer Fall, an den ich mich erinnere, war beispielsweise ein Artikel im *Manager Magazin* 1998. Weil wir die unserer Meinung nach beeindruckende Aufbauleistung von Siemens in den neuen Bundesländern besser kommunizieren wollten, sollte mich eine Journalistin, die ständiger Gast bei unseren Pressekonferenzen war und schon lange einmal auf einer meiner Reisen dabei sein wollte, anderthalb Tage durch Greifswald, Görlitz und Leipzig begleiten. Das Ergebnis war ein bemerkenswerter Artikel, dessen Botschaft lautete, ich sei zu weich für den Job, schließlich ginge ich abends schon um zehn todmüde zu Bett. Journalistinnen wollen manchmal eben auch ein bisschen Geselligkeit.

In Amerika hat mir einmal ein TV-Sender übel mitgespielt. Am Tag unseres Börsengangs in New York im März 2001 gab ich zahlreichen Fernsehstationen Interviews, jeder Journalist wollte seinen eigenen »O-Ton« haben. Als letzter Sender stand CNBC auf der Interviewliste. Diesem Sender hatte ich schon wiederholt Interviews gegeben, vor allem der Wirtschaftsjournalistin Maria Bartiromo, die in den Boomjahren der New Economy sehr bekannt war und wegen ihres guten Aussehens den Spitznamen »Money Honey« trägt.

Ich konnte alle Live-Interviews in derselben engen Kabine des auf dem Hof stehenden Übertragungswagens geben und musste nur warten, bis der nächste Sender die Leitung geschaltet hatte, um mir seine Fragen zu stellen. Die Fragen kamen über Kopfhörer an mich, ich hatte also kein Gegenüber und redete gewissermaßen mit dem Mikrofon gegen die Wand. Alles hatte prima geklappt, und ich wartete auf die Fragen von CNBC. Die Zeit drängte. Draußen warteten diverse Printmedien, darunter die wichtige *Financial Times* für weitere One-on-One-Interviews. Ich stand da mit meinen Kopfhörern, aber es passierte nichts.

Plötzlich eine Frage. Es ging um Siemens, und ich gab brav meine Antwort. Es dauerte eine Weile, dann folgte eine zweite Frage. Ich antwortete. Als ich fertig war, wurde mir aus dem Ü-Wagen mitgeteilt: »Diese Fragen waren nicht an Sie, sondern an den CNBC-Korrespondenten in Mailand gerichtet, der den Börsengang kommentieren soll!« Das war ein starkes Stück! Da man mich offenbar nicht mehr benötigte und die Zeit drängte, eilte ich hinaus zum nächsten Termin.

Am nächsten Morgen schaltete ich im Hotel das Frühstücksfernsehen ein, um mir die CNBC-Sendung »Sqawk Box« anzusehen, ein Wirtschaftstalk, in dem sich ein hochkarätiger Gast aus der Finanzwelt zu den jüngsten Börsenereignissen äußert. Da zeigten die Moderatoren eine auf einem Stock aufgespießte Karikatur von mir, mein Gesicht als Wackelpudding modelliert, der unkontrolliert hin- und herwaberte, und lästerten: »Der Pierer muss noch lernen, wie man Interviews gibt. Da hat er wegen der Gewinnwarnung von Ericsson Angst gehabt und stürmt bei der ersten Frage aus dem Übertragungsraum, ›because he didn't want to give an answer‹.«

Ich habe sehr selten Briefe an eine Redaktion geschrieben, aber in diesem Fall habe ich mich beschwert. Für technische

Pannen habe ich Verständnis, aber dies war eine Verunglimpfung allererster Güte in einer Fernsehsendung, die von den Finanzprofis in aller Welt gesehen wird. Besonders auffallend war, dass der Sender, CNBC, unserem stärksten Mitbewerber, General Electric, gehörte. Der für Europa zuständige Redakteur ist später zu mir nach München gekommen und hat sich bei mir entschuldigt – aber gesendet war gesendet.

All das war natürlich nichts im Vergleich zur Berichterstattung über die sogenannte Korruptionsaffäre bei Siemens. Im Mai 2007 wurde zum dritten Mal der Henri-Nannen-Preis für die »beste investigative Leistung« im deutschen Journalismus im Rahmen einer großen Gala mit 1200 Gästen aus Politik, Wirtschaft, Kultur an drei Journalisten der *Süddeutschen Zeitung* verliehen: Klaus Ott, Markus Balser und Hans Leyendecker. Ausgezeichnet wurden sie, wie es in der Laudatio hieß, für »eine überaus erfolgreiche Recherche in einem extrem schwierigen Gelände«. Extrem schwierig, »weil das Objekt der Recherche, einer der mächtigsten Wirtschaftsgiganten, sich jeder Aufklärung widersetzte«.

Diese Begründung war verwunderlich. In Wahrheit hatte der angeblich widerspenstige Wirtschaftsgigant weder Mühen noch Kosten gescheut, die Aufklärung voranzutreiben. Am 23. November 2006, genau eine Woche nachdem die Siemens-Zentrale und eine Reihe weiterer Siemens-Büros von der Staatsanwaltschaft München wegen des Verdachts der Korruption durchsucht worden waren, hatte der Vorstandsvorsitzende Klaus Kleinfeld auf einer Pressekonferenz die schonungslose Aufklärung der Vorgänge angekündigt. Ich hatte als Aufsichtsratsvorsitzender neben ihm gesessen und ebenfalls eine Erklärung in diesem Sinne abgegeben.

Ein Blick in den Durchsuchungsbeschluss genügte, uns die Dimensionen der dort erhobenen Vorwürfe im Bereich Kommunikationstechnik auszumalen. Es war von schwarzen Kassen und systematischer Korruption die Rede, und wenn sich der Verdacht im Kern bewahrheitete, hatte Siemens mit erheblichen Konsequenzen zu rechnen, vor allem in den USA. Es bestand unverzüglicher Handlungsbedarf. Am 17. November, einen Tag nach den Durchsuchungen, nahm ich als Gast an einer Vorstandssitzung teil, auf der sehr schnell Einigkeit darüber herrschte, dass man alles tun müsse, um die Staatsanwaltschaft in ihrer Aufklärungsarbeit zu unterstützen.

Wir ließen sogleich alle Möglichkeiten erkunden, wie wir selbst aktiv zur Aufklärung beitragen könnten, und suchten den Austausch mit anderen Unternehmen, die bereits mit Korruptionsfällen zu tun hatten, um von deren Erfahrungen, auch im Umgang mit amerikanischen Behörden, zu lernen. Man bestätigte uns in unserer Auffassung, dass der Fall ganz sicher von der SEC, der amerikanischen Finanzaufsicht, aufgegriffen werden würde. Allen war klar, dass wir keine Zeit verlieren durften und die Ermittlungen selbst zügig vorantreiben mussten.

Michael J. Hershman, einer der Mitbegründer von Transparency International, einer gemeinnützigen Organisation, die sich der Korruptionsbekämpfung verschrieben hat, wies uns darauf hin, dass es nicht genügen würde, den Fall der Staatsanwaltschaft zu überlassen oder eine interne Untersuchung bei einer deutschen Rechtsanwaltskanzlei in Auftrag zu geben. Wir sollten besser gleich amerikanische Anwälte in die Aufklärung einbeziehen. Ließen sich Bestechungsfälle oder auch nur in allgemeiner Form »violation of book and records«, also Verletzung der Buchführungsregeln, nachweisen – und das war dem ersten Eindruck nach zu befürchten –, dann drohten dem Konzern in den USA drastische Sanktionen, auch wenn sich die Vorwürfe nicht auf Vorgänge in den USA bezogen.

Solche Sanktionen konnten angesichts der Bedeutung des amerikanischen Markts für den Siemens-Konzern schwerwiegende Folgen haben. Wir stimmten also mit den zuständigen amerikanischen Behörden, der SEC und dem Departement of

Justice, ab, wie wir am besten verfahren sollten. Wir hatten schon so manches Problem gelöst, aber dieses hier war Neuland für alle Beteiligten. Deswegen setzte die gesamte Siemens-Führungscrew alles daran, kompetente Fachleute zu finden, zu befragen und daraus die richtigen Schlüsse zu ziehen. Bereits am 11. Dezember 2006, also keine vier Wochen nach Bekanntwerden der Vorgänge, wurde die Kanzlei Debevoise & Plimpton mit einer »unabhängigen Untersuchung« beauftragt. Siemens ließ den amerikanischen Anwälten völlig freie Hand bei ihren Untersuchungen. Zeitweise waren mehr als hundert Ermittler der Kanzlei in den Büros von Siemens in Deutschland und wichtigen Regionalgesellschaften tätig. Im Nachhinein konnte man fragen, ob wir den Auftrag nicht hätten begrenzen müssen. In der konkreten Situation vom November 2006 schien es aber völlig unangemessen, über die Kosten des Verfahrens zu diskutieren und dadurch womöglich wertvolle Zeit zu verlieren. Um dem Eindruck vorzubeugen, ich würde versuchen, Einfluss auf das Verfahren zu nehmen, und die Aufklärung behindern, habe ich an den Diskussionen zu diesem Thema im Prüfungsausschuss nicht mehr teilgenommen. Der Ausschuss hatte sich nun intensiv mit dem größten Compliance-Fall der Siemens-Geschichte zu befassen.

Die Aufklärung lag also zum einen in der Hand der amerikanischen Kanzlei, zum anderen wurde der Fall weiterhin bei der Münchner Staatsanwaltschaft geführt. Neben diesen beiden parallel stattfindenden Untersuchungen hatten wir es vom ersten Tag an allerdings auch mit den spezifischen Nachforschungen der Presse zu tun. Genau hier beginnt das Problem.

Die Presse, die in Ausübung ihrer besonderen Verantwortung als vierte Macht im Staat betrachtet wird, stellt im Prinzip eine unabhängige Institution dar. Aber indem die *Süddeutsche Zeitung* und andere Presseorgane ausführlich aus internen Papieren zitierten, die ihnen – auf geheimnisvollen Wegen – von den Ermittlungsbehörden, von Rechtsanwälten, von Spin-Doktoren, aus dem Hause Siemens oder aus Presseabteilungen anderer Unternehmen zugespielt wurden, nahmen sie bewusst oder unbewusst in Kauf, auch zum Werkzeug Dritter zu werden. Natürlich ging es Informanten auch um ihre eigene Sache. Da sie aber nicht namentlich preisgegeben wurden, blieb in der Regel verborgen, um wessen Belange es gerade ging.

Tatsache ist, dass die Medien – oder zumindest ein Teil von ihnen – zum Spielball undurchsichtiger Interessenkonflikte und Machtkämpfe wurden, die sie aber gern zu ignorieren schienen, solange sie daraus Funken schlagen konnten. Es wird mir immer ein Rätsel bleiben, was genau mir der anerkannte Journalist Hans Leyendecker zu verstehen geben wollte, als er mir auf dem Höhepunkt der Krise sein gerade erst erschienenes Buch *Die große Gier: Korruption, Kartelle, Lustreisen: Warum unsere Wirtschaft eine neue Moral braucht* mit der persönlichen Widmung schickte: »In Anerkennung Ihrer großen Lebensleistung«.

Die Aufklärung der »Affäre« zog sich über drei Jahre hin. Am Ende der Auseinandersetzungen, im Oktober 2009, resümierte die *Frankfurter Allgemeine Zeitung* treffend: »Im Spiel sind auch Heerscharen von Anwälten namhafter Kanzleien aus dem In- und Ausland, die seit Jahren mit Fleiß und ebenso großer Freude eine Beratungsstunde nach der nächsten abrechnen. Meinung machen unterdessen Öffentlichkeitsarbeiter, Spin-Doktoren, Aufsichtsräte, Arbeitnehmer und ihre Vertreter – und nicht zuletzt zahlreiche Journalisten, die versuchen, Informationen zu beschaffen, und der veröffentlichten Meinung ihren Stempel aufdrücken wollen – und hierbei nicht selten desinformiert werden.«

Die mediale Hauptstoßrichtung hatte für einige andere den nicht unwillkommenen Nebeneffekt, dass sie selbst aus der Schusslinie gerieten – und deshalb möglicherweise hier und da gern mit einer entsprechenden Information nachhelfen ließen.

Die Zusammenhänge jener Affäre, die Siemens im November 2006 in den Mittelpunkt des Interesses rückte, waren für die Öffentlichkeit nur schwer zu durchschauen. Weder war es für Siemens opportun, auf bestimmte Interessen zu verweisen, die dabei vielleicht auch im Spiel waren, noch schien es angebracht, das Zusammenspiel von Ermittlungsbehörden und Presse zu thematisieren. Für mich war es ausgesprochen unangenehm, entscheidende Informationen, Hinweise auf Protokolle und Vernehmungen sowie zahlreiche Details, die an den Kern unseres Unternehmens rührten, erst aus der Zeitung erfahren zu müssen. Offenbar hatte der eine oder andere Redakteur einen direkten Draht sowohl zu den Justizbehörden als auch zu verschiedenen Etagen von Siemens und zu anderen Informationsträgern. Anders waren die pikant aufbereiteten, oft zum Wochenende erscheinenden Artikel mit ihren baumstarken Schlagzeilen nicht zu erklären.

Bis Ende 2006 war es mir zum Glück erspart geblieben, mich mit sogenannter Verdachtsberichterstattung auseinanderzusetzen zu müssen. Journalisten brauchen nur wenige und zudem nicht ganz eindeutig formulierte juristische Grundsätze zu beachten, wenn sie über Verdachtsfälle berichten wollen. Es genügt zum Beispiel schon ein »Mindestbestand an Beweistatsachen, der für den Wahrheitsgehalt der Veröffentlichung spricht«. Vor der Veröffentlichung muss »eine Stellungnahme des Beschuldigten« eingeholt werden, und Dinge dürfen nicht »bewusst einseitig« und »verfälschend« dargestellt werden. Lauter dehnbare Begriffe. Darüber hinaus darf die Darstellung nicht in »präjudizierender Weise« erfolgen, und auch die »zur Verteidigung des Beschuldigten vorhandenen Tatsachen und Argumente« sollten berücksichtigt werden – wer hat dafür schon Zeit in der Hektik des journalistischen Alltags? Besteht an der Mitteilung ein »durch die Bedeutung des Vorgangs bedingtes öffentliches Interesse«, so hat dieses oft Vorrang vor dem Persönlichkeitsrecht des Betroffenen.

Im Rahmen solcher Verdachtsberichterstattungen wurden mir immer wieder umfangreiche Fragelisten vorgelegt. Darauf vernünftige Antworten zu geben erwies sich als nahezu unmöglich, weil die mir gesetzte Frist in der Regel sehr kurz war und die behaupteten Sachverhalte häufig nur mit Hilfe meines ehemaligen Arbeitgebers aufzuklären gewesen wären. Dieser beschränkte sich nach meinem Rücktritt aus dem Aufsichtsrat jedoch zunehmend auf die Antwort, zu laufenden Verfahren und Ermittlungen nehme man keine Stellung. In der Folge wurde die Schlagzeile »Pierer unter neuem Verdacht« schon fast zur stehenden Wendung.

Im Laufe der Ermittlungen hat die Staatsanwaltschaft eine Reihe von Mitarbeitern verhaftet. Einige von ihnen wurden später angeklagt und verurteilt. Es dauerte allerdings mehrere Monate, bis deutlich wurde, wie die verschiedenen Fälle miteinander in Verbindung standen. In dieser Zeit wurde ich immer wieder aufgefordert, für die Bestechungsvorgänge bei Siemens die Gesamtverantwortung zu übernehmen, weil sie in meine Zeit als Vorstandsvorsitzender zurückreichten. Aber in welcher Form hätte ich Verantwortung für Vorgänge übernehmen sollen, die mir nicht bekannt waren? Auch meine Anwälte rieten zur Vorsicht. Verantwortung könnte auch juristisch verstanden werden, dann hätte sie eine zivilrechtliche und eine strafrechtliche Komponente, und das sollte ich doch nicht in Kauf nehmen. Eine politische Verantwortung habe ich dann später durch meinen Rücktritt als Aufsichtsratsvorsitzender übernommen und dies in einem Interview mit der *Zeit* auch noch einmal bekräftigt.

Die Erwartung, dass die mediale Jagd nach meinem Rücktritt nachlassen würde, erfüllte sich freilich nicht. Im Gegenteil: Die Medien stürzten sich mit umso größerem Eifer auf mich und präsentierten fast Woche für Woche neue Vorfälle, in die ich involviert gewesen sein soll. Ich wurde von der Presse nur noch als »Mr. Siemens« tituliert. In einer Mediengesellschaft zählt allein der Mann an der Spitze: Sein Kopf muss rollen! Dass ich den Furor dieser medialen Großwildjagd, bei der sich einige übermotivierte Jäger endlich den Abschuss eines »echt großen Tieres« erhofften, zunächst unterschätzte, wundert mich heute. Es blieb mir nichts anderes übrig, als jeden einzelnen dieser Artikel ernst zu nehmen. Sich dagegen zu wehren war hoffnungslos. Ich hatte bis dahin nie einen Prozess geführt und auch allen meinen Freunden immer von einem Prozess abgeraten. Ein Prozess ist ein mühseliges Unterfangen, er dauert lange, kostet viel Kraft und führt, wenn überhaupt, erst zu einem Ergebnis, wenn es eigentlich schon zu spät ist, speziell in Pressefragen, wenn es niemanden mehr interessiert.

Im Jahr 2007 bin ich zweimal von diesem Grundsatz abgewichen und mit einer einstweiligen Verfügung gegen die *Süddeutsche Zeitung* vorgegangen, die sich der Methode der Verdachtsberichterstattung auf besonders zweifelhafte Weise bediente. Der Münchner Rechtsanwalt Prof. Robert Schweizer erwies sich dabei als einfühlsamer, sachkundiger, aber auch hartnäckiger Spezialist für Pressefragen. Jedes Mal ist die *Süddeutsche Zeitung* vor Gericht unterlegen.

Manches war noch harmlos. Im Januar 2008 verbreitete das Blatt, ich würde für Siemens in China auftreten und über ein neues Transrapid-Projekt verhandeln. Tatsache war, dass ich im Dezember 2007 in Peking meinen alten Freund Xu Kuangdi, den früheren Oberbürgermeister von Shanghai, getroffen hatte, um die nächste Sitzung des »Deutsch-Chinesischen Dialogforums der Zivilgesellschaften« vorzubereiten. Xu war Co-Chairman auf der chinesischen Seite und ich, auf Wunsch der Bundesregierung, auf der deutschen. Die Situation war angespannt, weil Bundeskanzlerin Angela Merkel kurz zuvor den Dalai Lama empfangen hatte, was zu Irritationen auf der chinesischen Seite geführt hatte.

Bevor wir zu den harten Themen kamen, erinnerten Xu und

ich uns im Small Talk an alte Tage und gemeinsame Erfolge, unter anderem daran, wie wir das erste Transrapid-Projekt in Shanghai verhandelt hatten. Wir verbanden das mit dem Wunsch, es möge zu einer Verlängerung der in Betrieb befindlichen Strecke kommen, was damals durchaus aussichtsreich erschien. »Verhandelt« wurde gar nichts. Xu Kuangdi war längst nicht mehr für das Projekt zuständig.

Von dieser Begegnung erzählte ich einem Mitglied des neuen Siemens-Vorstands. Kurz darauf lag eine Anfrage von Klaus Ott von der *Süddeutschen Zeitung* auf meinem Schreibtisch: »Trifft es zu, dass Herr Pierer in China für Siemens über den Transrapid verhandelt hat? Trifft es zu, dass Siemens Herrn Pierer darauf hinwies, dass er dafür keinen Auftrag habe?« Ich schickte daraufhin eine E-Mail mit einer Richtigstellung an das Vorstandsmitglied, mit dem ich darüber gesprochen hatte. Es kam nie eine Antwort. Stattdessen las ich am 29. Januar 2008 in der *Süddeutschen Zeitung*: »Heinrich von Pierer ist viel unterwegs. Auch nach seinem Abschied als Aufsichtsratschef bei Siemens vor einem dreiviertel Jahr hat der Jurist und Volkswirt aus Erlangen noch gut zu tun (…). In China soll der einstige Vorstands- und Aufsichtsratsvorsitzende nebenbei versucht haben, Geschäfte des Technologie-Unternehmens voranzutreiben, heißt es aus der Konzernzentrale.«

Was Staatsanwaltschaft und Debevoise-Anwälte nach gründlicher Prüfung nicht beanstandet hatten, war der *Süddeutschen Zeitung* mitunter eine ganze Artikelserie wert. So wurde im Januar 2007 und im Februar 2008 in einer Art Fortsetzungsgeschichte behauptet, ich sei in einem arabischen Land großzügig mit Siemens-Geld umgegangen. Ich hätte ohne ersichtlichen Grund zugestimmt, dass der Gegenseite statt eines ihr maximal zustehenden Betrags von 17 Millionen Dollar das Dreifache, nämlich 50 Millionen, zugebilligt wurde. Unter der Überschrift »Fragwürdige Geschäfte am Golf« legte die *SZ* auf subtile Weise nahe, der Zentralvorstand – und natürlich allen voran der Vorstandsvorsitzende Pierer – habe dem arabischen Geschäftsmann deswegen so viel mehr gezahlt, damit der Mann der amerikanischen Finanzaufsicht keine Siemens belastenden Hinweise gebe. Es bestehe der Verdacht, dass es sich um Schweigegeld gehandelt habe. Als Kronzeuge wurde in einem Artikel am 9. Januar 2008 ausgerechnet ein anonymer »Vertrauter« des neuen Siemens-Vorstandsvorsitzenden – wer wird nicht gerne als ein solcher »Vertrauter« bezeichnet – zitiert: »Das Bild rundet sich«, habe der Vertraute gesagt. »Wäre an dem Vorwurf mit der Schweigegeldzahlung etwas dran, dann wären Pierer und Kleinfeld nicht mehr glaubwürdig.« Per Zirkelschluss im Konjunktiv wird auf diese Weise im Kopf des Lesers ein Verdacht schnell zum Fakt.

Doch die Fakten waren andere. Siemens hatte in den 1990er Jahren mit einem Araber tatsächlich einen Vertretungsvertrag geschlossen, der ihm das Recht gab, bestimmte Siemens-Produkte exklusiv zu vermarkten. Dieser Vertrag war von Siemens gekündigt worden. Nichts Ungewöhnliches. Doch 2004 erreichte den Vorstand die Nachricht, eben jener ehemalige Geschäftspartner habe Siemens auf eine Schadensersatzzahlung von 900 Millionen Dollar verklagt. Seiner Ansicht nach sei der Vertrag zu Unrecht gekündigt worden. Vom Gutachten eines Wirtschaftsprüfers untermauert, mache er entgangenen Gewinn geltend. Das Gerichtsverfahren fand vor dem Board of Grievances in Riyadh statt. Zugrunde lag das Recht der Sharia. Der Kläger sei, nach Auskunft unserer Gewährsleute, mit einem der drei Richter verwandt, und der lokale Siemens-Anwalt habe bereits ein Gutachten über die Prozessaussichten erstellt – für die Gegenseite, wohlgemerkt.

Der Prozess lief nicht gut, es drohte eine Verurteilung in unbestimmter Höhe. Nachdem die Angelegenheit wegen ihrer Größenordnung dem Zentralvorstand vorgelegt worden war, hatte ich unserem Verhandlungsführer empfohlen, unter diesen Umständen nicht mit einem Gegenvorschlag »Null«

anzutreten, sondern mit einem möglichst niedrigen, irgendwie vertraglich ableitbaren »Anerkennungsbetrag«. Andernfalls bestand meiner Erfahrung nach die Gefahr, dass das Gericht eine Fifty-fifty-Lösung, also die hälftige Teilung des eingeklagten Betrags, anordnen würde – in solchen Fällen und unter solchen Umständen nicht unüblich. Bei einer Klagesumme von 900 Millionen hätte Siemens dann 450 Millionen zu zahlen gehabt.

Der Siemens-Verhandlungsführer verhielt sich entsprechend und erzielte am Ende ein durchaus vertretbares Ergebnis, das mit 50 Millionen allerdings höher lag als ein erster Vergleichsvorschlag von 17 Millionen. In der Rechtsabteilung herrschte über diesen Abschluss große Erleichterung. Intern bekannt war ein Vermerk des geschätzten Leiters der Rechtsabteilung, Paul Hobeck, der den Abschluss des Vergleichs wegen der hohen rechtlichen Risiken befürwortet hatte.

Wenig später, im Sommer 2008, sah ich mich einer weiteren Kampagne ausgesetzt, bei der es noch einmal um das Kernkraftwerk Bushehr im Iran ging, das mich schon so oft beschäftigt hatte. Die Verdächtigungen basierten auf einem internen Siemens-Dokument, das auf unbekanntem Weg in die Redaktion der *Süddeutschen Zeitung* gelangt war. Dem Dokument lagen wiederum Befragungen von Debevoise zugrunde. Wohlwollend formuliert war es in dieser »Stille-Post-Kette« zu fatalen Missverständnissen gekommen. In einer Anfrage der *SZ* vom 31. Juli 2008 an meinen Anwalt wurde ausgeführt, ich hätte mich bei Cognac und Zigarren mit einem arabischen Kaufmann getroffen, mit dem ich alte Erinnerungen an das Kraftwerk ausgetauscht hätte. Für diesen Small Talk seien an diesen über mehrere Jahre hinweg insgesamt rund 600 000 Euro bezahlt worden. So sei es im Rechtsgutachten des von Siemens mit den Untersuchungen beauftragten Rechtsanwalts festgehalten worden. Ich habe schon deshalb keine Zigarren mit dem arabischen Geschäftsmann geraucht, weil ich Zigar-

ren nicht mag. Aber gerade solche Details, die jedem Fernseh-
zuschauer als Accessoires gehobener Verschwörung bestens
vertraut sind, »rundeten das Bild ab«.

Dass Siemens aus allen Problemen rund um das Kernkraftwerk Bushehr immer gut herausgekommen war, dieser Erfolg
hatte sicherlich mehrere Väter. Ich zählte mich zu denen, die
dazu einen wesentlichen Beitrag geleistet hatten. Der Vorwurf
unredlichen Verhaltens gerade in diesem Fall traf mich umso
tiefer.

Worum ging es? Ich hatte schon erwähnt, dass die Iraner
wieder eine Schiedsklage eingereicht hatten und von Siemens
15 Milliarden DM Schadensersatz verlangten, weil Siemens
Bushehr nicht weiterbaute. Die Betreuung dieses Verfahrens
lag in den Händen der Rechtsabteilung. Die Juristen kamen
aber immer wieder zu mir, um sich Rat zu holen, weil ich die
vertraglichen Beziehungen mit den Iranern und den Ablauf
des ersten Schiedsverfahrens Anfang der 1980er Jahre wesentlich mitgestaltet hatte. Im Zuge dieses Verfahrens hatte ich es
für wichtig gehalten, dass wir wenigstens in groben Zügen
unterrichtet waren, wie sich in Bushehr die Zusammenarbeit
mit dem eingestiegenen russischen Partner gestaltete. Auf
mein Betreiben hin war ein Beratervertrag mit einem arabischen Geschäftsmann abgeschlossen worden, der über die
Verhältnisse vor Ort recht gut Bescheid wusste, was uns in den
Auseinandersetzungen mit Vertretern verschiedener anderer
Länder, die wegen des Weiterbaus des Kernkraftwerks besorgt
waren, sehr genutzt hat.

Von dieser Geschichte machten die *Süddeutsche Zeitung* und
Der Spiegel viel Aufhebens. Der Siemens-Aufsichtsrat schlug
in dieselbe Kerbe und verlangte von mir, wie mir die *SZ* (!)
schon angekündigt hatte, für die angeblich grundlose Zahlung Schadensersatz. Es war nicht allzu schwer nachzuweisen,
dass sämtliche Vorwürfe haltlos waren, aber darüber ging wieder unendlich viel Zeit ins Land. Am Ende – mehr als ein Jahr

später – hat sich der von Siemens beauftragte Rechtsanwalt Michael Hofmann-Becking in einem Gespräch in Gegenwart meiner Anwälte mit dem lapidaren Satz aus der Affäre gezogen:»Wir halten diesen Vorwurf nicht aufrecht.« Der öffentlich angerichtete Schaden wurde mit dieser Bemerkung freilich nicht wiedergutgemacht.

Der Mainstream in der Presse war klar. Mehrere von mir sehr geschätzte Journalisten von angesehenen Tageszeitungen und einer bekannten Illustrierten sagten mir, in ihren Redaktionen wolle man von entlastenden Darstellungen für meine Person nichts hören. So etwas werde nicht gedruckt. Abweichungen wären erklärungsbedürftig gewesen.

Ausgelöst und immer wieder angetrieben durch die *Süddeutsche Zeitung*, entstand eine Flut von unbewiesenen Behauptungen und in den Raum gestellten Verdächtigungen, der sich auch die übrigen Medien auf Dauer nicht entziehen konnten. Die Redakteure schien es zusätzlich zu beflügeln, dass sie nicht nur mit der Staatsanwaltschaft, sondern auch mit der auf Compliance spezialisierten amerikanischen Anwaltskanzlei Debevoise & Plimpton konkurrierten.

Der Vorgang, der mir in der andauernden Auseinandersetzung am meisten geschadet hat, nahm seinen Lauf, als sich etwa im März 2008 ein Siemens-Manager aus der Ebene eines Bereichsvorstands, also der Ebene unter dem Vorstand, in jenem Compliance-Office meldete, das Siemens eigens für die Verfolgung der Schmiergeldaffäre eingerichtet hatte. Hier wurden seit Oktober 2007 Verstöße gegen die Compliance-Richtlinien des Konzerns gesammelt und der Aufbau eines neuen Kontrollsystems koordiniert.

Der Mitarbeiter, der sich an das Büro wandte, gehörte nicht zu der Managementebene, für die bei einer Selbstanzeige Amnestieregeln gelten sollten. Auch die von Siemens für die Inanspruchnahme der Amnestie gesetzte Frist war schon abgelaufen, als er den Weg ins Compliance-Office fand und sein

Gewissen erleichterte. Wie ihm erklärt wurde, kam er aber eher als Zeuge denn als Beschuldigter in Betracht. Zu dem Gespräch im Compliance-Office war von dem Mitarbeiter ein Vermerk angefertigt worden, von dem später fünf Versionen kursierten.

Zitate aus diesem Vermerk landeten schneller bei der *Süddeutschen Zeitung* als bei den mit der Untersuchung beauftragten Anwälten von Debevoise & Plimpton. Ich selbst erfuhr von diesem Vermerk durch eine Anfrage der *Süddeutschen Zeitung*, die mich, wie gewohnt, mit extrem kurzer Frist zur Stellungnahme aufforderte. Dass die Medien vor den Anwälten informiert würden, sei inakzeptabel, bestätigte mir Bruce Yannett, der Leiter der Debevoise-Mannschaft, man werde eine genaue Untersuchung einleiten, wie das habe geschehen können. Diese Untersuchung wurde meines Wissens auch durchgeführt. Ein Ergebnis kenne ich nicht.

Der Mitarbeiter hatte ausgesagt, zusammen mit einem Kollegen habe er mich auf fragwürdige Zahlungen nach Argentinien angesprochen. Meine »explizite Aussage« sei gewesen: »Sie müssen sich jetzt wie Soldaten für das Haus Siemens verhalten.«

Die Anfrage der *Süddeutschen Zeitung* zitierte eine viel deutlichere angebliche Zahlungsaufforderung durch mich: »Verhaltet euch wie Soldaten bei Siemens, die einen Auftrag auszuführen haben. SBS soll zahlen.« SBS war die Abkürzung für die Siemens-Einheit, welcher der betreffende Siemens-Manager angehörte. Diese Zahlungsaufforderung ist in keiner der fünf Versionen des Vermerks enthalten. Sie ist in dieser Form eine Erfindung der *SZ*. Ich bestritt, Derartiges jemals gesagt zu haben. Daraufhin stellte die Zeitung eine Kurzversion des Zitats unauffällig in einen entsprechenden Kontext: »Pierer habe, so der Manager, ihn und seinen Kollegen angehalten, die Zahlung vorzunehmen. In diesem Zusammenhang habe Pierer damals gesagt, sie müssten sich jetzt wie ›Soldaten von Siemens‹ verhalten. Später seien 10 Millionen Dollar an eine Beraterfirma in der Schweiz gezahlt worden.«

Den entscheidenden Interpretationshinweis hatte der Leser bereits in der fett gedruckten Überschrift erhalten:»Eskalation im Siemens-Skandal: Ein Manager beschuldigt den einstigen Konzernchef Heinrich von Pierer, er habe für ein Argentinien-Geschäft fragwürdige Provisionszahlungen angeordnet. Pierer dementiert. Der Staatsanwalt redet mit ihm.« Eine gewisse Nachhilfe für den Leser schien der *Süddeutschen Zeitung* wohl auch deshalb angebracht, weil der Satz»Verhaltet euch wie Soldaten …« interpretationsfähig war. Er hätte auch bedeuten können, gerade keine ungerechtfertigten Zahlungen vorzunehmen, sondern Widerstand zu leisten.

Am Samstag, 19. April 2008, klang das Halali dieser Nachricht in den Wochenendausgaben aller deutschen Zeitungen wider. Die Jagd war eröffnet. Das»Soldaten«-Zitat machte die Runde.

»Nach Angaben des Leiters der Staatsanwaltschaft, Christian Schmidt-Sommerfeld«, so hatte die *Süddeutsche Zeitung* am 18. April 2008 formuliert,»fand am Freitag ein Gespräch der Strafverfolger mit Pierer statt.« Der Satz legte nahe, es werde gegen mich ermittelt. Dabei hatte ich, als die»Aktion« der *Süddeutschen Zeitung* begann, sofort um ein Gespräch bei der Staatsanwaltschaft gebeten, weil ich nicht wusste, wovon die Rede war. Des Weiteren schrieb die *Süddeutsche Zeitung*, Siemens nehme zu dem Vorwurf gegen mich nicht Stellung, die Vorwürfe des Mitarbeiters gegen den ehemaligen Konzernchef seien der Konzernspitze jedoch bekannt. In einem Vermerk habe der Manager den»Besuch« bei Pierer geschildert, der Vermerk liege Siemens vor.

Was wie ein harmloses Statement klang, war in Wahrheit Öl ins Feuer der Falschmeldungen. Denn von einem»Besuch« hatte der Manager gar nicht gesprochen, sondern von einem zufälligen Zusammentreffen auf dem Gang. Später stellte sich aufgrund der Zeugenaussage eines zweiten Managers heraus, dass ein Gespräch zwischen dem Manager und mir wahrscheinlich im Anschluss an eine Vorstandspräsentation der beiden auf dem Gang vor meinem Arbeitszimmer stattgefunden hatte, oder deutlicher gesagt: auf dem Weg zur Toilette. Der zweite Manager konnte sich jedoch an das »Soldaten«-Zitat nicht erinnern, und die Staatsanwaltschaft hatte inzwischen ermittelt, dass die angeblich von mir veranlasste Zahlung schon lange vor dem Zusammentreffen mit den beiden Managern erfolgt war. So wurde bestätigt, was später auch in einem internen Gutachten von Siemens stand: Die Äußerungen des Zeugen seien nicht glaubhaft. Deshalb hat Siemens diesen Vorgang auch nie zum Gegenstand irgendwelcher Vorwürfe oder gar Schadensersatzforderungen gegen mich gemacht.

Übrigens trat der »unglaubwürdige« Mitarbeiter im Frühjahr 2010 im Vorstand wieder mit Präsentationen auf. Das war nur konsequent. Hatte man ihm doch zu Beginn seiner Aussage erklärt, dass man ihn gern als Zeugen betrachte.

Das »Soldaten«-Zitat war die brisanteste Meldung zum Wochenende. Sie schaffte es bis an eine vordere Stelle in die Abendnachrichten des Fernsehens. Die in München viel gelesene *Abendzeitung,* die sonst eher um Objektivität bemühte *Frankfurter Allgemeine* und viele andere Zeitungen titelten alle in ähnlicher Form: »Pierer schwer belastet«, »Einer lügt« und so weiter. Zwar hatte ich mehrfach darauf hingewiesen, dass ich in meinem ganzen Berufsleben nie von »Soldaten bei Siemens« gesprochen hätte und dass diese Ausdrucksweise einfach nicht zu meinem Wortschatz gehöre. Aber dass der Mitarbeiter, der mich mit diesem Ausspruch zitierte, selbst wiederholt dieses Bild verwendet und sich als Soldat von Siemens bezeichnet hatte, wusste ich damals noch nicht.

Es herrschte gespannte Aufmerksamkeit, wie wohl die Staatsanwaltschaft reagieren würde. Würde nun endlich ein Ermittlungsverfahren eingeleitet werden, würde es zu Hausdurchsuchungen kommen? *Der Spiegel* ließ vorsorglich anfragen, wie ich wohl auf die Einleitung eines Ermittlungsverfahrens reagieren würde. Am Montag veröffentlichte das Nachrichtenmagazin eine Aufnahme, die mich nach einem Tennisspiel zusammen mit dem damaligen argentinischen Präsidenten Carlos Menem zeigte; daneben eine Nachtaufnahme eines Yachtclubs. »Hafen von Buenos Aires, Präsident Menem, Vorstand Pierer (1997): Milliardenauftrag für fälschungssichere Personalausweise« lautete die Bildunterschrift. Selbst der Dümmste konnte verstehen, dass in Buenos Aires 1997 beim exklusiven Tennisspiel des Nachts große Geschäfte eingefädelt worden waren.

Das Perfide war: Das gezeigte Foto war vom *Spiegel* bei meinem Ausscheiden aus dem Vorstand schon einmal veröffentlicht worden. Allerdings stand ich da in einer etwas größeren Gruppe; neben Menem und mir war noch der damalige deutsche Außenminister Klaus Kinkel zu sehen. Anders als die Illustration des Artikels von 2008 nahelegte, hatte das Match nicht in Buenos Aires stattgefunden, sondern einige Jahre zuvor auf Wunsch Kinkels bei Menems Staatsbesuch in Bonn.

Kinkel suchte für ein Doppel gegen den argentinischen Präsidenten und dessen Staatssekretär einen vierten Mann. Da meine Leidenschaft für das Tennisspiel bekannt war, bat er mich dazu, und so spielte ich mit Menem gegen Kinkel und einen argentinischen Staatssekretär. Am Ende haben wir mit 2:1-Sätzen gewonnen, obwohl ich mir während des Spiels eine derart schwere Bauchmuskelzerrung zugezogen hatte, dass ich mir anschließend von meinem Fahrer ins Auto helfen lassen musste. Ich hatte die Zähne zusammengebissen, um den deutschen Außenminister nicht zu blamieren; aber auch den Ehrgeiz bewahrt, das Spiel am Ende zu gewinnen.

Wenngleich das Bonner Tennisspiel mit dem späteren »Milliardenauftrag für fälschungssichere Personalausweise« nicht das Geringste zu tun hatte, schmückten die Hamburger

er*: *„Wenn ich einen Wunsch äußern dürfte"*

DER SPIEGEL 30/1997

; Aussıc.   ...wmands | ...ses Pulveı.
  ₃esehenster Manager als Ange- | zu ...   ... ale neunziger Jahre. ₁,,.
ĸlagter im Gerichtssaal landen könnte. | terzeichnete der damalige argentinische
Nun wird es für Pierer womöglich nicht | Staatspräsident Carlos Menem das Dekret

tand Pierer (1997): *Milliardenauftrag für fälschungssichere Personalausweise*

DER SPIEGEL 17/2008

393

Journalisten meine Südamerika-Connection auch noch phantasievoll aus: »Im Jahr des Megaauftrags ließ sich Pierer, früher mal bayerischer Tennisjugendmeister, bei einer Geschäftsreise durch Südamerika mit einem Helikopter aus seinem Hotel in São Paulo abholen, um Menem im Duell Mann gegen Mann – im etwa 2000 Kilometer entfernten Buenos Aires – herauszufordern.« Bis auf den bayerischen Jugendmeister war alles frei erfunden.

Auf dem ursprünglichen Bild, man glaubt es kaum, war auf der einen Seite einfach Klaus Kinkel abgeschnitten und so der Eindruck des Einzelspiels mit Menem in Buenos Aires erweckt worden.

Weder den Fall »Saudi-Arabien« noch die Vorgänge in Argentinien hat Siemens je zum Gegenstand von Vorwürfen mir gegenüber gemacht. Es war nur schade, dass meine alten Kollegen im Aufsichtsrat mir nie auch nur ansatzweise bei der Abwehr und Richtigstellung dieser Angriffe geholfen haben. Altbundeskanzler Helmut Schmidt war einer der ganz Wenigen, die sich öffentlich für mich einsetzten. In einem seiner berühmten Interviews »Auf eine Zigarette« antwortete er im *ZEITmagazin* vom 23. Dezember 2008 auf die Frage von Giovanni di Lorenzo, wer im vergangenen Jahr zu viel Prügel abbekommen habe: »Da fällt mir der frühere Chef von Siemens ein, Heinrich von Pierer.«

Zwei Rücktritte und
ein Nachspiel

Auf der Hauptversammlung im Januar 2007 wurde in der Münchner Olympiahalle verständlicherweise Kritik laut, als die Siemens-Führung vor die Aktionäre trat. Schließlich gab es neben den Korruptionsvorwürfen aus dem abgelaufenen Jahr auch andere extrem unerfreuliche Ereignisse zu vermelden, zum Beispiel die Pleite von BenQ Mobile Deutschland und die Diskussion um die Vorstandsvergütungen.

Schon in meiner Eröffnungsrede als Versammlungsleiter kam ich nach dem formalen Teil unverzüglich auf das Thema Compliance zu sprechen und wies darauf hin, dass mich die Vorgänge auch ganz persönlich enttäuscht hätten. Schließlich hatte ich mich seit Beginn meiner Vorstandszeit mit dieser Thematik auseinandergesetzt. Jahr für Jahr waren neue Maßnahmen ergriffen worden, um Rechtsverstöße zu verhindern. Erst wenige Jahre zuvor war gemäß internationalen Standards ein Regelwerk entwickelt worden, das dann jedoch offenbar von einigen Siemens-Managern gezielt unterlaufen wurde.

»Es bedrückt mich persönlich besonders stark, dass diese Bemühungen nicht in ausreichendem Maße erfolgreich gewesen sind«, sagte ich und bekräftigte meine Bereitschaft, als Vorsitzender des Aufsichtsrats die Untersuchungen und die daraus zu ziehenden Konsequenzen mit voller Kraft zu unterstützen. »Das Heft des Handelns«, so betonte ich, liege allerdings beim Prüfungsausschuss und nicht beim Aufsichtsratsvorsitzenden. Und an der Behandlung des Punktes »Korruption« im Prüfungsausschuss nähme ich – um auch nur den leisesten Anflug von Befangenheit auszuschließen – nicht mehr teil.

Da die Staatsanwaltschaft bereits gegen zwei ehemalige Vorstandsmitglieder ermittelte und in den Medien heftige Vorwürfe laut geworden waren, bat ich in deren Auftrag darum, sie von der auf der Hauptversammlung anstehenden Abstimmung zur Entlastung des Vorstands auszunehmen und die vollständige Klärung des Sachverhalts abzuwarten. Als entschiedener Fürsprecher des Fair Play lag es mir aber auch in dieser Situation sehr am Herzen, an die Fairness der Aktionäre und der Medien zu appellieren: »Ich möchte auch an dieser Stelle klar sagen, dass bis zu einem rechtskräftigen Urteil für jede Person – ich betone: für jede – die Unschuldsvermutung zu gelten hat. Ich würde es im Übrigen sehr begrüßen, wenn dieser aus dem Grundgesetz folgende und auch in Art. 6 Abs. 2 der Europäischen Menschenrechtskommission festgehaltene Rechtsgrundsatz in der öffentlichen Diskussion wieder stärker beachtet würde.« An dieser Stelle folgte großer Applaus, der aber schon in den nahen Münchner Redaktionsräumen offenbar nicht mehr gehört wurde.

Im Anschluss an meine Eröffnungsrede gab auf meine Bitten hin Gerhard Cromme als Vorsitzender des Prüfungsausschusses einen Bericht, was in einer Hauptversammlung eigentlich ungewöhnlich ist. Aber nach den vielen Kommunikationsproblemen des vergangenen Jahres hielten wir es für angebracht, mit größter Offenheit alle noch so heiklen Themen in Angriff zu nehmen. Die Aktionäre schienen die Entschlossenheit zu schätzen, mit der wir die Probleme angingen.

Die Stimmung der mehr als zehntausend Besucher war schon etwas aufgehellt, als der Vorstandsvorsitzende Klaus Kleinfeld in einer gut vorbereiteten und wohl überlegten Rede eine Rückblick »auf ein Jahr mit zwei Gesichtern« hielt: »Das erste Gesicht strahlend, das zweite Gesicht düster.« In prägnanten Worten machte auch er unmissverständlich klar: »Für unsaubere Geschäftspraktiken gibt es keinen Platz in unserer Firma. Dieser Grundsatz ist nicht verhandelbar!«

Der Beifall wurde umso größer, als er auf die strahlenden Züge des abgelaufenen Geschäftsjahrs, nämlich auf die hervorragenden Wachstumszahlen des Unternehmens, zu sprechen kam. Siemens war es gelungen, ein Wachstum von 12 Milliarden Euro zu erzielen, davon mehr als die Hälfte aus eigener Kraft, also als »organisches« Wachstum ohne Zukäufe. Für die anschließende Aussprache gab es 35 Wortmeldungen. Die Gemüter waren erhitzt, fast jeder Wortbeitrag drehte sich um die Affäre. »Warum erfahren wir nur aus einer lokalen Zeitung über den Fall Siemens, warum nicht vom Vorstand?«, beklagte sich etwa die Aktionärsschützerin Daniela Bergdolt. Diese Klage war verständlich. Aber der Vorstand war zu diesem Zeitpunkt – wenige Wochen nach den ersten staatsanwaltlichen Untersuchungen – über Inhalt und Umfang der Ermittlungen ebenfalls im Wesentlichen nur durch die Presse informiert.

Am Nachmittag bedauerte der Vertreter einer britischen Fondsgesellschaft, dass nicht die Geschäftszahlen, sondern die Schmiergeldaffäre die heutige Debatte dominierte. Aber das sollte leider auch nach der Hauptversammlung so bleiben. Am Ende gab es bei der Abstimmung über die Entlastung des Aufsichtsrats und des Vorstands nicht die üblichen hohen Prozentsätze, sondern für einen Teil der Mitglieder, darunter auch für mich, deutlich geringere – eine »Ohrfeige«, wie sie Daniela Bergdolt zuvor in einem Interview mit der *Süddeutschen Zeitung* angekündigt hatte. Aber immerhin verlief diese Hauptversammlung unter den damaligen Umständen trotz der anfangs begreiflicherweise doch sehr gereizten Atmosphäre noch relativ gut.

Die erhoffte Beruhigung setzte nach der Hauptversammlung freilich nicht ein. Im Gegenteil: Die Angriffe in der Presse weiteten sich aus. Immer wieder wurden aus verschiedenen Ecken unvollständige oder ungeprüfte Behauptungen, Ausschnitte aus Protokollen, Fragmente aus Gesprächen oder schlichtweg wilde Gerüchte an die Medien weitergegeben. Sich dagegen zu wehren war ein hoffnungsloses Unterfangen. Intern verspürte ich trotz oder vielleicht gerade wegen des medialen Trommelfeuers großen Rückhalt für meine Arbeit. Es wurde auch allgemein anerkannt, dass sich das Unternehmen wirtschaftlich insgesamt auf einem guten Weg befand und dass der Aktienkurs trotz der spektakulären Affäre nicht in Mitleidenschaft gezogen worden war.

Aber kurz danach kam es zu einer weiteren Verschärfung der Situation. Ursache dafür war die Einleitung eines Ermittlungsverfahrens durch die Staatsanwaltschaft Nürnberg-Fürth wegen unzulässiger Förderung der »Aktionsgemeinschaft unabhängiger Betriebsräte«, der AUB, durch Siemens. Obwohl die Staatsanwaltschaft keinerlei Vorwürfe gegen mich erhob und der Vorsitzende der AUB später vor Gericht aussagte, er habe mich nur ein einziges Mal im Beisein vieler anderer Personen getroffen, und zwar anlässlich eines Fußballspiels, hat dieser Vorgang mir und auch anderen nicht beteiligten Mitgliedern der Konzernspitze sehr geschadet. Verständlicherweise hat sich die IG Metall scharf gegen die finanzielle Förderung einer Konkurrenzorganisation durch Siemens verwahrt.

Dass bei solchen Gelegenheiten die eine oder andere offene Rechnung wieder zum Vorschein kommt, liegt in der Natur der Sache. Ein solcher Vorgang betraf die bereits beschriebene, aus der damaligen Not geborene Wiedereinführung der 40-Stunden-Woche in den Telefonwerken Bocholt und Kamp-Lintfort, die von der IG Metall nur zähneknirschend mitgetragen worden war. Manch andere Unternehmen hatten dieses Abkommen als Blaupause für die Verhandlungen mit ihren Arbeitnehmern und der Gewerkschaft genutzt. Insofern war unsere Vereinbarung eine Art Dammbruch, aber ein notwendiger. Damals hatte ich zu Berthold Huber, dem späteren Vorsitzenden der IG Metall, gesagt, er habe durch das mit den Arbeitgebern ausgehandelte Pforzheimer Abkommen aus dem Jahr 2004, das erst die Voraussetzung für die Einigung in Bocholt und Kamp-Lintfort geschaffen hatte, etwas sehr Gutes geleistet: »Ohne diese Öffnung gäbe es Tausende, Zehntausende von Arbeitsplätzen nicht mehr in Deutschland.« Davon bin ich auch heute noch überzeugt.

Nach dem Verkauf unserer Handysparte an BenQ und der Insolvenz der BenQ Mobile GmbH konnte ausgerechnet das Werk Kamp-Lintfort, zuständig für die Handys, nicht weitergeführt werden. In Bocholt werden heute noch mit guter Qualität die von Siemens konzipierten Gigasets gefertigt. In der AUB-Affäre sowie in späteren Auseinandersetzungen mit Siemens gab es nun auch Personen, die sich an den letztlich gescheiterten Versuch, Arbeitsplätze zu retten, »erinnerten«. Jedenfalls war es offenkundig, dass sich die Stimmung in der Öffentlichkeit Siemens und erst recht mir gegenüber noch einmal verschlechterte. Schon der einigermaßen glimpfliche Ausgang der Hauptversammlung im Januar 2007 hatte nicht darüber hinwegtäuschen können, dass ich mein Amt nur noch begrenzte Zeit würde ausüben können.

Im April 2007 stand die nächste Aufsichtsratssitzung bevor. Ich hatte Klaus Kleinfeld versprochen, auf dieser Sitzung seine Vertragsverlängerung verabschieden zu lassen. Außerdem sollten weitere Vertragsangelegenheiten von Vorständen geregelt werden. Doch am Gründonnerstag, dem 7. April 2007, meldete *Der Spiegel* – ohne Nennung von Quellen – vorab, mehrere Kapital- und Arbeitnehmervertreter würden mich in »persönlichen Gesprächen« zum Rücktritt bewegen wollen, um einen »Neuanfang« zu ermöglichen. Wunschkandidat für meine Nachfolge sei dem Nachrichtenmagazin zufolge Gerhard Cromme.

Sollte ich tatsächlich so wenig Rückhalt im Aufsichtsrat haben, dass man hinter meinem Rücken mit Journalisten über meine Ablösung sprach, statt offen mit mir persönlich? Ich griff zum Telefonhörer, um Gerhard Cromme, der die Osterzeit in Südfrankreich verbrachte, anzurufen und herauszufinden, was er von der Sache hielt. Er zeigte sich überrascht. Er habe noch keine deutschen Zeitungen gelesen und müsse sich erst informieren, antwortete er. Es war der Tag, an dem ich begann, Tagebuch zu führen, weil ich plötzlich das Gefühl hatte, es sei besser, alle Details dieser kritischen Zeit festzuhalten.

Am folgenden Mittwoch suchte ich das Gespräch mit dem Debevoise-Anwalt Bruce Yannett, um Klarheit in den verschiedenen anstehenden Vorstandsangelegenheiten zu bekommen. Das Gespräch verlief wie immer in aller Offenheit und Aufrichtigkeit. Ich fragte ihn erst nach seiner Einschätzung über einzelne Personen und dann nach der Vertragsverlängerung von Klaus Kleinfeld. Seine Antwort war klar: »No evidence of wrong doing!« Dann kam ich direkt auf mich zu sprechen. Seine Antwort lautete: »No evidence of wrong doing, but ...« Er eröffnete mir, dass er wegen »the order of magnitude of problems« einen rechtzeitigen Rücktritt meinerseits für empfehlenswert halte. Man sollte nicht warten, bis die SEC im Rahmen eines von Siemens anzustrebenden »Early settlement« mein Ausscheiden sozusagen zur Bedingung für eine abschließende Beilegung der Angelegenheit machte.

Am Samstag konnte ich endlich ein längeres Telefonat mit Josef Ackermann führen. Zwischen uns hatte sich ein besonders vertrauensvolles Verhältnis entwickelt, seit er in der Mannesmann-Affäre unter Beschuss geraten war und ich ihn – auch aus Loyalität meinem Stellvertreter im Aufsichtsrat gegenüber – öffentlich verteidigt hatte, als er auf einer Siemens-Hauptversammlung heftig angegriffen worden war. Er war auch derjenige, der mir einige Wochen zuvor – vielleicht aus eigener leidvoller Erfahrung – empfohlen hatte, einen externen Kommunikationsberater einzuschalten, um Angriffe abzuwehren. Außerdem hatte mich Ackermann zwei Jahre zuvor gebeten, ein sehr reizvolles Angebot von Goldman Sachs als eine Art »Senior Advisor« nicht anzunehmen, sondern aus alter Siemens-Tradition wie mein Vorgänger Karl-Hermann Baumann dem Aufsichtsrat der Deutschen Bank beizutreten, was ich dann auch getan habe. Ackermann bestärkte mich darin, lieber das Heft in die Hand zu nehmen und zurückzutreten, als auf amerikanische Restriktionen zu warten – und damit eben auch Schaden von Siemens abzuwenden.

Für den kommenden Sonntagabend hatte ich bereits eine Sitzung der Kapitalseite des Aufsichtsrats, also der Vertreter der Anteilseigner, einberufen. In dieser Sitzung bot ich nach kurzer Diskussion meinen Rücktritt aus dem Aufsichtsrat an, falls das als hilfreich betrachtet würde. Ich verließ dann den Raum, um dem Gremium die Möglichkeit zur offenen Aussprache zu geben, und zog mich in mein Büro zurück. Etwa zweieinhalb Stunden später meldete sich mein Stellvertreter und bat mich, jetzt zu kommen, man gehe zum Abendessen. Dort wurde mir eröffnet, es gäbe einen klaren Hinweis von Debevoise, dass ich nicht mehr weitermachen solle, mein Rücktritt könne Einfluss auf die Höhe der von Siemens zu erwartenden Strafe in den USA haben. Natürlich könne man so etwas als vorauseilenden Gehorsam bezeichnen, aber es sei klar, dass eine starke erste Geste von den Amerikanern sehr geschätzt würde. Man sei erleichtert, dass ich wohl zu demselben Ergebnis gekommen sei.

Das alles war insgesamt in einem freundlichen Ton gehalten. Hinzugefügt wurde, ich könne die Infrastruktur, Büro und Fahrer, weiter nutzen und würde zur Verteidigung meiner Person alle Möglichkeiten erhalten. »Und im Übrigen behalten Sie Ihre Aufsichtsratssitze bei der Deutschen Bank und bei Thyssen-Krupp.« Wie soll das unter diesen Umständen auf Dauer gehen, dachte ich bei mir.

Abschließend fragten mich die Aufsichtsräte noch um meine Meinung zu Klaus Kleinfeld und seiner von mir vorgesehenen Vertragsverlängerung. Aber ich lehnte eine Stellungnahme ab. Man könne nicht im selben Atemzug den Rücktritt erklären und sich dann zu den Vertragsangelegenheiten des Vorstands äußern.

Ich hatte zu diesem Zeitpunkt – in Rücksprache mit meiner Familie – bereits beschlossen, meinen Rücktritt am kommenden Donnerstagabend, 19. April 2007, bekannt zu geben, und zwar nach Schließung der US-Börse, nach unserer Zeit also gegen 22 Uhr. Ich ging nämlich davon aus, dass der Vorgang kursrelevant sein könnte und deshalb bei der Börsenaufsicht meldepflichtig sei. Mit größter Akribie achtete ich darauf, dass die Form meines Rücktritts hieb- und stichfest war, und schaltete einen Juristen der Rechtsabteilung ein, der mir die Rücktrittserklärung einwandfrei aufsetzen sollte, denn schließlich hielt ich nicht die vorgesehene Rücktrittsfrist ein.

Mein früherer Kommunikationschef Eberhard Posner, inzwischen im Ruhestand und nur noch bei Sonderanlässen aktiv, half mir, eine Presseerklärung und eine E-Mail vorzubereiten, die an alle erreichbaren Mitarbeiter der 450 000 weltweit Beschäftigten des Unternehmens gesendet werden sollte. Die Texte wurden auf seinem PC geschrieben, um die Vertraulichkeit zu wahren. Ich informierte auch meine an Verschwiegenheit gewohnten Sekretärinnen Gabriele Karpfinger und Barbara Scheer.

Am Donnerstagnachmittag telefonierte ich mit Klaus Kleinfeld, der gerade in New York zu tun hatte. Seine Reaktion:»Wow!« Er war sichtlich überrascht. Anschließend informierten wir in einer gemeinsamen Telefonkonferenz die anderen Vorstände, alle unter dem Siegel der Verschwiegenheit. Um 19 Uhr schaltete ich die Presseabteilung ein, damit sie den Versand der Pressemitteilung für den späten Abend vorbereiten und sich auf den zu erwartenden Pressetrubel einstellen konnte. Bis dahin lief alles nach Plan. Doch gegen 20.30 Uhr war ausgerechnet in der Online-Ausgabe der *Bild*, die sich in Siemens-Angelegenheiten bislang nicht außerordentlich informiert gezeigt hatte, zu lesen: »Siemens-Aufsichtsratschef Heinrich von Pierer tritt zurück!« Mit der Vertraulichkeit war es zu Ende. Niemand wusste, wer der Redaktion die Information zugespielt hatte. Viele kamen nicht in Frage. Wie dem auch sei, es war immerhin eine Leistung, meinen Rücktritt von Sonntagabend bis Donnerstagabend geheim zu halten. Und da richtete das Leck anderthalb Stunden vor dem vorgesehenen Veröffentlichungstermin keinen grundsätzlichen Schaden an. Die Meldung über meinen Rücktritt blieb aber nicht die einzige Siemens-Meldung an diesem Abend. Zwei Stunden später meldete die Internetausgabe der *FAZ* unter der Überschrift »Kleinfeld am Ziel«, dass Kleinfeld in der Aufsichtsratssitzung am 25. April sehr gute Geschäftsergebnisse präsentieren werde. Es zeichne sich ab, er habe sein Ziel erreicht, alle Bereiche des Unternehmens lägen 18 Monate nach seinem Amtsantritt im Korridor ihrer Zielmargen. Daran hatte er sich ja auch ganz persönlich messen lassen wollen.

Beide Nachrichten schlugen sich am nächsten Tag in steigenden Aktienkursen nieder. Wie viel davon auf die äußerst positiven Hinweise zur Ergebnissituation zurückzuführen war, wie viel auf meinen Rücktritt, war naturgemäß nicht auszumachen. Aber es gab Artikel, die meinen Rücktritt auch als »Sieg« von Klaus Kleinfeld darstellten. Wie absurd, hatte ich ihn doch über viele Jahre gefördert und dem Aufsichtsrat als meinen Nachfolger vorgeschlagen! Wir hatten den Übergang von mir zu ihm ganz bewusst unter das Motto »Kontinuität und Wandel« gestellt. Er hatte die unter meiner Führung im Vorstand festgelegten Bereichsziele übernommen und dafür gesorgt, dass sie ohne Ausnahmen erfüllt wurden. Dass dies nicht ohne Schmerzen ging – siehe den Com-Bereich – und schwierige Diskussionen hervorrief, war klar. Aber da Kleinfelds Schritte nicht ohne Zustimmung des Aufsichtsrats möglich waren, konnten nur Beobachter, die sich nicht mit den Realitäten befassen wollten, spekulieren, es hätte grundlegende Differenzen zwischen ihm und mir gegeben. Die wirklichen Probleme lagen indes ganz woanders. Wichtige Mitglieder des Aufsichtsrats empfanden es als überzogen, als die *Süddeutsche Zeitung* in der Wochenendausgabe vom 21./22. April unter Berufung auf Informationen »aus der Konzernspitze« vermeldete, die US-Kanzlei Debevoise & Plimpton habe bislang »nichts Belastendes gegen Kleinfeld« gefunden. Sie vermuteten auch in diesem Fall eine Einflussnahme durch einen externen Medienberater. Die PR-Schraube wurde eindeutig überdreht. Im Aufsichtsrat rumorte es. Sehr schnell kamen die ersten Spekulationen hoch, es solle einen grundlegenden Neuanfang an der Siemens-Spitze geben, der auch die Ablösung Kleinfelds beinhaltete, und es zeichnete sich ab, dass die Vertragsverlängerung noch einmal verschoben würde. Eine Rolle spielte dabei auch das Argument, dass die Untersuchungen von Debevoise & Plimpton noch nicht abgeschlossen waren.

Am Montag, 23. April, brachte *Der Spiegel* das Gerücht auf, der Chef der Linde AG, Wolfgang Reitzle, werde Kleinfelds Nachfolger. Zuvor hatte mich schon der offenbar über die Abläufe hinter den Kulissen gut informierte bayerische Ministerpräsident Edmund Stoiber angerufen, man müsse ein Ausscheiden Kleinfelds verhindern. Das sei nicht gegen Reitzle gerichtet, an dessen Qualifikation es keinen Zweifel gab, sondern lediglich ein Zeichen seines Engagements für Kleinfeld. Ich antwortete, dass ich darauf kaum mehr Einfluss nehmen könne.

Doch auch im Vorstand wuchs die Sorge, es könnte gravierende Auswirkungen auf den Aktienkurs haben, wenn Siemens innerhalb kürzester Zeit den Aufsichtsrats- und den Vorstandsvorsitzenden verliere. Bei einem Treffen am selben Tag in einem Münchner Hotel baten mich deshalb einige Vorstandsmitglieder, mich im Aufsichtsrat für einen Verbleib Kleinfelds einzusetzen. Also fuhr ich anschließend in die Zentrale am Wittelsbacherplatz, wo ich um 22 Uhr mit Klaus Kleinfeld zusammenkam. Er hatte schon einen Brief vorbereitet, er stehe für eine Vertragsverlängerung nicht zur Verfügung. Ich versuchte, ihn umzustimmen, und versprach, die Kollegen im Aufsichtsrat noch einmal darauf hinzuweisen, dass es in dieser fragilen Situation unübersehbare Konsequenzen haben könnte, wenn sein Vertrag nicht verlängert würde. Doch als ich Dienstagmorgen Cromme und Ackermann anrief, gingen sie auf meine Bedenken nicht ein.

Am Tag der Aufsichtsratssitzung, am 25. April 2007, erschienen in der *FAZ* unter der Überschrift »Erwartungen übertroffen« nochmals positive Nachrichten. Schon um 7.21 Uhr vermeldete die außerordentlich gut informierte Zeitung im Internet: »Bereits zwei Tage vor der Pressekonferenz zum Halbjahr legte Siemens überraschend die jüngsten Quartalszahlen vor: Das Ergebnis nach Steuern stieg in den Monaten Januar bis März 2007, verglichen mit dem Vorjahreszeitraum, um mehr als ein Drittel.« Kritisch betrachtet hätte man darin einen Verstoß gegen Börsenvorschriften sehen können. Zum Glück hat sich aber niemand darauf gestürzt. Wahrscheinlich deshalb, weil es noch etwas Spannenderes gab, nämlich die Frage, wie es nach meinem Rücktritt mit Kleinfeld weitergehen würde.

Auf der Aufsichtsratssitzung am Mittwoch nahmen die Dinge ihren bekannten Verlauf. Dieser »Tag der Abrechnung« *(Focus)* wurde zum Startschuss für eine mühsame Wiederauferstehung, aber vielleicht doch nicht ganz spontan. Jedenfalls meldete das Magazin am 30. April 2007: »Crommes Umfeld lässt verlauten, er habe Kleinfeld ausgetauscht, um den Konzern aus der Schusslinie zu nehmen. Um der Börsenaufsicht SEC zu signalisieren, dass Siemens es ernst meint mit einem Neuanfang.«

Natürlich hatten die Ereignisse dieser Tage – mein vorzeitiger Rücktritt, aber vor allem die Ankündigung Kleinfelds, auf eine Verlängerung seines Vertrags zu verzichten – Besorgnis ausgelöst. Am 27. April mutmaßte das *Handelsblatt* unter der Überschrift »Siemens ist der perfekte Übernahmekandidat«: »Zwar rechnet akut kein Branchenkenner damit, dass der Industriekoloss Siemens von einem Konkurrenten oder von Finanzinvestoren übernommen wird. Doch das Führungsvakuum in München hat diese Gefahr merklich erhöht. Lohnend sei ein Aufkauf allemal, ließe sich das Unternehmen doch wunderbar ›filetieren‹«, hieß es. Aber zum Glück tat sich an dieser Front nichts. In den nächsten zwei Wochen blieb die Führungsfrage bei Siemens ungeklärt. Zwar war Gerhard Cromme zum Aufsichtsratsvorsitzenden gewählt worden, aber es fehlte an Kandidaten, die in dieser schwierigen Situation geeignet und bereit gewesen wären, den Posten des Vorstandsvorsitzenden zu übernehmen. Zwischenzeitlich wurde darüber spekuliert, ob nicht sogar Cromme selbst wenigstens für eine gewisse Zeit zusätzlich zu seiner Aufgabe als Vorsitzender des Aufsichtsrats auch das Amt des Vorstandsvorsitzenden übernehmen würde. Am 7. Mai 2007 sagte der Linde-Chef Wolfgang Reitzle endgültig ab. *Focus* hatte schon eine Woche zuvor unter der Schlagzeile »Komme ohne Cromme« spekuliert, dass er das Amt nicht übernehmen werde. Ob diese Spekulation den Tatsachen entsprach? Es war wohl eher so, dass Wolfgang Reitzle, dem das Siemens-Amt bei einem Treffen in Berlin von Ackermann und Cromme angeboten worden sein soll, sich bei Linde in der Pflicht sah. Dort hatte er nur wenige Monate zuvor eine tiefgreifende Umstrukturierung durchgeführt, indem er das traditionelle Geschäft mit Gabelstaplern verkaufte und den großen britischen Industriegas-Konkurrenten BOC erwarb. Er wollte diese Neuausrichtung zu einem guten Ende bringen. Der Druck auf den Aufsichtsrat erhöhte sich, schnell eine

Lösung für die Nachfolge Kleinfelds zu finden. Zwar standen durchaus auch interne Kandidaten für den Posten des Vorstandsvorsitzenden zur Verfügung, aber der Aufsichtsrat wollte offenbar unbedingt einen externen Nachfolger. Am 20. Mai 2007, nach drei Wochen voller Spekulationen, präsentierte Cromme den hierzulande bis dahin weithin unbekannten Peter Löscher als neuen Vorsitzenden des Siemens-Vorstands. Peter Löscher stand zwar noch im Dienst des amerikanischen Pharmakonzerns Merck, konnte aber sein Vertragsverhältnis kurzfristig beenden. Bevor er für Merck arbeitete, hatte er kurzzeitig dem Führungskreis von General Electric angehört, nachdem GE seinen vorherigen Arbeitgeber, das Lifescience-Unternehmen Amersham, übernommen hatte. Zum 1. Juli 2007 sollte er nun die Nachfolge von Klaus Kleinfeld antreten.

Klaus Kleinfeld hatte schon am 15. August 2007, sechs Wochen nach seinem Ausscheiden bei Siemens, einen neuen Job, zunächst als Chief Operating Officer, später als Chief Executive Officer des amerikanischen Aluminium-Riesen Alcoa. Er hatte bereits einige Jahre dem Aufsichtsrat des Unternehmens angehört, ebenso wie dem Kontrollgremium der großen amerikanischen Bank Citicorp. Wir waren über diesen Doppel-Job in den USA nicht ganz glücklich gewesen, weil wir meinten, dass solche Aufgaben mit der anspruchsvollen und zeitaufwändigen Arbeit als Vorsitzender des Siemens-Vorstands unvereinbar seien. Jetzt dürfte er froh gewesen sein, dass er auf die entsprechenden Vorbehalte nicht reagiert hatte.

Nach meinem Rücktritt hatte ich gehofft, dass ruhigere Zeiten anbrechen würden. Aber die Hoffnung war trügerisch. Am Mittwoch, 25. April 2007, hatte ich zum letzten Mal mein Aufsichtsratsbüro in der Siemens-Zentrale betreten. Von meinen beiden ehemaligen Sekretärinnen wurde die eine, Barbara Scheer, dem neuen Aufsichtsratsvorsitzenden zugeteilt, die andere, Gabriele Karpfinger, sollte weiterhin mir zur Verfügung stehen. Ich bezog ein Zimmer in einem Nachbargebäude, um meine zahlreichen Verpflichtungen, die ich im Zusammenhang mit meinen Siemens-Aufgaben im Interesse des Unternehmens übernommen hatte, ordnungsgemäß erfüllen beziehungsweise abwickeln zu können. Dem Aufsichtsrat hatte ich noch vor meinem Rücktritt einen Vertragsentwurf vorgelegt, in dem ich die Zusagen bezüglich der Nutzung der Infrastruktur von Siemens schriftlich festgehalten hatte, die mir an jenem denkwürdigen Abend immerhin im Beisein von neun Aufsichtsratsmitgliedern gemacht worden waren und die für meine Vorgänger im Amt bis heute selbstverständlich sind. Darauf habe ich von meinen langjährigen Kollegen trotz mehrmaliger Hinweise nur ausweichende Antworten bekommen.

Ruhe wollte auch sonst nicht einkehren. Die Presse begann, sich auf mich einzuschießen. Die Angriffe erfolgten mal offener, mal subtiler, die Indiskretionen ebenfalls. Der Aufsichtsrat erklärte mir, seine Mitglieder seien an ihre Verschwiegenheit erinnert worden. Mehr könne man nicht tun.

Ein Jahr später äußerte Oberstaatsanwalt Anton Winkler in den Medien, dass ich »nichts von dem Schmiergeldsystem bei dem größten deutschen Elektrokonzern gewusst« habe. Die *Süddeutsche Zeitung* fügte in ihrem Bericht über diese Aussage hinzu: »Auf unteren Ebenen sei dafür gesorgt worden, dass der Vorstand davon nichts erfuhr.« Die Staatsanwaltschaft begnügte sich dann auch mit der Einleitung eines bloßen Ordnungswidrigkeitsverfahrens wegen Verletzung der Aufsichtspflicht gegen eine ganze Reihe von früheren Vorstandsmitgliedern, darunter auch gegen mich.

Im Juli 2008 wurde mir von Siemens mitgeteilt, dass man von mir und neun anderen Altvorständen Schadensersatz verlange und eine Einigung darüber möglichst noch rechtzeitig vor der Festlegung der Tagesordnung der Hauptversammlung im Januar 2010 stattfinden solle, weil sie dort zur Abstimmung vorzulegen wäre. Diese Auseinandersetzungen erreichten im September 2008 einen ersten Höhepunkt, als ich ein Schreiben erhielt, ich dürfe die Räumlichkeiten des Konzerns nicht mehr nutzen, was für mich einem Hausverbot gleichkam. Ich war der Einzige der Altvorstände, der von einem derartigen Verbot betroffen war. Nach dem »Hausverbot« handelte Siemens schnell. Meine persönlichen Akten wurden zusammengesucht – ich selbst konnte daran nicht mitwirken – und mir in Umzugskisten zu Hause in Erlangen in meine Garage gestellt. In dieser Zeit ergab es sich übrigens, dass Siemens dann doch meine Hilfe brauchte. Im Sommer 2008 reichte nämlich ein ehemaliger Schah-Vertrauter und damals 95 Jahre alter Geschäftsmann Schiedsklage bei der Internationalen Handelskammer (ICC) in Paris ein und forderte von Siemens Schadensersatz in Höhe von 150 Millionen DM – beziehungsweise den entsprechenden Betrag in Euro – zuzüglich Zinsen, insgesamt, wie *Spiegel online international* am 14. August 2008 meldete, 266 Millionen DM. Er behauptete, Rechtsnachfolger einer Gesellschaft zu sein, die 1974 einen Vertrag mit einer Tochtergesellschaft von Siemens abgeschlossen habe. Dabei sei es um die Akquisition des Kernkraftwerksprojekts in Bushehr gegangen. Siemens hielt die Ansprüche für nicht gerechtfertigt, benötigte in der Verteidigung aber Unterstützung durch ehemalige Mitarbeiter, die sich in der Sache auskannten. Plötzlich war meine Hilfe »als letztem noch lebenden Zeitzeugen« gefragt, wie mir freundlich erklärt wurde.

Mein Anwalt Norbert Scharf war der Meinung, ich solle es mir gut überlegen, nach all den höchst unerfreulichen Vorgängen jetzt für Siemens aufzutreten, ausgerechnet in einem Verfahren im Zusammenhang mit Bushehr. Aber mich packte der Sportsgeist. Außerdem war ich überzeugt davon, dass Siemens in diesem Fall absolut im Recht war.

Ich bekam einen Katalog mit fünfzig Fragen. Einige konnte ich aus dem Gedächtnis beantworten, aber bei vielen Punkten musste ich mich bei meinen »alten« Kollegen erkundigen. Das war kein leichtes Unterfangen. Die Sache lag lange zurück, einige der damaligen Kollegen waren schon gestorben oder so krank, dass sie nicht mehr Auskunft geben konnten, viele waren fortgezogen und lebten an unbekannten Orten. Aber den einen oder anderen konnte ich doch ausfindig machen. Nach einer gewissen Zeit hatte ich trotz dieser Hindernisse Antworten auf alle Fragen, und meine Recherchen flossen in ein »Witness Statement« ein, das dem Schiedsgericht vorgelegt wurde. Wie zu erwarten, stürzte sich die iranische Seite dann auf mich und stellte mit haarsträubenden Argumenten meine Aussagen und meine Glaubwürdigkeit in Frage. Als Folge musste ich zu neu aufgeworfenen Fragen noch ein zweites »Witness Statement« abgeben und dann sogar noch als Zeuge vor dem Schiedsgericht erscheinen. Schließlich wurde das Verfahren von Siemens gewonnen und die Klage abgewiesen.

Die Diskussionen, die ich mit Siemens und der Staatsanwaltschaft bis Anfang 2010 führen musste, waren höchst unerfreulich, nicht nur wegen der Sachverhalte, sondern auch wegen der Art und Weise, wie sie abliefen. Es waren mühselige Auseinandersetzungen. Sie zogen sich über Wochen und Monate hin, in denen ich immer wieder neue Überraschungen erlebte, wenn ich morgens die Zeitungen aufschlug.

Im Dezember 2008 hatte sich die neue Siemens-Führung gegenüber den amerikanischen Behörden schuldig bekannt, dass von Mitarbeitern des Unternehmens zwischen 1999 und 2006 zweifelhafte Zahlungen in Höhe von etwa 1,3 Milliarden Euro geleistet worden seien. Daraufhin wurden die Korruptionsermittlungen von den Amerikanern gegen eine Zahlung von umgerechnet rund 600 Millionen Euro eingestellt. Offenbar hatten die aufwändigen Ermittlungen, die Siemens durchgeführt hatte, die amerikanischen Behörden beeindruckt. Dieses Ergebnis hätte man als Erfolg feiern können, wenn es in diesem Zusammenhang überhaupt Anlass zur Freude gegeben hätte.

Der neue Aufsichtsratsvorsitzende Gerhard Cromme zeigte sich gegenüber den Amerikanern dankbar für »das Einfühlungsvermögen und die Besonnenheit der Behörden«. Außerdem wertete er die außergerichtliche Einigung als Bestätigung dafür, dass es Siemens in den vergangenen zwei Jahren gelungen sei, mit seinem Kurs der Aufklärung und Veränderung Vertrauen aufzubauen. Das amerikanische Justizministerium dankte nunmehr seinerseits dem Unternehmen, dessen Anstrengungen einen Standard für eine internationale Zusammenarbeit gesetzt hätten.

Unmittelbar danach schloss auch die deutsche Staatsanwaltschaft ihre Ermittlungen gegen das Unternehmen ab. Siemens hatte in Deutschland eine Geldbuße von insgesamt ebenfalls 600 Millionen zu zahlen.

Was den Eindruck erweckte, es habe hier ein harmonisches Zusammenspiel zwischen den diversen deutschen und amerikanischen Ermittlerteams gegeben, stieß in Kreisen so mancher deutscher Juristen auf Kritik. War es akzeptabel, dass ein deutsches Unternehmen, das an der New Yorker Börse gelistet ist, quasi keine andere Wahl hat, als auf eigene Kosten eine private amerikanische Anwaltskanzlei einzuschalten, die dann den US-Behörden Bericht erstattet? Umgekehrt sicherlich undenkbar: Man stelle sich vor, einem amerikanischen Unternehmen würde Vergleichbares in Deutschland passieren. Im Übrigen ist ein derartiges Verfahren nicht in jedem europäischen Land zulässig. Was wiederum die Frage aufwirft, warum es bei derart grundsätzlichen Themen keine einheitlichen europäischen Regelungen gibt. Und: Hätten solche Ermittlungen durch amerikanische Behörden nicht über ein offizielles Rechtshilfeersuchen im Rahmen bestehender Rechtshilfeabkommen erfolgen müssen?

Bei den »Interviews« mit den Anwälten von Debevoise & Plimpton – eigentlich hätte man sie »Verhöre« nennen sollen – hatten Befragte zunächst das Recht, auf Kosten von Siemens einen sogenannten Zeugenbeistand, also einen Anwalt, hinzu-zuziehen. In meinem Fall weigerte sich das Unternehmen aber, die Kosten zu übernehmen. Man war mit meinem An-walt Sven Thomas nicht einverstanden, weil eine Kollegin aus seiner Kanzlei einen anderen Siemens-Mitarbeiter vertrat. Weder die Anwaltskanzlei noch ich sahen darin freilich einen Interessenkonflikt. Ich kam dann insoweit selbst für das Ho-norar von Sven Thomas auf.

Die Fragen der Anwälte von Debevoise & Plimpton wurden auf Englisch gestellt, wer wollte, konnte sie sich übersetzen lassen. Die Antworten erfolgten in der Regel auf Deutsch und wurden für die amerikanischen Anwälte ins Englische über-tragen. Es gab eine Mitschrift, die jedoch den befragten Mit-arbeitern nicht zur Überprüfung vorgelegt wurde. In welcher Form die Aufzeichnungen von Debevoise & Plimpton im wei-teren Verfahren verwendet wurden, blieb den Befragten verbor-gen. Der Debevoise-Anwalt Bruce Yannett sagte im Sommer 2009 auf einer juristischen Tagung in Frankfurt, die von ihm und seinen Kollegen bei Befragungen mit Siemens-Mitarbei-tern in 34 Ländern erstellten Dokumente seien in Metallbe-hältern nach London geflogen worden. »Welche Informatio-nen wir an Behörden im In- und Ausland weitergaben, oblag allein dem Management oder dem Aufsichtsrat.«

Dennoch erklärte die zuständige Vertreterin der Staats-anwaltschaft laut *FAZ:* »Die Sorge, die Strafprozessordnung gegen ausländische Privatermittler verteidigen zu müssen, sei schnell ›abgeblättert‹.« Aber, so fragte sich der eine oder an-dere Betroffene, hat nach der deutschen Strafprozessordnung nicht grundsätzlich jeder das Recht, frei zu entscheiden, ob er sich zu Beschuldigungen äußern will? Wurde dieses in Art. 20 Abs. 3 des Grundgesetzes verankerte elementare Recht auch im vorliegenden Fall voll gewährleistet? Hätte wirklich niemand mit Konsequenzen rechnen müssen, wenn er sich auf sein Aussageverweigerungsrecht berufen hätte?

Welche Unterlagen sind am Ende bei der Staatsanwaltschaft gelandet?

Die zivilrechtlichen Schadensersatzforderungen von Siemens gegenüber den Altvorständen basierten auf einem Gutachten, das die Anwaltssozietät Hengeler Mueller im Auftrag von Siemens verfasst hatte. Den betroffenen Altvorständen wurde eine Kurzfassung zugestellt, zu der sie Stellung nehmen sollten. Es gab aber auch eine Langfassung des Gutachtens, die anscheinend auch der Presse bekannt war, nicht aber den Altvorständen. Nur in dieser Langfassung wurden die Grundlagen angegeben, auf denen die Gutachten beruhten: schriftliche Zusammenfassungen der mit den ehemaligen Vorständen geführten Interviews, Ermittlungsakten und Terminberichte von Rechtsanwalt Professor Eduard Müller und Kollegen, Debevoise-Akten, 18 Ordner, Dokumentationen zu einzelnen Vorstandsmitgliedern, ein Memorandum von Debevoise vom 11. Juni 2006 und anderes mehr. Diese Unterlagen waren in dem Datenraum, in dem Siemens den Altvorständen Unterlagen zu ihrer Verteidigung zugänglich machte – nach dem Gesetz auch zugänglich machen musste –, nicht enthalten.

Professor Eduard Müller, der hier für Siemens tätig wurde, war der Anwalt, der den alten Vorstand und mich nach den Durchsuchungen der Staatsanwaltschaft im November 2006 intensiv beraten hatte. Die anderen Kollegen und ich hatten ihn nie von seiner anwaltlichen Verschwiegenheitspflicht entbunden.

Als meine Anwälte baten, diese Unterlagen einsehen zu dürfen, antworteten die Siemens-Anwälte zunächst, dass eine schriftliche Stellungnahme von Debevoise & Plimpton nie erstellt wurde. Wie passte das zusammen?

Da sich die Auseinandersetzung mit Siemens, wenn nicht gerade die Presse gut informiert darüber berichtete, im Wesentlichen unter Anwälten abspielte und nicht vorankam, entschloss ich mich im Oktober 2009, alle Mitglieder des Aufsichtsrats anzuschreiben. Unter anderem verwies ich darauf, dass es gegen das Gebot der Fairness und gegen die Rechtsstaatlichkeit verstoße, wenn Unterlagen von Debevoise & Plimpton, die die Grundlage der von Siemens erhobenen Ansprüche bildeten, mir nicht zugänglich gemacht würden. Die Antwort bekam ich, unterschrieben von den Mitgliedern des Präsidiums: Die Unterlagen der Sozietät stünden auch dem Unternehmen nicht zur Verfügung. Daraufhin machte ich nochmals alle Mitglieder des Aufsichtsrats schriftlich darauf aufmerksam, dass ich diese Antwort angesichts des bekannten Sachverhalts bedrückend fände. Dies hatte zur Folge, dass nun nicht ich, aber mein Anwalt Einblick in das Memorandum von Debevoise & Plimpton bekam, allerdings erst etwa eine Woche, bevor die Frist der Vergleichsverhandlungen ablief. Die anderen Unterlagen waren für ihn aus Zeitgründen nicht mehr auswertbar.

Viermal war ich von Debevoise & Plimpton befragt worden, immer fair und offen, das war nicht das Problem. Aber die Sachverhalte waren komplex, und die Zweisprachigkeit tat ein Übriges, um Unklarheiten aufkommen zu lassen. Ich habe mich immer gefragt, warum der Aufsichtsrat in seiner Gesamtheit meinen Einwänden nie konsequent nachgegangen ist und mir keine Gelegenheit gegeben hat, zu den genannten Aufzeichnungen umfassend Stellung zu nehmen. Rund 1750 Befragungen, 800 Hintergrundgespräche, 82 Millionen Dokumente sowie 1,5 Millionen abrechenbare Arbeitsstunden von Debevoise & Plimpton sowie Deloitte, der eingeschalteten Buchprüfungsgesellschaft, und mehr als 850 Millionen Dollar Gebühren für Debevoise & Plimpton sowie Deloitte seien angefallen – so war in den Medien zu lesen. Nach alldem braucht man keinen allzu großen juristischen Sachverstand, um zu verstehen, warum der renommierte Strafverteidiger Franz Salditt sagte, das Siemens-Verfahren habe das deutsche Aktienrecht »gesprengt«.

Kein Wunder, dass sich zwei der betroffenen jüngeren Vorstände gegen das Vorgehen ihres früheren Arbeitgebers zur Wehr setzten und eine gerichtliche Klärung wünschten. Sie wurden daraufhin von Siemens auf Schadensersatz verklagt. Die Verfahren waren bis zur Drucklegung dieses Buches noch nicht abgeschlossen.

Ich für meinen Teil habe wie die Mehrzahl der betroffenen ehemaligen Vorstände auf eine langwierige gerichtliche Fortführung der ohnehin schon zermürbenden Auseinandersetzungen verzichtet und letztlich einem Vergleich zugestimmt. Das entsprach dem Rat, den ich von vielen Freunden und insbesondere von meiner Familie bekommen habe. Die Beträge, die die Altvorstände zu entrichten hatten, waren unterschiedlich hoch. In meinem Fall wurden statt der ursprünglich geforderten 6 am Ende 5 Millionen Euro festgelegt. Ein Vergleich sei kein Schuldanerkenntnis, wurde mir von Siemens gesagt. Das wurde im Vergleich auch ausdrücklich festgehalten. Genauso wenig ging es um die Anerkennung einer Schadensersatzpflicht, sondern einfach um eine Zahlung zur Vermeidung einer weiteren Auseinandersetzung in einem strittigen Sachverhalt, die für mich existenzbedrohende Prozess- und Kostenrisiken bringen konnte, aber auch für Siemens nicht ohne Risiko war. So hat der Aufsichtsratsvorsitzende Gerhard Cromme den Sachverhalt auf der Hauptversammlung im Januar 2010 sinngemäß auch den Aktionären gegenüber dargestellt. Er soll in diesem Zusammenhang auch die versöhnlichen Worte gesprochen haben, dass das Unternehmen allen Herren, mit denen Vergleiche geschlossen worden waren, auch viele Erfolge und wichtige Weichenstellungen während der vergangenen Jahre verdanke. Nach diesen Sätzen soll es in der Olympiahalle freundlichen Applaus gegeben haben.

Die Staatsanwaltschaft drängte nach den Vergleichen mit Siemens ebenfalls auf ein Ergebnis. Ende Februar 2010 saß ich zur letzten Besprechung bei der Münchner Staatsanwaltschaft. Man hatte mir zwei Bußgeldbescheide vorgelegt, eine lange Version und eine kurze, beide mit derselben Bußgeldhöhe. Der gravierende Unterschied: Wenn ich zustimmte, keine Rechtsmittel dagegen einzulegen, würde der kurze Bescheid erlassen; würde ich widersprechen, erginge der lange.

Ich bekam über das Wochenende Zeit, darüber nachzudenken, wie ich mich verhalten wollte. Aufmerksam habe ich Satz für Satz gelesen, was ich im Rahmen des Ordnungswidrigkeitsverfahrens akzeptieren sollte. Sinngemäß mit dem Satz »Zwölf Jahre Vorstand, einmal nicht aufgepasst, das kann immer mal passieren« hatte die Staatsanwältin zuvor schon versucht, mich zur Annahme zu bewegen. Außerdem sei das doch kein Strafverfahren. Dem Unternehmen gegenüber hatte ich nur zugesagt, dass ich zahlen würde, um endlich den Streit zu beenden. Kein Schuldeingeständnis, kein Schadensersatz. Jetzt aber ging es darum, ein Bußgeld wegen einer Ordnungswidrigkeit zu akzeptieren.

Die gegen mich erhobenen Vorwürfe leuchteten mir nicht ein, zum Beispiel, dass ich in Vietnam mit der in ganz anderem Zusammenhang gefallenen Bemerkung »Was die können, können wir auch« Siemens-Angestellte zur Bestechung ermuntert hätte. Oder dass der Vorstand einen Mitarbeiter nicht spürbar disziplinarisch sanktioniert hätte, von dessen Ausscheiden er erst erfahren hatte, als dieses bereits mehrere Monate zurücklag. Das wollte ich nicht unterschreiben.

Der brisanteste Punkt in dem Bußgeldbescheid war jedoch das »Soldaten-Zitat«. Monatelang hatte ich mich damit auseinandergesetzt, nachdem in den Medien die Behauptung aufgetaucht war, ich hätte zu einem Mitarbeiter, der mich angeblich wegen einer unzulässigen Zahlung befragt habe, gesagt, er solle sich wie ein »Soldat bei Siemens« verhalten (und zahlen). Genau dieser seltsame Vorwurf tauchte hier im Bußgeldbescheid der Staatsanwaltschaft wieder auf, allerdings in stark abgemilderter Form, denn von einer Anweisung zur Zahlung war nicht mehr die Rede, sondern lediglich von unterlassener Aufsicht über den Mitarbeiter. Ich hatte der Staatsanwältin versucht klarzumachen, dass ich noch nie zu jemandem gesagt hatte, er solle sich wie ein Soldat benehmen, und dass sie die widersprüchlichen Aussagen des Zeugen kenne. Aber sie hatte sich nicht beirren lassen. »Einmal nicht aufgepasst, einmal nicht hingehört, da hat sich dann etwas daraus entwickelt ...« Ich hatte also am Wochenende Zeit, darüber nachzudenken, ob ich das akzeptieren sollte. Meine Anwälte sagten, es gehe doch »nur« um eine Ordnungswidrigkeit! Aller Ärger, alle öffentliche Auseinandersetzungen wären mit einem Schlag zu Ende! Und meine Familie ermunterte mich, nach dem Schlussstrich mit Siemens nun auch hier den Schlussstrich zu ziehen, um endlich zu einem normalen, selbstbestimmten Leben zurückzufinden.

Am Sonntag rief ich meine Anwälte an: »Ich akzeptiere, aber ich unterschreibe nur unter der Bedingung, dass das ›Soldaten-Zitat‹ gestrichen wird. So etwas habe ich nie gesagt!«

Damit setzte ich mich durch. Offenbar war auch die Staatsanwaltschaft zu der Einsicht gelangt, dass es sich so nicht zugetragen haben konnte. Das angebliche »Soldaten-Zitat«, das es immerhin bis in die Abendnachrichten des Fernsehens geschafft und mir mehr als alles andere geschadet hatte, wurde am Sonntagabend gestrichen.

Am Montag, 1. März 2010, habe ich den Bußgeldbescheid unterschrieben.

Nachwort

In meinem langen Berufsleben habe ich Höhen und Tiefen durchschritten. Ich habe manche Gipfel erklommen und bin durch manches Tal gewandert; ich habe mühsame Aufstiege und rasante Abfahrten erlebt, ich kenne vergnügliche Spaziergänge auf sanften Höhenwanderwegen und weiß um die bangen Momente, in denen man nach Orientierung sucht.

In all den Jahren hatte ich das Glück, Weggefährten an der Seite zu haben, die ihr Fach verstanden und ebenso mutig wie besonnen mit mir gemeinsam abseits der ausgetretenen Pfade nach Wegen gesucht haben, um immer wieder neue Gipfel in Angriff zu nehmen. Dass uns dabei gelegentlich auch eisige Stürme um die Ohren pfiffen, hat uns nie davon abgehalten, weiter den Aufstieg zu suchen.

Meine Gefühle, als ich 1992 das Amt des Vorstandsvorsitzenden der Siemens AG übernehmen durfte, haben sich voll bestätigt: Es ist das »schönste« Amt, das die deutsche Wirtschaft zu vergeben hat, ständig herausfordernd, abwechslungsreich, immer im engen Kontakt mit hervorragenden Kollegen und Kolleginnen und in der Welt zu Hause. »Join Siemens and you will see the world.« Dieser Slogan ist für mich bei Siemens Wirklichkeit geworden. Darauf beruhen die wunderbaren Erfahrungen, die ich in aller Welt machen durfte.

In meiner Amtszeit als Vorstandsvorsitzender habe ich einen Beitrag dazu leisten können, Effizienz, Flexibilität und Entscheidungsfreudigkeit des Unternehmens zu steigern – Eigenschaften, die in der globalisierten Wirtschaft des Jahrtausendwechsels zu den Grundtugenden eines Weltkonzerns gehören.

Was mir in all den Jahren immer besonders am Herzen lag, war das Thema Innovation. Gerade in einem innovativen Unternehmen wie Siemens habe ich frühzeitig erfahren, dass die wirtschaftliche Stellung und das Ansehen des Unternehmens von seiner technologischen Führungsrolle abhängen. Dies gilt im größeren Maßstab auch für unser ganzes Land.

Deswegen habe ich stets den Austausch mit den klugen, kreativen Köpfen aus den Bereichen Forschung und Entwicklung gesucht und mich bemüht, ihnen optimale Arbeitsbedingungen zu ermöglichen. Aber auch außerhalb unseres Unternehmens habe ich mich immer wieder dafür eingesetzt, das Augenmerk auf diese Kernkompetenz unseres Landes zu lenken, sei es im Innovationsrat der Bundesregierung – zunächst bei Helmut Kohl, dann bei Gerhard Schröder und zuletzt bei Angela Merkel –, sei es durch viele Vorträge oder durch die Förderung von universitären und forschungsnahen Einrichtungen.

Gemäß unserem Anspruch: »Siemens – Global network of innovation!« hat Innovation unser Geschäftsportfolio geprägt, wenn wir zum Beispiel Akquisitionen auch unter dem Gesichtspunkt der Ergänzung unserer technologischen Kompetenzen auswählten. Oder im Zusammenhang mit dem Thema Globalität bei der weltweiten Organisation unseres Forschungs- und Entwicklungsnetzwerks, zum Beispiel in Princeton, New Jersey, im englischen Roke Manor, unweit von Southhampton, oder später in China und Indien.

Für die Wertschaffung im Unternehmen spielten die Entwicklung und Nutzung gemeinsamer Technologien für alle Sparten eine entscheidende Rolle. Technische Synergien sind ein wesentliches Motiv für eine breite Aufstellung im Markt, wie Siemens sie praktiziert hat. Ein Unternehmen wie Siemens kann eben nur mit technologisch führenden Produkten nachhaltig erfolgreich sein – indem man Innovationen hervorbringt, die einen Vorsprung im Wettbewerb verschaffen. Es muss gelingen, diesen Vorsprung zu halten und möglicherweise sogar zu vergrößern, um zum Beispiel nicht hinter dem rasanten Aufstieg Asiens, insbesondere Chinas, zurückzubleiben und Freiheit und Wohlstand auch für die kommenden Generationen zu sichern. Eine weitsichtige und effektive Innovationspolitik ist der beste Schutz vor dem Verlust von Arbeitsplätzen.

Die zweite Maxime meines unternehmerischen Handelns bestand in dem Bemühen um einen verantwortungsvollen Umgang mit Aktionären und Mitarbeitern, denen ich mich in gleicher Weise verpflichtet gefühlt habe. Notwendige Restrukturierungen wurden bei Siemens nicht einseitig auf Kosten der Beschäftigten ausgetragen. Betriebsbedingte Kündigungen waren bei uns immer nur die Ultima Ratio. Wir haben uns aber auch nie gescheut, durch harte Sanierungsmaßnahmen und Desinvestments den wirtschaftlichen Realitäten Tribut zu zollen, wenngleich, wie ich rückblickend einräumen muss, leider nicht immer schnell genug.

Was mir und meinen unmittelbaren Vorgängern sowie meinen Nachfolgern zugutekam, war die Tatsache, dass wir auf einer soliden finanziellen Basis aufbauen konnten. Dafür hatten über Generationen hinweg ein professionelles Finanzmanagement und eine konservative Grundeinstellung gesorgt. Wir haben dabei immer im Auge gehabt, dass Siemens ein internationales Unternehmen ist, das auch international denken und handeln muss. Die globale Präsenz ist eigentlich seit der Firmengründung durch Werner von Siemens, der nach dem Vorbild der Geschäftspolitik Jakob Fuggers ein weit über die Landesgrenzen hinaus agierendes Unternehmen entwickeln wollte, die Stärke von Siemens gewesen. Darum habe ich intensiv den Ausbau der Geschäfte in den USA und im Asien-Pazifik-Raum vorangetrieben. Sie haben sich in einem Maße entwickelt, wie es vor 1990 kaum vorstellbar schien: 70 000 Mitarbeiter in den USA und 40 000 in China, das spiegelt die globale Verantwortung von Siemens wider. Wir wussten, dass unsere Erfolge auf den Weltmärkten nur von Dauer sein würden, wenn wir einen wachsenden Teil der Wertschöpfung vor Ort erbringen. Ausbildung von Fachkräften in zahlreichen Ländern der Erde ist ein wesentlicher Bestandteil dieser Firmenpolitik.

Daraus ergaben sich stets auch wichtige Ableitungen für die Unternehmenskultur: Globale sowie multikulturelle Gesellschaft war für Siemens bereits gelebte Realität, als das Wort »Diversity« noch nicht zur gängigen Management-Vokabel gehörte. Die von den Gewerkschaften vielbeschworene Solidarität der Mitarbeiter musste darum auch die Siemens-Kollegen in fernen Ländern einbeziehen. Bei der Frage, Arbeitsplätze in Deutschland zu erhalten oder in anderen Ländern zu schaffen, standen wir im Vorstand oft vor schwierigen Entscheidungen. Doch das oberste Gebot der Fairness hat uns in der Regel zu Ergebnissen geführt, die für die meisten Beteiligten zufriedenstellend waren.

Mittels dieser vier Maximen – Innovation, internationale Ausrichtung, langfristig orientierte Finanzpolitik und soziale Mitarbeiterorientierung – ist es dem Vorstand gelungen, eine klare Portfoliopolitik zu verfolgen, die zum einen die Kerngebiete möglichst bestehen lassen und stärken sollte, zum anderen auch schwache und Randgebiete aus dem Konzern herauslöste, sofern sie sich aus eigener Kraft nicht erfolgreich weiterentwickeln ließen. Die Ausgewogenheit unseres Portfolios wurde am Ende meiner Amtszeit auch von den Finanzmärkten anerkannt, die uns lange mit der Forderung, Siemens solle sich »fokussieren«, kritisch beäugt hatten. Nach dem Motto »Nur wer sich wandelt, bleibt sich treu«, ist Siemens kein statisches Unternehmen, sondern ein lebender Organismus.

Das Unternehmen ist in den letzten zwanzig Jahren zu einem echten »Global Player« geworden, der auch den hohen Ansprüchen einer weltumspannenden Finanzwelt genügt, weil er nachhaltig auf Ertragsstärke ausgerichtet wurde, und zugleich den Werten, die das Unternehmen seit seiner Gründung im Jahr 1847 ausgezeichnet hat, treu geblieben ist. Vieles ist gelungen, manches ist schiefgelaufen und musste dann mit großen Mühen und harter Arbeit in Ordnung gebracht werden. Einiges klappte auf Anhieb, anderes musste aufgegeben werden, weil sich unsere Vorstellungen nicht verwirklichen ließen. Aber insgesamt war es, so glaube ich, dank der Leistung vieler eine erfolgreiche Zeit.

Umso mehr schmerzt mich, dass der Korruptionsskandal in den letzten Jahren einen Schatten auf die vielen vorausgegangenen Jahre wirft, dass durch die Ereignisse der jüngsten Zeit die Früchte der Vergangenheit in den Hintergrund rücken und dass zeitweise sogar der Eindruck entstehen konnte, es habe nichts anderes Berichtenswertes gegeben. Doch gerade weil ich schon so viele Gipfelstürme überstanden habe, bin ich voller Zuversicht, dass sich im Laufe der Jahre die Wahrnehmung klären wird.

Ich habe meine Amtszeit als Vorstandsvorsitzender sowie als Aufsichtsratsvorsitzender mit der festen Überzeugung ausgeübt, dass man große Aufgaben – und Siemens stellt einen jeden Tag aufs Neue vor große Aufgaben – am besten gemeinsam bewältigt, im Team mit den unterschiedlichsten Persönlichkeiten, im Wechselspiel von Kompetenzen und Erfahrungen, im Wettstreit mit vielen anderen Marktteilnehmern, manchmal auch im Schulterschluss mit der Politik, immer auf der Suche nach guten Ideen, nach besseren Wegen, nach der optimalen Lösung. Dezentrale Führung und Vertrauen waren dabei wesentliche Komponenten. Nicht blindes Vertrauen, aber doch die Zuversicht, dass Menschen, wenn man ihnen die Möglichkeit dazu gibt, ihre Fähigkeiten zu entfalten und einzusetzen, Großes und Bleibendes leisten können. Dieses Vertrauen habe ich auf vielfältige Weise im Führungskreis, aber auch von vielen anderen Mitarbeitern im Unternehmen im In- und Ausland zurückbekommen.

Fünfzehn Jahre lang habe ich an dieser Grundüberzeugung festgehalten, sie gab mir die Kraft, auch widrige Phasen zu überstehen. Die Geschehnisse seit November 2006 werfen Zweifel auf. Aber soll ich deshalb die Erinnerung an die vielen positiven Ereignisse der vorausgegangenen Jahrzehnte über Bord werfen? An diesem Nachdenken möchte ich auch andere teilhaben lassen, nicht zuletzt aus diesem Grund habe ich dieses Buch geschrieben. Doch für mein heutiges Leben sind wichtiger als alle Überlegungen die dankenswerten Erfahrungen, die ich seit November 2006 machen durfte:

Ich habe ein Beratungsunternehmen gegründet und merke, dass meine Einsichten aus fast vierzig Jahren Industriemanagement vielen jüngeren Unternehmern eine wertvolle Hilfe sein können. Ich erlebe, wie viel Freude es machen kann, mit Studenten an der Universität im Rahmen einer Lehrveranstaltung Themen zu diskutieren, die mich mein ganzes Berufsleben begleitet haben, und vielleicht etwas an sie weiterzugeben, was für ihren weiteren Weg hilfreich sein kann.

Ich habe erkannt, wer wirklich zu mir steht und auf wen ich mich in schwierigen Zeiten verlassen kann. Allerdings habe ich auch die schmerzliche Erfahrung gemacht, dass sich einige von mir abwandten oder zurückzogen. Es gab auch ganz unerwartete Beweise von tiefer Freundschaft und Verbundenheit, etwa einen aufmunternden Brief Henry Kissingers, ein klares, öffentliches Bekenntnis der obersten Führungsmannschaft von Bosch, freundschaftliche Redebeiträge auf der Siemens-Hauptversammlung, aufmunternde Anrufe von Uli Hoeneß und anderes mehr – oft auch jenseits des Rampenlichts der Öffentlichkeit.

Tief berührt hat es mich, als ich wieder einmal zu einem Gedankenaustausch ins Haus von Altbundekanzler Helmut Schmidt kommen durfte. Als ich an einem Sonntagvormittag wie verabredet um elf Uhr an der Haustür klingelte, dauerte es ein Weilchen, bis die Tür geöffnet wurde. Loki Schmidt hatte die Türklinke in der einen, ihre Gehhilfe in der anderen Hand. Wenige Meter hinter ihr stand die Haushaltshilfe. Doch sie hatte es sich nicht nehmen lassen, selbst die Tür zu öffnen: »Damit Sie wissen, Sie kommen heute zu Freunden!« Eine Weile konnte ich vor Rührung darauf nichts erwidern.

Und nicht zuletzt – und das ist das Schönste und Wichtigste – habe ich erfahren, wie wertvoll der Rückhalt einer großen, intakten Familie ist.

Das alles ist ein Geschenk, für das ich außerordentlich dankbar bin.

Dank

An der Entstehung dieses Buches waren viele Personen aus den verschiedensten Bereichen beteiligt, denen ich an dieser Stelle danken möchte. Zunächst und vor allen anderen gilt mein Dank Dr. Eberhard Posner, der meine Arbeit über viele Jahre als Leiter der Kommunikationsabteilung bei Siemens und weit darüber hinaus begleitet hat. Er war auch an der Entstehung dieses Buches wesentlich beteiligt und hat mir mit wachem Verstand und feinem Sprachgefühl vor allem in der Endphase kritisch zur Seite gestanden.

Danken möchte ich ausdrücklich den vielen ehemaligen Kollegen und Mitarbeitern dafür, dass Sie mir zu einzelnen Sachverhalten, die in diesem Buch eine Rolle spielen, ohne zu zögern Auskunft gegeben haben – und sei es manchmal auch nur zu einer unscheinbaren Zahl.

Für ihr Organisationstalent und die tagtägliche Unterstützung bin ich meiner Sekretärin Jessica Nootny ausgesprochen dankbar. Sie hat mir vor allem erfolgreich den Rücken frei gehalten, damit ich kurz vor Drucklegung den letzten Feinschliff am Manuskript vornehmen konnte.

Zu danken habe ich auch Claudia Cornelsen, die mich mit ihrer Erfahrung fachkundig und engagiert bei der Aufarbeitung meiner Autobiographie, der manchmal kniffeligen Recherche wichtiger Details und den intensiven Textarbeiten für und rund um das Buch unterstützt hat. Die aufwändige Transkription der tagelangen Gespräche übernahmen sehr gewissenhaft Michaela Grabbe vom Digitalen Schreibservice und Jessica Nootny. Für die konsequente Projektleitung danke ich Jürgen Diessl vom Econ Verlag in Berlin ebenso wie Dr. Annalisa Viviani für ihr gründliches Lektorat. Vor allem hat sie in der intensiven Schlussphase unermüdlich und mit beeindruckender Ausdauer und Sorgfalt fast rund um die Uhr für die Textqualität Sorge getragen.

Dem Hamburger Anwalt Dr. Sven Krüger danke ich für sein kritisches Auge, das er mit großer Fachkunde auf den fertigen Text geworfen hat, genauso wie ich meinen Anwälten Dr. Norbert Scharf und Dr. Sven Thomas nicht nur für die abschließende Überprüfung, sondern auch für die jahrelange Unterstützung in manch unerfreulicher Auseinandersetzung verbunden bin.

Danken möchte ich auch meiner Familie, die mich auf meinem beruflichen Weg und vor allem in den letzten beschwerlichen Jahren rückhaltlos unterstützt hat. Ganz besonderer Dank gilt meiner Frau dafür, dass sie die Idee, ein solches Buch zu schreiben, mitgetragen hat. Sie war nicht nur schon an der Entwicklung der Idee, sondern bis zum Ende als Ratgeberin und allererste Leserin an der Entstehung dieses Buches beteiligt. Vor allem aber danke ich ihr für ihre Geduld und ihr Verständnis, wenn ich mal wieder ein Wochenende am Schreibtisch saß und die kostbare gemeinsame Zeit der Arbeit opfern musste.

Erlangen, im Januar 2011 *Heinrich von Pierer*

Personenregister

(BT = Seitenverweise auf den Bildteil)

Bildnachweis

Wenn nicht anders bezeichnet, stammen die Bilder aus der Sammlung des Autors.

Bildteil

Corbis Sygma: Seite 4 unten (Raymond Reuter); Getty Images: Seite 12 oben (Bloomberg), Seite 12 unten (Bongarts); picture-alliance/dpa: Seite 5 unten, Seite 7 unten, Seite 10 unten, Seite 14 unten, Seite 15 oben und unten; picture-alliance/schroewig: Seite 13; picture-alliance/ZB: Seite 11; Reuters: Seite 5 oben (Michael Kappeler), Seite 6 oben (Str Old); Siemens Corporate Archives: Seite 2 unten, Seite 4 oben, Seite 7 oben, Seite 10 oben; Singapore Investment News: Seite 16; Süddeutsche Zeitung Photo: Seite 3 oben (Matthias Jüschke), Seite 8 oben (Wolfgang Filser), Seite 14 oben (Giribas Jose); ullstein bild: Seite 2 oben, Seite 3 unten, Seite 8 unten, Seite 9 oben und unten.

(Der Verlag hat sich um die Einholung der Abbildungsrechte bemüht. Da in einigen Fällen die Inhaber der Rechte nicht zu ermitteln waren, werden rechtmäßige Ansprüche nach Geltendmachung ausgeglichen.)

99 Fragen – 99 Antworten

Max Otte · **Die Krise hält sich nicht an Regeln**
99 Fragen zur aktuellen Situation – und wie es weiter geht
256 Seiten · Paperback
€ [D] 18,00 · € [A] 18,50
ISBN: 978-3-430-20112-4

Seit drei Jahren befindet sich die Weltwirtschaft im Dauerstress.
Immobilienblase, Lehman-Zusammenbruch, Bankenpleiten, Griechenland-Krise,
Euro-Abwertung. Die Medien schreiben von der schlimmsten Krise seit dem großen
Crash 1929. Politiker und Bürger sind verunsichert und fragen sich:
Warum haben die Ökonomen versagt und wo liegen die wahren Probleme?
Wer sind die Verantwortlichen? Wie sicher ist mein Geld angelegt?
Max Otte – BWL-Professor, unabhängiger Fondsmanager und Bestsellerautor –
gibt die Antworten.

Econ